Marxian Economics in the 21st Century

21世紀の
マルクス経済学

延近 充
Mitsuru Nobuchika

慶應義塾大学出版会

序——本書の課題と分析視角

　サブプライム・ローン問題を発端として2008年秋にアメリカ合衆国（以下，アメリカと表記）を震源地として発生した世界的金融・経済危機は，1929年にやはりアメリカで発生し世界に広がった世界恐慌以来の「100年に一度の危機」といわれた。しかし，各国の巨額の公的資金投入や大規模な財政出動，金融緩和政策によって，09年後半以降，経済成長率や株価は危機発生前の水準に回復していった。世界恐慌の再来は阻止されたものの，国によって違いはあるが失業率やGDPギャップ（現実のGDPと潜在GDPの差）は危機発生前の水準に回復していないし，危機に対処するための政策によって，欧米諸国や日本の財政赤字は膨大化し，09年末以降，ギリシャの財政赤字粉飾問題をきっかけにEU諸国のいわゆるソブリン債務危機が続発していった。11年にはアメリカ連邦政府の債務残高が議会が定めた借り入れ上限に達して，国債の債務不履行（デフォルト）の危機が発生した。この世界的金融・経済危機はなぜ発生し長期化しているのだろうか。

　日本経済は「失われた10年」や「失われた20年」という言葉が生まれたように，1990年代初めから長期停滞傾向に支配され，先進諸国の中でもっとも深刻な財政赤字を抱えて，経済だけではなく社会的にも，また人々の意識さえも将来を展望するのが困難な閉塞的状況に陥っている。しかし，80年代以前をふり返ると，アジア・太平洋戦争の敗戦と荒廃状態からわずか10年ほどで経済復興をとげ，50年代後半から70年代初頭まで実質年率10％を超えるような高度経済成長を実現し，資本主義世界でアメリカに次ぐ第2位の「経済大国」となったのである。70年代初頭のニクソン・ショックや第1次石油危機以降の世界的な長期停滞傾向の中でも例外的に高い経済成長率を維持して，80年代には「ジャパン・アズ・ナンバーワン」と称されるほどになっていたのである。80年代以前と90年代以降のこうした対照的な状況はなぜ，いかにして生じたのだろうか。

　このような現代の資本主義経済が抱える諸問題を考察するためには，まず

i

資本主義経済の一般的運動法則と19世紀末以降の資本主義の歴史的段階変化を把握する必要がある。その理由は以下のとおりである。

世界の中でもっとも早く産業革命を実現し資本主義経済が発達したイギリスでは，1815年に最初の本格的な過剰生産恐慌が発生し，その後1825年，1836年，1847年と，ほぼ10年周期で恐慌が発生している。恐慌と恐慌の間には景気回復と好況の期間が存在しているので，19世紀には恐慌→不況→回復→好況→恐慌という景気循環がほぼ10年周期で繰り返されたことになる。資本主義経済はこのように景気循環を繰り返すという特徴をもっているのであるが，それは言い換えれば不況になっても景気を回復させていくメカニズムが内蔵されていることを意味する。

19世紀後半になると資本主義経済が世界に拡大し，1857年，1866年には資本主義が発達した各国で同時的に恐慌が発生するとともに，やがて景気循環の形態が変化しはじめる。1873年から19世紀末にかけては「大不況」と呼ばれるように，はっきりとした景気循環が見られなくなり，不況が長期化するようになったのである。また，19世紀末から20世紀初めには，当時の先進資本主義諸国（欧米と日本）の間で植民地再分割闘争が激しくなる。各国は軍事力を強化して衝突を繰り返し，やがて世界史上初の総力戦となった第一次世界大戦が勃発する。

アメリカは，大戦中に連合国に物資や資金を供給したことによって，大戦後には純債権国となり，国際社会において経済的にも政治的にも枢要な地位を占めるようになった。国内においては，自動車産業や電気産業などの新たな産業部門が登場し，1920年代末までの長期にわたって好況を謳歌する。しかし，29年には激しい過剰生産恐慌が勃発し，以後，30年代末まで長期的な不況が続くことになる。このアメリカ発の恐慌は世界恐慌へと拡大し，資本主義諸国が恐慌と長期不況に対処するためにとった政策が各国間の対立を激化させ，第二次世界大戦をもたらすことになるのである。19世紀に見られた10年周期の景気循環に代わって好況も不況も長期化するようになったのである。大戦中のロシア革命を経て社会主義国として成立したソビエト社会主義共和国連邦（以下，ソ連と表記）が，世界恐慌の影響を受けずに五カ年計画によって急速に経済建設を進めていったのと対照的である。

第二次世界大戦後，ソ連を中心とする社会主義圏の世界的広がりに対抗して，資本主義諸国はアメリカ主導で構築された資本主義世界体制のもとで経済復興と成長を実現していく。しかし，1970年代初頭のニクソン・ショックや第1次石油危機以降，それまでの経済成長を実現した条件が失われ，資本主義諸国経済は長期にわたるスタグフレーション（インフレーションの高進と経済停滞・高失業率の並存）状態に陥ったため，先進国首脳会議（サミット）の開催など，経済危機打開のための各国の政策協調が行なわれるようになる。80年代，アメリカ経済はレーガン政権のとった政策によってスタグフレーションから脱出するが，財政赤字と経常赤字が深刻化し，グローバルなマネー・ゲームが拡大してドルの価値が大きく変動し国際通貨体制が不安定化した。90年代以降は，ソ連の消滅と社会主義圏の資本主義経済化にともなってグローバリゼーションが急速に進展し，マネー・ゲームがさらに膨大な規模で行なわれるようになって，東・東南アジアの通貨・経済危機やロシアの通貨危機，ブラジルの通貨危機などが頻発し，各国経済は不安定化する。各国の政策や国際的な政策協調によって一時的・部分的に危機を緩和できても，そのことがまた新たな危機を生み出すという状況になったのである。そのような矛盾の集約点が今回の世界的金融・経済危機といえるのである。

　以上のように，現代の資本主義経済の諸問題を考えていくためには，資本主義の歴史的段階変化という視角から，19世紀の資本主義経済ではなぜ，どのようなメカニズムで周期的な景気循環が繰り返されたのか，国によって若干の時期のズレはあっても，19世紀末から20世紀になるとその規則的な景気循環が見られなくなり，不況も好況も長期化するようになったのはなぜなのか，第二次世界大戦後から現在に至るまで，1929年の世界恐慌や30年代のような長期不況は見られなくなったのはなぜなのか，ということを解明することが，まず必要なのである。これらのことをマルクス経済学の方法と理論によって明らかにしていくのが本書の第1の課題であり，私の研究の基本的分析視角でもある。そして，その理論と分析視角を基礎として，第二次世界大戦後の資本主義世界体制がなぜ危機的状況に陥ったのか，さらにその危機的状況に規定された現在の日本経済の構造的危機はどのようにとらえられるのかを論じるのが本書の第2の課題である。

なお，同様の問題意識と分析視角から現代のアメリカ経済を中心に分析したのが，私の前著『薄氷の帝国 アメリカ――戦後資本主義世界体制とその危機の構造』（御茶の水書房，2012 年）である。前著では第 1 部で資本主義の歴史的段階変化についての理論を展開したうえで，その理論を基礎として第 2 部と第 3 部で戦後資本主義世界体制の危機の構造を規定するアメリカ経済について論じた。ただ，第 1 部はマルクス経済学の方法や理論になじみの薄い読者にとって内容を理解するのが難しい部分があったため，本書の第 1 部と第 2 部で，資本主義の歴史的段階変化の理論の理解のために必要なマルクス経済学の基礎理論を解説することにした。その際には，現代のグローバルなマネー・ゲームの本質とその経済への影響を理解するために，また日本経済の 1990 年代以降の長期停滞傾向の基本的性格を分析するために不可欠な貨幣の機能の原理的説明や，独占的巨大企業の投資行動の説明に紙数を割いた。その意味で本書は前著と相互補完関係にあるので，あわせて読んでいただければ現代資本主義の抱える諸問題についてより容易に，より深く理解できるはずである。

　また本書は，大学の経済学部の学生や現代経済の諸問題に関心をもつ一般の読者が，マルクス経済学を学ぶためのテキストを提供することも目的の 1 つとしている。そこで本論の内容に即して適宜 Column を設けて，マルクス経済学が現代経済の諸問題を理解するうえでどのような意味をもつのかを，読者が把握する一助となるようなトピックを取り上げて解説した。特に第 3 部の Column では，経済問題に限らず，現代社会が抱える諸問題を考えるうえで必要な視点なども取り上げている。これらのトピックや視点は，学生が自分の専門研究テーマや卒業論文のテーマを選ぶ際にもヒントになるはずである。

　本書は，その分析視角や理論的枠組みを，マルクスの著作はもちろん，井村喜代子氏の『恐慌・産業循環の理論』（有斐閣，1973 年），『現代日本経済論』（有斐閣，1993 年，新版 2000 年），『世界的金融危機の構図』（勁草書房，2010 年），北原勇氏の『独占資本主義の理論』（有斐閣，1977 年）をはじめとする両氏の一連の著作に依拠し，その理論と現状分析の体系を私なりに継承し，さらに発展させて学生に伝えることを意図した教科書である。

目次

序──本書の課題と分析視角　i

序章　マルクス経済学の視角と方法 ──────── 1

第1節　マルクス経済学の視角　1
　(1) マルクス経済学とはどのような学問なのか　1
　(2) 資本主義社会とはどのような社会か　2
　(3) マルクス経済学の現代的意義　5
　(4) 資本主義の歴史的段階変化　8
第2節　マルクス経済学の方法　12
　(1) 経済現象の法則性の基盤　12
　(2) 経済学の方法　14

第1部　資本主義経済の一般的運動法則

はじめに　19

第1章　商品と貨幣 ──────── 21

第1節　商品の2要因──使用価値と価値　21
　(1) 使用価値　21
　(2) 価値　22
　(3) 労働の二重性　25
　(4) 価値の表現形態　26
　(5) 商品・貨幣の物神的性格　33
第2節　貨幣の諸機能　34
　(1) 価値の尺度　34
　(2) 流通手段　34
　(3) 蓄蔵手段　37
　(4) 支払手段　38
　(5) 世界貨幣　43
　【補】第二次世界大戦後の国際通貨体制　44

v

第2章　剰余価値の生産 ──────────────── 47
第1節　資本主義的生産過程と剰余価値の本質　47
(1) 単なる貨幣と資本としての貨幣　47
(2) 貨幣の資本への転化　49
(3) 剰余価値の生産とその本質　50
第2節　資本主義の発展と剰余価値の増大　55
(1) 絶対的剰余価値の生産　55
(2) 相対的剰余価値の生産　59
第3節　剰余価値生産の増大のための生産力の発展と資本・賃労働関係　64
(1) 単純協業　65
(2) 分業　70
(3) 機械制大工業　72
第4節　剰余価値の本質を隠蔽する諸要因　78
(1) 労賃という形態による隠蔽　78
(2)「資本の生産力」という外観による隠蔽　81
(3) 剰余価値の利潤への転化による隠蔽　82
(4) 擬制資本　85

第3章　資本の蓄積過程 ──────────────── 87
第1節　資本主義的再生産と資本関係の再生産　87
(1) 単純再生産　87
(2) 資本蓄積　89
(3) 資本主義的取得法則　90
第2節　資本蓄積と生産力向上との相互促進的進展　91
(1) 生産力向上のための資本蓄積　91
(2) 生産力向上による資本蓄積の促進　92
(3) 資本蓄積の進展過程の特徴　92
第3節　資本蓄積の進展と労働者階級の状態　98
(1) 生産力の向上と相対的過剰人口　98

（2）相対的過剰人口の発生　100
　（3）資本蓄積が急激に進展した場合　103
　（4）景気循環と相対的過剰人口　104
　（5）相対的過剰人口の機能と存在形態　106
　（6）資本主義における生産力発展の性格　108

第4章　資本の流通過程 ―――――――――――――――― 115
　第1節　資本の循環と回転　115
　（1）流通費用　115
　（2）資本の回転　116
　第2節　社会的総資本の再生産と流通①――単純再生産　119
　（1）分析の課題と方法　119
　（2）単純再生産　122
　第3節　社会的総資本の再生産と流通②――拡大再生産　130
　（1）余剰生産手段　131
　（2）拡大再生産の正常的経過のための必要条件　131
　（3）余剰生産手段の両部門への配分　133
　（4）資本の投資行動と余剰生産手段の配分　138
　（5）資本主義的拡大再生産過程の基本的傾向　140
　（6）生産力の向上をともなう拡大再生産　142

第5章　競争段階の景気循環と市場構造の変化 ――――――― 145
　第1節　競争段階の景気循環　145
　（1）回復過程――景気の自動的回復メカニズム　145
　（2）好況過程の進展――〈生産と消費の矛盾〉の累積　146
　（3）好況過程の限界――〈生産と消費の矛盾〉の成熟　147
　（4）恐慌――〈生産と消費の矛盾〉の一時的・暴力的解決　151
　第2節　市場構造の変化と独占段階への移行　152

vii

第2部 独占資本主義段階の理論

はじめに　157

第6章　独占的市場構造と独占価格・独占利潤 ── 161
第1節　独占的市場構造の特徴　161
(1) 高い市場集中度　161
(2) 参入障壁　163
第2節　協調による市場支配と独占価格の設定　168
(1) 独占価格設定における独占企業の行動原理　169
(2) 独占価格の設定　170
第3節　独占利潤の実体と源泉　174
(1) 生産手段の独占価格設定による独占利潤の収奪　175
(2) 消費手段の独占価格設定による独占利潤の収奪　176
(3) 生産力の向上と独占利潤の収奪源泉　181
(4) 独占資本主義の収奪構造・利潤率格差　183

第7章　独占企業の投資行動 ── 187
第1節　新生産方法が存在しない場合の独占企業の設備投資行動　188
(1) 独占企業の設備投資決定の基本的特徴　188
(2) 設備投資における事実上の協調的行動　190
第2節　新生産方法が存在する場合の独占企業の投資行動　192
(1) 独占資本主義における新技術開発　193
(2) 新生産方法の導入をめぐる独占企業の投資行動　196

第8章　独占段階における景気循環の変容 ── 203
第1節　停滞基調　203
(1) 生産＝市場拡大の内的起動力　204
(2) 関連部門の市場＝生産の誘発的拡大メカニズム　205
(3) 〈生産と消費の矛盾〉の現れ方の変化　207
第2節　新生産部門の形成と対外膨張による急速な拡大再生産の現実化　208
(1) 新生産部門の形成をめぐる設備投資　209

(2) 関連生産部門への需要の波及と設備投資の誘発　210
　(3) 新生産部門の形成による発展の限界　212
　(4) 対外膨張による急速な拡大再生産の現実化　213
　(5) 対外膨張による再生産構造の変化　216
　(6) 1930年代長期不況と第二次世界大戦　217

第3部　現代資本主義の危機の構造

はじめに　223

第9章　戦後資本主義世界体制の特徴 ──── 229
第1節　アメリカの恒常的軍拡体制　229
　(1) 1950年代のアメリカの冷戦戦略と恒常的軍拡体制の成立　229
　(2) 1960年代のアメリカの冷戦戦略とベトナム戦争　238
第2節　初期IMF＝ドル体制の機能と冷戦戦略の実行　241
　(1) 初期IMF＝ドル体制の機能　242
　(2) 冷戦戦略の実行と初期IMF＝ドル体制の動揺　243
　(3) ベトナム戦争と初期IMF＝ドル体制の崩壊　246
　(4) アメリカ経済の相対的衰退　248

第10章　戦後資本主義世界体制の危機の構造 ──── 253
第1節　レーガン政策と「危うい循環」の形成　257
　(1) ドルの基軸通貨特権の危機と金融の自由化・国際化戦略　257
　(2) レーガン政権の「経済再生計画」　259
　(3) レーガン政策の帰結Ⅰ──インフレーション鎮静化と経済成長　261
　(4) レーガン政策の帰結Ⅱ──双子の赤字の膨大化　262
　(5) 双子の赤字とドルの基軸通貨特権の危機──「危うい循環」の形成　265
第2節　アメリカ経済の「復活」と「危うい循環」の深化　268
　(1) 1990年代のアメリカ経済の「復活」　269
　(2) 経常赤字の累増と「危うい循環」の深化　277
第3節　投機的金融取引の盛行と世界的金融・経済危機　283
　(1) 投機的金融取引の連鎖的膨張による実体経済の回復　284
　(2) 経常赤字の累増と「危うい循環」の拡大・不安定性の増大　288

(3) 2008年秋の金融・経済危機の発生　293
　　(4) 2008年秋以降の経常赤字のファイナンス構造　294
　　(5)「薄氷の世界経済」化　297

第11章　1990年代以降の日本経済の構造的危機 ―― 301
　第1節　アベノミクスの理論的支柱――リフレ派の主張　302
　　(1) リフレ派の主張の特徴　302
　　(2) リフレ派の主張の検討　306
　第2節　リフレ派に対する批判Ⅰ――「生産年齢人口減少説」　313
　　(1) 藻谷浩介氏「生産年齢人口減少説」の検討　313
　　(2) 河野龍太郎氏「生産年齢人口減少説」の検討　320
　第3節　リフレ派に対する批判Ⅱ――「成熟社会化＝貨幣選好強化説」　322
　　(1) 小野善康氏「成熟社会化＝貨幣選好強化説」の論理　322
　　(2) 小野説の検討　323
　第4節　リフレ派に対する批判Ⅲ――複合要因説　324
　　(1) 吉川洋氏「複合要因説」の論理　324
　　(2) 吉川説の検討　325
　第5節　日本経済の構造的危機の基本的性格　328
　　(1) 高度成長期から1980年代までの日本の経済成長のメカニズム　328
　　(2) 1990年代以降の停滞基調と日本経済の構造変化　330

　あとがき　335
　索引　341

Column

2－1	労働力商品の価値と現実の賃金水準との関係は？	52
2－2	賃金コストの引下げが労働者階級の再生産を困難にしている	58
2－3	労働力商品の価値と現実の賃金格差との関係は？	60
2－4	ジャスト・イン・タイム方式の経済学的意味とは？	66
2－5	日本の農業問題を考えるためのヒント	67
2－6	工場の機械化と人間の役割の変化	73
2－7	資本の支配下に入らずに生活していける？	76
2－8	「合理化」がもたらすもの	77
2－9	「多様な働き方を実現する」という賃金制度の本質とは？	81
2－10	株式や土地の理論価格と現実の価格がかけ離れている理由は？	86
3－1	戦後の日本の就業構造は劇的に変化した	102
3－2	相対的過剰人口って失業者のこと？	107
3－3	日本の少子化問題を考えるヒント	107
3－4	資本主義における生産力の発展のあり方から福島第一原発の事故を考える	111
4－1	日本の高度成長期とアメリカの1990年代の経済成長の違いは？	136
5－1	財政政策や輸出で不況から脱出できたとしても……	150
6－1	独占価格が設定されると価格は必ず上がる？	166
6－2	独占部門への参入の成功例──ホンダとサントリー	167
6－3	独占企業と中小企業の関係	184
6－4	大企業の賃金はなぜ高い？	186
7－1	軍事技術と民生・産業用技術との関係	194
7－2	軍事技術から生まれた原発の技術	195
7－3	日米の鉄鋼業の生産性上昇率の格差の原因	199
8－1	独占段階の経済成長には新生産部門や対外膨張が必要	209
8－2	独占資本が開発する新生産物の性格	211
8－3	ダンピング輸出が行なわれる理由	215
9－1	日本の再軍備過程と日本国憲法の解釈の変更	232
10－1	湾岸戦争とアメリカの国家安全保障の脆弱化	254
10－2	日本政府の「湾岸戦争のトラウマ」	256
10－3	日本の自動車輸出自主規制のカルテル効果	270
10－4	冷戦とインターネットの登場	271
10－5	冷戦の終結とアメリカ軍需産業の再編	273
10－6	株価の高騰による利益はフィクション	275
10－7	サブプライム・ローン増大による景気回復は破綻する運命だった	287
10－8	アメリカがイラク攻撃を強行した理由	292

xi

序章
マルクス経済学の視角と方法

第1節　マルクス経済学の視角

(1) マルクス経済学とはどのような学問なのか

　マルクス経済学は，カール・マルクス (1818～83年) がその著作『資本論』を中心に展開した経済理論を基礎とする経済学である。マルクスはいうまでもなく社会主義運動に大きな影響を与えた革命家であるから，マルクス経済学とは社会主義を論じる経済学と考えている人が多いかもしれない。もちろんマルクスは革命家で共産主義思想家・運動家であったが，哲学者でもあり，新聞編集者でもあり，いろいろな側面をもっていた。

　マルクスが経済学の本格的な研究に取り組みだしたのは，1848年の三月革命の際に参加した革命運動が敗北した後，1850年代に入ってからのことである。亡命先のロンドンで大英博物館の図書館にこもり，いずれ再来する革命の日に備えて革命運動の理論的支柱を作るべく，経済学の理論的著作の批判的研究と当時の資本主義の最先進国であるイギリスの経済や社会の実態分析に没頭した。そうした理論研究と実態分析の成果の集大成ともいうべき著作が『資本論』である[1]。

　つまり，マルクスが経済学を研究し『資本論』を書いた目的は，社会主義

---

[1] マルクスは研究と執筆を続けながら政治運動にも精力的にたずさわっていたため，『資本論』第1部「資本の生産過程」は彼が存命中の1867年に刊行されたが，第2部「資本の流通過程」と第3部「資本主義的生産の総過程」は，彼の生涯の友人・共同研究者であり，援助者でもあったフリードリッヒ・エンゲルス (1820～95年) が，マルクスの死後，残された草稿を編集して出版した。

そのものを論じることではなく，資本主義社会の経済的運動法則と矛盾を客観的に明らかにし，歴史の一段階としての資本主義社会の崩壊とそれに代わる社会主義社会の成立の必然性（必要性）を主張することにあったといえよう。ただし，マルクスは，資本主義社会が矛盾を抱えた社会であって崩壊の運命にあるとしても，決して歴史的に無意味な社会であると考えていたのではない。資本主義も歴史の一段階である以上，歴史的な意味と役割をもっている，それは資本主義こそが生産力の急速な上昇をもたらすと同時に次の社会を建設する変革の担い手を育てることにある，と考えたのである[2]。

その後，『資本論』では充分に展開されなかった論点についての研究や，マルクス以後の資本主義社会自体の変化に対応して理論と実態分析の両面での研究も進められてきた。マルクスの考え方を基礎に置きながら，マルクス以後に深められた研究成果の総合的な体系がマルクス経済学である。

(2) 資本主義社会とはどのような社会か

私たちが日々生活するためには，衣食住などの生活必需品の他にも教育，医療，娯楽などいろいろな消費手段を必要とする。消費手段を生産するためには工場や機械，原材料・エネルギーなどの生産手段が必要となる。これらの消費手段と生産手段は人間が生き続けていくために絶対に必要なものであるから，これを**社会的必要**という。自分に必要なものをすべて自分の労働だけで生産することは困難であるから，自分の労働で生産したものを他の人が生産したものと交換しあうことによって社会が成り立つことになる。これを**社会的分業**という。つまり社会的必要を満たすために社会的分業が行なわれ，その中で個々人の労働は社会的必要を満たす生産を行なう**社会的労働**の一部という意味をもつことになる。このことは人類が誕生して社会的な生活を営むようになって以来変わることはない。資本主義社会でも同じである。

社会的必要を満たすための生産がより効率的になることを生産力の発展と

---

[2] この意味は次の（2）で説明する。なお，20世紀最大の経済学者の一人で，イノベーションという概念を使って資本主義経済の発展のメカニズムを論じたことで知られるシュンペーターは，「マルクスほど資本主義の偉大さ，進歩性を理解していた経済学者はいない」と評価している。

いう。つまり同じ労働量でより多くのものを生産できるようになること，あるいは同じことを見方を変えて，同じ量を生産するのにより少ない労働量ですむようになることである。この生産力の発展は，生産方法の改良や生産のために利用される道具・機械の発明・改良などによって実現される。生産力の発展が人間の生活をより豊かにし，歴史の発展をもたらしてきたのである。このこともあらゆる社会に共通である。

では，資本主義社会はどのような特徴をもつ社会なのであろうか。

(a) 商品経済の支配

資本主義社会では，消費手段も生産手段もほとんどすべては商品として売られ，そうした商品を手に入れるためにはお金（貨幣）を支払って買わなければならない。したがって，資本主義社会は商品経済が支配する社会である。

(b) 利潤追求を目的とする経済活動

次に，商品を生産したり，その商品を仕入れて販売したりするのは，それだけの多くの貨幣を所有し，その貨幣をできるだけ増やそうと活動する，言い換えればできるだけ多くの利潤を獲得しようと活動する資本家（現在では多くは営利企業）である。つまり，資本主義社会は，資本家が利潤追求を第1の目的として生産と販売を行なう社会である。

(c) 労働力の商品化

働かなくても生活できる資産家を除いて，資本家以外の多くの人たちは，そのような多くの貨幣を持っていないため，資本家に雇われて働かなければ，言い換えれば自分の労働力を売って賃金をもらうことによってしか，生活に必要な商品を買うことができない労働者である。資本主義社会は労働力までもが商品となっている社会である。

(d) 市場経済

労働力商品もそれ以外の一般商品（生産手段と消費手段）も市場で売買される。市場では，その商品を買いたいという需要量と売りたいという供給量

との関係によって価格が決まる。価格の変化によって利潤量が変化するため，商品の生産や販売が利潤の追求を目的として行なわれる社会では，この価格の変化が需要と供給を変化させることになる。つまり，市場の状態によって社会的必要自体が変化し，したがって社会的労働も変化することになる。資本主義社会は市場経済が支配する社会なのである。

　つまり，資本主義社会は商品社会であって，利潤追求を第1の目的として市場を舞台に経済活動が行なわれ，そのことによって社会的必要が満たされて人間が生きていく社会だといえよう。ここで注意しなければならないのは，社会的必要は資本家の利潤追求活動の結果として満たされるという点である。利潤追求活動は資本家間の激しい競争をともなって行なわれる。このことが，資本主義が経済システムとして本格的に確立し人々の経済活動の主要な部分を占めるようになった19世紀以降，生産力を非常に急速に発展させる原動力となったのである。次々と新しい機械が発明されて産業に導入され，蒸気機関などの新しい動力源が機械の大規模化を支え，また機械の発展と相互促進的に科学・技術も急速に発展していった。産業革命の時代である。この発展のめざましさは，例えばこの頃からの人口増加率の急上昇やエネルギー消費量（そしてCO_2排出量）の急増が物語っている。資本主義の発展は，たしかに人間の生活を豊かにしていったのである。

　しかし，良い面ばかりではなかった。富を蓄積してますます豊かになっていく一部の資本家階級と1日中働いてやっと生活できる多数の貧困な労働者階級が生み出され，貧富の差は激しくなっていった。また，機械化によって労働は熟練を必要としなくなり，だれでもが働けるようになった一方，人間は機械のペースに合わせて単純労働を長時間反復するだけで，労働本来の喜びは失われ，ただ賃金をもらうためだけのものになっていったのである。

　さらに，資本主義の時代になって規則的な景気循環が始まり，ほぼ10年周期で大規模な経済恐慌が起こって大量の倒産や大量の失業者を発生させるようになる。働く能力も意欲もありながら，職がないために生活に必要な消費手段を買えない人々がたくさんいる一方で，売れないために大量の生産手段や消費手段が廃棄されるという矛盾，これは資本主義固有の矛盾である。

マルクスは，このような矛盾に翻弄される労働者は，やがてその原因は資本主義体制そのものにあることに気づき，体制を変革するために立ち上がると考えたのである。そして，このような矛盾に満ちた資本主義を批判的に分析する学問がマルクス経済学なのである。

(3) マルクス経済学の現代的意義

　マルクスは，このような資本主義体制の中で実際に生産にたずさわる労働者こそが，資本主義の問題点を身をもって学び，資本主義を批判し，資本主義を乗り越える体制＝社会主義体制を構想し，建設する運動を行なうようになっていくと考えた。つまり，資本主義が高度に発展した社会においてこそ，体制変革の運動によって，資本主義の諸矛盾を止揚した「各個人の自由な発展がすべての人々の自由な発展の条件であるような，自由な人々の協同社会」(マルクス，エンゲルス『共産党宣言』) が実現すると考えたのである。

　しかし，現実の歴史はそのようには進まなかった。まだ資本主義の発展途上にあったロシアで第一次世界大戦中に革命が成功し，列強による革命への干渉を切り抜けて1922年に成立したソ連が歴史上初の社会主義国となったのである。第二次世界大戦後には東欧諸国や中国も社会主義国となったが，いずれも資本主義が未発達の国である。戦後の世界を特徴づけた冷戦 (Cold War) は，資本主義と社会主義という政治・経済体制の対立でもあったのだが，東欧諸国は1980年代末以降，次々と社会主義から離脱し，ソ連は1991年には国家自体が消滅した。中国も社会主義という旗は掲げ続けているものの，1970年代末以降の「改革・開放」路線によって市場経済化・資本主義化を急速に進めていった。冷戦は社会主義の崩壊が目につく形で終わったのである。

　このような経緯から，一般には，社会主義経済体制の崩壊は資本主義経済体制の勝利を意味し，マルクス経済学は社会主義の経済学であるから，マルクス経済学は敗北し，有効性も失ったというように理解されている傾向が見られる。マルクス経済学が社会主義の経済学ではない，ということはすでに述べた。社会主義経済の崩壊は資本主義の勝利，はどうだろうか。

　ソ連や東欧諸国が社会主義であったのかという問題は学界でもさまざま

議論があるが，少なくともこれら諸国が，マルクスが構想したような高度に発達した資本主義が行き詰まってその中で学んだ労働者が中心となって建設したのではないこと，『共産党宣言』に書かれているような「自由な人々の協同社会」でなかったことは間違いないであろう。そうなってしまった理由として，ソ連が，資本主義が未発達の状態にあったロシアを中心に一国社会主義として成立し，経済建設から始めなければならなかったこと，ロシア革命後に欧米諸国や日本がソビエト政権を包囲し干渉戦争を行なったことにも現れているように，国際政治的にも軍事的にも厳しい状況に置かれつづけたこと，第二次世界大戦後では冷戦が核軍拡競争という性格をもっていたために莫大な物的・人的資源を浪費してしまったこと，などが挙げられるだろう。私自身は，そうした状況の中でアメリカを中心とする資本主義陣営とは異なる方向性＝社会主義の理念を明確に打ち出せなかった点に，ソ連型社会主義の歴史的な限界が露呈していると考えている。

　ただし，ソ連型社会主義が実際のところどのようなものだったかは別として，社会主義を標榜する国・体制があったことは，資本主義諸国にも少なからぬ影響を与えた。本来，社会主義では計画的に生産が行なわれるために恐慌はもちろん景気循環も失業もなく，貧富の差もない。1929年からの世界恐慌以前にソ連という社会主義国が成立していたこと，第二次世界大戦後には社会主義国が世界体制に拡大していったことによって，資本主義の側も社会主義との対抗を迫られたのである。社会福祉政策や失業対策など社会主義的な政策を先取りした資本主義の修正策や，計画経済の要素を一部取り入れて景気を調整する政策を採用せざるをえなくなったのである。

　こうした政策は一定程度成功し，先進資本主義国では戦前のような激烈な恐慌は起こらず，一般大衆の生活水準も向上した。しかし，このような政策を継続してきた結果，政府の役割はどんどん広がって財政規模は非常に大きくなり，膨大な財政赤字を抱えるようになっている。にもかかわらず，1970年代の世界同時不況や90年代以降の日本経済の長期停滞でも明らかなように，景気の変動を克服できたわけでもない。さらに，2008年のリーマン・ショックを契機として発生したアメリカの金融・経済危機は，世界的な金融・経済危機へと拡大し「100年に一度の危機」といわれた。各国の巨額の公的

資金投入や財政出動によって，世界恐慌の再現という事態は避けられたが，各国の財政赤字はいっそう膨大なものとなり，依然として世界経済は不安定な状態が続いている。

　こうした事態の背景には，第二次世界大戦後に世界の超大国となり，戦後の資本主義諸国の復興・成長を主導してきたアメリカが，1980年代に膨大な財政赤字と経常収支の赤字（双子の赤字）を抱え，世界経済の混乱の主要な要因となるとともに，世界最大の純債務国に転落したことがある[3]。さらに冷戦終結と社会主義国の崩壊以降は，露骨な資本主義＝市場原理と競争万能主義への回帰傾向が顕著になる。社会主義国の崩壊によって文字どおりの地球大のグローバリゼーションが急速に進み，巨額の資金が利潤やキャピタル・ゲインを求めて瞬時に国境を越えて動き回り，各国経済に大きな影響を与えるようになっていった。

　他方，労働者が長年にわたる要求や運動によって勝ち取ってきた働く者の権利は次々に剥ぎ取られていった。日本では，労働基準法や男女雇用機会均等法の改正，能力主義，裁量労働制やホワイトカラー・エグゼンプション，年俸制といった制度変更が，あたかも労働者の自由度を広げるかのような理由付けのもとに，実体としては賃金コストの削減を目的として進められている。さらには不況が長期化するもとで「リストラ」という名の露骨な人員削減・解雇によって完全失業率[4]は高まり，正規雇用の非正規雇用への転換によって雇用は不安定化している。また，増加の一途をたどる財政赤字に対

---

[3]　アメリカ経済が相対的に衰退した主要な原因の1つとして，恒常的で大規模な軍事力増強体制を軸とするアメリカの冷戦遂行がある。ソ連を崩壊に追い込んだのも，軍拡の負担が経済を危機的状況に陥れたことが理由の1つであるが，アメリカ自身もその負担に耐えられなくなったことが冷戦の終結につながったのである。この問題の概要については第3部で取り扱うが，巨額の資金がグローバルに移動するようになった背景とそれが世界経済に与える影響も含めて，より詳しくは前掲の延近『薄氷の帝国　アメリカ』を読んでいただきたい。

[4]　完全失業率は［完全失業者数／労働力人口］であり，完全失業者は［調査期間中に収入のある仕事にまったく就かなかった者のうち求職活動をしていた者の数］であるから，仕事が見つからないために求職活動もあきらめた者は完全失業者にはカウントされない。また不安定な非正規雇用で週に数時間だけ仕事に就いて収入があった者も，その収入が生活するにはまったく不充分であっても就業者とみなされる。

処するために増税が行なわれる一方で，自己責任や受益者負担の原則という口実で公的な社会保障の大幅削減も実行されてきている。労働者は雇用不安と生活不安から「サービス残業（タダ働き）」を余儀なくされたり，過労死や自殺に追い込まれたりする例も珍しくない[5]。

このように見てくると，資本への人間の従属という資本主義特有の歪みがいっそう強まりつつあるといえよう。さらには，資本主義経済の特徴の1つである市場経済自体が，利潤獲得とそのための経済成長を運動の原理としていて，地域的環境のみならず地球的規模で見た環境と両立するのか否かという根本的な問題も提起されるようになっている。現在の主流派経済学がこうした現状に対して有効な分析と効果的な政策を提起できていないとすれば，資本主義批判の経済学としてのマルクス経済学の必要性と重要性はむしろ高まっているといえるだろう。

(4) 資本主義の歴史的段階変化

しかし，伝統的なマルクス経済学研究では，『資本論』やその他のマルクスの著作・草稿などの叙述を丹念に詳細に検討してその意味を確定するという，いわゆるマルクス解釈学が盛んであった。こうした研究は，マルクスの叙述の一部を取り出して自分の主張の都合の良いように解釈して現実の経済に適用するという誤りを廃し，マルクスの理論を正確に理解するうえでは意味があったのだが，現代の問題を分析するためには限界があった。資本主義自体がマルクスが生きた時代とは変化してきており，マルクスの理論そのままでは現状分析のための理論的武器として不充分だったからである。

そこで，非マルクス経済学の成果も取り入れながら，資本主義の歴史的段階変化に対応してマルクス経済学を発展させようとする多くの試みがなされてきた[6]。資本主義の歴史的段階変化とは，市場規模に比べて小さな多数の資本の自由競争が全面的に支配する資本主義段階（競争段階）から，一国経

---

[5] 1990年代後半以降，2011年まで毎年の自殺者が3万人を超える状況が続き，2012年からは3万人を下回ったものの，2万7千人を超えている（警察庁調査による）。その理由の第1は健康問題，経済・生活問題は第2位であるが，健康問題が理由であっても，うつ病などが原因の場合，経済・生活や雇用に起因することも多いと推測される。

済の基幹的産業部門において独占的大企業が支配的となる独占資本主義段階（独占段階），さらには国家が経済活動において恒常的で大きな地位を占めるようになってきた国家独占資本主義段階（国独資段階）という変化である。

　それぞれの段階の特徴と関係については本論で論じていくが，ここで簡潔に説明しておこう。資本主義経済は一定の法則性をもって運動し，この資本主義経済の一般的運動法則は，資本主義が資本主義であるかぎり根底において貫徹している。競争段階においては，この法則は「鉄の必然性」をもって貫徹するのであるが，資本主義の発展過程は，規則的な景気循環を繰り返しながらその内的メカニズム自体によって競争の作用を一部制限するようになる。19世紀末から20世紀初め，国によって時期の違いはあるが，一国経済の主要な生産部門が少数の巨大資本によって支配され，独占的市場構造が形成されてくるのである。

　そうした資本主義の構造変化すなわち独占段階への移行にともなって資本主義経済の一般的運動法則は一定程度変容するようになる。規則的な景気循環に代わって慢性的な資本と労働力の過剰化傾向を特徴とする停滞基調が支配し，新しい画期的な技術・製品の登場や輸出の急増，あるいは戦争といった外部的条件が与えられたときにのみ間欠的に急速な経済成長が現実化する，しかしその後には激しい恐慌が爆発するというように，矛盾の現れ方も異なったものとなるのである。戦間期のアメリカに見られた1920年代の長期好況とその後の世界恐慌に続く30年代の長期停滞はその典型である[7]。ロシア革命によってソ連という社会主義国が登場したこともあって，こうした矛盾に対処するために，国家が経済過程に恒常的に介入することを余儀なくされるようになる。経済構造としては独占段階なのであるが，国家の経済過程

---

6)　日本のマルクス経済学者を中心とする『資本論』研究の成果の全体像については，『資本論』の原典解説，論点，研究と論争の3部構成からなる『資本論体系』（全10巻，富塚良三・服部文男・本間要一郎編集代表，有斐閣，1984〜2001年）が参考になる。

7)　1920年代のアメリカでは自動車，家庭電化製品などの新しい生産物が大量生産され，大衆に急速に普及した。また，29年恐慌後の30年代不況から完全に回復したのは，第二次世界大戦開始以降である。戦後の日本の高度経済成長も，石油化学，家庭電化製品，自動車などの新しい生産部門の登場やベトナム戦争にともなう輸出急増の影響が重要な要因となっている。

への恒常的介入を特徴とする国独資段階への移行である。各国がとった国独資政策としての軍事的手段による対外侵略やブロック経済化は，資本主義諸国間の対立を激化させ第二次世界大戦に帰結したのである。

　第二次世界大戦後も国独資段階であることは同じであるが，新たな要素が追加される。米ソを両極とする冷戦である。大戦後，アメリカが圧倒的な経済力・軍事力（原爆独占）・国際政治力をもつ超大国となったのに対して，その他の資本主義諸国は敗戦国も戦勝国も戦場となったことによって経済は荒廃状態となった。他方，社会主義国はソ連一国から東欧，中国と世界体制へと拡大していった。さらに，資本主義諸国の植民地や支配下地域は次々と独立し，あるいは民族解放闘争が高まっていった。アメリカにとっては，資本主義体制の存亡の危機を打開することが至上課題となったのである。

　この課題のため，アメリカは核戦力を中心とする恒常的な軍事力の増強を行ない，社会主義圏を取り囲むグローバルな軍事同盟網を構築していく。また戦前の資本主義諸国間の深刻な経済対立が再現することを防ぐために，IMF（International Monetary Fund，国際通貨基金）やGATT（General Agreement on Tariffs and Trade，関税および貿易に関する一般協定）などの国際経済体制を作り上げていった。こうした国際政治・軍事・経済にわたる戦後資本主義世界体制は，停滞基調に反作用を与え資本主義諸国の復興と急速な経済成長を促す枠組みとなった。

　各国内でも社会主義との対抗上，国家が経済に積極的に介入して経済成長を促進するとともに，失業対策や労働者の権利の保障，社会保障の拡充など福祉国家化も進められていく。戦前のような各国別々の国独資体制ではなく，冷戦のもとでアメリカ主導の国独資連合ともいうべき体制が構築されたのである。冷戦・国独資段階と呼ぶことができよう。この結果，アメリカ以外の資本主義諸国は戦争による荒廃から立ち直っただけでなく，めざましい経済成長を遂げた。日本経済の戦後復興と高度成長もこの枠組みのなかではじめて可能になったのである。アメリカ中心の資本主義体制の再編と強化はみごとに成功したわけである。

　しかし冷戦下の恒常的な軍事力増強は皮肉にもアメリカ経済自体の衰退をもたらし，この枠組み自体を崩壊させていくことになる。1970年代初めの

序-1図 資本主義の歴史的段階変化

```
                                              資本と金融の
                                              グローバリゼーション段階
                                    冷戦・国独資段階
                              国独資段階：国家の経済過程への恒常的介入
                                                                        →
                   独占段階：独占的協調と競争の絡みあい
                   - - - - - - - - - - - - - - - - - - - - - - - - - - →
  競争段階：競争の全面的支配
                                                                        →
  19C                    20C       1929    W.W.Ⅱ      1989
```

　貿易収支の赤字化，金・ドル交換停止を経て，アメリカは保護主義化して貿易・経済摩擦が頻発し，1980年代には「双子の赤字」が累増して純債務国へ転落する。その他の各国とも大なり小なり経済は行き詰まり，財政赤字が深刻となって福祉国家は後退せざるをえなくなる。1980年代以降，とりわけ冷戦が終結し社会主義が崩壊状態になって以降，資本主義諸国では，自己責任の原則という名のもとに市場と競争の原理が最優先され，新自由主義という名の露骨な資本・市場万能主義へ回帰する傾向が強まっていった。マルクスが『資本論』で描いた世界が再現されているかのようである。
　さらに，この過程でアメリカ主導の金融の自由化・国際化が進められ，グローバリゼーションの進展とともに膨大な資金が世界中を駆け巡るようになって，世界経済や各国経済に対して一国の経済政策だけでは対応できないような大きな影響を及ぼすようになっている[8]。2008年秋以降の世界的金融・経済危機はこのような事態を背景として発生したのである。日本経済は1970年代初めに高度成長が終わった後も，各国への輸出を急増させることによって相対的に高い成長率を維持したが，そうした経済成長モデルも90年代初めに限界を迎えた。以降は長期停滞傾向が持続し，財政破綻寸前の膨大な財政赤字を抱えて閉塞的な状況となっている。以上の資本主義の歴史的段階変化を図解したのが序-1図である。

---

[8] 冷戦終結後の資本主義をどのように特徴づけるかについて学界でも通説はないが，私は社会主義の崩壊によって資本の活動が膨大な資金の移動をともなって文字どおりグローバル化したことに最大の特徴があると考えている。

本書では，こうした現代資本主義が抱える諸問題を分析するために必要なマルクス経済学の基礎理論を説明したうえで，その理論をこれらの諸問題に適用して分析するとどのようなことが明らかになるのかを論じていく。経済理論は現実の経済現象を何らかの方法に基づいて抽象化して成立するものであり，その方法が経済理論の有効性も左右する。そこで，まずマルクス経済学の方法の特徴について説明しておこう。

第2節　マルクス経済学の方法

(1) 経済現象の法則性の基盤

　経済学が経済の運動の法則性を明らかにするという意味で科学として成立してくるのは，イギリスで資本主義が誕生し確立してくる時代である。自然現象が一定の法則のもとで運動するのは比較的わかりやすいことであるが，それぞれ異なる個性をもった現実の人間が自分の意思で目的を設定し，手段を選び行動している社会における経済現象はどうだろうか。

　経済活動とは，自分の生活に必要なものを，労働によって自然に働きかけ変化させて生産し，その労働生産物を自分で消費するか，あるいは他人が同じようにして所持する労働生産物と交換しあい消費することである。それらの総体としての経済現象の運動が一定の法則をもつようになるのは資本主義経済が成立してからである。経済現象が法則性をもつようになったからこそ，経済学が社会科学として成立したわけである。

　では，資本主義経済の運動が法則性をもつのはなぜだろうか。それは資本主義経済が次の2つの特徴をもっているからである。

① 商品生産社会

　資本主義経済は，個々人の生産物を他人と交換しあって生産と消費を行なっていく社会であり，しかもその生産物の交換が商品として交換されあう商品生産社会である。そのためには人間が生きていくうえで最低限必要なものを自給自足的に生産するだけでなく，交換に充てる量の生産が可能となっていなければならない。つまり，生産力がそれだけ高まっている必要がある。

商品生産社会では，生産者それぞれの関係は人と人との直接の関係としてではなく，商品の生産と交換の関係として現れてくる。商品交換が普遍的なものになれば，商品の交換比率すなわち価格は交換が行なわれる場としての市場で決まり，商品に対する需要と供給の大小によって価格が変化することになる。こうして商品はその生産者の個性や主観からは独立し，商品価格は需給の変化という客観的な要因に基づいて運動するようになる。つまり，経済現象があたかも自然現象であるかのように運動を行なうようになるのである。その結果，商品とその価格の運動が逆に人々の意識と行動を支配することになる[9]。

② 競争の全面的支配

　商品生産社会では，個々の経済主体（生産者・消費者または供給者・需要者）は直接的には自分の意思と判断にしたがって，自己の利益を求めて経済活動を行なっているのだが，そのような経済主体が多数存在することによって，その判断や行動は個別的な差が相殺されて平均化されていく。さらに自己の利益追求という目的にもっとも適合する行動をとるものが優勢となり，逆にその目的に適合しない行動をとるものは淘汰されていくという競争の作用によって，経済主体の行動自体が同一の方向性をもつようになっていく。

　したがって，経済主体全体として生み出されてくる運動も，ある条件が与えられた場合あるいはその条件が変化した場合には必然的に一定の方向に進むというように，規則性をもって反復するものとなる。また長期的にその運動が反復されるなかで，経済主体の運動の場である市場や経済主体の性質自体を一定の方向へ変化させることも起こってくる。

　そして，あらゆる市場で市場規模に比べて小規模で多数の経済主体が競争している社会，すなわち競争が全面的に支配している社会では，その大多数

[9) このことは，自然現象である気象現象の場合，例えば天気が良くなるとか悪くなると表現するが，人間の経済活動に左右される景気の動向についても，景気が良くなるとか悪くなるというように，あたかも人間の力の及ばない自然現象のように表現することに現れている。また，第1節で述べたように，資本主義社会では労働力も商品となっているから，生活のために自分の労働力を商品として販売して賃金を受け取ること，景気の動向によっては失業する可能性があることも自明のように意識されることになる。

が意思を統一して人為的に一定の方向へ運動を進めることも困難である。したがって，その運動の方向性は個々の経済主体の意思や判断とは無関係な客観的な法則——「鉄の必然性」をもつ法則にしたがうことになるのである。

　資本主義的商品社会はこのような特徴をもつから，これを分析する際には，個々の人間のさまざまな個性や判断の違いは無視されることになる。資本家は「人格化された資本」つまり資本の運動を担う役割を果たす人間として，労働者は「人格化された賃労働」つまり自分の労働力を資本家に販売する以外に生活していく手段をもたない人間として取り扱われることになる。もちろん，労働者は資本主義的商品社会の中で生きながら，その社会の変革の主体として成長する一面をもっているのだが。

(2) 経済学の方法

　では，資本主義経済の一般的運動法則を明らかにするためにはどのような方法が必要だろうか。経済学の対象は人間の活動である経済現象であるから，自然科学のように明らかにしたい法則を純粋な形で取り出すために一定の条件を与えて実験をすることはできない。さまざまな複雑な現実の経済現象の中から一般的な運動法則を抽出して理論化するためには，**豊富な現実認識**と**理論的抽象力**を用いるしかない。数学や統計学，コンピュータなどもあくまでこの2つの手助けとなり，また抽出した法則を現実にあてはめて検証するための道具であって，この2つが基礎になければ，一見高度に見えても経済学とは無縁のものとなる。

　豊富な現実認識に基づいて理論的抽象力によって資本主義経済の一般的運動法則を純粋な形で明らかにするためには，**純粋な資本主義社会**を想定してその運動を分析するという方法が有効である。純粋な資本主義社会とは，**資本主義的生産様式**が工業，農業などすべての生産領域で支配しているような社会で，資本家階級，労働者階級および地主階級という3大階級のみによって構成されており，自由な競争がどの分野でも完全に行なわれているような社会のことである[10]。

　このような条件を完全に満たす社会は現実には存在しない。しかし，現実の社会が資本主義の基本的な特徴を備えているのであれば，純粋資本主義社

14

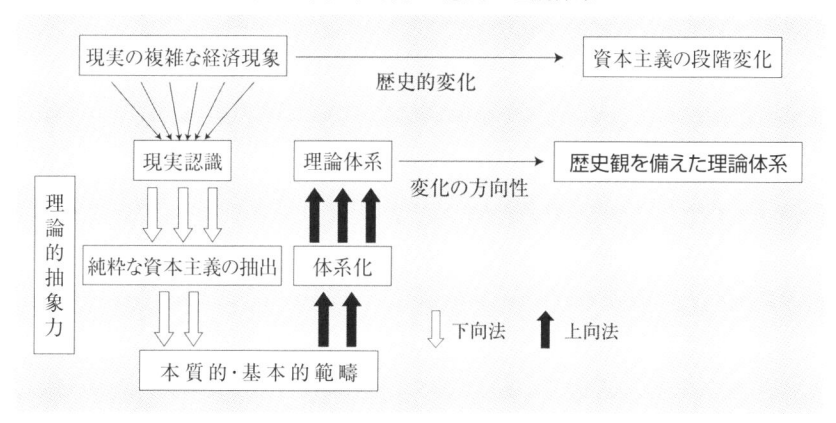

序章　マルクス経済学の視角と方法

序‐2図　経済学の方法と理論体系

```
現実の複雑な経済現象 ──────────→ 資本主義の段階変化
      ↓↓↓↓         歴史的変化
      現実認識    理論体系 ──────→ 歴史観を備えた理論体系
理論   ⇩⇩        ⬆⬆⬆    変化の方向性
的抽   純粋な資本主義の抽出  体系化
象力   ⇩⇩        ⬆⬆⬆
      本質的・基本的範疇    ⇩下向法  ⬆上向法
```

会という想定から抽出された法則は一般的に作用し妥当することになる。また，妥当しない部分についてはその資本主義の特殊性として把握することが可能となる。

　したがって分析の方法は，まず現実の資本主義社会の複雑な経済現象を分析して現実を認識し，その中から特殊で副次的性質をもった現象を理論的抽象力によって捨象していき，純粋な資本主義を抽出する。さらにそこから理論的抽象力によって現実的・具体的なものの根底に存在する本質的な関係，より単純で基本的な範疇に接近していくことになる。これが分析の方法としての**下向法**である。次に分析の結果を総合し体系化して理論として叙述していくためには，下向法によって到達したもっとも単純な範疇から出発して，より複雑で具体的・現実的な現象の説明へと進んでいくことが必要となる。これが体系化の方法としての**上向法**である。

　もちろん現実認識から抽出された法則も当初は仮説にすぎないから，理論化する場合には現実と仮説との間で上向と下向とを繰り返して，現実への妥当性と論理的体系性とを常に検証していく作業が必要となる。そして，その

---

10)　資本主義的生産様式とは，生産手段または生産手段を購入するだけの貨幣を私的に所有する資本家階級が，生産手段を持たず自らの労働力を資本家に販売して貨幣を手に入れて生活するしかない労働者階級を雇用して生産を行ない，所有する生産手段や貨幣を増加させていく生産様式である。

時々の現実がさまざまな偶然性をもちながらもある法則性と必然性をもって変化していく過程が歴史であるから，このような作業によって体系化された理論は，鋭い歴史認識をもち正しい歴史解釈を可能とするもの，言い換えれば歴史観を備えた理論体系となるはずである。以上の経済学の方法を図示すると序－2図のようになる。

　さて，資本主義的生産様式をその他の生産様式と区別して，資本主義経済の一般的運動法則を明らかにするうえで，もっとも単純で基本的な範疇は商品である。人間の生活は自然に働きかけ，自分に有用なものを生産し消費することによって行なわれるが，上述のように資本主義的生産ではその生産物が商品として交換されあうのであり，個々の商品が社会の富の基本的形態として現れるのである。それゆえ，第1部第1章では商品の考察から始めることになる。

第1部
資本主義経済の一般的運動法則

はじめに

　第1部の課題は，競争段階において「鉄の必然性」をもって貫徹する資本主義経済の一般的運動法則を明らかにすることである。第1章では，資本主義社会のもっとも基本的で本質的な範疇である商品について考察し，さらに商品交換を媒介する貨幣の特徴と機能を明らかにする。第2章では，貨幣はどのようにして資本に転化するのか，そして資本はどのようにして価値増殖していくのか，そこにはどんな問題が含まれているのかを明らかにする。第3章では，資本が価値増殖を繰り返すメカニズムとともに資本に価値増殖を強制していく社会的メカニズムについて考察する。ここまでは基本的に個別資本の運動が対象である。

　第4章では，多数の資本が個別の判断で行なう価値増殖の運動が相互に絡みあって進んでいく社会的再生産過程を対象として，社会全体での再生産がどのようにして可能になるのか，その過程はどのような特徴をもつのかを明らかにする。第5章では，それまでの内容を基礎として，競争段階の景気循環のメカニズムを考察し，さらに景気循環が繰り返されるなかで市場構造が変化し，資本主義が独占段階へ移行していくメカニズムを明らかにする。

第1章
商品と貨幣

第1節　商品の2要因――使用価値と価値

(1) 使用価値

　商品は交換されあうものであるから，第1にその自然的属性が人間の何らかの欲望を充足させる性質＝有用性をもった物である必要がある。衣食住のための生活必需品が典型である。この有用性をもつという性質を**使用価値**と呼ぶ。第2に，あるものがいくら自分にとって有用で主観的には大きな使用価値があっても，交換の対象となるためには，他人にとって有用でなければならない。例えば，現代ではパーソナル・コンピュータ（パソコン）の発達によって，個人でもオリジナルの音楽CDを作成するのは容易であるが，それが，音楽会社が制作したプロの音楽家のCDのように売れることはほとんどないであろう。他人にとっての使用価値がないからである。

　では，使用価値があり，しかもそれが多くの人が有用と考えるものであれば商品としての必要条件を満たしているだろうか。例えば，空気や太陽の光は人間が生きていくためには不可欠であり，だれにとっても有用性があるが，商品として交換の対象とはなっていない。また，渓流の水や湧き水，だれでも採れる野生の果実や山菜など，その地域に住んでいる人にとって，欲しいと思えばだれでもすぐに手に入れられるものも交換の対象とはならない。

　しかし，渓流の水をペットボトルに詰めたり，山菜を採集して箱詰めにしたりして，それらが身近に存在せず，すぐには手に入らないような都市部に運搬すれば商品として交換の対象となる。この違いは採集や運搬という労働を加えたことによって生まれたのである。つまり，労働によって媒介されな

い自然のままで使用価値であるものは交換の対象にはならないが，労働を加えることによって商品となりうるのである。つまり，商品としての必要条件の3番目は，**労働生産物**という性質なのである。

(2) 価値

次に，商品は交換されあうものだということは，例えば**X量の小麦＝Y量の綿布**というように，何らかの量的な交換比率によって交換されるはずである。このことは，小麦を主体に考えると，X量の小麦は，パンや麺類などに加工して食品を作ることができるという使用価値の他に，Y量の綿布と交換されるという性質をもっていることを意味する。この性質を**交換価値**と呼ぶ。もちろん小麦は綿布とだけ交換されるということではないから，さまざまな他の商品の一定量と交換されるという交換価値をもつものとして現れることになる。

この交換価値の大きさは，交換される別の商品の量によって表されるから，交換されることが稀で偶然的であればその比率は一定しないかもしれない。しかし，序章の経済現象の法則性のところで述べたように，ここでの商品は，資本主義が確立し商品生産が社会全体に浸透している状態が前提であるから，個別的な偏りは平均化されて，ある社会・地域のある時期には一定の交換比率が成立していると考えられる。

したがって，X量の小麦＝Y量の綿布という等式が成立しているということは，この等式は，小麦と綿布には何らかの共通のものが存在し，その共通で同質の何かの量が等しいということを意味しているはずである。その共通のものを**価値**と呼ぶとすると，価値の実体は何であろうか。

まず使用価値ではありえない。交換が成立するということは，それぞれの商品の所有者が，それぞれ相手がもっていて自分にとって有用な商品と取り替えるということである。したがって，交換される商品は異なる使用価値と自然的属性をもったものであるはずである。つまり使用価値を共通の尺度として量を比較することはできないのである。使用価値からもたらされる効用はどうであろうか。小麦と米というような使用価値の似たものであれば，比較可能かもしれないが，小麦と綿布のように使用価値の性質のまったく異な

るものの効用を比較することは不可能である。

　異なる使用価値をもつ2つの商品に共通で同質のものは，労働によって生産された生産物であるという性質である。ただし，労働が投下されて生産されたものだといっても，小麦を作る労働と綿布を作る労働とは比較できない。これらは具体的で有用なものを作る労働＝**具体的有用労働**であって，同質のものとはいえない。そこで，さまざまな具体的な労働の異なる形態を取り払っていくと，共通で同質なものが残る。それは，あらゆる労働は，人間の能力，脳や神経や筋肉やエネルギーなどを使って行なわれるという性質，すなわち**抽象的人間労働**という性質である。

　この抽象的人間労働は，質が同じで量が異なるだけであるから，先ほどの等式は2つの商品に投下された抽象的人間労働の量が等しいことを表している。すなわち2つの商品の価値が等しいということを示しているのである。つまり，商品の価値とは抽象的人間労働が商品に対象化されたもの，言い換えれば商品の価値の実体は抽象的人間労働であるということになる。抽象的人間労働そのものは目に見えないものであるから，ある商品の価値を他の商品の一定割合で表したものが交換価値ということになる。

　抽象的人間労働においては質の差はないのであるから，商品の価値量は，その商品の生産に必要な労働時間を単位として測ることができる。しかし，同じ商品を生産する場合でも，複数の生産者の個別的な労働時間には差があるのが普通である。では，価値量はどの水準に決まるのか。ある商品の生産に必要な労働時間の長さにしたがって生産者をグループ分けし，生産者グループaは10時間，bは8時間，cは6時間で生産できるとする。この違いは，生産のために必要な機械・道具や原材料の良し悪し，労働者の熟練の差などによって生じる。それぞれの生産量も含めて図示すると，次ページの第1-1図のようになっているとする。

　aに所属する生産者が自分の生産物の価値を10時間分と主張して，他の10時間分の価値をもつ商品との交換を要求したとしても，その商品の所有者はcの商品との交換を望み，その希望は実現しない。逆にcの生産量は少ないから，cとの交換を望むものが多ければ6時間以上の価値をもつ商品との交換も可能となるであろう。最終的には，この商品は個別的な労働時間の

加重平均としての社会的平均的な労働時間によって交換されることになるだろう。

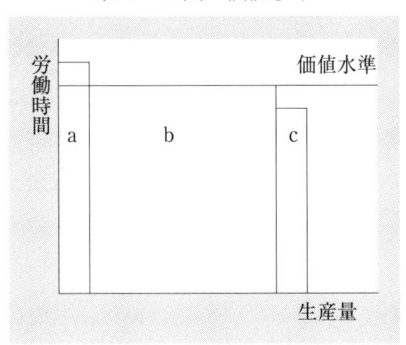

第1-1図　価値水準

つまり，商品の価値の大きさは，ある社会の標準的な生産条件と平均的な労働の熟練・強度によって商品を生産するために必要な労働時間＝社会的平均的な労働時間によって決まることになる。したがって，社会的平均的な生産条件や熟練などが変化すれば，価値量も変化する。例えば，第1-2図のようにcのグループが増加すれば，1単位の商品を生産するのに必要な平均的労働時間が減少し，その商品の価値は低下する。逆に，同じ量の抽象的人間労働を投下すれば，同じ価値量とより多くの使用価値が生産される。

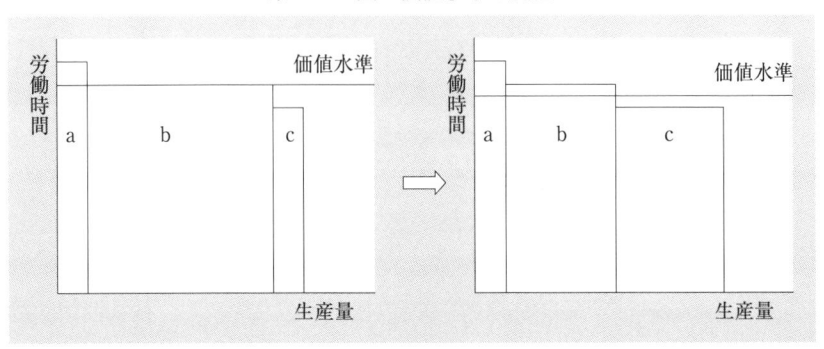

第1-2図　価値水準の変化

（3）労働の二重性

　以上の使用価値と価値という商品の2要因に対応して，商品を生産する労働も2つの性質をもつことになる。特定の使用価値を生み出し，さまざまな形態をもつのが具体的有用労働であり，商品の価値を形成し，同質で無差別なのが抽象的人間労働である。

　このことをもう少し立ち入って考えてみると，具体的有用労働によってさまざまな使用価値を生み出すということは，どのような社会形態においても人間が生存していくためには絶対に必要な条件である。ある社会のある時期には，多くの人間が生存し生活していくために必要なさまざまな種類の使用価値が，それぞれ必要な量だけ生産される必要がある。一人一人の必要とする消費手段の種類やそれぞれの量は異なるけれども，社会全体として見たときに，必要な消費手段の種類と量，それらを生産するのに必要な生産手段の種類と量は決まっているはずである。それら社会的必要を分業によって生産しているとすると，一人一人の労働は社会的に必要なものを生産するための社会的労働という性格をもち，それゆえに意味をもつのである。これもあらゆる社会形態において共通する真実である。

　それでは，抽象的人間労働が対象化されて価値を形成するということはどうだろうか。資本主義社会においては，資本家が生産に必要な生産手段を私的に所有し，それぞれが個別に自然発生的に分業を行ない，自己の利益のために商品を生産して交換しあっている。つまり，商品を生産する労働は私的に分散的に行なわれている。

　商品生産社会においても，労働は社会的労働の一環として行なわれる場合にのみ意味をもつということには変わりはないから，個別に分散的に行なわれる私的労働が意味をもつためには，それが社会的労働の一環であることを証明しなければならない。自分の抽象的人間労働を自分以外の抽象的人間労働と等しいと表現すること，つまり自分の商品を他の商品と等式関係において交換価値をもつことを示し，さらに交換が実現することによって，この証明がなされるのである。

　このように自分の労働が社会的労働の一環であることを実証するために交換がなされなければならない，あるいは言い換えれば，交換が実現して初め

て自分の私的労働が社会的労働の一環であったことが事後的に証明され，逆に交換が実現されなければ（売れなければ）自分の労働はムダな労働となってしまうのである。これは，人と人との社会的関係が商品というモノとモノとの社会的関係として現象する資本主義的商品生産社会に固有のことなのである。

(4) 価値の表現形態

　価値の実体は抽象的人間労働であることがわかったが，抽象的人間労働はそのままでは目に見えないものであった。目に見えないままでは商品に含まれる価値どおりの比率で交換することは困難であるから，目に見える何らかの形態で商品に含まれている価値を表現することが必要になる。では，価値はどのような形態で表現されるのだろうか。

　商品の価値をもっとも身近に感覚的にとらえられるのは，商品が1個何円というように価格によって表示され，その価格分のお金（紙幣や硬貨，日本では日本銀行が発行する日本銀行券や政府が発行する補助貨幣）と引き換えに手に入れる場合であろう。ある商品，例えばX量の小麦の価格が1万円と表示されている場合，X量の小麦には抽象的人間労働によって生み出された1万円分の価値が含まれていることが表現されており，1万円札を渡せば買うことができる，つまり小麦と1万円札とが交換されあうわけである。(2)で示した商品交換の等式で表現すると，X量の小麦＝1万円札ということになる。

　この等式は左右両辺の商品の価値が等しいことを意味していた。しかし，1万円札を商品として見たとき，1万円札を作るために必要な費用は紙と印刷代など20円程度である（財務省印刷局の日本銀行への引渡し価格）。つまり1万円札には20円程度の価値しか含まれていないから，X量の小麦の価値＞1万円札の価値なのである。にもかかわらず，1万円の価格がついた商品が1万円札で売買されることを，販売者も購買者も当然のように思っているはずである。(2)で説明した価値規定は誤っていたのだろうか。あるいはお金には価値規定はあてはまらないのだろうか。

　この疑問に答えるためには，金本位制と管理通貨制について考える必要が

ある。第二次世界大戦前（より正確には1930年代初め）まで，主要国は金本位制を採用していた。金本位制とは，金を一国の貨幣制度の基本となる本位貨幣として定める制度で，日本では，江戸時代の小判や明治初期に鋳造されはじめた1円金貨などが本位貨幣である。金本位制のもとでは経済的な取引が金を媒介として行なわれるため，金の生産量の増大を超えて経済活動が拡大すると金貨幣が不足することになる。経済活動の拡大が金の生産量によって制約を受けるわけである。

そこで経済活動の拡大とともに，兌換銀行券が発行され流通するようになった。兌換銀行券は，銀行が券面分の金との兌換を保証して発行する銀行券である。金本位制のもとでは，1万円の銀行券は1万円分の金との兌換が保証されているために，20円程度の価値しか含まれていない1万円札が1万円分の価値を含む金貨幣と同じように取り扱われるのである。兌換銀行券を発行できる銀行は発券銀行と呼ばれ，当初は民間銀行も発券業務を行なっていたが，銀行券の乱発や兌換の停止が経済の混乱を招くことから，やがて各国とも中央銀行に発券業務を集中させ独占させるようになった。兌換銀行券が流通するようになって，経済活動の拡大は金生産量の増大に厳密に制約されることはなくなったのであるが，それでも中央銀行は金兌換の要求に備えて，一定量の金を準備しておく必要がある。逆にいえば，金準備額を超えて無制限に銀行券を発行することはできないのである。

このような制約がある金本位制であるが，各国が同様の貨幣制度をとり自国の通貨と金との交換を保証していれば，各国通貨は金と同じ意味をもつため，各国が金という共通の通貨を使用しているのと同じことになる。この結果，国際間の取引が円滑に行なわれて国際的な経済活動が活発となり，各国の経済も発展することになったのである。

しかし，1929年にアメリカで始まった恐慌が世界恐慌に拡大していき，経済活動は一挙に縮小して大量の倒産や失業が発生した。各国は金融政策や財政政策によって対処するために次々と金兌換を停止し金本位制から離脱して，通貨の量が金準備額によって制約されない管理通貨制度に移行していった。銀行券は金との兌換ができない不換銀行券となったのである。第二次世界大戦後も各国は戦費の負担と戦争による経済荒廃によって金本位制に復帰

する条件はなく，金本位制に代わる国際通貨制度であるIMFが，豊富な金準備をもつ唯一の国であったアメリカ主導で創設されたため，ドルが金に代わって国際通貨としての役割を担うようになった[1]。

現在使われている日本銀行券も不換銀行券であり，日本銀行法によって日本銀行が発行し「法貨として無制限に通用する」と定められ，国家がそれを裏づけるための諸政策をとることによって通用している。つまり，1万円分の価値が含まれた商品と20円程度の価値しか含まれていない1万円札が，ごく当たり前のように交換されあうのは，日本銀行券が国家による強制力と国家および中央銀行である日本銀行に対する信用によって通用している通貨だからなのである。

現在は紙切れでしかない銀行券も金本位制のもとでは金という裏づけをもっていて，金と一般商品が交換されあうのは，両者に含まれる価値が等しいからである。では，なぜ他の商品ではなく金が貨幣となり，金のみが商品の価値を表現することができるのだろうか。また，金は装飾品や金メッキ，近年ではIC（Integrated Circuit，集積回路）の配線に使われるといった用途があるが，金貨それ自体にはさほど大きな使用価値があるとも思えないのに，多くの人が欲しがるのはなぜなのだろうか。これは，先ほどのX量の小麦＝Y量の綿布という価値表現から論理的に引き出されてくることなのである。

① **単純な価値形態**

X量の小麦＝Y量の綿布という等式は，左辺の商品X量の小麦が，自分の価値を表現するために右辺の商品Y量の綿布と等式関係を結ぶことにより，自分の価値はY量の綿布と同じであると表現している。この**単純な価値形態**では，左辺の商品が右辺の商品の姿を借りて間接的・相対的に自分の価値を表現しているということから，左辺の商品は**相対的価値形態**にあるという。

右辺の商品は，左辺の商品と等しい価値をもつものであるという位置に置かれて左辺の商品の価値を表現しているわけで，**等価形態**にあるという。つ

---

[1] アメリカも金本位制を停止していたからドルも不換銀行券であるが，ドルがアメリカ国内だけではなく国際取引にも使用される国際通貨となった理由については第2節(5)の【補】で説明する。

まり，右辺の綿布は，綿布という目に見える使用価値の姿のままで，左辺の小麦の価値の実体である抽象的人間労働が対象化された価値物として現れているわけである。等価形態に立つ商品は，左辺の商品によって価値表現の特殊な関係が結ばれたことで，使用価値それ自体が価値物であるかのように現れてくるのである。

　ただし，等価形態にある右辺の綿布は，左辺の小麦の価値を表現しているだけで自分の価値自体は何も示していない。逆から見れば同じことだと思われるかもしれないが，まさにそれは逆から見ればということで，そう見た瞬間に右辺と左辺とは入れ替わって，Y量の綿布＝X量の小麦という等式になって綿布の方が相対的価値形態に立つことになる。この意味で，X量の小麦＝Y量の綿布という価値形態は，X量の小麦⇒Y量の綿布というように，左辺から右辺への片想いのようなものなのである。

　つまり，X量の小麦がY量の綿布を自分の等価物として置くということは，X量の小麦はY量の綿布とならいつでも交換に応じることを表明していること，綿布の側がその想いに応えてやりさえすれば両者は相思相愛となる，すなわち交換が成立するということも示しているのである。そこで等価形態にある商品は，左辺の商品に対して**直接的交換可能性**をもつという。

② 展開された価値形態

　ところで，単純な価値形態は，小麦の価値を個別的・偶然的に綿布で表現しているにすぎないから，商品の価値表現という本来社会的で一般的な問題からすれば非常に不充分である。ここで，小麦の所有者の立場に立って考えてみると，綿布だけではなくその他の自分に必要な諸商品とも交換したいと考えるであろうから，小麦以外の多数の商品，Z量の鉄，A量の石炭，B量の茶……と関係を結ぶことで，より社会的な価値表現を行なうことができる。

　これを**展開された価値形態**と呼ぶ。この価値形態では，左辺の商品は，さまざまな使用価値をもつ右辺の諸商品とその価値が等しいものとして関係を結んでいる。このことによって，小麦に対象化されている価値とその実体である抽象的人間労働が，個々の使用価値や具体的有用労働の種類とは無関係なものであることが，より明らかになっている。

第１部　資本主義経済の一般的運動法則

$$
X 量の小麦 = \begin{cases} Y 量の綿布 \\ Z 量の鉄 \\ A 量の石炭 \\ B 量の茶 \\ \cdots\cdots \end{cases}
$$

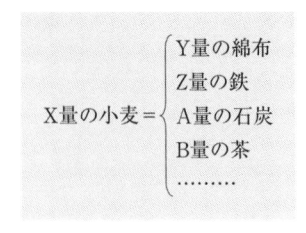

しかし，この展開された価値形態は小麦の価値を表現しているが，右辺に置かれたさまざまな商品相互の関係はなく，それぞれの商品の価値も表現されていない。右辺の商品を一つ一つ左辺に置きそれ以外の商品を右辺に置いても，次の図のように，それぞれの展開された価値表現がただバラバラに並んでいるだけで，やはりさまざまな諸商品の価値が統一的に表現されているわけではない。

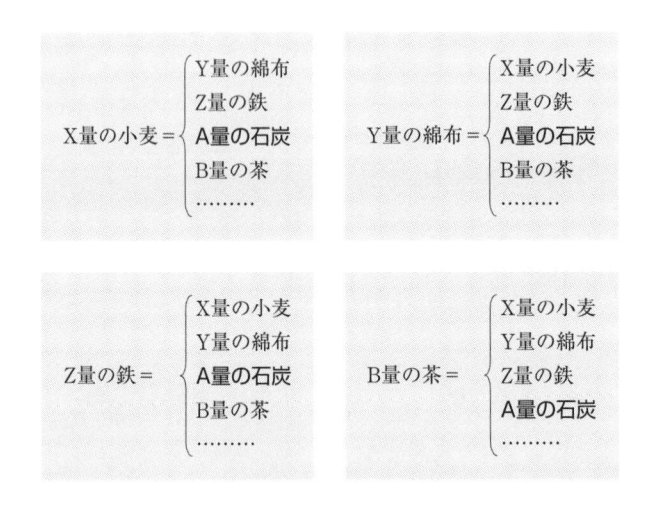

$$
X 量の小麦 = \begin{cases} Y 量の綿布 \\ Z 量の鉄 \\ \mathbf{A 量の石炭} \\ B 量の茶 \\ \cdots\cdots \end{cases} \qquad Y 量の綿布 = \begin{cases} X 量の小麦 \\ Z 量の鉄 \\ \mathbf{A 量の石炭} \\ B 量の茶 \\ \cdots\cdots \end{cases}
$$

$$
Z 量の鉄 = \begin{cases} X 量の小麦 \\ Y 量の綿布 \\ \mathbf{A 量の石炭} \\ B 量の茶 \\ \cdots\cdots \end{cases} \qquad B 量の茶 = \begin{cases} X 量の小麦 \\ Y 量の綿布 \\ Z 量の鉄 \\ \mathbf{A 量の石炭} \\ \cdots\cdots \end{cases}
$$

ただし，これらの多数の展開された価値形態を比べてみると，左辺の多くの商品が自分の価値を表現しようとして等価形態に置いた商品の中に，例えばＡ量の石炭という共通な商品がある。多数の展開された価値形態から，Ａ量の石炭を右辺にもつ価値表現の等式を抜き出して並べたとすると，次の図のようになる。

③ 一般的価値形態

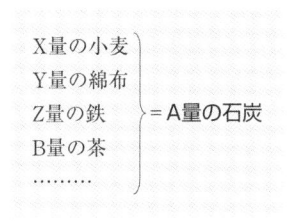

$$
\left.\begin{array}{l}
\text{X量の小麦} \\
\text{Y量の綿布} \\
\text{Z量の鉄} \\
\text{B量の茶} \\
\text{………}
\end{array}\right\} = \text{A量の石炭}
$$

　この価値形態では，石炭だけが右辺の等価形態に置かれ，その他の多数の商品が左辺の相対的価値形態にあって，左辺の商品はすべてA量の石炭によってその価値が表現されている。そして，左辺の商品どうしの価値関係は，A量の石炭という右辺の商品と等しい価値をもつそれぞれの量の比率として表現されている。したがって，価値表現としてはもっとも合理的で社会的・一般的に表現できる形態である。

　このような価値表現を**一般的価値形態**と呼ぶ。右辺に置かれた商品は**一般的等価形態**にあるといい，自分以外のあらゆる商品の価値を表現する**一般的等価物**の機能を果たすことになる。したがって，この商品はその自然の姿すなわち使用価値のままで，抽象的人間労働の目に見える化身となっていて，**すべての商品と直接的交換可能性をもつ特殊な商品**として現れることになる。いわばすべての人から片想いされているようなもので，自分が望みさえすればいつでもその選んだ商品との交換が可能な位置に置かれているのである。

　このような価値形態が成立してくれば，A量の石炭を右辺に置かなかった商品所有者も，石炭さえ手に入れれば，自分の望む多くの商品との交換が可能になる。したがって，石炭（そのものの使用価値）を直接に必要としていなかったとしても，他の商品を手に入れるために石炭との交換を望み，石炭を右辺に置くようになるであろう。こうして，石炭のみが等価形態に置かれ，他のすべての商品が左辺に並ぶようになる。つまり，左辺の商品すべての共同事業として1つの共通の商品を等価形態に置いて自分たちの価値を表現することによって，この一般的価値形態が成立するのである。

　一般的等価物としてもっとも適した性質をもつ特定の商品が，一般的等価形態としての機能を独占するようになると，その商品が**貨幣**となる。

④ 貨幣形態

　一般的等価物に適した性質とはどのようなものであろうか。第1の条件は，半永久的に変質したり腐敗したりしないという性質である。一般商品との交換がいつでも可能なように，価値を維持し保管しておく必要があるからである。したがって小麦や綿布など生物由来のものは適していない。鉱物一般はこの性質を備えている。

　第2の条件は，物質的に少しの量でも多量の価値をもっていることである。非常に大きな価値をもつ商品と交換する場合，所持したり運搬したりするのに便利でなければならないからである。したがって半永久的に変質しない鉱物でも，貴金属や宝石などは適しているが，石炭や単なる岩石，鉄などの卑金属は適していない。

　第3の条件は，均質で同じ価値比率で分割可能という性質である。交換の対象となる商品の価値は大小さまざまであるから，貨幣商品を半分に分割すれば価値も半分とならなければならない。宝石は少量で多量の価値をもつが，その大きさや重さによって価値比率は大きく異なる。例えばダイヤモンドは半分に分割するとその価値は半分以下となるのが通常であるから，この条件には適していない。

　以上の貨幣商品としての性質の3つの必要条件すべてを兼ね備えているのが，金や銀なのである。

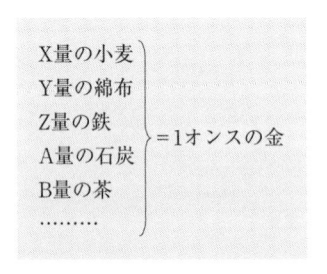

$$\left.\begin{array}{l} X量の小麦 \\ Y量の綿布 \\ Z量の鉄 \\ A量の石炭 \\ B量の茶 \\ \cdots\cdots \end{array}\right\} = 1オンスの金$$

　この**貨幣形態**の価値表現上の機能は，③の一般的価値形態と同じである。金はもちろん労働生産物としてそれ自身の価値をもっているだけでなく，一般的等価物としてもっとも適した属性を生まれながらにしてもっているために，**貨幣商品**となったのである。この貨幣形態では，諸商品の価値は金の重

量で表現されることになり，金の重量が**価格**となる。その重量名として国家が定めた呼び名が円，ドル，ポンドなどの通貨単位である。もちろん，金が貨幣となるのは，商品所有者たちが合理的に考えてそのように決めたのではなく，商品交換が何度も繰り返され地域的にも広がっていく過程で貨幣となっていったのである。

こうして商品が一般の商品と特殊な貨幣商品とに分裂すると，金はそれ自身がもっていた使用価値以外に，他の商品によって一般的等価形態に置かれたことによって生じる使用価値をもつことになる。すなわち，一般的等価物としての使用価値であり，他のあらゆる商品との**全面的な直接的交換可能性**をもつという，貨幣商品としての特殊な**形態的使用価値**である。そしてこの全面的な直接的交換可能性を求めて，一般商品所持者は金を欲するようになるのである。

このように貨幣形態が成立すると，金のみがそのまま価値物であるかのように感じられるようになり，あらゆる商品と直接交換可能なのは，金の生まれながらの自然の性質であるかのように受け取られるようになるのである。

(5) 商品・貨幣の物神的性格

すでに述べたように，商品生産社会では，商品生産者は自分の私的労働が社会的労働の一環であることを実証することが最大の関心事となる。つまり，自分の労働がムダなものではないことは，自分の生産物が他の商品と交換され，その価値が実現されることによってのみ結果的に証明されるのである。

このような社会では，人と人との社会的関係は商品の交換関係として現れてくるから，使用価値が商品の自然的な属性であるのと同じように，商品が価値をもつのは自然の属性であるかのように現れてくる。そのような商品の価値が交換によって実現されることが最大の関心事となることによって，商品が神のように人間の上に君臨するようになるのである。これを商品の**物神的性格**または商品の**物神性**と呼ぶ。

さらに，貨幣が成立してくると，金も労働生産物であり，一般商品と交換されるのは同じように抽象的人間労働の対象化された価値が等しいからであるということも消え失せてしまう。金という貨幣が生まれながらに価値の結

晶・価値物であり，もともと神のような特殊な力を備えたものであるかのように現れてくる。これを貨幣の物神的性格または貨幣の物神性と呼ぶ。単なる労働生産物でしかない金が，あらゆる商品を手に入れることのできる全智全能の力をもつものとして崇拝され，人間の幸福をも左右するものであるかのように熱望されるようになるのである。

第2節　貨幣の諸機能

(1) 価値の尺度

　貨幣形態が成立することによって，そのままでは目に見えない商品の価値を，貨幣の一定量の重量である価格によって表現することができるようになる。貨幣が商品の価値の尺度，物差の役割としての機能を果たすのである。ただし，一般商品も貨幣商品も労働生産物であるから，その商品の生産に必要な社会的平均的労働時間が変化すればその価値も変化し，したがって価格も変化する。貨幣商品である金の価値が一定で，商品価値が変化した場合，価格は商品価値の変化に正比例して変化する。商品価値が一定で金の価値が変化した場合は，価格は金の価値変化に反比例して変化する。両者が変化した場合は，その変化率の大小によって価格の変化は多様となる。

(2) 流通手段

　商品所有者が自分の商品と貨幣としての金との交換を望むのは，金が他の商品との全面的な直接的交換可能性をもつからであった。自分の商品と金との交換に成功することによって，自分の商品の価値を実現し，自らが欲する他のあらゆる商品を手に入れ消費することができるのである。つまり，貨幣は生産と消費との間の商品の交換を媒介する手段となっているのである。多数の商品生産者と消費者との貨幣を媒介した商品交換を図示すると，第1－3図のようになる。

　A_1 は，W_1 の商品を生産して流通＝商品市場において A_0 に販売し，貨幣 G を手に入れる。A_1 はその貨幣 G で A_2 が生産した商品 W_2 を購入し消費する。A_2 は商品 W_2 を A_1 に販売して得た貨幣 G で A_3 から商品 W_3 を購入し消費す

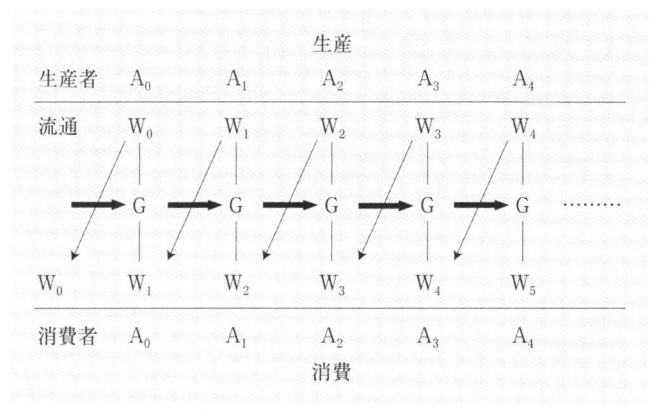

第1-3図 貨幣による商品交換の媒介

```
                        生産
生産者   A₀      A₁      A₂      A₃      A₄
流通     W₀      W₁      W₂      W₃      W₄
         ↓↘    ↓↘    ↓↘    ↓↘    ↓
    → G → G → G → G → G ………
         ↓      ↓      ↓      ↓      ↓
         W₀   W₁     W₂     W₃     W₄     W₅
消費者    A₀     A₁      A₂      A₃      A₄
                        消費
```

Wは商品，Gは貨幣を表す（それぞれドイツ語のWare，Geldの頭文字）。

る……ということを，この図は表している。このような商品と貨幣との交換の連続により，商品は生産→流通→消費と移動して消滅していくが，貨幣は流通にとどまり続けて，次々と交換を媒介していくのである。

この図では，商品の価値どおりの交換が順調に行なわれて販売と購買が円滑に進むかぎり，貨幣が媒介することには何の意味もなく，物々交換と同じように見える。しかし，単なる物々交換と貨幣が媒介する商品交換との間には決定的な違いがある。物々交換が成立する場合，商品を販売することは同時に購買することを意味している。需要と供給は常に一致しているのである。「供給は自ら需要を作り出す」というセイの販路法則は，この物々交換の世界を事実上の前提としている。これに対して貨幣が媒介する商品交換では，商品を販売して全面的な直接的交換可能性をもつ貨幣を手に入れたということは，文字どおり他の商品との交換が可能であることを意味するにすぎない。

商品を販売することは私的労働を社会的労働の一環として実証することであり，貨幣への変換はいわば「命がけの飛躍」なのであるが，それに成功した後にその貨幣をただちに手離して他の商品を購買することを義務づけられているわけではない。例えば，A_2がA_1に商品を販売し貨幣を手に入れたとしても，すぐにその貨幣をすべて使ってA_3から商品を購入する必要はない。もし，A_2がA_3から商品を購買しないとすると，もちろんA_3もその商品を

販売できないし，A_4以降も販売できない……というように，社会全体で販売しようとする供給総額と実際に購買される需要額が一致しない可能性が出てくるのである．つまり，貨幣が媒介する商品交換においては，供給総額が需要総額に対して過剰となる可能性，すなわち全般的過剰生産恐慌の可能性が生まれてくるのである．

もちろんこの販売と購買の不一致は，貨幣が流通にとどまり続けているかぎり現実化しないから，全般的過剰生産恐慌の可能性は抽象的なものにすぎない．しかし，貨幣には流通手段としての機能の他に，次の(3)で述べる蓄蔵手段としての機能があり，貨幣が流通から引き上げられる可能性がある．その場合には販売と購買の不一致は現実のものとなる．

この商品交換を貨幣が媒介することによる販売と購買の不一致の可能性は，貨幣量と物価水準との関係にも影響を与える．第1-3図からわかるように，一定期間の商品の流通に必要な貨幣量は，商品の価格総額（商品価格×商品量）を流通速度（回数）で割ったものとなる．

$$流通必要貨幣量 = \frac{商品価格 \times 商品量}{流通速度（回数）}$$

この式に基づいて，物価水準は貨幣量に比例して変化すると主張するのが貨幣数量説である．この説の立場からは，物価が持続的に下落している場合，中央銀行が貨幣量を増やせば物価の下落を停止させ，さらには上昇させることが可能であるという主張が導き出される．たしかに，貨幣が流通手段としての機能だけをもち流通の中にのみ存在するのであれば，左辺が増加すれば右辺も増加し，右辺の分母の流通速度と分子の商品量とは短期的には一定と仮定できるから，分子の商品価格は上昇することになる．しかし，貨幣が流通から引き上げられる場合，上の式だけから導かれる貨幣数量説は成立しないのである[2]．

---

[2] 第3部第11章で論評する「アベノミクス」の理論的支柱であるリフレ派の主張は，この貨幣数量説に依拠したものである．

(3) 蓄蔵手段

　貨幣のもつ3つ目の機能は価値を保存する機能＝蓄蔵手段としての機能である。貨幣は流通から引き上げられ蓄蔵されてもその価値は保存される。商品の生産が消費を目的として行なわれるのであれば，商品の販売で獲得した貨幣を他の商品の購買に使わずに蓄蔵することは無意味に見えるが，どのような場合に貨幣は蓄蔵されるのだろうか。

　商品を生産するために工場を建てたり機械設備を設置したりする設備投資が行なわれる場合，最初にそれらを購入するだけの多額の資金が必要となる。工場や機械設備が完成し生産物を販売できるようになるまでは，販売なき購買，すなわち一方的購買が行なわれる。そして完成した工場や機械設備は，それらが磨耗したり劣化したりして使えなくなるまで，長期間にわたって生産を続けることができる耐久的なものであるから，その**耐久期間**（または**耐用年数**）中は工場や機械設備自体を購買することなく，一方的販売が行なわれるのである。

　工場や機械設備の耐久期間が過ぎて使えなくなれば，それらを壊して新しいものに置き換える更新投資を行なう必要がある。そのためには，耐用期間中に生産・販売して得た貨幣の一部を別にして積み立てておき，更新投資のための資金とする必要がある。

　例えば工場を建てるための費用が10億円，耐久期間が10年だとする。工場の使用価値は10年間変わらずに生産を行なえるのだから不変であるが，その価値は1年間に1億円ずつ生産物に移転していくと考えられる。つまり，工場の価値は1年間に1億円ずつ減少するため，その分を売上げから控除して，耐久期間後の更新投資のための基金として積み立てていく必要がある。これを**減価償却**といい，積み立てる基金を**償却基金**という。また，工場に投下した資金は長期間固定されることになるので，**固定資本**と呼ぶ[3]。そして，工場の耐久期間が終了したときに，それまで積み立ててきた償却基金を一度に投下して，工場を建て替えるのである。

---

[3]　原材料のように毎回の生産過程ですべての価値が生産物に移転し，販売によって貨幣形態で回収される資本を**流動資本**と呼ぶ。労働力に投下される可変資本も流動資本である。

このように固定資本は，耐久期間中は販売によって得た貨幣が流通から引き上げられて購買に充てられることなく積み立てられ，耐久期間終了後に一挙に購買されるという特殊な流通が行なわれるのである。したがって，固定資本の流通においては，販売と購買が大規模に時間的に分離するのは必然である[4]。

(4) 支払手段
① 商業手形（広義の信用貨幣）

遠隔地との取引や長期間かかる取引など，商品の引渡しと貨幣の支払いとが異なる時期に行なわれることがある。例えば，AがBから商品を受け取り，その代金の支払いは1カ月後に行なわれるという場合，AはBへの支払いの約束として商業手形（この場合は約束手形）を振り出す。手形には支払金額，支払期日，振出人名などが記されている。この時点でAはBに1カ月後に代金を貨幣で支払う義務すなわち債務を負い，BはAから貨幣を受け取る権利すなわち債権を手にする。つまり両者に債権債務関係が発生する。もちろん，この取引はBがAはこの約束を果たしてくれるだろうという信用のもとに成立する。

1カ月後にAが代金に相当する貨幣をBに支払えば債権債務関係は消滅し，手形はAに戻り廃棄される。これが商業手形による取引の原理である。図示すると第1-4図のようになる。このような債権債務関係を解消する機能

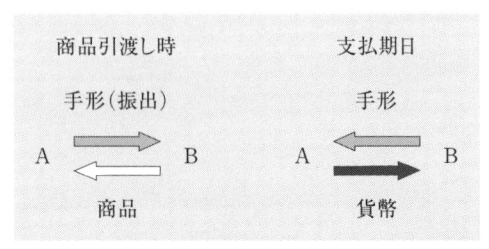

第1-4図　商業手形による商品取引

---

[4] この固定資本の流通の特殊性は景気循環のメカニズムにおいて重要な役割を果たすのであるが，これについては第4章の流通過程の分析を必要とする。

を，貨幣の支払手段としての機能と呼ぶ。

　この商業手形による取引で新しい問題が生じる。支払期日までの間に，BがCから商品を購入する必要が生じ，しかもそのための貨幣をもっていなかった場合である。Bの手にはAから受け取った手形しかない。この場合，Bは支払期日後にはCに貨幣を支払うという保証として，Aが振り出した手形に裏書き（署名）してCに渡し，CがBの裏書きを信用してくれれば商品を受け取ることができる。このようなことが連続していけば，第1-5図のように商業手形を媒介とした商品交換が行なわれ，それにともなってAの手形振り出しにともなう**支払連鎖**が形成されることになる。

第1-5図　商業手形を媒介とした支払連鎖

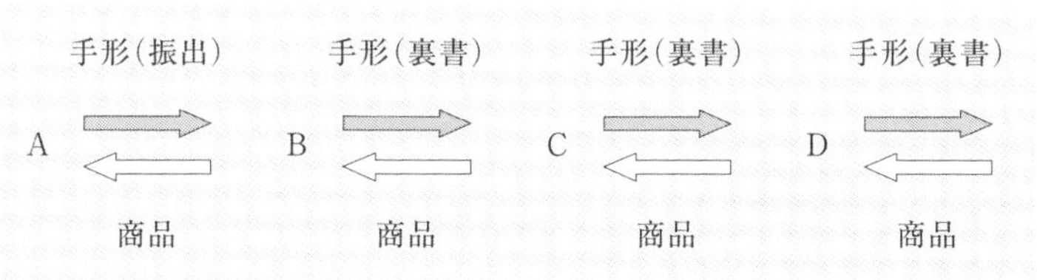

```
   手形(振出)      手形(裏書)      手形(裏書)      手形(裏書)
      →              →              →              →
  A         B              C              D
      ←              ←              ←              ←
   商品            商品            商品            商品
```

　商業手形が当事者間の信用に基づいて貨幣の流通手段としての機能を代行しているわけであり，このように流通する商業手形を**信用貨幣**と呼ぶ。信用貨幣が流通することによってその分だけ金貨幣が節約されることになるのだが，もちろんこれには限界がある。支払期日がくれば金貨幣がAから手形交換所を通じて手形の所有者に支払われ，その時点でこの信用貨幣は消滅する。また，手形が流通するのはあくまでも振出人や裏書人への信用に基づくため，その信用の範囲内に限られるし，賃金の支払いや個人消費に使用されることもない。

　さらに，もしAが支払期日になっても貨幣による決済ができなくなった場合，つまり手形が不渡りとなった場合には，BもCに貨幣を支払えない，CもDに貨幣を支払えない……というように，支払連鎖は支払不能の連鎖に転化することになる。この場合，B，C，Dの財務状態が債務超過でなく健全であったとしても，Aの手形の決済不能をきっかけとして債務超過に陥り，連鎖倒産する可能性も生じる。

② 銀行券（狭義の信用貨幣）

　諸商品の価値は貨幣商品としてもっとも適した属性をもつ金で表され，商品交換は金を媒介として行なわれるようになったのであるが，商品経済が発達していくと，金それ自体を通常の取引に使用するには不便が生じてくる。商品の価値は金の重量としての価格によって表示されるが，売買のたびに金の重量を正確に測らなければならないのは取引の障害となるからである。

　この障害を乗り越えるために，国家がさまざまな重量をもちその重量分の金額を刻印した金貨を鋳造して流通させるようになった。ただし，金貨は流通しているうちに摩滅し，その額面の金額と重量分の価値との間に差が生じてくる。しかし，その差に極端な違いがなく一定の限度内であれば，額面分の金貨幣としてその機能を果たすことになる。

　金が貨幣形態としての機能を果たすのは，金そのものの使用価値ではなく，全面的な直接的交換可能性という形態的使用価値をもち，商品所有者はこの形態的使用価値を獲得することを目的とするからである。したがって，価値分の実質をともなわない単なる象徴的存在であっても，いわば共同幻想として貨幣の機能を果たすことになるのである。このことが，本位貨幣の金以外の補助貨幣，さらには相対的には無価値の不換紙幣が金貨幣の代替物として流通できる理由である。

　このように金貨幣が象徴的存在になると，形式的には金の純度は問題でなくなる。実際，歴史を見れば，国家が財政難を解決するために金の純度を落とした金貨を鋳造して，その差額を財政収入とすることがたびたび行なわれた。しかし，貨幣価値の下落は物価の騰貴をもたらし，経済の混乱を招くことになる[5]。

　そこで，金貨幣それ自体を取引に使用するのではなく，金は銀行に預けておき，銀行がその価値を保証する預り証を発行し，その預り証が貨幣の代替

---

[5] 例えば，江戸時代の元禄小判と宝永小判の金含有量はそれぞれ慶長小判の約2/3，約1/2に減らされた。幕末の万延小判にいたっては慶長小判の約1/8で，総重量も約1/5となった。もっとも万延小判の場合は，開国にともなって日本と外国の金銀比価の差から金貨が大量に流出したための改鋳である。これらの改鋳はいずれも物価上昇をもたらした。

物として取引に使用されるようになる。銀行は，預けられた金の量に応じた金額の預り証を発行するのではなく，取引の便宜のために前もって大小各種の券面額の預り証を準備し発行する。これが兌換銀行券の始まりであり，兌換銀行券が商品交換を媒介し，金貨幣の流通手段としての機能を代行するようになるのである。

　兌換銀行券が商品交換を媒介できるのは，金との兌換が保証されていて，その保証を行なう発券銀行に対する信用があるからである。銀行に対する信用は一般的に個人に対する信用よりも大きく，銀行券には支払期日の制限もないから，商業手形よりも流通する範囲は格段に広くなる。発券銀行に対する信用が高いほど，その銀行券の使用価値は金貨幣のもつ全面的な直接的交換可能性という形態的使用価値に近づき，流通する範囲はより広くなる。商業手形と同様に銀行券も信用貨幣であるが，前者を広義の信用貨幣，後者を狭義の信用貨幣と呼ぶ。

　なお，国によって，また時代によって，不換銀行券や国家などが発行する不換紙幣（日本では，江戸時代の藩札，明治時代の太政官札，戦地や占領地で使用された軍票など）が貨幣の機能を代行する場合がある。これらが流通するのは，上述のように貨幣が象徴的存在に転化したことを背景としているが，兌換銀行券のように実体的価値の裏づけをもたないから，商品交換を媒介できる根拠は国家による強制通用力のみである。

　ところで，兌換銀行券はその券面と同額の金貨幣を裏づけとして流通するものであるから，銀行は発行した銀行券の兌換請求があった場合のために，金貨幣を準備しておく必要がある。ただしその準備額は預かった金貨幣の全額である必要はない。預かった金貨幣額Gに対する通常の兌換請求額の比率がrであることが経験的にわかってくると，銀行はrを支払準備率と設定し，r・Gの金貨幣額だけを支払準備として保有し，残りの(1－r)・Gを貸付に充てることができるようになる。

　貸付業務の典型的なものが，①で述べた商業手形の流通に関連した手形割引であり，(3)で述べた設備投資への融資である。手形割引とは，第1－4図の例でAから手形を受け取ったBが支払期日までに現金を必要とした場合，Bが銀行からAの手形と引き換えに融資を受けることである。その際，

銀行は手形の額面金額を現在価値で割り引いた額をBに融資する。例えば，額面金額が100万円，割引率が年率12％，支払期日の1カ月前に現金化する場合，Bは銀行から99万円を受け取るわけである。もちろん割引率は手形の振出人の信用度によって上下する。

設備投資への融資は迅速な設備投資による生産拡大を求める資本に対して実行される。設備投資には一般に巨額の資金を必要とし，資本が利益の中からその資金を準備するためには長期間かかるからである。融資の元金は通常は償却基金に積み立てられる減価償却費によって返済され，利子部分は利益から支払われるため，この場合の貸付期間は長期となる。

銀行が上記のような貸付をする場合に，金貨幣ではなく兌換銀行券を発行すれば金貨幣は節約され，生産や商業取引などの経済活動は金の生産拡大以上に拡大することが可能になる。さらに，銀行から融資を受けた主体が別の銀行に預金をすると，その銀行は支払準備分を残して貸付を拡大することができる。これが繰り返されれば，預金総額は支払準備率を公比とする無限等比級数の和に増加し，同時に銀行の貸付も拡大されるわけである。

以上が兌換銀行券と銀行による信用創造の原理である。これによって，流通に必要な金貨幣が大幅に節約できるようになる。生産拡大は流通貨幣量の増大を必要とするが，この信用創造によって生産拡大は一定程度，金生産の増大の限界に縛られなくなるのである。

ただし，これにもやはり限界がある。例えば，先に見た販売と購買の分離による過剰生産恐慌によって商業手形の決済が円滑に進まなくなると，信用貨幣による取引は一挙に収縮し，人々は実体的な価値をもつ金貨幣に殺到する。支払連鎖の中に銀行が介在していると，銀行も保有債権の回収が困難となり経営状態が悪化する。銀行と兌換銀行券に対する信用も崩れて金兌換や預金の引出し請求が急増すると，銀行も請求に応じ切れなくなって倒産することもありうる。過剰生産恐慌に加えて，このような**信用恐慌**が発生するとその影響は非常に大きなものとなる。そこで，国家が発券業務を中央銀行に集中させ独占させるようになったのである。

(5) 世界貨幣

　貿易など国際間の取引においては，国家の強制通用力によってのみ流通する不換銀行券や不換紙幣は通用しないため，金貨幣または充分な兌換準備に裏づけられた兌換銀行券のみが世界貨幣として流通する。通常は外国為替手形によって取引が行なわれ，外国為替銀行がその取引を仲介し，銀行口座間の預金の移転によって債権債務が決済される。ただし，各国通貨の外国為替レートが変化した場合，金そのものが輸送（金現送）されて国家間を移動する可能性がある。

　例えば，1933年にアメリカが金本位制を停止した時点での金の法定価格は1オンス（トロイオンス=31.1035g）=20.67ドル，日本が第一次世界大戦中の1917年に金輸出を停止した時点（および1930年の金解禁時点）での金の法定価格は金2分（0.75g）=1円であった。計算の簡単化のために，アメリカで金30g=20ドル，日本で金30g=40円とすると，日米の金平価は1ドル=2円となる（実際には1ドル=2.006円）。

　何らかの理由で外国為替レートが円安に動き，1ドル=2.2円になったとする。日本で4,000円で購入した金3kgをアメリカで売却して2,000ドルを受け取り，これを円に交換すれば4,400円となって400円の利益が得られると計算できる。しかし，日本からアメリカに金現送するための輸送費を差し引く必要がある。金3kgの日米間の輸送費が200円だったとすると，金を日本で購入しアメリカで売却するためには4,200円必要だから，利益は200円となる。円で利益を確定するこの行動はドル売り・円買いを意味するから，外国為替レートは円高・ドル安方向に変化する。円高が1ドル=2.1円まで進めば利益はなくなり，それ以上の取引は意味をもたなくなる。

　もし外国為替レートが金の輸送費分を超えて円高・ドル安方向に動けば，今度はアメリカから日本への金の輸送が行なわれて，円安・ドル高方向に戻す力が働くことになる。つまり，国際金本位制のもとで自由な外国為替取引と金現送が保証されていれば，外国為替レートは，法定金平価を中心として，金現送によって得られる利益が金の輸送費と等しくなる為替レート（金現送点）の範囲内で動くことになるのである[6]。

【補】第二次世界大戦後の国際通貨体制

　国際金本位制は1929年からの世界恐慌のもとで崩壊し，第二次世界大戦後も復活することはなかった。各国の通貨は不換銀行券となったのであるが，では，金は世界通貨としての機能を失ったのだろうか。そうだとすれば，戦後の国際間の取引は何を媒介として行なわれるようになったのだろうか。

　第二次世界大戦後に，国際金本位制に代わる国際通貨体制の枠組みとなったのが，1945年12月に発足し47年3月から業務を開始したIMFである。国際通貨体制としてのIMF体制の特徴は，第1に，加盟国が自国通貨の外国為替レートを平価の上下1％以内に維持する義務を負うという固定レート制をとったこと，第2に，アメリカのドルが国際間の取引を主として媒介する基軸通貨となったことである。

　第1の固定レート制については，IMF協定第4条に次のような規定（抜粋）がある。

> 第3項　平価による相場を基礎とする外国為替取引
> 　加盟国の領域内で行なわれる加盟国通貨間の為替取引の最高および最低の相場は，平価による相場との間に次の差があってはならない。1. 直物為替取引の場合，1％を超える差
> 第4項　為替の安定に関する義務
> 　各加盟国は，この協定に合致する適当な方法によって，自国の領域内では，自国通貨と他の加盟国の通貨との間の為替取引が，本条第3項に基づいて定められる限度内においてのみ行なわれるようにすることを約束する。
> 第5項　平価の変更
> 　加盟国は，基礎的不均衡を是正しようとする場合を除いて，自国通貨の平価の変更を提案してはならない。

　国際金本位制のもとでは，金現送によって為替レートの変動は金平価を中心とする一定の範囲内に収まるメカニズムがあった。IMF体制は，これらの

---

6)　なお，国際金本位制による外国為替相場の安定化作用について，為替相場の下落（上昇）によって金が流出（流入）した国では貨幣量が減少（増加）することによって物価が下落（上昇）し，これが輸出増加・輸入減少（輸出減少・輸入増加）をもたらして為替相場が上昇（下落）すると説明されることがある。しかし，この説明は，(2)で述べた貨幣数量説を前提としてのみ成立するものである。

規定によって加盟国に為替レートを固定することを義務づけたわけである。

　第2のドルが基軸通貨となったことについては，いくつかの要因が基礎となっている。IMF協定第4条に次のような規定がある。

　　第1項　平価の表示
　　　各加盟国の通貨の平価は，共通尺度たる金により，または1944年7月1日現在の量目および純分を有する合衆国ドルにより表示する。

　この規定によって，加盟国は自国通貨の平価を金またはドルで表示することになったのであるが，アメリカ以外の各国は大戦直後で充分な金準備を保有していないし，金本位制を停止している。したがって，金で平価を表示する選択肢はなく，ドルとの交換比率で平価を表示することになった。ドルは各国通貨の平価を表示する**基準通貨**としての地位を与えられたのである。

　次に，アメリカは金本位制を停止した後も，ドルを保有する各国の外国通貨当局から金との交換を要求された場合，制限付きではあるが金交換に応じるとしていた。上記の規定の1944年7月1日時点の金とドルの交換比率が金1オンス＝35ドルである。このことから，ドルは不換通貨でありながら，各国通貨の中で唯一金の裏づけをもつ**世界貨幣**となり，国際間の種々の取引を媒介するために必要な信認を得ることになったのである[7]。

　また，自国通貨の平価をドルで表示している各国は，自国通貨の為替レートが外国為替市場で平価の上下1％を超えて変動した場合，固定レートを維持するためにドルを使用して市場に介入しなければならない。そのためには，各国は一定額のドルを準備しておく必要がある。こうしてドルは**介入通貨**お

---

7)　ドルは1933年4月の金本位制停止によってすでに不換通貨となっており，民間のドル保有者が金兌換を要求することはできない。1934年1月制定の金準備法では，民間人の金保有・売買・輸出入を禁じるとともに，外国通貨当局保有の公的ドルに対しては財務長官の判断で金との交換に応じることができるとし，交換割合をそれまでより約40％切り下げて金1オンス＝35ドルと定めた。

　なお，IMF体制を，ドルと金との兌換が保証されているとして金・ドル本位制と特徴づける見解がある。しかしドルは上述のように不換通貨であり，金との交換は外国通貨当局に限って財務長官の判断で行なわれるのであるから，金本位制での「兌換」の保証とはまったく意味が異なる。金・ドル本位制という名称も，金銀複本位制のように金もドルも本位貨幣であるかのように受け取れるから，IMF体制の特徴を表現する名称として適当ではない。

よび**準備通貨**としての機能も獲得することになったのである。

　さらに，第二次世界大戦によってアメリカは世界の中で圧倒的な経済力をもつ国となったのに対して，アメリカ以外の資本主義諸国の経済は荒廃状態となった。このため，これらの国々や大戦後に独立した発展途上国は，戦後復興や経済発展のために必要な物資の多くをアメリカから輸入することが必要となった。このことは，ドルが世界通貨としての信認を得ている唯一の通貨であることとあわせて，戦後の貿易が主としてドルを決済手段として行なわれるようになることを意味する。こうしてドルは**貿易取引通貨**の地位も独占的に獲得したのである。また，資本主義諸国の経済復興を支援するためのアメリカの対外援助もドル建てで行なわれたし，アメリカ企業による対外投資や各国との貿易に付随する資本取引もドル建てで行なわれたから，ドルは**資本取引通貨**としての機能も果たすことになった。

　西欧諸国経済が復興し各国通貨が交換性を回復した1950年代末以降では，対ドル取引だけでなく各国通貨間の取引も活発化していくが，この取引はドルを媒介として行なわれた。例えばA国通貨をB国通貨に換える取引の場合，A国通貨売り・ドル買いを行なった後にドル売り・B国通貨買いという方法で行なわれた。そして，この為替媒介取引を支えたのが，アメリカの海外軍事支出や対外援助，アメリカ企業の多国籍化によってアメリカから流出したドル（ユーロ・ダラー）である。1960年代以降，資本主義諸国の経済成長にともなって，ユーロ・ダラー市場は急速に拡大していった。こうしてドルは**為替媒介通貨**としての機能も果たすようになったのである。

　アメリカの国民通貨であるドルが，同時に国際間の取引を媒介する基軸通貨となったということの内容は，以上のように多義的なのである。つまり，ドルは基本的には不換通貨であって象徴的存在にすぎないのではあるが，制限された範囲であるにせよ金との交換性をもち，国際間の種々の取引に使用されるという機能をもった。そして，第3部で述べるように，アメリカの冷戦戦略の実行にともなってドルが世界に散布され，各国はそのドルで経済復興を進めることができるという，なかばアメリカによる強制通用力を基盤としてドルは基軸通貨となったのである。この意味で，IMF体制はIMF＝ドル体制として機能したのである。

第2章
剰余価値の生産

第1節　資本主義的生産過程と剰余価値の本質

(1) 単なる貨幣と資本としての貨幣

　商品の生産と流通，消費という商品経済の発展によって必然的に貨幣が生み出されるのであるが，商品経済の発展はまた，価値増殖を自己目的とする資本の運動を促進しその活動範囲を拡大する。そして，その資本の運動に媒介されて商品経済がさらに発展していくのである。資本のもっとも明確な現象形態は貨幣であるが，貨幣がすべてそれ自体で資本であるわけではない。単なる貨幣と資本としての貨幣の違いはどこにあるのだろうか。また，どのようにして貨幣は資本となるのだろうか。

① 単純な商品流通

　自分の所有する商品を販売して獲得した貨幣で自分の個人消費のために必要な商品を購買する場合，この商品交換を**単純な商品流通**と呼び，W－G－W′で表すことができる。等価交換を前提とすると，W－G－W′では販売する商品と購買する商品の価値は等しく，使用価値のみが異なっている。つまり，単純な商品流通では，自分のもっている商品の使用価値とは異なる使用価値をもつ商品を手に入れて消費すること（欲望の充足）を目的としている。そして，この商品流通は目的とする使用価値を獲得した時点で完了するのである。ここでの貨幣は単に商品交換を媒介しているだけにすぎない。

　例えば，学生が勉強や情報交換のためにパソコンが欲しいと思ってアルバイトをする場合や，主婦が子供の送迎や買い物のために自動車を買いたいと

考えてパートタイマーとして働く場合を考えてみる。アルバイトやパートタイム労働とは，自分に備わった労働する力＝労働力という商品を，1時間あたり何円という価格で販売することである。序章で述べたように，資本主義経済では労働力も商品となっている。アルバイトやパートタイム労働によって貨幣を手に入れて欲しい商品を買うことができれば，それ以上自分の労働力を商品として販売する必要はなくなるわけである。

② **資本流通**

　これに対して，個人ではなく，資本（現代では多くが株式会社など営利企業の形態をとる）が商品を購買したり販売したりする場合はどうだろうか。例えば，単純な商品流通の例のように自動車を買うとしても，それが不動産仲介業者の場合には，自動車に乗ること自体が目的なのではない。顧客を自動車に乗せて物件を案内し，取引を成立させて仲介料を獲得することが目的である。運送業者が，個人がレジャーに使うのと同じようなワゴン車を購入する場合も，運送料を効率的に獲得するために荷物の集配に適していると判断するからこそ購入するのである。同様の例はその他にも多くある。トヨタ自動車はいうまでもなく自動車の生産・販売会社であるが，自動車を生産し販売することだけを目的としているわけではなく，住宅販売やバイオ事業（花の温室栽培，インドネシアでのサツマイモ栽培による飼料・食糧生産）なども子会社やグループ会社で行なっている。

　つまり，あらゆる資本が商品を購買するのはその商品（の使用価値）を消費することが目的なのではない。その商品の使用価値を利用して，またはその商品をもとにして新しい商品を生産し，販売して貨幣を獲得することが目的なのである。購入または販売する商品は貨幣を獲得できるものなら，どのようなものでもよいのである。

　したがって，資本が行なう商品・貨幣の流通は，単純な商品流通 W－G－W′ ではなく，貨幣から始まり商品を間にはさんで貨幣で終わる**資本の一般的定式** G－W－G となり，これを**資本流通**と呼ぶ。この資本流通は出発点と終点とが貨幣すなわち同じ使用価値であるから，この運動が意味をもつためには G－W－G′，すなわち終点の価値額は出発点より増加していなければ

ならない。つまり，資本が商品を購入し販売する資本流通の目的は，単に貨幣を獲得するだけではなく，価値増殖にあるということである。このように（外部から貨幣を取り入れて価値を増やすのでなく）**自己増殖する価値の運動体**が**資本**であり，この運動を担う貨幣所有者が**資本家**である。

しかも，出発点と終点の貨幣は，あらゆる商品に対して直接的交換可能性をもつものである。したがって，終点の貨幣はそのままただちに次の循環の出発点となりうる形態にあり，さらに価値増殖を行なうことが可能であると同時に，価値増殖を継続していかなければ，この運動は意味をもたないのである。G－W－G′－W′で終われば単純な商品流通と同じになるからである。もちろん，この運動の担い手である資本家は「人格化された資本」であっても，生きた人間として存在している以上消費もしなければならない。ただし，それは増殖した価値の一部を消費するにすぎないし，第3章で述べるように，他の資本との競争に勝ち残り価値増殖の運動を続けていくためには，資本家自身も「節欲」しできるだけ多くの貨幣を再び価値増殖運動の中に投下していかなければならないのである。

(2) 貨幣の資本への転化

では，価値増殖はどのようにして可能となるのだろうか。もし，貨幣による商品の購買，あるいは商品の販売による貨幣の獲得という商品交換によって価値が増加するのだとすると，商品の販売者あるいは購買者のいずれかが価値以下あるいは価値以上の取引＝不等価交換を強いられることになる。歴史的には植民地との取引，現代では大企業と中小企業との間の取引のように，政治的・軍事的あるいは経済的立場が対等でない取引において不等価交換が見られる。しかし，不等価交換を社会全体で見ると，一方の利益は他方の損失を意味し，損得は相殺されて価値は増殖していない。したがって，価値増殖の秘密を探るためには流通における等価交換を前提として考えなければならない。

等価交換を前提とすれば，資本が販売する商品はWではなくG′の価値をもつ商品W′でなければならない。資本の一般的定式G－W－G′は，購買した商品をそのまま販売するのではなくG－W・W′－G′なのである。つまり，

価値増殖の秘密はW・W′の過程，貨幣によって購買した商品Wによって新たな使用価値とより大きな価値をもつW′を生産する過程にある。したがって，価値増殖はどのようにして可能となるのかという問いに答えるためには，資本の一般的定式G−W−G′を生産過程を含んだ産業資本の定式へと書き換え，生産過程について考察しなければならない。

(3) 剰余価値の生産とその本質

産業資本の定式は次のように表される。

$$G - W \begin{Bmatrix} Pm \\ A \end{Bmatrix} \cdots P \cdots W' - G' \begin{Bmatrix} G \\ \Delta g \end{Bmatrix}$$

資本家は貨幣形態の資本Gを**前貸資本**として生産手段Pm（ドイツ語のProduktionsmittelの略，道具や機械設備などの労働手段と原材料）と**労働力商品**A（ドイツ語のArbeitskraftの頭文字）を購入する。これによって貨幣形態の資本＝貨幣資本は生産を行なうための資本＝生産資本に形態を変化させた。生産資本は生産過程において異なる使用価値をもつ商品W′を生産する。生産資本が商品形態の資本＝商品資本に形態を変化させた。生産された商品は，使用価値が異なるだけでなく，Δgだけ価値が増加している。この商品をすべて価値どおりに販売することに成功すれば，商品資本は再び貨幣資本の形態に戻り，資本家は前貸資本Gを回収し，さらに増加した価値分のΔgを含む貨幣G′を獲得できる。

この過程で生産手段の価値はそのまま生産物の中に移転される。綿糸の生産では綿花から取り出された繊維が紡がれて綿糸となり，自動車の生産では鉄板がプレスされて自動車のボディなどになるわけである。ただし，紡績機械やプレス機械の価値はそのすべてがただちに生産物に移転するのではなく，第1章で述べたように，固定資本として耐用期間中その価値が少しずつ移転していく。では労働力商品の方はどうだろうか。

① 労働力商品の特殊性

　労働力とは，人間の肉体の中に存在し，何らかの使用価値を生産するときに発揮する肉体的・精神的能力の総体である。本来，労働力は商品ではない。原始共同体はもちろん，奴隷制社会や封建制社会でも（人間自身が売買されることはあっても）労働力だけが商品となることはなかった。資本主義社会において労働力が商品となり，資本家がその労働力商品を市場で購入できるための条件（必要条件）は何だろうか。

　第1の条件は，自分の労働力のみを一定期間に限って自由に販売することができる労働力所有者の存在である。労働力だけでなく自分という人間そのものを商品として販売してしまえば，人格的な自由を失って購入者によって身分的拘束を受ける奴隷となってしまうからである。つまり，労働力が商品となって資本家が市場でその商品を購入できるためには，人格的に自由な労働力所有者が存在していなければならない。

　第2の条件は，生産手段や生活手段から自由な（切り離された）労働力所有者の存在である。言い換えれば生産手段や生活手段を持たず，生きていくためには労働力を売る以外に手段を持たない労働力所有者（無産者）が存在することである。なぜなら，人格的に自由な労働力所有者が存在していても，彼らが生産手段も所有しており，それらを使って自分の労働によって生活に必要なものを生産できるか，または生産した生産物を販売して生活に必要なものを手に入れることができれば，自分の労働力を他人に販売する必要はない。その場合には，資本家は労働力商品を購入することができなくなるからである。

　このように，資本家が市場で労働力商品を購入できるためには，上の2つの条件を備えた，**二重の意味で自由な労働力所有者**が存在していなければならない。生産手段と労働力商品を購入するための充分な貨幣を所有する人々が**資本家階級**であり，人格的には自由であっても生きていくためには自分の労働力を販売しない自由を持たない人々が**労働者階級**なのである。

　労働力商品も商品であるかぎり，一般商品と同じように価値と使用価値という2要因をもっている。価値については，労働力商品もその生産に社会的平均的に必要な労働時間によって規定されるのであるが，労働力は生きてい

る人間＝労働者の存在と不可分であるから，労働力の生産とは労働者という存在の維持または再生産である。労働者が自分を労働者として維持・再生産するためには，衣食住などの一定量の生活手段が必要である。さらに労働者個々人は加齢や疾病・障害，死亡などによって労働能力を失っていくし，労働力を商品として販売できるためには資本が要求する一定の技能や熟練を必要とする。

　したがって，労働力商品の価値は，資本が必要とする労働者階級の維持・再生産のために社会的平均的に必要な生活手段の価値によって規定されることになる。必要生活手段の価値は，労働者個人の生活費，労働者家族の生活費，修業・訓練費の3種類の費用で構成される。これらは，国や地域，時代，平均的な生活水準によって変化するし，産業部門や職種によっても異なるから，一般商品と違って労働力商品の価値は何種類も存在することになる。また，必要な生活手段の価値が変化すれば，その変化に応じて労働力商品の価値も変化する。

Column 2-1　労働力商品の価値と現実の賃金水準との関係は？

　理論的に厳密にいえば，労働には，一定の年齢に達した人間であればだれでもできるような単純な労働から複雑で高度な労働までさまざまな種類があり，それぞれの労働をするために労働者に要求される労働能力，すなわち知識やスキル，熟練度や体力などに差があるのが普通である。したがって，労働者がそれらの労働能力を身に付けるための訓練費の違いによって労働力商品の価値水準は異なることになる。

　大学卒業や専門学校卒業など高学歴になるほど賃金が高くなることや，勤続年数に応じて賃金水準が上がっていくのが一般的傾向であるが，これらは労働力商品の価値を構成する訓練費の額に規定されていると考えられる。また，労働者の年齢に応じて賃金が高くなる制度は，労働者が独身から結婚，子供の誕生とその成長に応じて必要な生活費が増加していくこと，つまり家族費の増加に応じて労働力商品の価値が上昇していくことに対応した制度と解釈できる。

では，労働力商品の使用価値とは何であろうか。労働力商品を消費するということは，労働者に労働をさせて生産を行なうことである。価値の実体は抽象的人間労働であったから，労働力商品の消費は労働を対象化すること，価値の創造である。労働力商品は新たな価値を作り出すのであって，生産手段のようにその価値が生産物の中に移転するのではない。これが資本家が目的とする労働力商品の有用性である。つまり使用価値そのものが価値の源泉であること，ここに他のすべての商品と異なる労働力商品の特殊な性格がある。資本家が労働力商品の1日分の価値を支払って労働力を購入した場合，労働力商品の使用価値を1日分購入したこと，すなわち労働者を1日労働させる権利を購入したことを意味する。ここに価値増殖の秘密を解く鍵がある。

② 価値増殖過程

具体的な例を使って考えていこう。まず1時間の労働が対象化された価値を1,000円という価格で表示し，労働力商品の1日の価値は4,000円とする。

[第1例] 10kgの綿糸の生産の場合

10kgの綿糸を生産するためには，10kgの綿花を原料として4時間の紡績労働が必要だとする。10kgの綿花には12時間の労働が対象化されているとすると，その価値はすべて生産物の綿糸に移転する。綿花を紡ぐには労働手段として糸車や紡績機械が必要で，それらは固定資本であるから，その価値の一部が生産物に移転する。10kgの綿糸には固定資本の減価償却分として4時間分の価値が移転するとすれば，生産手段の価値移転分は合計16時間となる。これに4時間の紡績労働が加わるのだから，10kgの綿花には合計20時間の労働が対象化されることになる。その価値を価格で表示すると，

$$10\text{kg の綿糸の価値} = \underline{(12{,}000\text{円} + 4{,}000\text{円})} + \underline{4{,}000\text{円}} = 20{,}000\text{円}$$
生産手段の価値移転部分　　新価値

資本家は前貸資本として生産手段と労働力に20,000円を投下し，生産物の10kgの綿花を販売して得られる貨幣額は20,000円であるから，差し引き0円で価値増殖に失敗している。しかし，資本家は労働力商品の1日分の価

値を支払って，労働者を1日労働させる権利を手に入れているのだから，労働時間を4時間ではなく8時間に増やせば20kgの綿糸の生産が可能となる。

[第2例] 20kgの綿糸の生産の場合

20kgの綿糸の生産の場合，生産手段に対象化された労働時間は，20kgの綿花が24時間，減価償却分は単純化のために10kgの綿糸の生産の2倍とすると8時間で合計32時間となる。これに紡績労働の8時間が加わるから，20kgの綿糸には合計40時間分の労働が対象化されることになる。その価値を価格で表示すると，

$$20\text{kgの綿糸の価値} = \underbrace{(24{,}000\text{円} + 8{,}000\text{円})}_{\text{生産手段の価値移転部分}} + \underbrace{8{,}000\text{円}}_{\text{新価値}} = 40{,}000\text{円}$$

資本家は前貸資本として生産手段と労働力に36,000円を投下し，生産物の20kgの綿花を販売して得られる貨幣額は40,000円であるから，差し引き4,000円である。すべて等価交換の前提のもとで価値増殖に成功したわけである。

この第2例の場合に価値増殖に成功した秘密が，労働力商品の特殊性にあるのはいうまでもないであろう。労働力商品の1日の価値は4,000円であるが，労働者が8時間の労働で生み出した価値はそれを上回る8,000円であるからである。労働力商品の価値と使用価値との関係，つまり，労働力商品自体の価値の大きさと労働が生み出す価値の大きさは無関係であり，労働が生み出す価値が労働力商品の価値を上回ったときに価値増殖が行なわれるのである。労働者は自分の労働で生み出した価値のうち，自分の労働力商品の価値に等しい部分しか受け取れないわけであり，残りの部分は資本家が獲得するのである。このことを資本家による労働の**搾取**という[1]。

この価値増殖過程において，生産手段 Pm に投下された資本はその価値がそのまま生産物に移転しているから，これを**不変資本**と呼びC（英語のConstant Capital の頭文字）で表す。労働力商品 A を購入するために投下された資本は，労働者に労働をさせることによってその価値が増加する，つまり価値が変化するから，これを**可変資本**と呼びV（英語の Variable Capital の頭文

字）で表す。新しく生み出された価値を価値生産物（または付加価値）と呼び，そのうち可変資本額を超える部分が**剰余価値**である。剰余価値はM（英語ではSurplus Valueであるが日本のマルクス経済学では伝統的にドイツ語のMehrwertの頭文字）で表す。生産物価値はWで表す。

　生産物を販売して得られた貨幣は前貸資本の回収部分と剰余価値とに分けられる。したがって，生産物価値はこれに対応して不変資本価値および可変資本価値に等しい部分と剰余価値部分とに分けることができる。生産物価値W＝C＋V＋Mである。また，1日の労働（時間）のうち，労働者が自分の労働力商品の価値と等しい価値を生み出す労働（時間）を**必要労働**（時間），必要労働（時間）を超える労働（時間）を**剰余労働**（時間），この2つの比率，すなわちM：VまたはM／Vを**剰余価値率**（または搾取率）と呼ぶ。

第2節　資本主義の発展と剰余価値の増大

　剰余価値には，絶対的剰余価値，相対的剰余価値，特別剰余価値の3種類がある。資本主義の発展とともにこれらの剰余価値が増大し，そのことがまた資本主義の発展を促進していくのである。以下，これらの概念とその特徴を見ていく。

（1）絶対的剰余価値の生産
① 絶対的剰余価値の概念

　絶対的剰余価値とは，1日の労働時間＝労働日を必要労働時間を超えて延

1）　第1例では価値増殖に失敗し第2例では価値増殖に成功した理由は，第1例では4時間労働が第2例では8時間労働に延長されたにもかかわらず，労働者が受け取るのはどちらも4,000円と変わらないことである。アルバイトやパートタイム労働など，時間給で働いた経験がある人なら，4時間で4,000円の賃金なら8時間では8,000円になるのではないか，と疑問をもつかもしれない。しかし，労働力も商品である以上，その価値分を支払って購入すれば，その使用価値を1日に何時間利用したとしても価格は変わらないのが商品交換の原則なのである。例えばパソコンを買う場合にその代金はパソコンの使用時間に無関係であることを考えれば明らかであろう。この商品交換の原則と時間給との関係については第4節で明らかになる。

長することによって得られる剰余価値である。図式化すると次のようになる。

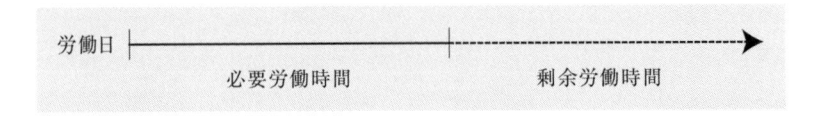

```
労働日  |————————————|------------------>
        必要労働時間      剰余労働時間
```

　必要労働時間の長さは労働力商品の価値の大きさによって決まり，その労働力商品の価値は労働力の維持・再生産に社会的平均的に必要な生活手段の価値によって規定される。労働者が必要とする生活手段の平均的な量は，ある社会のある時代においては一定の量となっている。生活手段の価値は生産力水準に変化がないかぎり一定であるから，結局，必要労働時間の長さは，ある社会，ある時代，所与の生産力水準のもとで，ある与えられた量となる。

　では，剰余労働時間の長さはどのようにして決まるのだろうか。資本家が労働力商品の1日分の価値を支払って労働者を1日労働させる権利を購入したとする。必要労働時間は一定であるから，労働日が長ければ長いほど剰余労働時間も長くなり，獲得できる剰余価値も大きくなる。最大限の価値増殖を求めるのが資本の本性であるから，資本家はできるだけ労働日を延長しようとする。

　他方，労働力には肉体的な限界（24時間のうち睡眠・食事・休息のための時間が最低限以上必要）や社会的な限界（精神的・社会的活動時間）がある。その限界を超えて労働をすれば，労働者は労働力の維持・再生産が困難となる（ Column 2-2，第3章第3節）。したがって，労働者は，労働力の正常な再生産を保証する正常な労働日を要求する権利をもっている。

　どちらも商品交換の原則に基づく同等の権利である。同等の権利を有する者どうしの間で利害が衝突する場合，どちらの主張が通るかは両者の力関係による。つまり，剰余労働時間は資本家階級の価値増殖欲と労働者階級の抵抗力との力関係，階級闘争によって決まる可変的な量ということになる。必要労働時間を超えて労働日が延長されれば，資本家にとっては絶対的剰余価値が増大すること，労働者にとっては労働支出量が増大することを意味する[2]。

② 労働日の決定

　労働日の長さが剰余価値の大きさを決定する要因であるから，資本家が剰余価値を獲得しさらにその増大を実現するためには，資本家（階級）と労働者（階級）の力関係において資本家側が優位となり，労働日を延長することが可能になる必要がある。

　18世紀後半にイギリスで始まる産業革命以前のマニュファクチュア時代，生産技術は主として労働者の手工業的熟練に基礎を置いていたから，力関係は労働者側に有利となっていた。資本家側は，労働者の意思を無視して長時間労働や賃金引下げを強制することはできず，剰余労働を確保するためには国家権力によって強制的に労働日を延長するしかなかった。賃金の最高限と労働時間の最低限を規定し違反者を処罰する，14世紀半ばから17世紀末までのさまざまな労働取締法令がその例である（現代では最低賃金法や労働基準法によって賃金の最低限と労働時間の上限が定められているのとは正反対）。それでも18世紀半ばになっても1日正味12時間の労働を強制することは困難であった。

　産業革命が始まると生産技術の基軸が機械制大工業に移っていく。従来の手工業的熟練が解体されて労働は単純化・不熟練化され，それまでは労働力商品となりえなかった女性や子供も労働力化されていった。力関係は資本家側が圧倒的に優位となり，資本による労働支配は決定的なものとなる。労働時間の延長（1日15，6時間労働が普通），労働の強化や労働条件の悪化は極限にまで進められていった。そこで，労働者は労働時間の短縮と労働条件の改善のために団結し，法律によって労働日を強制的に短縮するための闘争を行なって，工場法の成立など一定の成果を収めるにいたる[3]。

　ただし，資本家側が労働日の短縮等で譲歩していったのは，労働者階級の闘争の他に，第1に，あまりにも過酷な労働条件のもとに労働者を置けば，

---

[2]　なお，資本家が機械のスピードを上げるなどの労働の強化を行なった場合，この資本にとって労働力商品の価値と等しい価値を生産するのに必要な時間は短縮され，労働日を延長しなくても剰余価値を増やすことができる。労働の強化は労働日の延長と同様に労働支出量の増大を意味するから，労働の強化による剰余価値の増大は絶対的剰余価値の増大に含まれる。

57

労働者が労働力商品の所持者として再生産されることさえ不可能になりかねないという事情がある。資本の価値増殖を続けていくためには労働者階級が階級として再生産されてくることが不可欠の条件なのである。もちろん，この事情で資本家階級の利害が一致したとしても，個々の資本家にとっては労働日をできるかぎり延長することが最大限の価値増殖という目的に適合することに変わりはないから，法律による強制が必要となるのである。第2に，労働日が短縮されたとしても，産業革命の進展によって必要労働時間を短縮し相対的に剰余労働時間を増加させることが充分可能となったことである。

Column 2-2 **賃金コストの引下げが労働者階級の再生産を困難にしている**

　資本家階級全体として資本の価値増殖のためには労働者階級の再生産が不可欠の条件であるが，他方で個別資本家にとっては労働日の延長や労働の強化が剰余価値を増大させるための有効な手段であるという矛盾した関係を理解することは重要である。現代の日本において，最低賃金や労働時間の上限，所定労働時間を超える労働に対して割増賃金を支払うことが法律で定められていても，残業手当や超過勤務手当を支払わない"サービス残業"や，労働者の健康を害するほどの労働を強制して使い捨てにするいわゆる"ブラック企業"が横行するのはこの矛盾の現れである。

　また1980年代以降，新自由主義の影響力が強まって労働基準法の改定など労働者保護のための諸規制を緩和する政策がとられ，90年代には正規雇用の非正規雇用や派遣労働者への置き換えが急速に進められていく。この時期には，同時に婚姻率や出生率の低下，その結果としての人口増加率の低下傾向，少子高齢化が急速に進展している。つまり労働者階級の再生産が困難になりつつあるのである。このことが，政府と経済界が協力して進めた労働強化や雇用の不安定化と無関係とはいえないだろう。この問題についてより詳しくは，第3章第3節および第3部第11章で論じる。

---

3) イギリスの1833年工場法では繊維産業において未成年の労働時間を12時間に制限，1835年には13歳以下の児童を8時間に制限，成年の制限はないが概ね15時間となる。1844年追加工場法では女性を未成年者と同等に制限し，児童は6.5時間に制限，成年も概ね12時間となる。1847年工場法では少年（13～18歳）と女性を11時間に，48年から10時間に制限。これらの工場法の成立の背景には，資本家階級と労働者階級の力関係の他に，地主や貴族を含む各階級間の政治力学が働いている。

(2) 相対的剰余価値の生産
① 相対的剰余価値の概念

　労働日および労働強度を一定としたもとで，労働力商品の価値が低下し，労働日のうち必要労働時間の占める比率が相対的に減少することによって生じる剰余価値が**相対的剰余価値**である。図式化すると次のようになる。

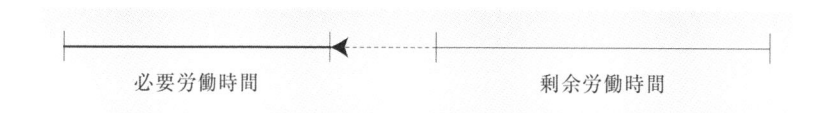

```
|───────────────◀┄┄┄┄┄|──────────────|
      必要労働時間              剰余労働時間
```

　では，必要労働時間の短縮はどのようにして可能となるだろうか。必要労働時間は労働力商品の価値によって規定されるのだから，労働力商品の価値が低下すればよい。労働力商品の価値は労働力の維持・再生産に社会的平均的に必要な生活手段の価値によって規定されるのだから，生活手段である商品の価値が低下すればよい。商品の価値はその商品の生産に社会的平均的に必要な労働時間によって規定されるのだから，生産に必要な労働時間が短縮されればよい。そして生産に必要な労働時間を短縮させるのが生産力の発展である（以下では，必要に応じて生産力の向上，生産性の上昇などの表現を使用する場合がある）。

　生産力の発展とは，一定の生産物を生産するのにそれまでより少ない労働量ですむようになること，あるいはその逆に一定の労働を投下してそれまでより大量の生産物が生産できるようになることである。つまり，生産力が発展すれば今までどおりの生活をするのにより少ない労働ですむし，今までと同じ労働をすれば（物質的に）より豊かな生活を実現することができるわけである。生産力の発展は人間の労働の（どのような経済体制であるかを問わない）超歴史的な進歩といえる。資本主義体制のもとでは，剰余価値増大を目的として生産力の発展が追求され，生産力の発展の成果は資本が獲得する。さらに，その成果をどのように利用するかの決定権も資本が握っている。

　労働者の必要生活手段の生産部門，またはそのための生産手段の生産部門において生産力が発展すると，労働者の必要生活手段の価値が低下し，必要生活手段の価値によって規定される労働力商品の価値が低下して，労働力商

品の価値によって規定される必要労働時間が短縮される。したがって，剰余労働時間が相対的に延長され，剰余価値が増大するというわけである。

相対的剰余価値の生産においては，絶対的剰余価値の場合に比べて，剰余価値の源泉が労働の搾取にあることは非常に見えにくくなる。なぜなら，労働力商品の価値が低下して労働者が賃金として受け取る賃金（貨幣賃金または名目賃金）が下がっても，必要生活手段の価値が低下しているために労働者の買える消費手段の量（実質賃金）に変化はないし，労働支出量にも変化はないからである。したがって労働日の延長や労働の強化によって剰余価値の増加をめざすより労働者の抵抗も小さくなるし，剰余価値率の上昇に限界はない。その意味で資本主義により適合的な剰余価値増大の方法なのである。

Column 2-3 労働力商品の価値と現実の賃金格差との関係は？

現実的には，労働力商品の価値が低下しても，その低下に比例して資本家が実際に労働者に支払う賃金が低下しない場合がある。実質賃金が不変だとしても労働者は名目賃金の低下に抵抗があるし，生産力の発展は一般に商品の大量化・多様化をもたらし，これは労働者の欲望の増大・多様化を刺激して，労働者の賃金引上げ闘争を促進することになる場合が多いからである。

労働力商品の価値が低下しても名目賃金がそれに比例して低下しなければ，労働者の生活水準は上昇するが，それが社会平均的・恒常的なものとなれば労働力商品の価値自体が上昇することになる。もちろん，第3章で取り扱う相対的過剰人口の圧力や第5章で論じる景気循環過程での雇用の増大と失業の発生の繰り返しのなかでは，労働者の賃金引上げは容易に実現するわけではない。

なお，特に第2部で取り扱うように，独占的大企業の場合，自企業の労働者の賃上げ要求に応えて相対的に高い賃金を支払う傾向がある。これは，生産力の向上の成果や独占価格の設定によって獲得している平均以上の独占的利潤の一部を使って高い賃金を支払うことで，自企業の労働者に中小企業の労働者などに対する特権意識・差別意識を植えつけて，自企業への帰属意識や忠誠心をもたせ労働意欲を高めることができるからである。現代において企業規模別の賃金格差が見られる理由の1つである。

では，資本家はこの相対的剰余価値を目的として生産力を向上させようとするのだろうか。労働力の再生産に関係する部門での生産力が向上すれば，労働力商品の価値の低下を通じて全部門の資本家の取得する相対的剰余価値

が増大する。ということは，労働力の再生産に関係する部門の資本家は，他の資本家のために生産力の向上を追求するのだろうか。もちろん資本家は自己の最大限の剰余価値の獲得をめざしているのであって，他のすべての資本家のために行動するわけではない。他方，労働力の再生産に無関係な部門，例えば労働者の必要生活手段ではない奢侈品や軍需品の生産部門で生産力が向上しても労働力商品の価値は低下しないから，相対的剰余価値は増大しない。ということは，これらの部門の資本家が生産力を向上させても自己の剰余価値の増大のためには無意味なのか。また，実際にこれらの部門では生産力は向上しないのか。いずれの答えも No である。では，個別資本家が生産力を向上させる目的は何だろうか。

② 特別剰余価値の発生と消滅のメカニズム

ある産業部門において，一部の資本家が新しい優秀な生産方法（生産性を上昇させる新しい機械など）を導入して生産力を向上させた場合，その資本家の生産する商品はその部門の平均より少ない労働時間で生産できる。個々の資本家の生産において必要な労働時間を表現する概念として，これをその商品の［個別的価値］と呼ぶとすると，［個別的価値］が低下するわけである。その［個別的価値］の低い商品を販売する際には，その部門内の全資本家の

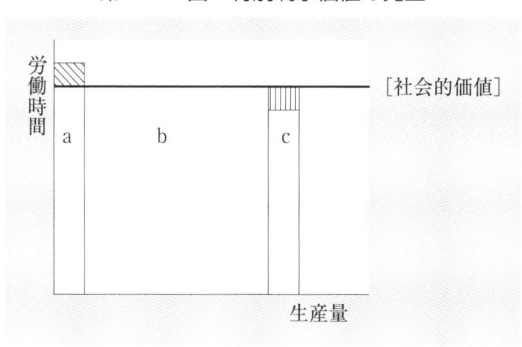

第2-1図　特別剰余価値の発生

a が平均以下の生産力による商品生産，b が平均的な生産力による商品生産，c が平均以上の生産力による商品生産。▥の部分が特別剰余価値，▨の部分が負の特別剰余価値。両者の面積は等しい。

［個別的価値］の加重平均である［社会的価値］で販売できるから（商品の価値とは本来社会的なものであるから［個別的価値］も［社会的価値］も形容矛盾であるが），この資本家はその差額分だけ獲得できる剰余価値が増加することになる。ある商品の［社会的価値］とそれを平均以上の優れた生産方法によって生産した場合の［個別的価値］との差額を**特別剰余価値**と呼ぶ。逆に，その部門の平均よりも低い生産力の資本家の生産する商品の［個別的価値］は高くなって，**負の特別剰余価値**が発生し獲得できる剰余価値は減少することになる。図解すると第2−1図のようになる。

前節の綿糸の生産の［第2例］を使ってより具体的に見てみよう。

　　20kgの綿花 ＋ 減価償却 ＋ 紡績労働 ＝ 20kgの綿糸
　　（24時間）　（8時間）　（8時間）　（40時間）
　　20kgの綿糸の価値 ＝（24,000円 ＋ 8,000円）＋ 8,000円 ＝ 40,000円

これが［社会的価値］である。ある資本が優秀な新生産方法を導入することによって同じ労働時間で2倍の40kgの綿糸を紡ぐことができるようになったとすると，

　　40kgの綿花 ＋ 減価償却 ＋ 紡績労働 ＝ 40kgの綿糸
　　（48時間）　（16時間）　（8時間）　（72時間）
　　40kgの綿糸の価値 ＝（48,000円 ＋ 16,000円）＋ 8,000円 ＝ 72,000円

これが［個別的価値］である。これを40kgの綿糸の［社会的価値］である80,000円で販売すると，80,000円 − 72,000円 ＝ 8,000円の特別剰余価値を獲得できることになる。見方を変えると

$$\frac{40\text{kgの綿糸}}{\text{の価値}} = 80,000\text{円} = \underbrace{(48,000\text{円} + 16,000\text{円})}_{C} + \underbrace{4,000\text{円}}_{V} + \underbrace{12,000\text{円}}_{M}$$

つまり，労働者は同じ8時間に平均より8,000円多い16,000円分の価値を生み出したことになり，労働者は労働力商品の価値と等しい価値を生み出すのに2時間，剰余価値を生み出すのに6時間働いたことになる。この個別資本にとって必要労働時間が短縮されたことになるのである。

第２－２図　新生産方法の普及と特別剰余価値の変化

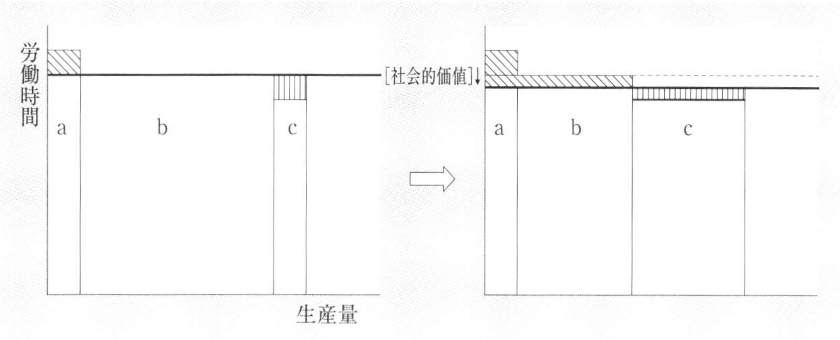

このように他の資本家に先んじて優れた生産方法を導入すれば，特別剰余価値を含めて平均以上の額の剰余価値を獲得できるのであるから，資本家は先を争ってこのような生産方法を導入しようとするだろう。**新生産方法の率先的導入競争**の始まりである。この資本家間の競争によって新生産方法がその部門内に普及していくことになるが，それは何をもたらすだろうか。

第2－2図のように，［個別的価値］の低いcの商品の生産量が増加していくのだから，個別的価値の加重平均である［社会的価値］は低下していく。［社会的価値］が低下していくと，新生産方法を導入しても生産物1単位あたりの特別剰余価値は減少していく。このことは，新生産方法を早期に導入すればするほど得られる特別剰余価値は大きくなり，逆に，新生産方法の導入に後れをとり，普及が進んだ後に導入しても得られる特別剰余価値は小さくなることを意味する。早期に導入すればするほど有利なのである。このようなより多くの特別剰余価値を獲得しようとする競争の局面を**新生産方法導入競争の第１局面**と呼ぶ。

他方で，平均以下の遅れた生産方法をとっている資本の［個別的価値］は［社会的価値］をさらに上回ることになり，新生産方法の普及にしたがって生産物1単位あたりの負の特別剰余価値は増大していく。新生産方法の導入が遅れれば遅れるほど負の特別剰余価値が増大し，やがて通常の剰余価値すら得られなくなり損失が発生する可能性が高くなる。特別剰余価値の獲得どころか損失の増大や倒産を避けるために新しい生産方法を導入せざるをえな

くなるのである。これが，新生産方法導入の競争による強制作用である。

この局面になると，特別剰余価値をめぐる競争は，負の特別剰余価値の増大による損失や倒産を避けるための競争に転化するのである。このような競争の局面を**新生産方法導入競争の第２局面**と呼ぶ。それでも資金面の制約などから新生産方法を導入できない弱小資本は，この生産部門から退出して資本量が少なくてもすむ他の生産部門に移動するしかない。それもできない資本は倒産するか，他の資本に吸収・合併されて独立した資本として存続できなくなるのである。

こうして，新生産方法が普及するにしたがって特別剰余価値は減少・消滅していき，また新たな生産方法の導入競争が始まることになる。以上のような，資本の価値増殖欲に基礎づけられた特別剰余価値の獲得をめざす新生産方法の導入競争と，負の特別剰余価値による損失を逃れるための新生産方法導入の競争による強制作用こそが，資本主義において生産力が飛躍的に発展していくメカニズムである。特別剰余価値の発生と消滅の過程を通じて商品の価値は低下していくが，この商品が労働力の再生産に直接・間接に必要なものである場合には，労働力商品の価値の低下を通じて社会全体として相対的剰余価値が増大していくのである。

第３節　剰余価値生産の増大のための生産力の発展と資本・賃労働関係

次の課題は，生産力の発展がどのような形態をとって進むのか，それは資本家と労働者との関係にどのような変化をもたらすのかである。資本主義的生産においては，多数の労働者が１人の資本家の意思のもとに統一されて共同作業＝協業を行なうという点にまず特徴がある。この協業の発展形態は，次の表のように生産力の基盤は何か，労働はどのように編成されているのかの２つの面から理論的に分類することができ，それはまた歴史的な発展段階にも対応している。

理論的・歴史的段階変化	生産力基盤	労働編成
(1) 単純協業 初期マニュファクチュア時代	手工業的技術	協業
(2) 分業による協業 本来的マニュファクチュア時代		分業
(3) 機械制大工業	機械	

　(1), (2) は手工業的技術に基づいた生産形態であるのに対し, (3) は機械とその原理に基づいた生産形態であることに大きな違いがある。また, (2), (3) では, 分業に基づく協業という特徴をもった労働編成である。資本主義的生産様式は, 機械という技術的基礎を得ることによって初めて確立し, 経済・社会を支配する生産様式となる。したがって, 生産力の発展をめぐる問題を考察する場合には, 機械制大工業を前提とした分析が中心となる。以下の分析では, (1), (2) から始めるが, それはそれらが (3) の歴史的前提であったとともに, 機械制大工業の分析のための論理的な基礎ともなるからである。

(1) 単純協業

　単純協業とは同一の生産過程またはそれに関連する生産過程で, 多数者が計画的に並んで労働し, しかもそれらが同じ労働を行なう生産形態である。資本主義的生産は, 歴史的には多数の手工業的生産の技術（素朴な道具と作業方法）を受け継ぎ, 多数の手工業的労働者を1つの作業場に集めて労働させるという形で成立した。

① 単純協業による生産力の発展

　商品を個別的・分散的に生産していた手工業者を, 単に1カ所の作業場に集めて協業させることだけで生産力が向上し, さらには新しい生産力の創造が生じる。第1に, 小規模で分散していた作業場や生産に必要な原材料の倉庫を大規模化し, 多数の手工業者に共同で使用させることによってそれらの建設・維持のための費用が節約できることである。

　第2に, 作業に必要な道具が節約できることである。例えば完成までに3

工程の作業でそれぞれの工程に別の道具が必要な生産の場合，作業者が別々に生産していれば各自が3種類の道具をすべて持っていなければならない。協業の場合，作業者を3つのグループに分けて，第1のグループが最初の工程を終わったときにその道具を第2のグループに渡すというように工程を合理的に計画すれば，生産に必要な道具は1/3ですむことになる。

　第3に，作業工程を円滑に進めていくためには一定の原材料や仕掛品（半製品）の在庫を準備しておく必要があるが，共同の在庫とすることでこれを節約できる場合がある。単純協業の場合には節約効果はそれほど大きくないが，分業と組みあわされた場合には合理的な工程管理による在庫の節約は大きな意味をもつ。各工程が円滑に進むためには，1つの工程が終わって次の工程に入る際に，加工する原材料や半製品が不足していて作業が一時停止することがないように，原材料や仕掛品を多めに在庫として準備しておく必要があるからである。

Column 2-4　ジャスト・イン・タイム方式の経済学的意味とは？

　現代の製造業において，在庫を節約あるいはゼロにする生産システムとして有名なのが，トヨタ自動車の「かんばん」方式やジャスト・イン・タイム（JIT）方式である。これは各工程がいつ，どれだけ生産すればよいかを後工程が前工程に「かんばん」で指示し，それに応じて前工程が指示どおりの生産を行なうもので，トヨタ本体の工場だけでなく，部品メーカーや下請け業者も参加させるシステムである。

　生産以外でも，例えばコンビニエンス・ストアは個人商店から転業する場合が多いが，それだけに店舗の面積に比べて商品の在庫スペースは非常に制限されざるをえない。それでも多種多様な商品が並べられて品切れにならないのは，商品の補充が必要になる時間（ジャスト・イン・タイム）に運送業者が1日に何回も納品しているからである。そして各店舗に，いつ，どんな商品がどれだけ必要になるかは，レジのPOS（Point of Sales，販売時点管理）システムによって，商品の販売情報をコンビニエンス・ストア・チェーン本部が把握し，配送を手配しているのである。

　ただし，JIT方式は「必要なものを，必要な量だけ，必要な時に」生産・調達する方式として考案されたものであるが，「必要な時に」であれば，英語では本来 just *on* time のはずである。しかし，*on* time に間に合わなければ工程が停止してしまうから，実態としてはまさに *in* time で，つまり時間までに間に合うように納入業者は準備しておく必要がある。トヨタ自動車の生産方式で

はトヨタ本体は在庫を節約できたとしても，部品を納入する下請け業者はトヨタのJITの注文に応えるために一定量の在庫を持ち，1日に何回も指定された時間に納入しなければならないのである。コンビニエンス・ストアのシステムも同様であり，いずれもどこかにしわ寄せするシステムでもあるといえよう。こうしたシステムが資本家の獲得する剰余価値の増大に寄与する理論的意味については第4章第1節で説明する。

第4に，競争による刺激効果である。他の労働者と並んで作業することが，各人の競争心を刺激して作業能力を高めるように作用する。また，この効果をいっそう促進するため，個々人の労働の成果が他者から目に見えるような形とし，労働者間の競争心をあおるように工夫される。

第5が，「それ自体として集団力でなければならないような生産力の創造」である。例えば，地引き網漁は集団で力を合わせなければ不可能な漁法であるし，農地の開墾のために大きな岩を移動するような場合も同じである。また稲作の場合，かつては田植えや稲刈りなどの農繁期には集中的に大量の労働力が必要とされた。時機を逸すれば収穫量や品質に大きな差が出るからである。このような集団力は個々の労働者の力の単純合計とは本質的な違いがあるのである。

Column 2–5 日本の農業問題を考えるためのヒント

現在の日本の稲作では機械化によって農繁期でも大量の労働力は必要でなくなっているが，そこには別の問題がある。小規模な耕作を行なう農家が個別的に田植え機やコンバインなど新しい機械を買うために借金をし，その返済のために農外収入が必要となる。農外収入を得ようとすれば，農業自体の働き手が不足するために機械が不可欠となるという循環である。

農地の共同耕作や農業機械の共同利用によってこうした問題のかなりは改善されるはずであり，実際に日本政府は農業経営の大規模化を促進するような政策をとってきたのだが，現実にはそれがほとんど進んでいない。稲作偏重や食料自給率を低下させるような政策がとられてきたこと，また1990年代初めまで土地価格が傾向的に上昇して，いわゆる"土地神話"が形成されたために農地が「資産化」したことなど，戦後の日本経済のもつ問題の1つの発現形態といえよう。

② 「資本の生産力」としての発現

　以上のように，協業において創造される新たな生産力は，まさに「社会的労働の生産力」という性格をもっているのであるが，資本主義のもとでは「資本の生産力」として現れる。協業を行なうためには，一定数の労働力を購入できる資金および共同利用のための生産手段を購入する資金が必要であるが，個々の労働者はこれらを持っていない。労働者は，協業のための資金の所有者である資本家の指揮下に入ることによって初めて「社会的労働の生産力」を発揮することができるのである。資本家が労働者に支払うのは個々の労働力商品の価値分だけであり，協業による「社会的労働の生産力」の対価は支払わないのであるが，この事情のために協業の生産力は資本の生まれながらの生産力として現れ，その成果を資本家が取得するのは当然であるかのように現れるのである。

　しかし，資本の力によってしか協業の生産力を創造できないわけではない。例えば協同組合的な生産を考えてみればよい。人々が資金や生産手段を持ち寄って共同で生産を行ない，その成果は組合員全体の決定によって分配されるという形態の場合，生産力の発展の成果の利用方法にはさまざまな可能性があるのである。

③ 資本による労働支配

　協業によって集団力としての生産力が発揮されるためには，個々の労働者の力が1つの社会的な力として結集される必要がある。先に例を挙げた地引き網漁や大きな岩の移動の場合，個々人が力を合わせずにバラバラに力を出したのでは大きな力とならないからである。集団の力を効率的に結集して大きな力を発揮するためには，集団のだれかが一定の構想・計画・的確な判断などに基づいて指揮・監督を行なうことが必要となる。これは協業一般に共通することであるが，この協業に必然的にともなう本来的な指揮・監督の機能は，一般的な人間の持つ能力をはるかに超えた特別な能力を必要とするような性格のものではない。

　資本主義的協業においては資本家が指揮・監督を行なうが，そこでは本来的な指揮・監督の機能に資本主義的協業に特有の機能が加わることになる。

資本が最大限の価値増殖を実現するためには労働の最大限の搾取が必要である。労働者は，本章第１節で述べた価値法則の原則にしたがって，労働の成果の大小にかかわらず労働力商品の価値に等しい賃金を受け取るだけであるから，搾取の強化に反抗的になるのは当然である。したがって資本家は最大限の価値増殖を追求する資本の機能を担う人間，すなわち「人格化された資本」として，労働者が秩序正しく充分な強度で労働するように指揮・監督する必要がある。また，労働者の反抗や生産手段の浪費がないように監督し統制を強化する必要がある。

　このような指揮・監督の機能は協業の規模が大きくなるにつれてより大きくなるが，それが資本家個人の能力に余るようになれば，この機能のすべてまたは一部を職業経営者や労働者の中の特定の階層を中間管理者として行なわせることになる。その機能の大きさや重要性に応じて権限の異なる管理者層が作り出され，一般労働者を最底辺とするピラミッド型の階層構造が形成されるのである。

　資本家や経営者・管理者層が行なう職務は一般労働者にはない特殊な才能・才覚を必要とし，その報酬が剰余価値やその一部を分配することによる経営者・管理者の高所得であるという考え方があるかもしれない。しかしこれらの職務とは，原材料市場や生産物の販売市場の動向に合わせた生産計画の作成や他の企業との競争への対応，労働の搾取強化のための労務管理などであって，資本主義的生産であるからこそ必要となるものである。言い換えれば，個別の私的労働による生産物が市場で販売されて初めて社会的労働であったことが実証される経済体制，労働の搾取に基礎を置く経済体制だから必要となるのである。これらの階層が果たす指揮・監督の機能の大部分は資本主義特有の機能なのである。

　資本主義においては，協業一般における本来的な指揮・監督の機能と資本主義的協業から生じる指揮・監督の機能とが一体となっているために，上述のような階層構造が当然必要なものとして現れる。この階層構造のもとでは，人間の労働に本来含まれているはずの構想・計画・判断・統御といった精神的側面と，労働対象に直接働きかける肉体的側面とが分離し対立するようになるとともに，労働者の分断と階層化が生じるのである。

(2) 分業

　分業には，社会的総労働のさまざまな部門への分割という社会的分業と，1つの工場内で複数の労働者が異なる作業を分担するという工場内分業（現代では多数の工場や事務所をグローバルに展開して活動する企業内分業も含む）の2種類がある。ここでの問題は後者である。

　工場内分業は，単純協業の各工程を分割しそれぞれを別の労働者が担当するというように，単純協業から自然成長的に分業に転化する場合と，異なる生産物の生産を独立に行なっていた手工業者が資本家の指揮下に入って1つの工場において結合される場合とがある。後者においては，さらに各工程の分割による分業が組みあわされることになる。いずれにおいても，労働者は1人で完成品を作ることはなく，生産システムの中の1つの器官として部分労働者となる。以下，単純協業と同じように，分業による生産力の発展，「資本の生産力」としての発現，資本による労働支配の順に見ていくが，分業も協業の一形態であるから，単純協業と共通する部分は省略し分業に固有な事情を述べていく。

① 分業による生産力の発展

　分業が行なわれるようになると，個々の労働者の作業が単一化されるために容易となり，さらに1日中同じ作業を行なうためにその作業に対する熟練度が高まるし，その作業において最小の労働支出で最大の効果を上げる効率的な作業方法が見出され確立していく。また，別の工程を行なうために道具を持ち替えたり作業場所を移動したりする必要がなくなって，各工程や作業の転換に必要だった時間や手間が節約され作業が連続的となる。

　同時に，単に材料や仕掛品を各工程の作業場所に運ぶだけの単純労働が生まれて，熟練をもたない女性や子供が労働力として利用されるようになる。さらに，作業の細分化に対応して道具の分化も進み，各々の作業にもっとも適した専門的な道具が作られ，改良され使用されていく。道具も人間も部分労働専用となるわけである。

② 「資本の生産力」としての発現

　分業においては，労働者は生産過程の中の一部の工程や部分的な作業を担当するだけとなり完成品を作る能力は失われる。したがって，資本に労働力を販売し従属することによって初めて社会的生産力を発揮することができるという事情が強化される。もし，労働者が例外的に完成品を作る能力を修得し，小規模であっても資本から独立して生産者となれるような資金や生産手段を持つことができたとしても，協業や分業によって生産力を高めていく資本に対抗することがしだいに困難になっていく。前節で述べた特別剰余価値を獲得する競争において生産力格差による負の特別剰余価値が増大するメカニズムである。分業によって生産力が発展していくにしたがって，労働者の独立可能性が失われていくのである。

　また，生産力の発展は労働力の再生産に必要な商品の価値の低下を通じて相対的剰余価値を増大させるが，分業のもとでは作業が容易になるために労働力の育成費・訓練費が減少し，これを通じて労働力商品の価値が低下して相対的剰余価値が増大するという道筋が追加される。生産力の発展の成果を資本が取得するという面も強化されるのである。

③ 資本による労働支配

　分業においては，各種の作業や工程の成果が次の作業や工程が円滑に進むために必要不可欠になるから，各労働者は全体の生産計画にしたがって連続的・規則的に作業することが要求され，そのための労働強度が強制されることになる。小生産者や単純協業では完成品を1人で生産するために，生産過程全体に関する知識・洞察力，計画・統御能力，生産のための創意工夫や技術的思考が必要であったが，分業体制のもとでは各労働者は一部の工程を担当するだけだから，これら労働の精神的側面は不必要なものとなる。生産過程全体に関わる労働の精神的側面は，分業を計画し組織し統制する資本家（あるいはその代行者）のもとに移り，労働者と対立し労働者を支配する能力として集積されることになる。

　また，部分労働においても，各工程・作業の複雑さ，生産過程全体の中での重要度や必要な熟練度の差から，労賃の格差や労働力の等級制が形成され

る。これは，労働者の間に等級意識や差別意識を植えつけ，資本による労働者の分断・支配の手段として利用される。

　こうして分業が発展するにしたがって資本による労働支配が強化されていくのである。ただし，マニュファクチュア的分業においては，その生産力の基礎が依然として人間の手工業的熟練にあるために，生産力の発展にも限界がある。次の(3)で述べる機械制大工業の場合と比べて小生産者との生産力格差も小さいし，資本家階級と労働者階級との力関係も資本家側が圧倒的優位になるとはいえない。資本のもとへの労働者の従属，資本による労働支配が決定的なものとなるのは，生産の技術的基礎が機械を主要な労働手段とする大工業が支配的となる産業革命以降である。

(3) 機械制大工業

　機械は原動機，伝力機構，作業機の3つの要素から成り立っている。原動機は動力を生み出す機構であり，伝力機構は原動機の生み出す動力の強さや速度を調節しながら必要に応じて運動の形態を変化させ，作業機に伝達する機構である。作業機は労働者が道具で行なっていた作業を労働者に代わって行なう機構であり，機械のもっとも本質的な要素である。

　人間が同時に使用できる道具の数，大きさ，重さ，その運動の速度には人間の能力による限界があるが，作業機には基本的にそうした限界はない。これが機械によって労働の生産力が飛躍的に発展する技術的基礎である。作業機の規模や同時に作業する道具の数が増大していけば，それに対応して伝力機構も大規模化していくことになる。作業機と伝力機構が大規模化していけば，それらを動かすためにはいっそう強力で確実かつ安定的な制御の可能な原動機が必要となる。

　産業革命が進展し機械制大工業が発達していくとともに，動力は人力，畜力，水力から，人工的に動力を発生させる蒸気機関，電動機，石油を使用する内燃機関へと発達し，より強力な動力が供給されるようになっていく。より強力な動力が現実化すれば，それまで不可能だったような機械の複雑化・大規模化が可能になり，それがまたより強力な動力を発生させる原動機の発達を促す，というように，作業機と原動機は相互促進的に発達してきたので

ある。また，こうした機械の大規模化によって大量生産が実現すると，大量の原料や製品を安価かつ高速で輸送する手段が必要とされ，その発達を促すようになる。蒸気機関を利用した鉄道輸送，水上輸送の発達は，生産や輸送だけでなく社会や生活にも大きな変革をもたらした。産業革命が「革命」と呼ばれるゆえんである[4]。

　機械による生産も協業と分業によって編成される。単一または複数の工程を担当する同じ作業機が多数並存する協業と，一連の工程のそれぞれを異なる種類の作業機が担当する分業である。多数の作業機が，協業と分業の組みあわせのもとに自動的な原動機と伝力機構によって統一的に運転されるようになると，工場がそれ自体として1つの巨大な自動装置＝機械体系となる。この巨大な機械体系のもとで，多数の労働者が協業し大規模な生産が行なわれるのが機械制大工業である。

Column 2–6　工場の機械化と人間の役割の変化

　ただし，機械体系といっても各生産工程のすべてが人間の手から機械に置き換えられるわけではなく，各工程間の原材料・半製品の移動や加工具の交換，加工精度の調整や厳密な制御など，技術的またはコスト的に機械化が困難な部分について，人間の直接的な助力が必要とされる場合が多い。現代では，エレクトロニクス技術の急速な発展によって，機械にマイクロ・コンピュータや各種センサーが組み込まれて，加工の進度や精度を機械自体が感知して自ら制御するようになってきている。数値制御（Numerical Control, NC）工作機械や同じ原理で複数の複雑な加工ができるマシニング・センターなど，いわゆる産業用ロボットがそれである。さらに，各工程を担当する機械への原材料の供給や加工終了後の半製品を次の工程に移動させるための運搬ロボットなどが組みあわされて，人の助力をほとんど必要とせず，工場全体がコンピュータによって制御され自動的に生産が行なわれる「無人工場化」も進んでいる。

---

[4]　産業革命期の主な発明・改良を年代順に挙げれば，ジョン・ケイの飛び杼，ハーグリーブスの多軸紡績機（ジェニー紡績機），アークライトの水力紡績機，ワットの蒸気機関（18世紀初めのニューコメンの蒸気ポンプの改良），クロンプトンのミュール紡績機，カートライトの力織機，トレヴィシックの蒸気機関車，フルトンの蒸気船，スチーブンソンの蒸気機関車などがある。なお内燃機関を利用した自動車は19世紀後半に実用化された。

① 機械制大工業による生産力の発展

　手工業における生産力の発展には労働が人力や経験的熟練に頼ってきたことからくる制約があったが，機械は自然科学の応用によってこの制約を打破し，労働自体を容易化し，作業の精度，速度，連続性，規模などにおいて飛躍的な進歩をもたらしていった。そして，機械による生産が進むと，より優秀な機械の発明や改良の必要性から，逆に自然科学の発展とその応用を促進することにもなる。こうして，機械制大工業は人類史上かつてなかったような巨大な生産力とその発展の時代を生み出したのである。

② 資本の生産力としての生産力の発展

　本来，生産力の発展はその成果を利用して，一定の生産物を生産するための労働者1人あたりの労働を軽減し労働時間を短縮する可能性をもっている。または一定の労働量のもとでの生産物の増大により人間生活の豊かさや多様化（あるいは労働を軽減しながら生産を増大することによりその両方）をもたらす可能性をもっている。機械制大工業による生産力の急速な発展はその可能性を無限に拡大させるものであるが，それが資本主義的に利用された場合には剰余価値の増大と労働者抑圧の有力な手段となる。機械制大工業の本来的性格とその資本主義的な利用形態から生じる問題とは明確に区別する必要がある。

　まず，機械制大工業における生産力の発展は，手工業を基礎とする場合に比べて圧倒的に急速に進展するため，労働者の必要生活手段の価値の低下による相対的剰余価値の増大も急速に進む。また，人間の手工業的熟練が機械に置き換えられることによって，労働の単純化と熟練の解体が著しく促進されるため，成年男子・熟練労働力が不要となっていく。これらは訓練・育成費を低下させ労働力商品の価値をさらに低下させる。さらに，労働力商品の価値には労働者階級の再生産費用＝労働者家族の生活費が含まれていたが，機械制大工業は女性や子供の労働力化も促進していくから，この部分を分割することによって労働力商品の価値の低下に寄与することになる[5]。

　このように機械制大工業の発展によって相対的剰余価値は急速に増大するのであるから，本来労働時間の短縮や労働の軽減が行なわれてもよいはずで

ある。しかし，現実には機械の導入によってしばしば労働時間が延長された
り労働が強化されたりするという事態が見られる。これはなぜだろうか。こ
の疑問に答える鍵は固定資本の流通の特殊性にある。

　原材料や労働力などの流動資本の価値は，毎回の生産過程のたびにそのす
べてが生産物に移転し，販売によって貨幣形態で回収される。これに対して
機械は固定資本であるから，生産過程の繰り返しのなかでその価値は部分的
に生産物に移転し，貨幣形態で回収されたその価値移転部分は償却基金と
して積み立てられていく。そして耐用期間が経過して機械の使用価値が失われ
たときに積み立てられてきた償却基金が一挙に投下されて更新されるという
特殊性をもっている。

　機械が物理的に使えなくなる**物理的損耗**期間が，1日の使用時間に関係が
ない場合（例えば工場の建物や錆による機械の機能低下など）には，できるだ
け長時間使用して投下した資本価値を早く回収した方が有利となる。さらに，
機械などの損耗には物理的損耗の他に**無形の損耗**がある。これは特別剰余価
値の獲得をめぐる競争のもとで技術革新が急速に進み，より優秀な機械が登
場した結果，物理的にはまだ充分使えるし投下した資本の回収が完了してい
ない機械が，資本の価値増殖・剰余価値の獲得という目的のためには使用が
困難なものとなり廃棄されざるをえなくなることである。

　その場合には機械に投下された資本価値の一部は回収できなくなるのであ
るから，資本は無形の損耗を避けるためにも，労働時間の延長や労働の強化
によって，固定資本の価値移転を早めて投下した固定資本価値を早期に回収
するとともに，絶対的剰余価値の増大を追求することが必要となるのである。

③ **機械制大工業における資本による労働支配の完成**

　機械制大工業が発展していくと，ほとんどの労働は機械の操作や監視とい
った内容となり，労働は単純化され平準化されていく。紡績業でも製鉄業で
も，さまざまな産業において生産するものは異なっていても，労働内容は機

---

5) 現実の過程では女性や若年者の就業者数の増加という就業構造の変化となって現れ，
　これは労働力人口の増加すなわち労働力市場での労働力供給の増加を通じて賃金の低下
　につながる。この点については第3章第3節でより詳しく取り扱う。

械を操作するという意味ではほとんど変わらないものになる。このことは手工業的熟練度の差や作業の重要度の違いに基づくマニュファクチュア的分業体系を破壊し，労働者はさまざまな労働分野に移動し労働する可能性，すなわち**労働の全面的可動性**をもつことになる。

しかし資本主義的機械制大工業では，技術的基盤を失ったマニュファクチュア的分業体系と同様の分業体系が，労働者支配の体制として組織的に再編・強化される。機械制大工業によって労働の全面的可動性が実現するにもかかわらず，労働者は全生産過程のほんの一部にすぎない特定の部分機械に縛られ固定化されるようになる。労働者の独立可能性は失われてしまい，資本家に雇われて賃金を得ること以外に生活することができなくなるという意味で，資本への絶望的な従属が完成していくのである。

Column 2−7 資本の支配下に入らずに生活していける？
　現代において，自動車メーカーで働いていたとしても自分で自動車を作れる技術をもつ者はいないし，家電メーカーで働いていてもテレビを作れる技術をもつ者はいない。製造工程のごく一部をずっと担当するだけだからである。例外的に同じ最終生産物を作る技能を獲得したとしても，手工業的な生産力では機械制大工業の圧倒的な生産力にはとうてい太刀打ちできない。現代では，資本の支配下に入らずに独立して生活していこうとすれば，せいぜい喫茶店や飲食店を開業する程度しか選択肢はなくなっている。近年ではこれらの分野でも大資本によるチェーン化が進んで，資本の支配下に入らずに独立して生活することは困難となっている。

しかも，手工業段階では，労働者は道具を自分に従属させており，自分で労働強度をある程度までコントロールできたのに対し，機械制大工業では機械の運動に従属しなければならない。自由裁量の余地がまったくなくなり，人間が機械の体系によって使用されるという資本主義社会固有の転倒した形態が現実化する[6]。

ここでは，いうまでもなく労働の精神的側面が分離し，労働者に対立して

---

[6] チャップリンが1936年に主演・監督・製作した映画「モダン・タイムス」は，喜劇という形式を取りながら，機械の一部分のようになってしまった労働者の悲哀を描いて，こうした資本主義的機械制大工業を風刺している。

くるという関係はいっそう強化される。手工業的生産の機械化の過程や機械の自動化の推進過程では，熟練労働者の知識，経験，勘やコツといった技能を機械の技術に置き換えて生産力を高めていくために，彼らの助言や協力が必要になる。しかし，そうした技能がいったん熟練労働者から機械＝資本の側に移転してしまえば，つまり機械化が成功した後は熟練労働者の熟練あるいは熟練労働者の存在自体が不要となる。自分の内側に存在していたものを外部に対象化し，それが逆に自分に対立するものとして現れてくること，これが疎外である。また，科学や技術も巨大な機械体系に対象化され，科学者や技術者も資本の支配下に入らなければ研究や技術開発を進めることができなくなっていくため，これらも資本の権力を形成することになる。

Column 2-8 「合理化」がもたらすもの
　熟練労働者の技能をそのまま機械の技術に置き換えるのは簡単ではない。機械化や効率化に簡単にはなじまないものは切り捨てられ，生産や販売の効率化のために防腐剤やさまざまな化学物質が添加された食品のように，生産物自体が本来のものではないものに，あるいは人間や環境にとって危険なものに転化させられていくことも珍しくはない。科学や技術もこれを促進する方向に進められていくのである。

　また，労働の全面的可動性の実現によって労働の等級性，性別，年令等の差異はマニュファクチュア的分業の場合ほどの技術的意味をもたなくなっているだけに，指揮・監督労働はますます資本による労働者の分断と労働支配の手段という資本主義的性格を強めていく。そして新たな機械の採用や改良が進めば，それ以前の機械における熟練労働者は新たな機械への適応を余儀なくされ，適応できない労働者は不要となり失業へ追いこまれることになる。就業労働者にとって失業者の存在は競争圧力となり，賃金や労働条件の低下，資本への労働者の従属を強める作用をもつ。

　このようにして，資本主義は機械制大工業の確立によって直接的生産過程における労働者支配を完成するとともに，さらに社会全体を支配する体制となっていく。機械制大工業がある産業部門で成立すると，その圧倒的な生産力によってその部門内の小生産や農村家内工業などを破壊し駆逐していく。

小生産者や家内工業者は廃業を余儀なくされ，資本に従属する賃労働者となって，部門全体が資本主義的商品生産に支配されていく。

　機械制大工業によって大量生産が行なわれるようになると，安価となった生産物が大量に供給されるし，その生産手段の需要も急増する。産業革命期の技術発達の経過に見られるように，この部門の周辺の関連生産部門も需要と供給の急増に刺激されて機械制大工業化が促進される。繊維工業の発展が紡績機械や織機の発展を促し，これらの機械を作る機械工業の発展を促すわけである。そして「機械による機械の生産」を可能としたのが，回転体を加工する旋盤，穴開け加工をするボール盤や中ぐり盤，平面を加工するフライス盤などの工作機械（machine tool）の発明である。これによって機械制大工業は技術的にも完結したものとなって急速に社会全体に拡大し，同時に最大限の剰余価値の獲得を追求する資本の論理も社会全体に貫徹していく。マニュファクチュア段階では社会の一部を占めるにとどまっていた資本主義的商品生産は，産業革命による機械制大工業への移行によってまさに確立するのである。

第4節　剰余価値の本質を隠蔽する諸要因

　これまで明らかにしてきたように，剰余価値の本質は労働の搾取・剰余労働の対象化なのであるが，資本主義においてはその本質を隠蔽する諸要因が存在し，そのままの形では現象してこない。

(1) 労賃という形態による隠蔽
① 労賃＝労働の価格としての現象

　労働者に支払われる賃金が，理論的には労働力商品の対価＝労働力商品の価値額であって，労働そのものの対価ではない。労働は価値の実体であってそれ自体は価値をもつものではないのである。しかし，資本主義社会の日常においては，賃金は「労働力商品の価格」ではなく「労働の価格」，すなわち一定量の労働に対して支払われる一定量の貨幣として現象している。

　封建社会であれば，必要労働は自分に分与された土地で自分の生活のため

に行なう労働であり，剰余労働は領主の直営地で領主のために行なう労働であって，両者は時間的にも空間的にも明確に分離され，目に見える形で存在していた。しかし，資本主義的生産においては，両者は労働日の中で商品を生産する一連の労働として行なわれ，時間的にも空間的にも分離されていない。したがって，両者の区別も剰余労働の大きさも目に見えるような形では現象しない。そして，賃金はこれら両者を含む労働全体に対する報酬であるかのように支払われ，剰余労働部分に対しても支払われているかのように現象している。また，日当制では1日の労働が終わった後に，月給制では1カ月の勤務が終わった後に賃金が支払われるのが通常であるが，この賃金後払い制は労働全体に対する賃金という外観をいっそう強める。

② 多様な賃金支払形態による隠蔽

さらに，労働時間の長さや個人の出来高の差によって支払額に差をもたらすようなさまざまな賃金の支払形態がとられることによって，労働者に支払われる賃金が労働全体に対するものであるかのような外観がいっそう強化され，剰余価値の本質が労働の搾取にあることが隠蔽される。このような賃金支払形態は時間賃金と出来高賃金の2種類に分類することができる。

時間賃金とは，時間あたりの労働の単価を設定し，働いた時間の長さに応じて賃金を支払う形態である。例えば，労働力商品の1日の価値が4,000円，1労働日の標準的労働時間が8時間であるとすると，労働の単価は4,000円÷8時間＝500円／時間と計算される。この単価を基準として，6時間労働の場合には3,000円，8時間労働の場合には4,000円，10時間労働の場合には5,000円のように，1日の賃金が支払われるのである。

労働時間によって賃金額が変化するため，労働全体に対して賃金が支払われているという概観が強化され，剰余価値の本質は隠蔽されるわけである。そしてこの時間賃金は資本による労働支配をより強化する手段としても利用される。

例えば，不況時に販売量が減少したために生産を縮小せざるをえず，1日の労働時間を6時間に短縮したとしよう。商品交換の原則に基づけば，この場合でも労働者には労働力商品の価値どおりに1日4,000円の賃金を支払わ

なければならないが，時間賃金制であれば3,000円の支払いですむのである。アルバイトやパート労働をしていれば，時間給が500円であれば1日6時間働いた場合に3,000円の賃金となるのはごく当たり前のように感じられるであろう。しかし，それが当たり前でないことは，本章第1節で指摘したように，例えばパソコンを買う場合，その代金はパソコンの使用時間に無関係であることを考えれば明らかであろう。また，例えば労働の単価を450円／時間としておき，標準的な労働時間以上に長時間働いた場合，その延長部分の単価を550円／時間のように高めに設定すれば，この時間賃金制は，資本家の負担を少なくしながら労働者に長時間労働を行なわせるための動機づけとしても利用できるのである。

次に出来高賃金とは，生産物1単位あたりの労働の単価を設定し，労働者が生産した生産物の量＝出来高に応じて賃金を支払う形態である。例えば，労働力商品の1日の価値が4,000円，1労働日の標準的生産数量が10個であるとすると，労働の単価は4,000円÷10個＝400円／個と計算される。この単価を基準として，8個生産の場合には3,200円，10個生産の場合には4,000円，12個生産の場合には4,800円のように，1日の賃金が支払われるのである。

労働者がどれだけ効率的に集中的に労働したかによって生産数量が変化し賃金額が変化するため，労働者の能力に応じた労働全体の対価として賃金が支払われているという概観が強化され，剰余価値の本質は隠蔽されるわけである。そしてこの出来高賃金も資本による労働支配をより強化する手段として利用される。

機械制大工業においては労働が均質化しているため，労働者の能力に差があっても出来高に顕著な差は生まれないのであるが，労働者個々人の能力のわずかな差を強調する賃金支払いシステムによって労働者の分断が促進される。また，労働者が賃金額を増加させようとすれば，労働者自身が労働の質や強度を高め，労働時間の延長も望むようになるから，資本家・経営管理者層による労働者の管理業務が軽減されることになる。ただし，労働の強化や労働時間の延長によって平均的生産数量が増加した場合には，労働の単価の切下げが行なわれることも珍しくない。さらに，一定以上の品質の生産物だ

けを出来高と計算することによって，労働者の責任でなく原料の品質不良や機械の不具合等に起因する不良品などの損失負担を労働者に転嫁することもできるのである。

> *Column* 2-9 「多様な働き方を実現する」という賃金制度の本質とは？
> 　1970年代の世界的な経済停滞や持続的な物価上昇，高い失業率などの経済的諸困難の解決のために，70年代後半，市場原理＝競争原理の貫徹をめざす新自由主義の影響力が世界的に強まった。イギリスのサッチャリズムやアメリカのレーガノミクスが新自由主義に基づく経済政策の典型である。日本でも1980年代の中曽根政権時代に同様の政策が採用され，民間活力の利用の名目のもとにさまざまな規制緩和や3公社（国鉄，専売公社，電電公社）などの公共企業の民営化が実行された。
> 　90年代以降の長期停滞期に入ると，構造改革路線のもとで労働面での規制緩和が強力に進められ，賃金支払形態も「多様な働き方の実現」という名目で，能力給や裁量労働制，ホワイトカラー・エグゼンプションなどの採用が拡大している。これらの本質は出来高賃金制である。また，統計上の労働時間は減少しているが，残業手当や超過勤務手当を支払わない違法な"サービス残業"などによって実質的な労働時間は増加しているし，正規雇用の非正規雇用への置き換えが広がって雇用の不安定化が進んでいる。この問題については *Column* 3-3 も参照していただきたい。

(2)「資本の生産力」という外観による隠蔽

　生産方法の改良や新しい生産方法を導入して生産力を高めた資本が特別剰余価値を獲得できるという事情は，剰余価値全体が資本の生産力に対する報酬であるという意識を生む。機械制大工業において生産力は飛躍的に発展し，その圧倒的な生産力に個別・分散的な手工業的小生産は対抗できなくなって，優秀な機械体系と大量の原材料とを購入できるような資本のみが存続しうるようになる。このことは機械体系だからこそ価値増殖が可能となるという意識から，機械体系自体が資本であるかのような表象となっていく。これに対応して，労働に対する報酬が賃金であるという表象も浸透していく。
　しかし，機械制大工業における生産力の発展は，人間の能力の限界を打破した機械体系を労働手段として，多数の労働者が集団的に結合された労働を行なうことによって初めて実現するものであった。いうまでもなく機械は単

なる生産手段にすぎないし、機械体系自体も人間の思考と労働の成果である。資本家の機能もその大部分は資本主義的商品生産社会であることから生まれてくるものであった。したがって、機械制大工業による生産力の発展は、本来「社会的労働の生産力」なのであって、その成果は当然社会的に取得されてしかるべきものなのである。それが、資本によって排他的に取得されるのは生産手段の所有関係に基づくのである。

また、優秀な新生産方法の導入によって獲得される特別剰余価値の源泉は、旧来の生産方法をとる遅れた資本に発生する負の特別剰余価値である。特別剰余価値とは、同じ部門内で生産された剰余価値の配分替えにすぎないのであって、優秀な生産方法自体が新しく剰余価値を生み出すのではない[7]。

(3) 剰余価値の利潤への転化による隠蔽

① 剰余価値率と利潤率

生産物価値は生産手段の価値移転部分Cと価値生産物（V+M）からなり、剰余価値Mは、理論的にはこの価値生産物のうち可変資本Vに等しい価値を超える剰余である。しかし、資本家から見れば前貸資本（C+V）を投下した結果としてMを獲得したと認識される。価値増殖において役割のまったく異なるCとVとが剰余価値を生む投下資本として同一視され、生産物1単位あたりの剰余価値mは**費用価格**（c+v）を超える利潤として、剰余価値総額Mは投下した資本全体が生み出した利潤総額として認識されるのである。

また、剰余価値率M／Vは労働によって新たに生み出された価値の資本家と労働者とへの分配率を表している。しかし、最大限の価値増殖を目的とする資本家にとっては、剰余価値が投下資本全体が生み出した利潤として認識されるから、投下した資本がどれだけ価値増殖するかこそが関心事となる。したがって、資本家は投下資本の増殖率、すなわち投下資本に対する剰余価

---

[7]　なお、新生産方法が画期的で生産力を飛躍的に向上させて巨額の特別剰余価値が発生する場合、負の特別剰余価値もそれだけ巨額となる。その結果、遅れた生産方法をとる資本に損失が生じる場合には、特別剰余価値の源泉は剰余価値だけでなく、そのような資本の前貸資本部分にまで及ぶことになる。

値の比率である**利潤率** $M/(C+V)$ に最大の関心をもつのである。剰余価値率（労働分配率）の上昇は，労働コストの低下と利潤の相対的増大による利潤率上昇を追求した結果としてしか意識されないのである。

このように，資本家が，投下した資本がどれだけの価値増殖を実現するかを基準として行動し，剰余価値は利潤として，資本の価値増殖率は利潤率として認識されることから，剰余価値が労働力の価値増殖機能によって生み出されるものであることが隠蔽されるのである。

② 価値と生産価格

資本家が投下資本の最大限の価値増殖をめざして行動し，その行動基準が利潤率となるということは，生産部門によって利潤率が異なる場合，自らの資本を利潤率のより高い生産部門に投下しようとする行動，すなわち利潤率を基準とする部門間資本移動を必然化する。このことの影響を考えるために，社会全体が部門A～部門Cの3つの生産部門で構成されていて，各部門の生産物1単位あたりの価値構成が次のようになっているとする。

$$\begin{cases} 部門 A & 70c + 30v + 30m = 130 \\ 部門 B & 50c + 50v + 50m = 150 \\ 部門 C & 30c + 70v + 70m = 170 \end{cases}$$

剰余価値率はすべて100％であるが，同じ100の資本を投下しても利潤率 r は異なり，部門Aは30％，部門Bは50％，部門Cは70％となる。固定資本は存在せず，部門間資本移動を妨げる要因もないとすると，個々の資本家は当然，より利潤率の高い部門へ資本を投下しようと考えるだろう。その結果，利潤率の相対的に低い部門から資本が退出して生産量は減少する。単純化のために需要は変化しないとすると，生産量の減少によってこの部門の生産する商品の価格は価値以上に上昇し，利潤率が上昇することになる。逆に，利潤率の相対的に高い部門では資本の参入によって生産量が増大し，価格は価値以下に低下して利潤率は低下する。つまり，部門間資本移動は部門別の利潤率を均等化する方向に作用するわけである。

こうした部門間資本移動とそれにともなう価格と利潤率の変化は，すべて

の部門で利潤率が同じになるまで続くであろう。価値から乖離した価格をPとし生産物1単位あたりの利潤をRとすれば，次のように利潤率は平均化し，C：Vが社会全体の平均と一致する部門以外では価格は価値と一致しなくなる。

$$\begin{cases} 部門 A & 70c + 30v + 50R = 150P & r = 50\% \\ 部門 B & 50c + 50v + 50R = 150P & r = 50\% \\ 部門 C & 30c + 70v + 50R = 150P & r = 50\% \end{cases}$$

この利潤率均等化運動の結果，どの部門に投資しても投下資本額に**平均利潤率**を乗じた平均利潤が獲得されることになる。価格は費用価格（c + v）に平均利潤を加えた額となり，この価格を**生産価格**と呼ぶ。価値総額＝生産価格総額，剰余価値総額＝利潤総額であって，生産価格は価値が，利潤額は剰余価値額が根底において規定しているが，個々の商品の価値と生産価格とは乖離するし，個別資本が生産する剰余価値額と獲得する利潤額も一致しなくなる。平均利潤率と生産価格の成立によって，剰余価値の本質や発生の秘密はいっそう隠蔽されるのである。

③ 生産価格と市場価格

さらに，より現実的には，諸商品は生産価格ではなく日々変動する需給関係に規定される市場価格によって取引されている。生産価格の成立の説明では社会全体で需要と供給は一致しているという前提が置かれていた。その前提のもとでも，部門間資本移動は個々の資本家の予想・判断によって行なわれるために，部門ごとの市場価格は生産価格を上回ったり下回ったりするであろう。しかし，総需要＝総供給であれば，ある部門で市場価格が生産価格を上回っていればその部門の利潤率は平均利潤率以上となる一方，他の部門では必ず市場価格が生産価格を下回ってその部門の利潤率は平均利潤率以下となる。この利潤率の差は部門間資本移動を通じて常に均等化されていくことになる。したがって，生産価格はそうした市場価格の変動が利潤率の均等化作用によって収斂していく水準，言い換えれば日々変動する市場価格の重心としての意味をもつのである。

固定資本投下が行なわれる場合には，販売と購買が分離し社会全体で需給が一致しない可能性が生じる。その場合には，市場価格総額が生産価格総額を上回ることも下回ることもありうる。これは市場価格で計算される市場利潤率に影響を与えるから，そうした変動に関する資本家の予想や判断が個別資本の利潤率を左右することになる。このことは剰余価値が資本家の適確な予想や判断の報酬であるという外観を強化し，剰余価値の本質をいっそう隠蔽することになるのである。

(4) 擬制資本

　上述のように，平均利潤率が成立すると，どのような部門に資本を投下しても，その部門で生産された剰余価値額ではなく，投下資本額に平均利潤率を乗じた平均利潤を獲得できることになる。このことは資本に新たな意味をもたせることになる。労働の搾取に基づいて剰余価値を生産する産業資本でなくても，定期的に収入をもたらす貨幣は資本とみなされるようになるのである。

　例えば，産業資本が平均利潤を獲得するためには，生産のために必要な一定の規模の機械体系と原材料，労働力を購入する貨幣が必要であるが，自己資金が不足している場合，銀行などの金融機関から融資を受けて調達することになる（間接金融）。金融機関は保有する貨幣を融資する代わりに，産業資本が獲得した利潤の一部から定期的に利子を受け取る。つまり金融機関が融資する貨幣は定期的に利子や配当を生み出す資本という性格をもつことになる。

　このように資本の意味が拡大すると，資本が必要な資金を調達するために株式会社形態をとって株式を発行する場合や社債などの債券を発行する場合，株式や債券はそれ自体は資本ではないが，定期的に配当や利子を生む資本という性格をもつことになる。また土地は，それ自体は労働生産物ではなく価値をもたないが，農業はもちろん工業やその他の産業でも生産に不可欠な要素であり，土地所有者は産業資本にその土地を貸すことで定期的に地代を受け取る。土地も定期的に地代という収入を生む資本とみなされるのである。

　こうして，本来は資本ではない単なる貨幣も，株式や債券（国債や社債な

ど),土地なども資本としての性格をもつことになるのである。これらは資本ではないが資本としての性格をもつものとして**擬制資本**と呼ばれる。擬制資本が獲得する利得は産業資本が生み出した剰余価値の一部が分配されたものである。擬制資本としての貨幣がもたらす利子の融資額に対する比率＝利子率は「資本の価格」であり，資金の需要と供給の大小によってその水準が変化する。また，株式や債券，土地の価格は，理論的には平均利潤率の計算の逆となり，それぞれの配当，利子，地代を標準的な利子率で除した（資本還元した）金額となる。例えば，1年間の地代が100万円，標準的な年間利子率が5％の場合，その土地の理論価格は2000万円となるわけである。株式や債券の理論価格も同様に計算される。

こうして剰余価値を生産しない擬制資本であっても価値増殖が可能となるのだから，剰余価値の本質はさらに隠蔽されるのである。

> *Column* 2-10 株式や土地の理論価格と現実の価格がかけ離れている理由は？
> 　金本位制が廃止され管理通貨制となった現代では，株価や土地価格などは上の理論価格とは大きく乖離する傾向にある。政府や中央銀行の財政・金融政策によって市中に流通する資金量や利子率は大きく変動し，債券市場や土地市場においてその資金が大量に流入や流出を繰り返すことで，それらの価格が変動し，その価格変動による売買差益（キャピタル・ゲイン）を求めてまた資金が流出入するからである。さらに，1970年代以降，アメリカ主導で金融の自由化・国際化が推進され，巨額の資金がグローバルに移動する状況となって，これら市場の価格変動をさらに激しいものにしているのである。この金融のグローバル化の問題については本書第3部で取り扱うが，より詳しくは前掲の延近『薄氷の帝国 アメリカ』を参照していただきたい。
> 　また戦後の日本では，経済復興・高度成長過程で第1次産業から第2次産業・第3次産業への労働力の大規模な移動や，農村や山村から都市へという人口の移動が急速に進むなかで，良質な公的住宅供給が抑制されたことなどによって工場地帯や大都市では恒常的な住宅不足が生じた。この住宅不足を背景として，不動産資本による宅地開発とその地域での独占的な土地・住宅供給政策によって，土地価格や住宅価格は高騰を続けた。土地・住宅価格の高騰は人々の住宅取得欲求を強化し，それがまた価格高騰を促進していったのである。

第3章
資本の蓄積過程

　第2章では剰余価値の生産とその増大のメカニズム，および剰余価値増大にともなう諸問題について考察してきた。次に問題になるのは，剰余価値を目的とする生産が繰り返される再生産の過程とその過程が内包する諸問題の分析である。どのような経済体制においても，人間が生存していくためには再生産が不可欠であるが，その再生産はある生産関係のもとで行なわれる（封建制では領主と農奴という関係，資本主義体制では資本と賃労働との関係）から，再生産過程はその生産関係を再生産していく過程でもある。したがって，資本主義的再生産過程の分析は，資本と賃労働という生産関係の再生産がいかにして行なわれるかの分析を必要とする。

　さらに資本主義においては，最大限の価値増殖を目的として生産が行なわれるのであるから，その再生産過程の分析は再生産規模の拡大＝資本蓄積過程がどのようにして可能となり，どのように進展し，その過程にはどのような問題があるのかを分析するものでなければならない。なお，ここでの分析も商品は価値どおりに交換されるという前提のもとで行なう。

第1節　資本主義的再生産と資本関係の再生産

(1) 単純再生産

　まず再生産の規模が変わらない単純再生産の分析から始めるが，それは資本蓄積による拡大再生産の分析の基礎となると同時に，単純再生産が拡大再生産の一部を構成するものだからである。単純再生産過程は次の図のように表すことができる。

第1部　資本主義経済の一般的運動法則

$$G-W\begin{cases}Pm\\A\end{cases}\cdots\cdots P\cdots\cdots W'-G'\quad G-W\begin{cases}Pm\\A\end{cases}\cdots\cdots P\cdots\cdots W'-G'\begin{cases}G-W\begin{cases}Pm\\A\end{cases}\\\Delta g-w\end{cases}$$

$$\Delta g-w$$

　資本家は前貸資本Gによって生産手段Pmと労働力商品Aを購入して生産過程において両者を結びつけ，異なる使用価値をもつ商品W'を生産する。資本家はW'の販売によって前貸資本の価値と剰余価値M（Δg）を含むG'を獲得する。この剰余価値のすべてを資本家が消費し，Gを再び生産に投下すれば以前と同じ規模で生産が反復され，資本家は同じ額の剰余価値を繰り返し取得することができる。これが資本主義的単純再生産である。

　この過程は資本と賃労働との関係が再生産される過程でもある。資本家は，生産物の販売が順調であれば，最初に投下した資本価値を貨幣形態で回収しているから，ただちにそれを再投下して生産を反復することができると同時に，新たに取得した貨幣形態の剰余価値によって個人的消費を行なうことができる。

　労働者は，自分の生産した生産物はすべて資本家の所有物となっているから，賃金によって資本家から消費手段を購入して消費しなければならない。この消費によって労働力の維持・再生産が行なわれ，労働力の販売が再び可能となると同時に，消費手段は消滅するから労働力の販売を反復せざるをえない状態にある。労働者に労働力の販売をしない自由はないのである。こうして労働者が賃金として受け取った貨幣は資本家のもとに戻り，再び資本家が労働力商品を購入するための貨幣となる。

　このように，資本家は前貸資本の回収と個人的消費のための貨幣を繰り返し手に入れることができて，資本家階級が再生産され，労働者は労働力を再生産しつつその販売を余儀なくされるから，労働者階級が再生産されるのである。

(2) 資本蓄積

　資本家が取得した剰余価値の一部が資本に追加され，資本として機能すれば拡大された規模での再生産＝拡大再生産が行なわれる。剰余価値が資本に追加され資本として充用されることが資本蓄積であり，剰余価値がどのような目的で使用されるかという視点から見た概念である。資本蓄積によって資本規模が拡大するわけだから，拡大再生産とは資本蓄積の結果を再生産規模の視点から見た概念である。図示すると次のようになる。

$$G-W \begin{cases} Pm \\ A \end{cases} \cdots P \cdots W'-G' \begin{cases} G-W \begin{cases} Pm \\ A \end{cases} \cdots P \cdots W'-G' \begin{cases} G-W \\ \Delta g \begin{cases} g_1 \\ g_2 \end{cases} \end{cases} \\ \Delta g \begin{cases} g_1-W \\ g_2-w \end{cases} \begin{cases} Pm \\ A \end{cases} \cdots P \cdots W'-G' \begin{cases} G-W \\ \Delta g \begin{cases} g_1 \\ g_2 \end{cases} \end{cases} \end{cases}$$

　剰余価値が g_1 と g_2 とに分けられて，g_1 が生産手段と労働力の購入に充てられる追加資本として機能する以外は，(1) の単純再生産と同じである。剰余価値を追加資本として機能させる方法は，次の3種類の場合に分類することができる。

(a) 新たに機械体系1セットと原材料および労働力に対して投下する場合
(b) 更新投資期にある元の資本に追加・合体して資本規模・生産規模を拡大する場合
(c) 部分的に機械や労働力を追加する場合

　この3つのうち，特に (a) や (b) の場合には一定規模の資金が必要であるから，貨幣形態の剰余価値を蓄積基金として一定期間積み立てておき，必要な規模になった時点でその蓄積基金を一挙に投下して現物での資本蓄積が行なわれることになる。その場合には，固定資本の流通の特殊性と同様の問題，つまり販売と購買の時間的分離が生じる。なお，追加資本の投下先については，現在の生産部門，既存の他の生産部門，新しく形成された生産部門

の3種類がありうるが，どこに投下されても資本蓄積に変わりはない。

　資本蓄積においては，追加される資本はすべて労働者が生み出した剰余価値に基づいている。したがって，労働者階級は自分たちが過去に生み出したものによって追加雇用され，これによって剰余価値の生産をさらに増加させていくということになる。この過程が進展していけばいくほど，一国の投下資本総額の大部分が労働者の生み出した剰余価値の転化した資本ということになる。

(3) 資本主義的取得法則

　零細な規模の町工場のように，小規模の生産手段を所有し自分の労働によって商品生産を行なう場合には，生産物はすべて生産者の所有となり，それを販売することによって自分の生活に必要な消費手段と次の生産のために必要な生産手段を取得する。このような生産者を小生産者（または独立小商品生産者）と呼ぶ。小生産者のように生産手段の所有者と生産者が同一の場合，所有は明らかに自分の労働に基づくものである。

　資本主義的単純再生産では，資本家は最初に投下した資本価値をただ維持しているだけのように見える。しかし，再生産が繰り返されるもとで最初の資本価値を維持できているのは，労働者すなわち他人の労働が生み出した価値の一部を取得し，個人的消費を行なってきたからである。剰余労働を取得しなかったとしたら，資本家が消費を継続していくためには最初に所有していた貨幣を手放していかなければならないから，やがてその貨幣は失われていったはずである。このように再生産の連続のなかでとらえれば，資本家が他人の労働を支配することによって資本価値を維持し所有し続けることが可能となっていることが明らかである。さらに，資本蓄積においては追加される資本のすべてが剰余価値に基づいているのだから，資本家の所有は最初からすべて他人の剰余労働の支配に基づくものである。

　以上のように，資本主義的生産では，資本家の側では他人の労働の支配に基づく所有と，労働者の側では自分の労働で生み出した労働生産物が所有できないという**資本主義的取得法則**が貫いているのである。

第2節　資本蓄積と生産力向上との相互促進的進展

　資本主義においては，生産の目的は最大限の価値増殖＝最大限の剰余価値の取得にあるから，より大量の剰余価値を生産し取得するために資本蓄積を累進的に拡大していこうとする内在的傾向が存在している。そしてこの内在的傾向を現実化し，諸資本に資本蓄積を促進し強制していく社会的メカニズムの基軸が個別諸資本間の競争である。では，この社会的メカニズムとはどのようなものなのだろうか。

(1) 生産力向上のための資本蓄積
　資本家は特別剰余価値の獲得を目的として優秀な新生産方法を他に先んじて導入しようと競争し，また損失を避けるためにもそのような生産方法の導入を強制される（●第2章第2節）。実は，このような生産力向上を通じた特別剰余価値の取得のためにも資本蓄積＝資本規模の拡大が必要とされるのである。

　生産力の向上は一定の生産量に対してより少ない労働量，あるいは一定の労働量に対してより大きな生産量として規定されるが，資本主義的生産においては最大限の価値増殖のために生産規模の拡大の方向が選択される。生産力の向上は，各種の機械や化学的装置を技術的に改良し，これらの機械体系と大量の労働力を合理的・組織的に結合して大量生産を実現する方向で進められるのが基本的な傾向である。

　したがって，特別剰余価値を獲得するために，あるいは負の特別剰余価値を避けるために生産力を向上させようとすれば，大規模な労働手段体系と大量の原材料・労働力が必要とされ，資本規模の拡大が促される。つまり，新生産方法の導入競争に対応するためにも資本蓄積の拡大が不可欠なのである。資本蓄積は生産力向上のための不可欠の前提であって，生産力の向上を実現していくために資本蓄積が必要となり，その資本蓄積によって，また生産力向上が実現されていくという関係にある。

(2) 生産力向上による資本蓄積の促進

　他方,生産力の向上が資本蓄積のための条件を生み出し,資本蓄積自体を倍加し促進する作用もある。生産力の向上は相対的剰余価値を増加させ,また無形の損耗を避けるための絶対的剰余価値を増加させようとする行動も促進する（○第2章第2節および第3節）。剰余価値は資本蓄積の母体なのであるから,生産力の向上によって剰余価値が増大すれば,当然資本蓄積は促進されることになる。

　資本蓄積によって資本規模・生産規模が拡大していくにしたがって労働力が吸収され,やがて労働力が不足する可能性が生じる。しかし,生産力の向上は,一般的に労働者の労働の機械への置き換えやその機械の大規模化によって実現され,一定量の生産手段に組みあわされる労働者の数を減少させる傾向がある。また,機械制大工業の発展は労働を単純化させて,女性や若年者,不熟練者などの労働者化を促進し,労働可能人口を増大させる作用をもっている。これらのことは資本蓄積にともなう労働力不足の制限を緩和・解消する方向に作用する[1]。

　また,生産力の向上によって消費手段の価値が低下すると,資本家の獲得した剰余価値のうち資本家の消費に向けられる部分（Δg_2）の比率の低下,したがって剰余価値のうち資本蓄積に向けられる部分（Δg_1）の比率（蓄積率）を高めるよう作用する。その他,生産力の向上と機械制大工業の発展によってさまざまな新しい商品が登場して新生産部門が形成され,資本投下分野が拡大することも資本蓄積を促進することになる。

(3) 資本蓄積の進展過程の特徴

　このように資本蓄積過程は生産力の向上と資本蓄積とが相互促進的に進展していく過程であるが,この過程は,生産力の向上と資本蓄積を「無制限的」に拡大させる傾向,市場構造の変化,生産の社会的性格の強化という3つの特徴をもっている。

---

[1]　生産力の向上が一定の生産規模に必要な労働量を変化させ,したがって不変資本と可変資本の比率を変化させる問題について,より詳しくは本章第3節で取り扱う。

第 3 章　資本の蓄積過程

① 生産力向上と資本蓄積の「無制限的」拡大傾向

「無制限的」という意味は，市場の制限を超えて生産力の向上と資本蓄積が拡大していく基本的な傾向をもっているということである。しかし，資本が生産活動を行なう目的を考えると，こうした傾向があると主張することは矛盾しているように見える。資本の目的は最大限の価値増殖・剰余価値（利潤）の取得であった。そのためには，生産された剰余価値を含む生産物 W′ を販売し G′ という貨幣が獲得できなくてはならない。つまり商品価値・剰余価値の「実現」が不可欠なのである。

　商品の販売が順調に進むためには，市場における供給額と同じか，それ以上の需要額がなければならない。需給の状態は基本的には価格の運動によって示され，需要＞供給であれば価格は上昇するし，需要＜供給であれば価格は低下する。価格が上昇傾向の場合には需要の拡大が予想されるから，生産の拡大や資本蓄積が促進されるのは当然である。

　他方，市場の制限を超えて生産が無制限的に拡大していく傾向があると主張することは，例えば，需要＜供給で価格が低下傾向にあり市場の拡大が見込めない場合にも，資本家は生産を拡大し資本蓄積を増やそうとするということである。そのような場合には商品の販売は順調ではなく，剰余価値の実現も困難であるから，資本の目的と反するように見える傾向があると主張していることになるわけである。

　マルクス経済学は矛盾することを主張しているのだろうか。答えはもちろん No である。一見すると矛盾したこの主張は，実は資本蓄積の進展過程の本質を射抜いた理論的な基礎に基づいているのである。このことを明らかにするために，社会全体で市場価格が低下傾向で市場拡大の見通しがない場合，その市場条件のもとでもできるだけ多くの剰余価値を獲得するために，資本家はどのような行動をとるのが合理的かを考えてみよう。

　需要＜供給の状態で需要拡大の見通しもないのであるから，資本家全体の立場に立てば，資本蓄積どころか生産を縮小し価格の低下を防ぐことが，利潤獲得のためには合理的な行動といえるだろう。しかし，ここでの議論は，競争が全面的に支配している資本主義，つまりすべての市場が競争的である資本主義における個々の資本家の合理的行動である。そこでまず，競争的市

場の基本的特徴を考えておこう。

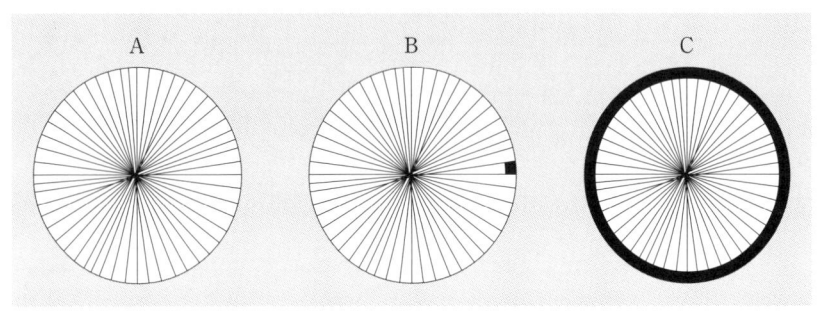

第3-1図　競争的市場の特徴

競争的市場とは，第3-1図Aのように，市場規模に比べてきわめて小規模の資本が多数存在し，それぞれが自己の利潤を最大化しようとしている市場である。そこでは，図Bの黒く塗りつぶした部分のように，一部の資本家が生産を縮小し，価格の低下を防ごうとしたとしても，個別資本の生産量が市場規模に占める比率は非常に小さいために，価格に影響を与えることはできない。また，他の資本家にとってみれば，一部の資本家の生産縮小は自分の販売拡大のチャンスであるから，ただちにその分の生産を増やそうとするであろう。

個別資本家が価格に影響を与えられないのであれば，多数の資本家が協定を結んで生産量を調整し価格をつり上げるのはどうだろうか。各個別資本家はお互いの利害が反する競争者であるし，協定を結ぶべき資本家の数も非常に多数である。また，それぞれの生産条件も異なり，どのような水準に生産量を調整すれば有利になるかという要求水準が異なるから，協定を結ぶこと自体がきわめて困難である。

さらに，協定の締結に成功して，図Cの黒く塗りつぶした部分のように生産を縮小し価格をつり上げることができたとしても，そのもとで自分の生産を増やしてより多くの利潤を獲得しようとする協定破りを防ぐことは困難である。もし協定の締結にも協定破りの防止にも成功したとしても，今度はその成功ゆえにその部門の利潤率は他部門より高くなり，部門外からの資本の参入が促される。資本の参入は供給量の増加をもたらすから，再び価格は

低下して利潤率は低下することになる。

　以上のように，競争的市場において個別資本は価格に影響を与えることはできず，市場で決定される価格の受容者＝プライス・テイカーでしかないのである。競争的市場においては資本家の統一的意志のもとで，生産を縮小して価格の低下を防ぐという行動が実現することはない。全般的市場停滞のもとでの総資本としての合理的行動と，それが個別資本にとって可能かどうかは別問題なのである。

　では，全般的市場停滞のもとでの個別資本にとっての合理的行動とはどのようなものだろうか。1つは生産力を向上させて特別剰余価値を獲得するとともに，その特別剰余価値を基礎にして可能となる若干の安売りによって自分の販路を拡大することである。

　ある生産部門で平均以上に生産力の高い優秀な新生産方法を導入した資本は，生産物1単位あたりの費用の低下を通じて平均以上の剰余価値として特別剰余価値を獲得することができる。そのためには，生産力を向上させる新生産方法の導入と結びついた資本蓄積・資本規模の拡大が必要とされるのである。そして新生産方法が普及していけば，当然その部門の供給総量が増加していくし，自分の生産量・販売量を増やすための安売り競争によってもその商品の市場価格は低下していく。

　旧生産方法を用いていて生産費用の相対的に高い資本は，価値増殖どころか損失が発生し資本価値の回収も困難となる危険性があり，生き残っていくためにも新生産方法の導入と資本蓄積を強制されるのである。たとえ蓄積基金が不足していても，あるいは導入によって部門全体の供給総量がいっそう増大し価格の低下をもたらすことが明らかだとしても。

　もう1つは，新技術や新生産物の開発である。それまでに存在せず，しかも大量の需要が見込めるような新技術や新生産物の開発に成功すれば，その販売によって独占的超過利潤を獲得できるからである。ただし，競争段階においては，新技術・新生産物の開発による独占的超過利潤の獲得は一時的・短期的なものにとどまると考えられる。

　イギリスでは1624年に制定された専売条例によって，一定期間における技術の独占権と権利の侵害に対する損害賠償請求権が認められた。これによ

って新技術を独占的・排他的に利用することができるようになった一方で，産業革命期にさまざまな画期的発明やその改良技術が続出する環境を整備することにもなった。また，産業革命によって機械制大工業が成立するとはいえ，第2部で述べる独占段階における技術開発に比べれば，この時期における新技術・機械の開発に必要な資金はそれほど巨額ではなく，個人レベルでの技術開発が可能な程度にとどまっていた。これは，新技術の開発とその技術を利用した産業部門への参入が容易であることを意味する。

さらに，体系的で効率的な技術開発のためには科学と技術の結合が不可欠であるが，産業革命初期においては機械の発明はいまだ偶然的要素が大きく左右する段階であった。しかし，やがて両者が結合し，科学の急速な発達と応用技術の発達とが相互促進的に進展していくようになる。これらを背景として新技術・新生産物が続々と登場すれば，開発された新しい技術や機械も急速に陳腐化していき，獲得できる独占的超過利潤も一時的・短期的なものとなるのである。

こうして産業革命の進展とともに新生産物が次々に開発されれば，それらの生産のための新しい産業部門が作り出されることになり，新生産部門形成のための投資が大規模に行なわれることになる。また，新しい優秀な機械の登場は，それを使用する生産部門の資本にとっては新生産方法の登場を意味し，その導入にともなう資本蓄積を刺激することになるのである。

以上のように，個別資本の行動は，市場拡大の見込みがある場合にのみそれに応じた追加投資がなされるという，市場の状況に受動的に対応する行為ではない。特別剰余価値や新技術・新生産物による独占的超過利潤の獲得を目的として，市場の諸条件の制限を超えて競争的に展開されるのである。そして，全般的市場停滞下では，各個別資本に特別剰余価値や独占的超過利潤の獲得をめざす競争を促進・強制する作用はいっそう強く働くのである[2]。

---

2) このような競争に基づく蓄積・設備投資の群生が一定の大きさで起これば，関連部門への需要の波及を通じて市場の全般的な拡大が促されることになる。これこそが，経済を停滞のなかから力強く回復させていく資本主義のもつダイナミックなメカニズムなのであるが，この点については第4章の流通過程の分析を必要とする。

② 市場構造の変化

　生産力の向上は生産の大規模化，すなわち機械体系の巨大化，これに組みあわされる原材料，労働者数の増大という内容をもって進んでいくのが一般的傾向であった。これは，ある生産部門において，標準的で平均的な生産条件で生産を行なっていくために最低限必要な資本量が増大していくことを意味している。この**最低必要資本量**を調達できない中小資本は，大資本によって吸収されるか，複数の中小資本が合併して資本規模を拡大するか，他の最低必要資本量の少ない生産部門に移動するしかない。

　つまり，生産の大規模化によって獲得される大量の剰余価値が**資本の集積**を促進し，これと相互促進的に進む生産力の向上が最低必要資本量を増大させて，部門内の資本の数の減少と個別資本の規模拡大という**資本の集中**が進んでいくのである[3]。株式会社制度[4]や金融機関などの信用制度の発達にともなって，小規模・零細な社会的資金を広範に動員することが容易になると，この資本の集積・集中はいっそう促進されることになる。その結果，より少数の巨大な資本だけによって主要な生産部門での生産が営まれていく傾向が見られるようになる。

　こうして，小規模の資本が多数存在していた競争的市場が，少数の大規模な資本によって構成される独占的市場へと市場構造が変化していくのである。第2部で述べるように，独占的市場構造においては，個別資本の生産量の変化が市場全体の供給量に与える影響は大きくなるし，資本の数が減少することで協定を結んで供給量を調整することも容易になる。つまり，部門内の競争を制限して価格を支配し，競争が支配している場合よりも高い価格を設定

---

3) 資本の集積とは剰余価値の一部を資本に追加して資本規模が拡大することで，内容的には資本蓄積と同じであるが，資本蓄積の結果として資本規模が拡大することに着目した概念である。資本の集中とは，資本蓄積によるのではなく，複数の資本が単一の資本となって資本規模が拡大することである。

　資本の集積・集中が強力に進むのは最低必要資本量が急速に増大する部門であるから，大量の需要に応えるために大規模生産が必要とされ，生産力の向上が急速に進むような生産部門，すなわち製鉄産業，石炭・石油産業，現代では自動車や家庭電化製品，石油化学製品など，大量の需要がある消費手段生産部門である。

4) 株式会社制度は，有限責任制，少額分割された会社の持ち分としての株式の発行，株式の譲渡の容易性を主な特徴としている。

することが可能になるのである。また，他部門からの参入を困難にする参入障壁の形成によって部門間の競争も制限され，設定された価格を長期にわたって維持することも可能になるのである。

③ 生産の社会的性格の強化

資本蓄積と生産力の向上が相互促進的に進展していくと労働手段体系は巨大化し，工場内の協業と分業による組織化はいっそう深まるし，集団的労働の規模も大きくなっていく。また，多種多様な生産部門が生み出されて，それら多数の部門間の直接・間接の関係も密接となり，部門相互に与えあう影響も強くなっていく。工場内分業と社会的分業がいっそう拡大し深まって，生産の社会的性格は強化されていくのである。

第3節　資本蓄積の進展と労働者階級の状態

以上のように資本主義的蓄積過程は，資本蓄積と生産力の向上が相互促進的に進展していく過程であるが，それは労働者階級にどのような問題をもたらすだろうか。

(1) 生産力の向上と相対的過剰人口
① 資本の有機的構成とその高度化

生産手段の量と労働力との素材面での構成比を**資本の技術的構成**と呼ぶ。第2章第2節の特別剰余価値の発生の説明で，労働者が1日に生産する綿糸が20kgから40kgに増加する例を挙げたように，資本主義的生産においては生産力の向上は一定量の労働者数に組みあわされる生産手段の量を増大させる傾向，あるいは逆から見て，一定量の生産手段に組みあわされる労働者の数を減少させる傾向がある。つまり，生産力の向上によって資本の技術的構成は高度化する。

資本の技術的構成を価値面から評価した構成比，つまり生産手段に投下された不変資本量と労働力に投下された可変資本量との構成比（C：VまたはC／V）を，**資本の有機的構成**と呼ぶ。生産力の向上によって技術的構成が高

度化すれば，その他の条件が同じであれば有機的構成も高度化することになる[5]。なお，資本の有機的構成の高度化とは，ある資本が生産力を向上させて資本の技術的構成を高度化させた場合，その高度化に対応する限りでのものであることに注意する必要がある。C／V自体は，例えば農作物の価値が豊作によって低下して労働力商品の価値が低下した場合や，原材料の生産部門で生産力が向上してその価値が低下した場合にも変化するが，これらの場合には技術的構成は変化していないから有機的構成の変化ではない。

② 相対的過剰人口

投下資本総量に対して必要な量以上の人口のことを**相対的過剰人口**と呼ぶ。生産力の向上にともなって資本の有機的構成が高度化するということは，投下資本量のうち労働力に対して投下される可変資本部分が減少することであるから，一定の投下資本量によって雇用される労働者数を減少させる作用があるということである。投下資本量が変わらなければ雇用量が減少することになるから，雇用労働者の一部が失業することになる。したがって生産力の向上は相対的過剰人口を増加させる作用をもつ。

ところで，資本蓄積過程は生産力の向上と資本蓄積とが相互促進的に進む過程であった。資本蓄積は資本規模・生産規模を拡大させるから，雇用される労働者数を増加させる作用をもっている。したがって資本蓄積は相対的過剰人口を減少させる作用をもっている。一方，生産力の向上は相対的過剰人口を増加させる作用をもっているから，両者は相対的過剰人口の増減に対して相反する作用をもっているのである。資本蓄積の進展とともに相対的過剰人口は増加するのか，減少するのか。あるいは，生産力向上と資本蓄積のそれぞれのテンポしだいでどちらともいえないのだろうか[6]。

この問題を考えるためには，生産力の向上をともなう資本蓄積過程がどのように進んでいくのかの充分な分析が必要となる。相対的過剰人口の増減は労働力についての需要と供給の相互関係によるから，まず生産力向上による

---

[5] 「その他の条件が同じであれば」というのは，本節の (4) で述べるように，資本の技術的構成が高度化しても労働者の賃金が増加すれば有機的構成が変化しない場合がありうるからである。

労働力需給の変化について考えてみよう。

(2) 相対的過剰人口の発生
① 生産力向上にともなう労働力需要の変化

生産力を向上させる新生産方法が導入され，資本の有機的構成が高度化する場合を，元の資本の現物更新時に導入，追加資本部分のみに導入，現物更新時に追加投資と合体して導入，の3つの場合に分けて考える。旧式の生産方法のＣ：Ｖが4：1，新生産方法のＣ：Ｖが5：1であるとすると，雇用労働者数の変化はそれぞれ次のようになる。

(a) 元の資本の現物更新時に導入

例えば，1,000人を雇用していた工場が更新される際に新生産方法が導入されると，同額の生産手段で雇用される労働者は800人に減少する。この場合には雇用労働者数は絶対的に減少する。

(b) 追加資本部分のみに導入

例えば，1,000人を雇用している工場に設備を追加する場合，旧式設備であれば100人の追加雇用が必要になるとすると，新生産方法の設備の場合の追加雇用は80人に減少する。雇用労働者総数は増加するが，有機的構成が高度化しない場合に比べれば追加雇用される労働者数は減少する。

(c) 現物更新時に追加投資と合体して導入

この場合は（a）の元の資本部分における雇用労働者数の絶対的減少と（b）の追加資本部分における雇用労働者数の増加の程度によって，雇用労働者数の増減が左右される。例えば，1,000人を雇用している工場の更新時に（b）と同様の規模拡大を行なう場合，旧式設備による更新・追加投資なら雇用労働者総数は1,100人に増加するが，新生産方法による更新・追加投資では，雇用労働者総数は880人に減少する。この例では元の資本部分の雇用労

---

6) マルクスは『資本論』の第1部第23章「資本主義的蓄積の一般的法則」の第3節で相対的過剰人口の問題を論じているが，この節の題名は「相対的過剰人口または産業予備軍の累進的生産」とされている。このことから，マルクスは生産力の向上にともなって相対的過剰人口が増加し続けていくと主張しているかのように解釈され，非マルクス経済学から相対的過剰人口の増減は生産力向上と資本蓄積のテンポの大小に依存するのだから，マルクスの主張は一方的で誤りであるという批判がなされてきた。

働者数の減少効果が大きくなっているが，雇用労働者総数が減少しないためにはどの程度の規模の資本蓄積が必要だろうか。

更新前の資本の価値構成が4,000C＋1,000Vで1,000人が雇用されているとする。旧式の生産方法で500の追加投資が行なわれるとすると，400MC＋100MV（MCとMVは，それぞれ資本蓄積額のうち不変資本と可変資本への追加投資額）で100人を追加雇用することになり，雇用労働者総数は1,100人となる。更新投資時に新生産方法を導入して更新・追加投資を行なう場合，更新部分の可変資本は800Vに減少し雇用は200人減少するから，雇用労働者総数が減少しないためには，300人を追加雇用できるだけの規模の資本蓄積，すなわち1,500MC＋300MV＝1,800の資本蓄積が必要となる。旧生産方法の場合の3.6倍である。

さらに，もし更新前の投下資本額が2倍の8,000C＋2,000Vで2,000人が雇用されているとする。旧生産方法で500の追加投資が行なわれるとすると，400MC＋100MVで100人を追加雇用することになり，雇用労働者総数は2,100人となる。更新投資時に新生産方法を導入して更新・追加投資を行なう場合，更新部分の可変資本は1,600Vに減少し雇用は400人減少するから，雇用労働者総数が減少しないためには，500人を追加雇用できるだけの規模の資本蓄積，すなわち2,500MC＋500MV＝3,000の資本蓄積が必要となる。旧生産方法の場合の6倍である。

この2つの例が示しているのは，過去の資本蓄積によって投下資本総量が増大していればいるほど，元の資本部分の資本の有機的構成の高度化による雇用労働者数の減少作用が大きくなり，それを相殺するための資本蓄積額が巨額になるということである。それだけの資本蓄積が行なわれなければ相対的過剰人口の発生は避けられないのである。

新生産方法の導入をめぐる競争の作用を考慮すれば，特に市場が停滞的である場合，新生産方法の導入は追加投資部分のみではなく，旧式設備も含めて新生産方法への置き換えが促進・強制される傾向があるといえるだろう。つまり，生産力向上と資本蓄積のそれぞれのテンポしだいで相対的過剰人口の増減は不定というのではなく，資本主義的蓄積過程は相対的過剰人口を発生させながら進展する一般的傾向をもっているのである。

② 生産力向上にともなう労働力供給の変化

次に労働力供給の変化について考えるが，人口の増減による労働力供給の変化は除外する。第1に，第2章第3節で明らかになったように，生産力の向上は労働の単純化を通じて就業可能な労働者数を増大させる作用をもっている。したがって，生産力の向上にともなって労働力供給は増加し，投下資本総額が変わらなければ相対的過剰人口は増加することになる。

第2に，農業部門の特殊性である。農業機械の導入や改良，より効果的な肥料や農薬の投入などによって生産力が向上すると，農業に利用可能な土地の存在量は制限されているため，農業労働者数の絶対的減少をもたらす傾向がきわめて強い。農業部門で過剰となって排出された労働者は，非農業部門における労働力供給を増加させることになるから，それらの部門の投下資本総額が変わらなければ相対的過剰人口は増加することになる。

Column 3-1 戦後の日本の就業構造は劇的に変化した

　日本は1950年代後半から約15年間にわたって年平均の実質経済成長率が約10％という高度成長を実現するが，この期間に就業構造は大きく変化した。農業就業者は1955年の1489万人（全産業に占める比率は37.9％）から1970年には933万人（同17.9％）に激減し，製造業就業者は同期間に690万人（同17.6％）から1354万人（同26.0％），第3次産業就業者は同期間に1393万人（同35.5％）から2430万人（同46.6％）に激増している。

　この農業部門から非農業部門への労働力の移動は，農業機械の導入や化学肥料や農薬の多投によって生産力が向上したことが関係している。占領下での農地改革によって零細な規模の自作農が大量に創出され，経営規模の拡大が制限されたもとでの生産力向上は農業生産に必要な労働力を絶対的に減少させたこと，生産力向上のための諸費用が農業経営を圧迫し農外収入に依存する必要があったこと，高度成長によって製造業を中心とする非農業部門で労働力需要が急増したこと，などがこの労働力の移動をもたらしたのである。

以上のように，資本蓄積の進展にともなう元の資本部分の大規模化が雇用労働者数の絶対的減少＝労働力需要の減少作用を強化すること，機械制大工業の発展による労働の単純化および農業部門における生産力の向上が労働力供給を増大させる作用をもつことから，資本主義的蓄積過程の一般的な傾向

として，相対的過剰人口を累進的に生産していくメカニズムがあると考えられるのである。さらに，資本の集中はこのメカニズムを強化する。資本の集中は，資本蓄積によらずに資本の大規模化を可能にするから，巨額の資金が必要な新生産方法の導入＝有機的構成の高度化を促進し，雇用労働者の絶対的減少作用を強化するのである。

(3) 資本蓄積が急激に進展した場合

　もちろん，生産力の向上による相対的過剰人口増加作用以上のテンポで追加投資が行なわれる場合はありうるし，追加投資が生産力の向上と結びつかずに進む場合もありうる。また，新生産部門が形成される場合には元の資本部分自体が存在しないから，資本蓄積による労働力需要の増加作用が全面的に現れることになる。

　これらの場合には当然，雇用労働者数の絶対的増加が生じることになるし，その結果として相対的過剰人口の減少が進んで労働力が不足するようになれば賃金も上昇していくことになる。ある部門で資本蓄積が活発に行なわれるのは，その生産物に対する需要が増大して価格が上昇している場合であるはずだから，賃金の上昇がただちにその部門の利潤率を低下させるわけではない。しかし，さらに資本蓄積が増加し労働力不足が顕著になれば，やがて賃金の上昇率が生産物価格の上昇率を上回って，利潤率を低下させることになる。

　しかし，そのような過程が永続的に進むことはない。利潤率の低下をもたらすほどの賃金の上昇があれば，それまでコスト面で割高で導入されなかった労働節約的な機械の導入が促進されるし，より労働節約的な生産方法の開発も促進される。また，資本蓄積が活発に行なわれて利潤が増大すれば，それだけ巨額の資本投下を必要とするような労働手段体系の導入や開発が促進され，労働力需要の減少作用をもつ有機的構成の高度化が進むのである。

　そのような生産方法が存在せず，賃金上昇による利潤率の低下が継続して価値増殖が不可能な点に達したとすれば，資本にとってそれ以上の生産拡大は無意味であるから資本蓄積は停止する。生活の豊かさや消費欲求の充足という面から見れば依然として不充分な生産水準であったとしても，また相対的過剰人口がまだ存在していたとしても[7]。

(4) 景気循環と相対的過剰人口

　資本蓄積過程における一般的傾向としての相対的過剰人口の累進的生産については以上であるが，実はこれだけでは相対的過剰人口の問題の解明として不充分である。なぜなら，有機的構成の高度化の作用以上に追加投資による労働者の吸収がありうることは否定できないことであり，それによる賃金上昇がある限界点まで達すれば資本蓄積は停止するのであるが，資本蓄積が停止しただけでは完全雇用に近い状態が継続するだけである。

　資本蓄積過程は景気循環という変動を通じて進むのであり，相対的過剰人口の問題も景気循環過程における市場の拡大と制限のなかで，どのように展開するのかを明らかにしなければ充分に解明したことにはならないのである。景気循環の問題については第4章以降の分析が必要であるので，ここで可能な限りで市場の制限と相対的過剰人口の関係について考えてみよう。

　すでに述べてきたように，市場が停滞的な場合には特別剰余価値の獲得をめざして新生産方法の導入が促進される。導入した資本においては，有機的構成が高度化しても生産量の増大と追加投資によって雇用労働者数が増加することは充分ありうる。しかし，新生産方法の普及にともなって供給総額は増加していくから，その部門の市場が急速に拡大しない限り価格は低下して

---

7) このように相対的過剰人口の問題をとらえれば，脚注6) で指摘したようなマルクス批判が的外れであることが明らかであろう。ただ，マルクスが『資本論』の相対的過剰人口の問題を論じている部分では，以上のような「相対的過剰人口の累進的生産」の内容について明確に述べられているわけではない。それは，次の (4) の冒頭で述べるように，相対的過剰人口論の充分な解明は景気循環との関係で論じる必要があり，『資本論』の第1部の段階では景気循環の問題はまだ対象外であるということの他に，マルクスの叙述が，例えばマルサスの人口論のような考え方の批判を意図していたからだと考えられる。

　マルサスの考え方は絶対的過剰人口論と呼ばれ，それは食物生産は算術級数的にしか増大しないが人口は幾何級数的に増大するため，貧困や飢餓，悪徳は必然的に生まれるというものである。この立場に立つと，貧困者への救済措置は貧困者の結婚と出産を促進し，人口の増加と貧困者の増加という悪循環をもたらすという考え方につながる。さらにダーウィンの自然淘汰説による進化論を社会へ適用した社会進化説と結びつくと，貧富の差や資本による搾取，人種差別などを正当化する思想に容易に転化するのである。マルクスの意図は，過剰人口とは絶対的なものではなく，あくまでも資本主義的蓄積過程における相対的過剰人口であることを強調することにあったのである。

いく。新生産方法を導入できない弱小資本は利潤の減少や損失の増大によって生産の縮小を余儀なくされ，雇用労働者の一部が失業する。その資本が倒産した場合には雇用労働者のすべてが失業することになる。これは直接的には倒産による失業であるが，部門全体で見ると，生産力と有機的構成が部門平均より低い資本が倒産し，その部門の生産力と有機的構成の平均が高度化したことによる相対的過剰人口の増加である。

また，機械制大工業の発展によって新生産部門が形成され，既存部門から新生産部門へ資本が移動すれば既存部門の衰退・生産縮小が起こる。衰退産業から成長産業へ資本と労働力が移動する産業構造の変化である。経済全体の市場拡大がなく新生産部門の有機的構成が既存部門より高ければ，既存部門で雇用されていた労働者の一部は不要となり失業者が増加することになる。これは直接的には産業構造の変化による失業の発生であるが，社会全体で見れば，有機的構成の平均が高度化したことによる相対的過剰人口の増加である。

もちろん，新生産方法の導入や新生産部門の形成をきっかけとして更新投資や新投資が活発化して生産手段需要が関連部門に波及し，経済全体が拡大していくこともありうる。その場合には，当初は有機的構成の高度化によって相対的過剰人口が増加したとしても，経済全体としての生産拡大と資本蓄積の増大によって労働力需要が増加していき，やがて相対的過剰人口が減少していくことも充分ありうることである。

しかし，このような経済全体の拡大再生産，つまり好況過程は資本主義特有の景気循環のもとでやがて終わりを迎え，過剰生産恐慌によって大量の倒産と失業が発生する[8]。この大量の失業は，直接的には恐慌による再生産規模の急激な縮小による失業であるが，その一部は，好況過程での活発な資本蓄積によって潜在化し累積していた相対的過剰人口の増加作用が，市場の制限によって一挙に顕在化したものである。そして，大量の失業者は低賃金や劣悪な労働条件でも働こうとするから，恐慌の中でも生き残った資本は剰余

---

[8] なぜ好況過程が限界を迎えて過剰生産恐慌に帰結するのかについては，競争段階における景気循環のメカニズムを取り扱う第5章で論じる。

価値の獲得のために有利な条件で労働力を購入できることになる。このように，相対的過剰人口の累進的生産の問題は，景気循環にともなう労働者の吸引と排出，不安定な雇用の問題として把握する必要があるのである。

(5) 相対的過剰人口の機能と存在形態

以上のように，資本主義的生産は資本蓄積のために必要な相対的過剰人口を生産していくメカニズムを備えているのである。相対的過剰人口の存在は労働者の資本への従属を強め，賃金の切下げ，労働時間の延長，労働強度の増大などの労働条件の悪化をもたらす作用をする。資本にとってみれば，自らが生み出す相対的過剰人口は資本蓄積のために有利で安価な予備軍＝産業予備軍の機能を果たすものとして利用できるのである。

相対的過剰人口のもっとも明確な形態は失業者であるが，現実に失業していなくても，景気循環や産業構造の変化にともなって就業と失業を繰り返す階層を**流動的過剰人口**と呼ぶ。また，農業部門で機械化が進んで有機的構成が高度化して過剰となった労働力は，非農業部門が拡大すればそれらの部門に移動することができるが，そうでない場合には農業部門の中の遅れた自営農業などにとどまって，臨時的な労働をしながら生活せざるをえない。こうした階層を**潜在的過剰人口**と呼ぶ。

その他，小生産者や家内労働などの遅れた生産分野で一応就業しているが，これらの分野では通常，就業が不規則・不安定で賃金・労働条件も低いため，半失業状態にある階層も存在する。新技術のもとで不要となるか，あるいは新技術に適応できない旧熟練工や中高年齢者など，近代的産業の労働者として雇用されるのが困難な形態である。急速な生産拡大が進んで労働者の吸収がかなり継続して初めて就業可能となる階層であるから，この階層を**停滞的過剰人口**と呼ぶ。

生産力の向上をともなう景気循環過程で労働者の吸引と排出が繰り返されるなかで，資本は新技術に適応しやすく賃金水準も低い若年労働者や単身者などを優先して雇用する傾向にある。したがって，労働者は年齢とともに労働条件の悪い職種や衰退産業，雇用が臨時的できわめて不安定な分野での就業を余儀なくされていく。特に資本による労働支配のもとで心身に障害を負

った者や病弱となった労働者は，極度の生活不安や困窮状態に追い込まれ，救済を受けなければ生きていけない**受救貧民**＝固定的・慢性的窮民層となっていく。

> *Column* 3-2 相対的過剰人口って失業者のこと？
>
> 　これらの相対的過剰人口の多くは雇用統計上は失業者とはみなされない。日本の場合，序章第1節でも述べたように，失業率は「完全失業者」数／「労働力人口」（自衛隊員を含む）の百分率で計算され，「完全失業者」とは，年齢15歳以上で調査期間中（毎月末に終わる1週間）に収入をともなう仕事に1時間以上従事しなかった者のうち，就業可能で求職活動をした者で，レイオフ（一時解雇者，企業の業績が回復した場合の再雇用を約束された解雇者）を含まない。「労働力人口」とは就業者と完全失業者の合計で，自衛隊員数は2014年3月末時点で約22万6千人（定員は24万7千人）である。アメリカの場合，16歳以上で調査期間中（毎月の12日を含む1週間）に労働しなかった者のうち，就業可能で過去4週間以内に求職活動をした者でレイオフを含む。労働力人口は軍人（2010年の現役兵員数は約144万人）を含まない。日米の完全失業者・失業率の定義の違いにより，日本の方が失業率は低めになる。日米以外の他国も同様の定義である。
>
> 　完全失業者がこのように定義されているため，調査期間中に少しでも収入のある仕事をすれば，それが生活するにはまったく不充分な額であっても就業者とみなされるわけである。また，不況が長期化して求人数が少なく，仕事に就くことをあきらめて求職活動をしなかった者も失業者にカウントされないのである。

> *Column* 3-3 日本の少子化問題を考えるヒント
>
> 　1990年代以降の日本経済の長期停滞のなかで，雇用労働者のうちの正規雇用者の比率は傾向的に低下し続けている。91年の正規雇用者の比率は80.2％であったが，2001年には72.8％，2013年には61.8％（女性に限れば42.3％）にまで低下した。60～64歳では男性46.9％，女性21.2％，65歳以上では男性31.7％，女性20.0％でしかない。
>
> 　2013年の平均年間賃金を雇用形態別に見ると，正規雇用では，20歳代前半の男性205万円，女性196万円から年齢とともに増加し，男性は50歳代前半でピークの432万円，女性は40歳代後半の287万円になり，その後減少して60歳代前半で男性318万円，女性243万円まで減少する。非正規雇用では，年齢による変化はあまり見られず，男性は50歳代前半で229万円，女性は30

歳代前半の183万円がピークである。男性の非正規雇用の賃金は正規雇用の53％，女性は64％でしかないのである。

生活保護受給者は90年代初めには100万人を下回っていたが，その後急増していき2014年には215万人を上回る数になっている。また，序章第1節でも述べたように，自殺者は1997年の約2万4千人から98年には約3万3千人に急増し，以降2011年まで3万人を超える状態が続いた。このうち経済・生活問題が第1原因の割合は30％台であるが，健康問題40％，勤務問題6％の中には過労による自殺も多く含まれていると考えられ，98年以降の自殺の急増は，広い意味での経済問題に起因すると推測できるだろう。

さらに，合計特殊出生率（1人の女性が生涯に産む子供の平均数）が1989年に1.57となって少子化が問題とされるようになったが，90年代以降低下を続けて2005年には1.26となった。その後は若干上昇しているが，2013年でも1.43である。なぜ少子化が進行したのかについては多様な要因が関係しており，簡単に結論を出せる問題ではない。しかし，上述の非正規雇用比率の上昇とそれにともなう賃金の低下や「サービス残業」などによる実質労働時間の延長が，企業の出産・育児休暇制度の不備や乳児や幼児をもつ夫婦に対する公的な保育施設など支援体制の不備などとあいまって，少子化を促進していることは否定できないであろう。以上の問題については*Column 2‐9*も参照していただきたい。

(6) 資本主義における生産力発展の性格

生産力の発展は，どのような経済体制であるかにかかわらず，人間の労働の超歴史的進歩といえる。その生産力の発展が必然的に技術的構成の高度化をもたらし有機的構成の高度化をもたらすのであれば，同じ生産規模を維持するのに必要な労働力が減少するのも必然となる。とすれば，以上のような相対的過剰人口の問題は，どのような経済体制であっても，生産力の発展にともなって不可避的に生じるのであろうか。

例えば，綿花20kgを綿糸に紡ぐのに1日8時間の労働が必要であったのが，生産力の発展によって必要な労働時間が4時間に短縮されたとする。資本主義的生産においてそのような新生産方法が導入された場合，1人の労働者に同じ8時間の労働をさせて40kgの綿糸を生産させ，特別剰余価値を獲得しようとするであろう。この場合，労働者1人が加工する綿花は20kgから40kgに増加する。つまり技術的構成が高度化する。価値構成では，この新

生産方法の導入自体で労働力商品の価値は変わらないから，第2章第2節の特別剰余価値の発生の部分で述べた例を用いれば，C：Vは24,000円：4,000円→48,000円：4,000円となり，有機的構成も高度化することになる。

　しかし，この生産力の発展の成果の利用方法を変えてみるとどのようなことが起こるだろうか。例えば，労働者1人あたりの労働時間を4時間に短縮すると，労働者1人が加工する綿花は20kgのままなので，技術的構成は不変である。労働時間が短縮されても労働力商品の価値は同じだから，賃金も変わらないとすると，価値構成も24,000円：4,000円のままである。つまり有機的構成も不変である。

　別の利用方法として，労働者1人あたりの労働時間を8時間のまま維持し，賃金を2倍にするとどうなるか。労働者1人が加工する綿花は20kgから40kgに増加するので，技術的構成は高度化する。価値構成は賃金が2倍になるので48,000円：8,000円となり，有機的構成は不変である。

　このように，生産力の発展の成果の利用方法しだいで，技術的構成も有機的構成も高度化するとは限らず，さまざまな場合がありうるのである。これまでにたびたび強調してきたように，生産力の発展それ自体としては本来，労働者1人あたりの労働支出量の軽減や個人的・社会的消費の拡大・充実をもたらし，より豊かな生活の実現を可能とするものである。それが，資本主義的生産においては，最大限の価値増殖・利潤追求という目的・基準のもとに利用される結果，有機的構成高度化の方向が選択され，労働支出量の増大と労働者の一部の過剰となって現れてくるのである[9]。つまり，生産手段を所有するのが資本家階級であるということのみに基づいて，生産力の発展の成果をどのように利用するかの選択の決定権も資本家階級が握っているために，相対的過剰人口の問題が発生するのである。

　生産力の発展の成果をどのように利用するかという問題以外にも，生産力の発展それ自体が内包する問題もある。生産力の発展をもたらす主要な要因

---

9) このように資本主義的生産が生産力の向上に対応して労働者1人あたりの消費拡大をもたらすメカニズムをもたないことが，労働者の消費制限を通じて市場の拡大を究極的に制限し，資本蓄積の進展を制約することになるのであるが，これについては第5章で論じる。

第1部　資本主義経済の一般的運動法則

は科学や技術の発展であるが，科学技術の発展方向は本来多様な可能性をもっているものである。その多様な方向性のうちどの方向への発展が選択されるかは，どのような階級の人間がその選択の決定に参加できるかによって決まってくるのである。このことは，選択された方向に重大な問題点が存在し修正が必要であることが明らかになった場合，どのような修正の方向が選択されるか，その選択はどのような方法でいかなる時点で行なわれるのかということも規定する。

　第3-2図はこの問題を図式化したものであるが，Aの時点での科学技術の発展方向は，のようにさまざまな可能性があるが，何らかの選択基準によっての方向が選択される。その後のB，C，Dの時点でもさまざまな方向性があり，その中にはそれまでの発展方向とは逆方向の可能性も含まれている。しかし，それぞれの時点での方向の発展が選択され，結果としてはは存在しないため，科学技術や生産力の発展方向はしかないように見えるのである。

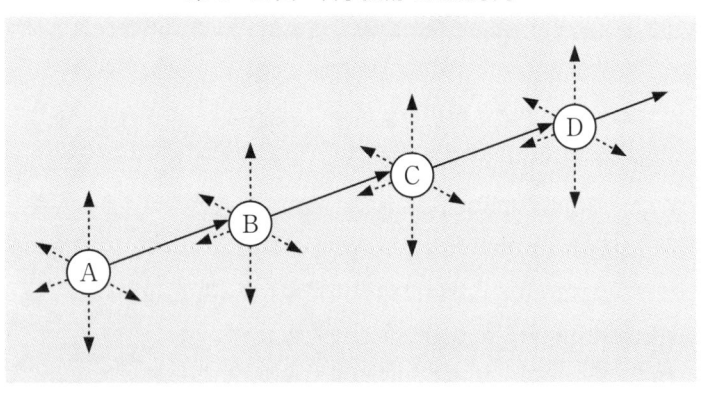

第3-2図　科学技術の発展方向

　資本主義において生産力の発展方向の決定を行なうのは資本家階級である。したがって選択の第1の基準となるのは利潤の獲得・増大に有利であるか否か（別の言葉で言い換えれば「経済効率」）であって，生産過程や生産物の安全性，産業廃棄物（経済学用語では結合生産物）までも含めた生産性比較の視

点はもともと欠如しているのである。これが資本主義において，労働災害や欠陥商品，公害等の問題が繰り返し発生する根本的理由である。さらに，生産力の発展のあり方の問題点が明らかになり修正が加えられる場合でも，それは資本主義という体制の枠内での修正であって，そうした問題点を生み出した体制自体が修正されることはない。これこそが，資本主義における生産力発展にともなって深刻な人間破壊・自然破壊が生じる基盤であり，その解決の困難性を規定しているのである[10]。

> *Column* 3-4　資本主義における生産力の発展のあり方から福島第一原発の事故を考える
> 　生産力の発展のあり方とその選択の決定権に関わる問題の例として，日本の電力供給について考えてみよう。発電量を電源別に見ると，1955年時点では一般電気事業用発電量のうち水力が78.7％，石炭火力が20.1％であったが，高度経済成長の進展とともに石炭から石油へのエネルギー転換が進められ，70年時点では水力23.1％，石炭火力13.2％，石油火力59.0％と石油が中心となった。この間に大気汚染が深刻化し公害反対運動が高まるなかで，67年に公害対策基本法が制定され71年には環境庁が設置されたが，73年時点で石油火力は73.2％を占めるにいたった。
> 　農薬などの化学物質が環境に与える危険性については，62年に出版されたレイチェル・カーソンの『沈黙の春』ですでに指摘されていたが，72年にローマ・クラブが『成長の限界』を発表し，経済成長と資源制約との矛盾についての問題提起を行なった。その翌年に発生した第1次石油危機によってこの問題が現実性のある危機と受け取られるようになる。さらに，先進国でのさまざまな公害の深刻化も背景として，経済成長のあり方を根本的に問い直そうとする思潮が広がっていった。その1つは，エネルギー需要を増大させて有限な資源を浪費し，不可避的に地球環境に悪影響をもたらす経済成長から，多様な技術の組みあわせによってエネルギー需要を抑制しつつ，太陽光や小規模水力，バイオマスなどの再生可能なソフト・エネルギー・パスの利用によって持続可能な経済成長に転換するというものである。
> 　しかし，こうした思潮が大勢を占めて経済成長のあり方を変えるにはいたらなかった。石油危機によって原油価格が約4倍に高騰したことから，日本では74年以降石油火力の比率は減少したが，代わって比率が上昇したのは再生可能エネルギーではなく，原子力と液化天然ガス（LNG）火力である。さらに，その後CO_2による地球温暖化対策という理由も加えられて，原子力発

---

[10]　資本主義に限らず，かつてのソ連型社会主義のような少数特権的階級に決定権が集中された体制においても同様の問題が生じる可能性をもつ。

電所(原発)が次々と建設され,原子力の比率は上昇を続けていった。2010年には原子力が30.8%と第1位になり,LNG27.2%,石炭23.8%,石油は8.3%と続いて,水力は7.3%まで低下する。

しかし,2011年の東日本大震災にともなって発生した東京電力福島第一原発の深刻な事故によって,卸電気事業者の日本原子力発電の原発は同年6月に停止,一般電気事業者(各電力会社)の原発も順次停止されて,12年6月にはすべての原発が停止した。定期点検の終わった福井県の関西電力大飯原発3,4号機が同年7月から再稼動したが,これも13年10月に定期点検のために停止され,14年は原発による発電はゼロとなった。電力供給の主力はLNGとなり,14年8月時点で石炭・石油とあわせた火力発電が供給全体の88%,水力が11.7%となっている(資源エネルギー庁『電力調査統計』各年度版による)。

福島第一原発の事故による損害額については,政府は11年12月に事故収束のための費用や周辺住民への賠償金などで5兆8000億円と公表していたが,14年3月に周辺地域に拡散した放射性物質の除染費用や原子炉の廃炉費用などを含めて11兆1600億円に変更した。しかし,除染作業にともなう汚染土の最終処分方法も確定しておらず,高濃度の放射性物質を含む汚染水が大量に発生し続けていて,第一原発の廃炉の見通しも立っていない。今後,この事故に起因する住民の健康被害が表面化することも否定できないから,損害額はさらに増えることはほぼ確実であろう。

福島第一原発以外の原発が安全なのかどうか,安全を確保するためにはどのような対策が必要なのかを判断するためには,この事故がなぜ発生し,なぜこれほど過酷な状態にいたったのかについて,徹底した調査や分析が必要なことはいうまでもないであろう。しかし,政府や国会の事故調査報告書,民間や学会の調査報告書を見れば明らかなように,現実にはそうした調査や分析が行なわれたとはいえない状況である。真の原因究明のためには,「想定を超える」地震や津波が原子炉にどのようなダメージを与え,なぜ水素爆発を起こして周辺に放射性物質を放出してしまったのか,原子炉内にどのような事態が発生し現在はどのような状況となっているのか,などを最低限知る必要がある。しかし,事故から4年が経過した現在になっても,原子炉内はもちろん建屋内に入ることさえ困難な状況であるから,こうした原因調査自体が不可能なのである。

真の原因究明がなされていないにもかかわらず,13年7月に原発の新規制基準が施行され,この基準に基づいて原子力規制委員会が原発の再稼動の可否を審査することになった。規制委員会は,14年9月に鹿児島の九州電力川内原発1,2号機の再稼動を可能にする審査報告をまとめ,11月には鹿児島県知事が再稼動に合意した。政府は規制委員会が「安全」性を確認した原発については今後も再稼動を進めていくと表明しているが,規制委員会の田中俊

一委員長は，審査するのは政府が定めた規制基準を満たしているかどうかであって，「安全」かどうかを審査するわけではないと述べている。

　今後の原発のあり方に関する世論調査の結果は，調査時期と調査主体によって若干の違いはあるものの，原発の即時廃止や段階的廃止が約2/3，再稼動に反対が6割程度となっている。こうした国民世論の動向に反して，政府や電力業界を含む経済界が再生可能エネルギーへの転換に消極的で，原発の再稼動を強引に進めようとするのは，原発事故の損害額の多くを国（つまりは税金によって国民）に負担させれば，当面は原発の方が発電コストは安上がりで利潤の獲得に有利だからである。電力業界にとっては，原発を再稼動せずに廃炉にすれば，原発に投下した膨大な固定資本の回収が不可能になるという理由が付け加わる。「立地」自治体が再稼働に前向きになるのは，電源三法交付金という政府からの巨額の補助金の存在である。

　もちろん，今後さらに増加するであろう福島第一原発の事故による損害額と，最終処分方法さえ決まっておらず，停止中の原発を再稼動すればさらに増加し続ける高濃度の放射性廃棄物の処理費用，福島以外の原発で同様の事故あるいは別の原因による事故が起こる危険性などを考慮すれば，原発の発電コストが安上がりだというのは虚構にすぎないのである。

　生産力の発展方向の選択権をどのような階級が握るかの問題がどれほど重要であるかは，この例からも明らかであろう。もちろん，序章で述べたように第1部での分析は純粋な資本主義社会を対象としており，ここでの階級とは資本家階級と労働者階級の2大階級である。現代においてこの2大階級の規定をそのまま適用できるのか，できないとすればどのように規定するかという問題がある。この問題を全面的に論じるのは本書の守備範囲を超えるが，独占段階における資本家階級の意味の変化，労働者階級の分断の問題については，第2部で可能な限りで取り扱う。

第4章
資本の流通過程

　これまでは，資本の価値増殖がどのようにして可能となり，剰余価値生産はどのようにして増大していくのか，また，そこにはどのような問題があるのかについて，生産過程を対象として考察してきた。

　次に問題になるのは，生産過程の分析を前提とし，また生産過程を内に含むものとしての資本の流通過程の分析である。第1節では，貨幣資本から始まって生産資本，商品資本と形態を変化させ，再び貨幣資本に戻るという資本の循環と，その循環を反復される運動として見た資本の回転が，資本の目的である最大限の価値増殖にどのような影響をもたらすのかを考察する。第2節では，社会に存在する多数の個別資本の循環運動がどのように絡みあって，社会的総生産物が交換されあい，社会的総資本の再生産が行なわれていくのかという問題を考察する。

第1節　資本の循環と回転

(1) 流通費用

　資本は貨幣資本→生産資本→商品資本→貨幣資本という循環運動を繰り返しながら価値増殖を行なっていく。このうち，貨幣資本が生産資本に，商品資本が貨幣資本に姿を変えるのが流通過程である。後者の形態変化，つまり生産された商品が販売されて貨幣となるためには，通常は一定の期間が必要である。この流通期間においては新たな使用価値を生み出す活動は行なわれないが，各種の流通費用が必要となる。

　まず，商品資本を貨幣形態に転化するために必要不可欠な費用としての**純**

粋な流通費用である。商品を販売するためには購入者への商品情報の提供や商品の受渡しのための店舗も必要となるし，販売管理のための簿記も必要となる。当然それらの業務のためにさまざまな資材や労働力も必要となるが，その労働は新たな使用価値を生み出すわけではないので，商品に価値を追加しない。したがってこれらの費用は資本にとって剰余価値からの控除となる。

　これらの業務は，商品を生産する各産業資本がそれぞれ直接に行なうよりも，卸売業者や小売業者などの商業資本が行なった方が効率的な場合がある。商業資本は，産業資本にとっての流通費用を節約する機能を果たし，この機能ゆえに産業資本によって生産された剰余価値の分配を受けるわけである。資本主義の発達とともに多様な商品が生まれて大量に生産されるようになるから，多種多様な商品を取り扱う商業資本（例えば総合商社）や1種類の商品を専門的に取り扱う商業資本（例えば専門商社）なども発達し，商品資本の貨幣形態への転化において重要な役割を果たすようになるのである。

　その他に，例えば穀物や生鮮食品のように，流通期間が長期になると変質したり腐敗が進んだりして使用価値が減少する商品も存在する。そうした商品の使用価値を維持するため，または使用価値の減少を抑制するために必要な費用が**保管費**である。また，商品を生産された場所から購入者のいる場所へ移動する費用も必要となる。この商品の運輸に要する費用が**運輸費**である。

　保管や運輸は新たな使用価値は追加しないが，使用価値の維持や場所の移動という有用効果を生む。これらの保管や運輸という業務は，あらゆる社会に共通に必要な業務であり，そのために投下された労働は生産活動の延長と考えられ，その限りで価値を生み出す。ただし，不況下での販売困難や投機のために追加される保管・運輸は，資本主義的市場経済に固有のものであって新たな価値を生み出すわけではない。

(2) 資本の回転

　資本の循環を1回かぎりの運動ではなく反復される運動として把握した場合，1つの循環を経過することが資本の1回転であり，それに要する期間を**資本の回転期間**と呼ぶ。資本の回転期間は生産期間と流通期間から構成される。流通期間は上の（1）で述べたものであり，生産期間には，労働期間，

労働休止期間，労働中断期間，生産用在庫期間などが含まれる[1]。

　資本の回転の早さを計る単位を1年とし，資本の回転期間で除して1年間に資本が何回転したかを計算したのが**資本の回転数**である。回転数は一定期間における前貸資本の価値増殖の効率を左右することになる。例えば，A，B2つの部門があり，そこでの生産に平均的に必要な資本量がどちらも1000万円だったとする。1回の資本の循環で，A部門では剰余価値が200万円獲得でき，B部門では300万円獲得できるとしよう。これだけでどちらの部門に投資するのが有利か判断できるだろうか。もちろん答えはNoである。

　もし回転期間がA部門では6カ月，B部門では1年だったとすると，回転数はそれぞれ2回と1回になり，1年間に獲得できる剰余価値総額はA部門では400万円，B部門では300万円であるから，当然A部門の方が有利となる。資本家にとっては1回の資本の回転で獲得できる剰余価値の大小だけではなく，投下資本の回転数も重要な関心事となるわけである。

　ところで，生産を行なうためには原材料や労働力などの流動資本だけでなく，工場や機械設備などの固定資本も必要である。流動資本に投下された資本は1回の回転ですべて回収されるが，固定資本に投下された資本は何回もの回転を通じて少しずつ回収されていく。つまり回転様式が異なるから，両者の回転期間も回転数も当然異なることになる。

　固定資本と流動資本それぞれの回転数を計算して1年間に回収される金額を求め，その合計額を前貸資本額で割ると投下資本価値の平均回転数が得られる。例えば，前貸資本額が1000万円で，そのうち固定資本額が800万円，流動資本額が200万円，回転期間がそれぞれ10年，2カ月だとすると，1年に貨幣形態で回収される金額は，800万円×0.1＋200万円×6＝1280万円となる。これを1000万円で割ると，前貸資本の平均回転数は1.28回となる。

　以上のことから，資本の回転期間が短縮され資本の回転数が上昇すると，

---

[1]　労働期間は生産活動が行なわれている期間で，労働休止期間は休日など生産活動自体が休止されている期間である。労働中断期間は発酵・乾燥・化学的変化などの技術的必要によって，生産は継続しているが労働は中断されている期間である。生産用在庫期間は生産工程の円滑な進行のために，各工程間で仕掛品や半製品が在庫として保持されている期間である。

第1部　資本主義経済の一般的運動法則

同一額の資本投下によって1年間に獲得できる剰余価値量は増加することが明らかであろう。例えば，生産期間が3カ月で1カ月に100ずつの資本投下が必要で，C：V：M＝1：1：1とする。流通期間が3カ月の場合は次の図のようになる。

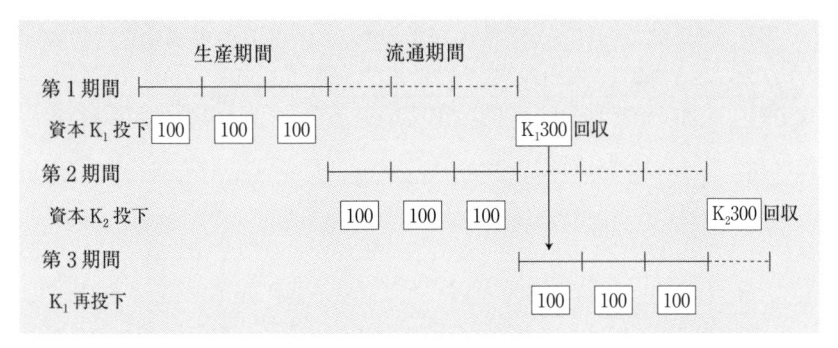

```
                生産期間        流通期間
第1期間      ├──┼──┼──┼┄┄┼┄┄┼┄┄┤
資本 K₁ 投下 100  100  100              K₁300 回収
第2期間                  ├──┼──┼──┼┄┄┼┄┄┼┄┄┤
資本 K₂ 投下             100  100  100              K₂300 回収
第3期間                              ├──┼──┼──┤
K₁ 再投下                           100  100  100
```

300の資本 K_1 を毎月100ずつ投下して生産を行ない，3カ月後に150の剰余価値を含む450の価値をもつ生産物が生産される。流通期間が3カ月であるから，次の第2期間も生産を継続して行なうためには別に300の資本 K_2 が必要になる。販売が完了すれば K_1 が回収できるので，再投下して第3期間の生産を行なう。この場合，600の資本が2回転するから，1年間に600の剰余価値を獲得できる。

もし流通期間が1カ月に短縮されたら，回転数と獲得できる剰余価値はどう変化するだろうか。次の図のように，300の資本 K_1 を毎月100ずつ投下して生産を行ない，3カ月後に150の剰余価値を含む450の価値をもつ生産物が生産され，ここで別に100の資本 K_2 を投下して生産を継続するところま

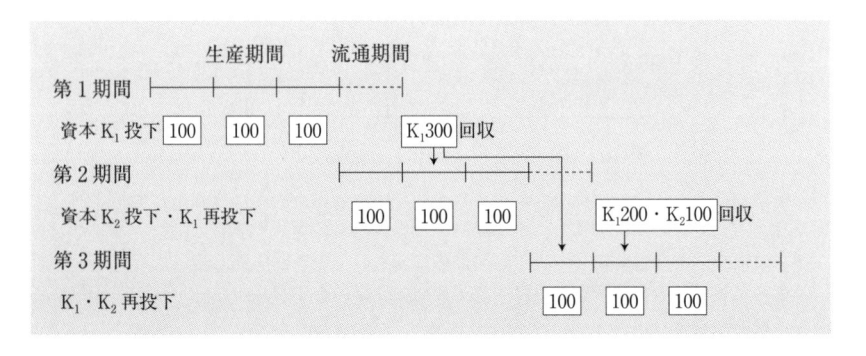

```
                生産期間   流通期間
第1期間      ├──┼──┼──┼┄┄┤
資本 K₁ 投下 100  100  100    K₁300 回収
第2期間                  ├──┼──┼──┼┄┄┤
資本 K₂ 投下・K₁ 再投下  100  100  100    K₁200・K₂100 回収
第3期間                              ├──┼──┼──┼┄┄┤
K₁・K₂ 再投下                       100  100  100
```

118

では同じである。違いは1カ月経過した時点で300のK_1が回収できることである。そこでK_1のうちの200を再投下して第2期間の残り2カ月の生産を行なう。第2期間の生産が終わった後には，K_1の残り100を投下して第3期間の生産を継続することができる。

この結果，1年間に600の剰余価値を獲得するために必要な資本は400ですむことになる。資本の回転数は3回転に増加したのだから，同額の600の資本で生産規模を拡大し1カ月に150ずつ投下すれば，1年間に獲得できる剰余価値は900に増加することになる。このことから，流通期間だけでなく生産期間が短縮されても同様の効果があることは明らかであろう。

以上のように，1回転期間に生産される剰余価値額に変化がなくても，生産期間や流通期間が短縮されれば資本の回転数が上昇し，1年間の前貸資本の価値増殖率すなわち年間利潤率 r を上昇させるのである。r は資本の有機的構成と剰余価値率に加えて資本の回転数 n によっても規定されることになる。$r = n \cdot M / (C + V)$である。したがって，資本はさまざまな方法によって資本の回転期間を短縮させ，資本の回転数を上昇させようとするのである。さらに，このことは，剰余価値が資本の効率的な利用による回転数の上昇によって生み出されるものであるかのように現象させ，第2章第4節で述べた剰余価値の本質を隠蔽する諸要因と同様に，剰余価値が労働の搾取に基づくという本質が隠蔽されることになる。

第2節　社会的総資本の再生産と流通①——単純再生産

(1) 分析の課題と方法

これまでの分析では，資本の循環 G-W・W′-G′ において，商品資本の貨幣への転化 W′-G′ は価値どおりに順調に交換されることが前提されていた。しかし，ある個別資本K_1が生産手段を生産する資本であるとすると，このK_1の W′-G′ が可能となるためには，他の個別資本K_2の資本流通である貨幣資本の生産資本への転化 G-W (Pm)，すなわち生産手段の購買と対応していることが必要である。逆から見れば，K_2の G-W (Pm) が可能になるためには，K_1の W′-G′ と対応している必要があるということである。

このK₂の生産する生産物が消費手段であれば，K₂のW′-G′は，資本家の剰余価値による消費手段購入や労働者の賃金による消費手段の購入と対応している必要がある。つまり，K₂の循環は資本家や労働者の所得流通によって規制されているのである。さらに，資本家の消費はW′-G′によって剰余価値が実現される必要があるし，労働者の消費はG-W（A）によって賃金を受け取ることが必要であるから，所得の流通は個別資本の循環に規制されている。図解すると次のようになる。

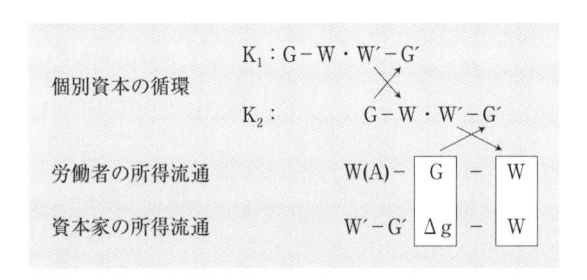

```
個別資本の循環     K₁: G-W・W′-G′
                         ╳
                  K₂:    G-W・W′-G′
                         ╳
労働者の所得流通   W(A)- │ G  -  W │
資本家の所得流通   W′-G′  │ Δg -  W │
```

個別資本の循環は，流通過程において他の個別資本の循環と相互に絡みあい制約しあっているし，個人の所得の流通とも絡みあい制約しあっているのである。現実には個別資本も個人も無数に存在するわけであるから，この絡みあい制約しあう関係は非常に複雑となっている。しかもこれら経済主体は何らかの全体的な計画のもとで運動しているわけではなく，自らの判断によって個別分散的に無政府的に運動しているのである。

資本主義経済においては，このような流通過程における複雑な絡みあいを通して，社会全体の総生産物＝総商品資本が交換されあって，結果的に個別諸資本の再生産と資本家・労働者の消費が可能となり，全体として資本関係が再生産されていくのである。社会的総資本の再生産と流通の分析の課題は，このような社会的総生産物の流通を媒介として，社会的総資本の再生産がどのようにして行なわれていくのか，そこにはどのような問題が含まれているのかを明らかにすることである。

再生産が順調に進むためには，生産によって生産物に姿を変えて失われた生産手段を次の生産のために再び手に入れる必要がある。そのためには再生産に必要な量の生産手段が生産されていなければならないし，生産物を販売

して得た貨幣でその生産手段を購入できる必要がある。また，資本家や労働者が生活できるだけの消費手段が生産されている必要もあるし，資本家や労働者はその消費手段を購入できるだけの貨幣を手に入れる必要がある。こうした社会的総生産物の価値的および素材的な補塡を媒介として，社会的総資本の再生産が行なわれていく基本的な関連・諸条件を解明しようとするのが，再生産表式分析なのである。

① 再生産表式分析の方法的特徴

再生産表式では，社会的総生産物をその使用価値から見て再生産において果たす役割の違いという視点から生産手段と消費手段とに分類し，生産手段生産部門をⅠ部門，消費手段生産部門をⅡ部門とする。さらに価値から見て生産手段の価値移転部分＝Ｃと，新しく生み出された価値生産物を労働者の賃金に等しい部分＝Ｖと剰余価値＝Ｍとに分ける。総生産物は次の表のように6つに分類されることになる。

	生産部門	価値視点	
		価値移転部分	価値生産物
使用価値視点	Ⅰ 生産手段	C_1	V_1　M_1
	Ⅱ 消費手段	C_2	V_2　M_2

そして，これら6種類の生産物がどのように転態（交換）されあえば年々の再生産が順調に進行するのかを分析し，そこにはどのような問題が存在するのかを考察するのである。表式で表すと次のようになる。

Ⅰ　$C_1 + V_1 + M_1 = W_1$
Ⅱ　$C_2 + V_2 + M_2 = W_2$

資本蓄積が行なわれる場合には，剰余価値は生産手段への投下部分MC，労働力への投下部分MV，資本家の消費部分MKに分割される。

Ⅰ　$C_1 + V_1 + MC_1 + MV_1 + MK_1 = W_1$
Ⅱ　$C_2 + V_2 + MC_2 + MV_2 + MK_2 = W_2$

② 再生産表式分析の方法的限定

再生産表式分析では，上述のような再生産の基本的な関連・諸条件を解明するために，諸生産物の需給が均衡していて価値どおりに交換されることを前提としている。社会的総資本の再生産のいわば理想的状態を想定して分析するわけである。

したがって，再生産の現実の運動，さまざまな不均衡や変動，景気循環を通して行なわれていく再生産の現実の運動を直接に分析するものではない。また，再生産の理想的状態を前提として分析するからといって，資本主義的再生産過程にそのような「均衡」をたえず実現していくメカニズムがあることを意味しているのではない。ここで明らかにされる再生産の諸関連や諸条件は，むしろ現実においては「不均衡」と「異常な経過」が生じる可能性が豊富に存在することを示すものである。

また，価値・剰余価値の次元の分析であって，生産価格や市場価格というより現実に近い次元の分析ではない。さらに，経済は産業資本家と労働者という2大階級から成り立っているという想定のもとでの分析であり，商業資本や国家，外国貿易も捨象されている。これらは上述の再生産の基本的関係の解明という課題のための方法的限定なのである。

(2) 単純再生産

まず，同一規模で生産が反復される単純再生産の分析から考察を始める。第3章で述べたように，資本蓄積の進展過程には生産力向上と資本蓄積が無制限的に拡大していく傾向があるのだから，社会的総資本の再生産を分析する場合でも拡大再生産過程の分析が中心とされるべきである。にもかかわらず，単純再生産から出発するのは，より単純な過程を分析することで拡大再生産過程の分析の基礎となること，拡大再生産過程においても，資本蓄積の部分を除けば単純再生産の諸関連がそのままあてはまること，つまり，単純再生産は拡大再生産の一部分を構成するものだからである。同様の理由で生産力に変化がないことを前提として分析を進める。

① 3つの流れ

　単純再生産過程の分析のため，次のような再生産表式をモデルとして社会的総生産物の価値的および素材的な補塡について考察しよう．当面，固定資本の問題は捨象する．

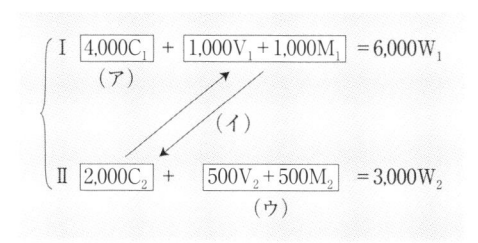

$$\begin{cases} \text{I} \quad \boxed{4{,}000C_1} + \boxed{1{,}000V_1 + 1{,}000M_1} = 6{,}000W_1 \\ \qquad\quad (\text{ア}) \qquad\qquad\qquad\qquad (\text{イ}) \\ \text{II} \quad \boxed{2{,}000C_2} + \boxed{500V_2 + 500M_2} = 3{,}000W_2 \\ \qquad\qquad\qquad\qquad\quad (\text{ウ}) \end{cases}$$

(a) $4{,}000C_1$ のⅠ部門内部での転態（ア）

　この $4{,}000C_1$ はⅠ部門の生産物すなわち生産手段として存在しており，次年度の生産のために新しい生産手段によって補塡されるべき部分である．したがってⅠ部門内部の資本相互で交換されあえば，各資本が次年度の生産に必要な新しい生産手段を手に入れることができる[2]．

(b) Ⅰ，Ⅱ部門間の $1{,}000V_1 + 1{,}000M_1$ と $2{,}000C_2$ の転態（イ）

　$1{,}000V_1 + 1{,}000M_1$ は生産手段として存在しているが，これが販売されて貨幣に転化すれば，労働者の賃金と資本家の剰余価値となって消費手段の購入に充てられていく部分である．$2{,}000C_2$ はⅡ部門の生産物すなわち消費手段として存在しているが，これが販売されて貨幣に転化すれば，次年度の生産のために新しい生産手段によって補塡されるべき部分である．

　そこで，$1{,}000V_1 + 1{,}000M_1$ という価値をもつ生産手段がⅡ部門に販売され，得られた貨幣で $2{,}000C_2$ の価値をもつ消費手段がⅡ部門から購入されれば，Ⅰ部門の労働者と資本家は生活に必要な消費手段を手に入れ，Ⅱ部門の資本家は次年度の生産に必要な生産手段を手に入れることができる．このことは，

---

[2] ただし，次年度の生産のために生産手段を購入しようとする価値額と販売しようとする価値額とが一致していること，つまり販売と購買の一致が「均衡」のための必要条件である．この条件は，③で述べる固定資本の補塡の問題において重要となる．また，各部門は複数の資本で構成されていることに注意することが必要である．

V_1+M_1 の価値総額と C_2 の価値総額とが一致することが,社会的総生産物が価値どおりに交換され,単純再生産が順調に進むための必要条件であることを示している。つまり,単純再生産の部門間均衡条件は $V_1+M_1=C_2$ で表される。この条件が満たされなければ「均衡」の破壊＝再生産の「異常な経過」が生じることになる。

(c) $500V_2+500M_2$ のⅡ部門内部での転態（ウ）

$500V_2+500M_2$ は消費手段として存在しており,Ⅱ部門の資本家がⅡ部門の労働者および消費者としての資本家に販売して貨幣を手に入れれば,次年度の生産に必要な労働力を購入することができる。同時に,Ⅱ部門の労働者および資本家は自分の生活に必要な消費手段を購入することができる。

以上のことから,個人的消費に直接結びついているのはⅡ部門の生産のみであり,Ⅰ部門の生産,特にⅠ部門内転態部分は消費から相対的に独立しており,部門間転態を通じて間接的に最終消費と関連をもっているということが明らかとなる。

② 貨幣による諸転態の媒介と出発点への還流

以上の転態関係は貨幣によって媒介されている。再生産表式論では,あらかじめどれかの資本が商品の流通を媒介する貨幣を所有していることが前提されているが,この貨幣は販売と購買が分離せずに均衡が維持されれば,3つの転態を媒介した後に出発点に還流する。図示すると次のようになる。

(a) Ⅰ部門内転態

```
                4,000G（貨幣）
Ⅰの資本家  ------→  Ⅰの資本家
            ←------
                4,000C₁（生産手段）
```

(b) 部門間転態

　(b₁) Ⅰ,Ⅱの資本家間の取引（両部門の資本家が各々500ずつの貨幣を所有していると前提する）

```
                 500G              500G
Ⅰの資本家  ←------  Ⅱの資本家  ←------  Ⅰの資本家
                500C₂(消費手段)    500M₁(生産手段)

                 500G              500G
Ⅱの資本家  ←------  Ⅰの資本家  ←------  Ⅱの資本家
                500M₁(生産手段)   500C₂(消費手段)
```

(b₂) 資本家と労働者の取引

```
              1,000G           1,000G            1,000G
Ⅰの資本家 ←----- Ⅰの労働者 ←----- Ⅱの資本家 ←----- Ⅰの資本家
          労働力        1,000C₂(消費手段)  1,000V₁(生産手段)
```

(c) Ⅱ部門内転態

```
              500G              500G
Ⅱの資本家 ←------ Ⅱの労働者 ←------ Ⅱの資本家
          労働力       500V₂(消費手段)

              500G
Ⅱの資本家 ←------ Ⅱの資本家
         500M₂(消費手段)
```

③ 固定資本の補塡

　労働手段に投下された固定資本は，労働手段の耐用期間中は生産物にその価値の一部を順次移転していき，生産物の販売によって得られた貨幣は償却基金として積み立てられる。そして耐用期間が終了した時点で積み立てられてきた基金が一挙に投下され，新しい労働手段が購入されるという特徴をもっている。したがって，個別資本のレベルでは販売と購買の時間的な分離は必然となる。

　これを社会的総資本の再生産のレベルで考えると，すべての資本が同じ時期に固定資本の投下（F_G）を行なって労働手段を購入したとすれば，それ以降の耐用期間において，この固定資本の価値移転部分（f）の供給が行なわ

れるだけで，労働手段の購入はまったく行なわれなくなる。これでは再生産の正常的経過は不可能である。

例えば，Ⅱ部門の固定資本総額が$2,500F_2$，固定資本の耐用期間5年で1年の価値移転額は$500f_2$とする。ある年度の$2,000C_2$のうち$500F_{G2}$が更新時期にきた労働手段の現物更新で，残りは不変流動資本の価値移転額$1,500_{r2}$であったとしよう。生産手段の供給は$1,000V_1 + 1,000M_1$で，Ⅱ部門の生産手段需要は$500F_{G2} + 1,500_{r2}$，消費手段の供給は$500f_2 + 1,500_{r2}$で，この場合には生産物の「均衡」は保たれている。

もし，次年度に更新時期がきた労働手段がなかったとしたら，$500f_2$の一方的販売が行なわれるが，現物更新＝生産手段への需要はなくなる。Ⅰ部門の資本家が500Gの貨幣によって消費手段を購入したとしても，Ⅱ部門の資本家はこの部分に関しては償却基金の積立を行なうだけであって，生産手段の購入は行なわない。ということは，Ⅰ部門で$1,000V_1 + 1,000M_1$，Ⅱ部門で$500f_2 + 1,500_{r2}$という価値額の生産がそれぞれ行なわれていたとしても，$500M_1$の生産手段（労働手段）は販売不能となる。図示すると次のようになって，販売と購買は一致せず，貨幣も出発点に還流しなくなる。

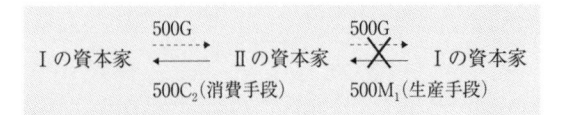

```
                500G                    500G
Ⅰの資本家 ←――――― Ⅱの資本家 ――×―→ Ⅰの資本家
            500C_2(消費手段)    500M_1(生産手段)
```

では，社会的総資本の再生産において，耐久的な労働手段に投下された固定資本の補塡はどのようにして行なわれれば，再生産が順調に進むだろうか。

毎年$500M_1$の労働手段が購入される必要があるのだから，Ⅱ部門の$500f_2$という消費手段の販売額に等しいだけの固定資本の現物更新$500F_{G2}$が毎年行なわれなければならない。そのためには，Ⅱ部門の労働手段の価値移転総額とその年における現物更新額とが等しくなるように，労働手段の年齢構成が理想的な配分となっている必要がある。つまり，第4－1表のように労働手段が設置されてからの年数が1年（設置された直後）のものから，5年（今年に現物更新）のものまで，それぞれが1/5ずつになっていればよいわけである。もちろん，この販売と購買の不一致はⅡ部門の労働手段だけで生じる

第4-1表 労働手段の理想的年齢構成

労働手段年齢	固定資本額	価値移転額	現物更新額						
Aグループ5年	500F	100f	$500F_G$	0	0	0	0	$500F_G$
Bグループ4年	500F	100f	0	$500F_G$	0	0	0	0
Cグループ3年	500F	100f	0	0	$500F_G$	0	0	0
Dグループ2年	500F	100f	0	0	0	$500F_G$	0	0
Eグループ1年	500F	100f	0	0	0	0	$500F_G$	0
合計	2,500F	500f	$500F_G$	$500F_G$	$500F_G$	$500F_G$	$500F_G$	$500F_G$

わけではないから，すべての部門の労働手段がこのような理想的な年齢構成になっている必要がある。

では，資本主義的再生産過程において，労働手段の年齢構成をこのような理想的な状態にしていくメカニズムは存在するだろうか。資本主義的市場経済において需給の不均衡は価格メカニズムによって調整されていくとされているが，市場における価格メカニズムは労働手段の年齢構成も理想的な状態に近づける作用をするだろうか。

先ほどのⅡ部門の労働手段における販売と購買の不一致の例では，労働手段に対する需要が供給を下回っていた。この需要不足によって労働手段価格は低下するから，Ⅰ部門の生産や投資は減少するだろう。これは雇用の減少と剰余価値の減少をもたらしてⅡ部門への需要を減少させ，Ⅱ部門の生産や投資も減少させることになる。労働手段価格の低下は設備投資を促進させる作用をもつが，設備投資は生産規模を拡大するから，需要が減少している状態で設備投資が増加するとは考えられない。つまり，価格メカニズムではこの需給不均衡が均衡化される可能性は小さいのである。

さらに，資本主義的蓄積過程には特別剰余価値の獲得をめぐる新生産方法の導入と普及のメカニズムが存在し，市場が停滞的な場合には価格低下によってこのメカニズムがいっそう強まる（⊃第3章第2節）。したがって，出発点で労働手段の年齢構成が理想的状態であったとしても，新生産方法導入のための設備投資が短期間に集中的に展開することによって，年齢構成は大きく偏っていくことになる。価格メカニズムは年齢構成を理想的状態に近づけるのではなく，逆にそこから離れていく方向に作用するのである。

以上のことは，固定資本の補塡をめぐっては，価格メカニズムでは解消されない販売総額と購買総額との深刻な乖離が経済全体で生じる可能性が大きいことを示しているのである[3]。では，価格メカニズムで均衡化される需給の不一致と均衡化されない需給の不一致にはどのような違いがあるのだろうか。再生産表式を使って考えてみよう。

④ 価格メカニズムによる均衡化作用
(a) 社会全体で供給＝需要の場合

Ⅰ部門の資本のうち 500 ($400C_1 + 100V_1$) が何らかの理由でⅡ部門へ移動して消費手段生産を行なったとすると，両部門の生産は次のように変化する。

$$\begin{cases} \text{Ⅰ} \quad \boxed{3{,}600C_1} + \boxed{900V_1 + 900M_1} = 5{,}400W_1 \\ \text{Ⅱ} \quad \boxed{2{,}400C_2} + \boxed{600V_2 + 600M_2} = 3{,}600W_2 \end{cases}$$

生産手段の供給額(S)は $5,400W_1$ に減少し，生産手段に対する需要額(D)は $3,600C_1 + 2,400C_2 = 6,000$ であるから，S＜Dとなって生産手段の価格は上昇するであろう。消費手段の供給額は $3,600W_2$ に増加し，消費手段に対する需要は ($900V_1 + 900M_1$) + ($600V_2 + 600M_2$) = 3,000 であるから，S＞Dとなって消費手段の価格は低下するであろう。これはⅠ部門の利潤率上昇とⅡ部門の利潤率低下をもたらして，Ⅱ部門からⅠ部門への資本移動を促すであろう。その結果，生産手段の生産は拡大し消費手段の生産は縮小して，均衡が達成される方向に部門比率が変化することになる。

社会全体でS＝Dの場合には，ある部門での需要不足・供給過剰は必然的に別の部門での需要過剰・供給不足を意味するから，資本移動によって需給が均衡化していくのである。

---

[3] この販売と購買の乖離が再生産過程にどのような影響をもたらすのかについては，需給一致を前提とする再生産表式分析では解明することはできない。この問題は再生産表式分析を基礎としつつ景気循環のメカニズムを考察する第5章で取り扱う。

(b) 社会全体で供給≠需要の場合

　労働手段の年齢構成が理想的でない場合には，価値移転額＝供給額と現物更新額＝需要額とが一致しないことになる。この場合には，再生産表式を需要と供給に分ける必要がある。そこで，次のような場合を考えよう。

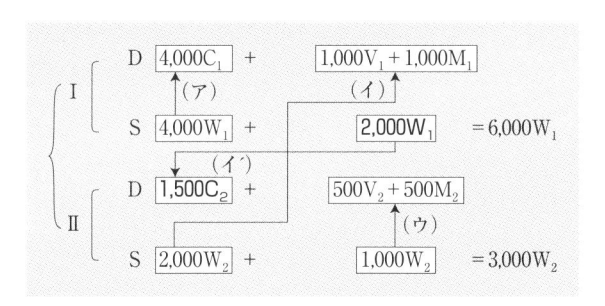

```
      ┌    D  4,000C₁    +    1,000V₁+1,000M₁
      │ I         ↑(ア)              ↑(イ)
      │    S  4,000W₁    +    2,000W₁        = 6,000W₁
      ┤                    ↓(イ′)
      │    D  1,500C₂    +    500V₂+500M₂
      │ II                            ↑(ウ)
      └    S  2,000W₂    +    1,000W₂        = 3,000W₂
```

　生産物の価値構成（両部門の供給）は部門間均衡条件を満たしている。ここで，（ア）・（ウ）の部分はいずれも自部門内の転態で需給が一致するとする。また部門間転態部分のうち（イ）の転態はⅠ部門の資本家の貨幣の投入によって順調に進むとする。問題は（イ）によってⅡ部門の資本家が受け取った貨幣のうち500を，償却基金に積み立てて現物更新しない場合（イ′）である。500の生産手段は販売不能となるが，これは価格メカニズムによる部門間の資本移動で解決可能であろうか。

　生産手段に対する需要額は $4,000C_1+1,500C_2=5,500$ で，供給額は $6,000W_1$ であるから　S＞Dとなって生産手段の価格は低下するであろう。消費手段についてはS＝Dだから価格は変化しない。しかし，Ⅰ部門の利潤率低下によってⅠ部門からⅡ部門への資本移動が起これば，Ⅱ部門でも供給過剰が生じることになる。生産手段価格の低下は生産手段需要を増加させる作用をもつが，③で述べたように経済全体でS＞Dの場合には生産拡大をもたらす設備投資は抑制される。このように社会全体で需要総額と供給総額とが一致していない場合には，価格メカニズムは均衡を回復するようには作用しないのである。

　なお，単純再生産の均衡条件という場合，部門間均衡条件 $V_1+M_1=C_2$ だけが注目されがちであるが，この条件は均衡のための必要条件にすぎない。

この式は，社会全体の均衡のためには，Ⅰ部門の生産物のうち不変資本の価値移転以外の部分とⅡ部門の生産物のうち不変資本の価値移転部分とが等しいように生産されていなければならない，ということを示しているにすぎない。もしこの条件が満たされていたとしても，固定資本の補塡をめぐって販売と購買とが分離する可能性がある。そのような場合は，社会全体で販売総額が購買総額を上回るのであるから，上述のように価格メカニズムによる部門間の資本移動によっては不均衡は解消されないのである。

以上のように，再生産表式分析を行なう場合には，貨幣の還流，固定資本の補塡の問題のもつ意味を常に考えておく必要がある。特に，表式を一般化して（文字に置き換えて）数式展開を行なおうとする場合には，この問題を見逃していないかどうか注意が必要である。

第3節　社会的総資本の再生産と流通②──拡大再生産

前節での単純再生産の再生産表式分析を基礎として，次に拡大再生産過程を分析していこう。単純再生産の再生産表式では，今年度と同じ規模での再生産に必要な生産手段額 $4,000C_1+2,000C_2$ と，Ⅰ部門の生産額＝生産された生産手段の額 $6,000W_1$ とが等しかった。C：V：Mの比率を4：1：1としているから，単純再生産ではⅠ部門とⅡ部門との比率が2：1になっていたのである。

拡大再生産が可能になるためには，今年度と同じ規模での再生産に必要な生産手段の額以上の生産手段が生産されている必要がある。つまり，C：V：Mの比率が同じであるとすれば，Ⅰ部門とⅡ部門との比率が2：1よりもⅠ部門の比重の高い部門構成になっている必要がある。そこで次のような場合を考えよう。

$$\begin{cases} Ⅰ & 4,000C_1+1,000V_1+1,000M_1=6,000W_1 \\ Ⅱ & 1,600C_2+400V_2+400M_2=2,400W_2 \end{cases}$$
$$計\ \ 5,600C_t+1,400V_t+1,400M_t=8,400W_t$$

全体の価値額もⅡ部門の価値額も単純再生産の場合よりも小さくなっているが，これは便宜上のことで，Ⅰ部門とⅡ部門との比率が5：2とⅠ部門の比重のより高い部門構成になっていることだけに意味がある。なお，ここでも当面は固定資本を捨象しておく。

(1) 余剰生産手段

この再生産表式では，Ⅰ部門の生産額6,000W_1は，今年度と同じ規模での再生産に必要な生産手段額4,000C_1＋1,600C_2よりも，400だけ大きくなっている。この今年度と同じ規模での再生産に必要な生産手段額以上の生産手段を**余剰生産手段**と呼び，ΔW_1で表す。余剰生産手段が存在すること，つまり$W_1 > C_1 + C_2$は拡大再生産の物質的条件となる。

この余剰生産手段400ΔW_1がすべて生産資本に追加されたとすれば，次年度の生産手段総額は5,600C_1＋400ΔW_1＝6,000C_1となって，C：V：Mが変化しないとすれば，この6,000C_1の生産手段を使って両部門が生産する生産物価値総額は9,000に増加する。再生産規模の拡大率（経済成長率）gは600／8,400≒7.14％となる。この余剰生産手段は，拡大再生産の物質的基礎・前提なのであって，これがなければ，再生産規模の拡大は不可能であるし，また，これによって規定される規模以上に拡大再生産を行なうこともできない。

逆に，この余剰生産手段がすべて生産資本に追加されなければ，つまり各個別資本が意図する生産拡大のための生産手段需要の合計額が，余剰生産手段をすべて吸収するだけの大きさでなければ余剰生産手段の一部は過剰となって，再生産の正常的な経過は不可能である。

年度の初めに存在していた生産手段総額に対する余剰生産手段の比率を**余剰率**αと呼ぶとすると，このモデルでは400／5,600≒7.14％となっている。C：V：Mが一定であれば$\alpha = g$である。C：V：Mが変化すればαとgは等しくはならないが，αが次年度のgを根底で規定していることに変わりはない。

(2) 拡大再生産の正常的経過のための必要条件

再生産規模の拡大のためには，剰余価値の中から追加的な生産手段と労働

力とが購入される必要がある。したがって両部門の剰余価値部分が，追加的生産手段に投資される部分MCと追加的労働力への投資に充てられるべき部分MV，および資本家の消費に充てられる部分MKとに分けられる。C，V，MKの価値的および素材的な補塡については単純再生産と同じである。したがって，新しく問題になるのは，各部門のMC，MVである。

　Ⅰ部門の生産手段への追加投資部分MC_1は生産手段の形態をとって存在しており，Ⅰ部門内部で必要な種類の生産手段と交換されあう。Ⅰ部門の労働力への追加投資部分MV_1は，労働者に賃金として支払われて消費手段を購入すべき部分であるが，生産手段の形態をとって存在しているからⅡ部門によって購入され消費手段と転態されあう。Ⅱ部門の生産手段への追加投資部分MC_2は消費手段の形態をとって存在しているから，Ⅰ部門の資本家または労働者によって購入され生産手段と転態されあう。Ⅱ部門の労働力への追加投資部分MV_2は消費手段の形態をとって存在しており，Ⅱ部門の労働者が消費手段を購入する部分である。

　拡大再生産の正常的経過のための必要条件は，単純再生産における諸条件にこの4つの部分が加わるだけである。拡大再生産における社会的総生産物の価値的および素材的な補塡関係（3つの流れ）は，Ⅰ部門内転態部分については，C_1+MC_1の生産手段の供給がC_1+MC_1の生産手段の需要と等しくなっていることである。部門間転態部分については，$V_1+MV_1+MK_1$の生産手段の供給がC_2+MC_2の生産手段の需要と等しく，かつ$V_1+MV_1+MK_1$の消費手段の需要とC_2+MC_2の消費手段の供給が等しくなっていることである。Ⅱ部門内転態部分については，$V_2+MV_2+MK_2$の消費手段の供給が$V_2+MV_2+MK_2$の消費手段の需要と等しくなっていることである。

　これらの条件に加えて，この3つの転態関係において販売と購買の分離がなく貨幣が出発点に還流することが必要である。固定資本の補塡問題については，拡大再生産の場合には単純再生産に比べてやや複雑になるが，労働手段の年齢構成が理想的状態であることが最低限必要であることに変わりはない[4]。また，単純再生産のところでも述べたように，資本主義的再生産過程には労働手段の年齢構成を理想的状態にしていくメカニズムは存在せず，特別剰余価値の獲得をめぐる新生産方法の導入と普及のメカニズムによって，

年齢構成は偏っていく傾向があることも同じである。

（3）余剰生産手段の両部門への配分

　上の（2）の拡大再生産の正常的経過のための必要条件では，具体的な数値を含む再生産表式を用いずに説明した。それは，単純再生産の場合は拡大率がゼロであって1つの単純なモデルですんだのだが，拡大再生産の場合には単純再生産には存在しない重要な問題，余剰生産手段の両部門への配分の問題があるからである。

　それは，経済全体の再生産規模の拡大をもたらす資本蓄積の規模は余剰生産手段の存在量によって規定され，その拡大率は余剰率によって規定されているのだが，余剰生産手段が，両部門にどのような割合で配分されるかによってその後の部門構成さらには余剰率が変化するという問題である。これこそが資本主義的拡大再生産過程がどのような特徴をもつか，さらには資本主義における景気循環はどのようなメカニズムによって生じるのかを考察するために必要不可欠な問題なのである。以下で，この問題を考察していこう。

　2つの部門のうち一方の部門が余剰生産手段を多く配分されればされるほど，その部門の拡大率は高くなるのは明らかであるから，可能性としては次の3つの場合が考えられる。Ⅰ部門の拡大率をg_1，Ⅱ部門の拡大率をg_2とすれば，①$g_1=g_2$，②$g_1>g_2$，③$g_1<g_2$となるような配分である。それぞれの場合について再生産の進行を見ていこう。

4）　拡大再生産においては，労働手段が理想的年齢構成になっていても年齢の若い労働手段グループほど投下固定資本額が大きくなるため，現物更新総額F_Gが価値移転総額fを下回ることが不可避となって販売と購買の一致が困難となる，いわゆる「f＞F_G問題」が存在する。この問題については学界でもさまざまな議論があるが，固定資本の補塡において需給が一致するためにはf－F_Gの額だけの追加投資が行なわれることが必要であること，資本主義的拡大再生産過程においてそのような追加投資が行なわれる必然性はないこと，したがってこの問題をめぐって深刻な販売と購買の分離が生じる可能性が高いことが確認されている。

　現実的問題としては，本文で指摘したように資本主義には労働手段の年齢構成を偏らせるメカニズムが存在し，拡大再生産は景気循環過程を通じて進んでいくのだから，ある時期にはf－F_Gの額を上回る更新・新投資が行なわれて需要が供給を上回り，ある時期にはf－F_Gの額以上の供給過剰が発生することを確認しておけば充分であろう。

① 均等的拡大再生産

　C：V：Mが一定であれば，両部門の生産物価値の比率（部門構成比率）にしたがって両部門にΔW_1を配分すれば$g_1 = g_2$となる。このモデルの場合，小数第1位を四捨五入するとⅠ部門に286，Ⅱ部門に114の配分である。転態関係を需要Dと供給Sとに分けて示すと次のようになる。

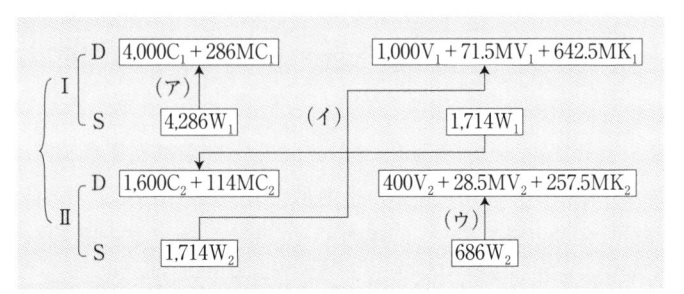

```
       D  4,000C₁ + 286MC₁        1,000V₁ + 71.5MV₁ + 642.5MK₁
  Ⅰ         (ア)
       S    4,286W₁        (イ)      1,714W₁

       D  1,600C₂ + 114MC₂        400V₂ + 28.5MV₂ + 257.5MK₂
  Ⅱ                                        (ウ)
       S    1,714W₂                    686W₂
```

（ア）〜（ウ）のすべての転態関係で，需給は一致している。販売と購買の分離がなければ再生産が順調に行なわれる。均衡条件は以下のとおりである。

　（ア）Ⅰ部門内転態　　$4,000C_1 + 286MC_1 = 4,286W_1$
　（イ）部門間転態　　　$1,000V_1 + 71.5MV_1 + 642.5MK_1 = 1,714W_2$
　　　　　　　　　　　　$1,600C_2 + 114MC_2 = 1,714W_1$
　（ウ）Ⅱ部門内転態　　$400V_2 + 28.5MV_2 + 257.5MK_2 = 686W_2$

次年度の生産は次のようになる。

$$
\begin{cases}
Ⅰ\quad 4,286C_1 + 1,071.5V_1 + 1,071.5M_1 = 6,429W_1 & g_1 = 7.15\% \\
Ⅱ\quad 1,714C_2 + 428.5V_2 + 428.5M_2 = 2,571W_2 & g_2 \fallingdotseq 7.13\% \\
計\quad 6,000C_t + 1,500V_t + 1,500M_t = 9,000W_t & \alpha = 7.15\%
\end{cases}
$$

　両部門とも（四捨五入による誤差はあるが）均等な率で拡大し，余剰率も一定である。この**均等的拡大再生産**が持続していく場合を考えると，Ⅱ部門は年々αの率で拡大を続け，そのようなⅡ部門の拡大を維持するためにⅠ部門はαで拡大を続け，全体としてのαの生産拡大による雇用の増大を通じた消費需要の拡大に対応して，またⅡ部門のαの拡大があるという内容をもっている。つまり，あらゆる部門の生産拡大と消費拡大とが照応関係を維持して

いるということがいえる。ただし，この消費拡大はあくまでも生産拡大にともなう雇用の拡大と資本家の消費の拡大に基づくものであって，労働者1人あたりの所得の増大に基づく消費拡大によるものではない。

② Ⅰ部門の不均等的拡大

400 ΔW_1 の配分を部門構成比率よりもⅠ部門に多く配分するとⅠ部門の**不均等的拡大**となる。例えばⅠ部門に320，Ⅱ部門に80を配分すると転態関係は次のようになる。

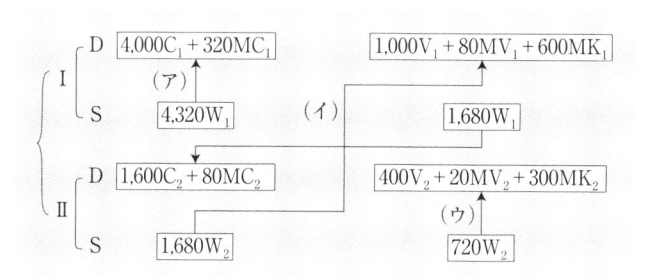

$$
\begin{cases}
\text{I} \begin{cases} D & \boxed{4{,}000C_1 + 320MC_1} \quad\quad \boxed{1{,}000V_1 + 80MV_1 + 600MK_1} \\ & \quad\quad (ア)\uparrow \\ S & \boxed{4{,}320W_1} \quad (イ) \quad \boxed{1{,}680W_1} \end{cases} \\
\text{II} \begin{cases} D & \boxed{1{,}600C_2 + 80MC_2} \quad\quad \boxed{400V_2 + 20MV_2 + 300MK_2} \\ & \quad\quad\quad\quad\quad\quad\quad (ウ)\uparrow \\ S & \boxed{1{,}680W_2} \quad\quad\quad \boxed{720W_2} \end{cases}
\end{cases}
$$

（ア）〜（ウ）の均衡条件が満たされ，販売と購買の分離がなければ生産物は円滑に交換されて，次年度には次のような生産が行なわれる。

$$
\begin{cases}
\text{I} \quad 4{,}320C_1 + 1{,}080V_1 + 1{,}080M_1 = 6{,}480W_1 \quad g_1 = 8.0\% \\
\text{II} \quad 1{,}680C_2 + 420V_2 + 420M_2 = 2{,}520W_2 \quad g_2 = 5.0\% \\
\text{計} \quad 6{,}000C_t + 1{,}500V_t + 1{,}500M_t = 9{,}000W_t \quad \alpha = 8.0\%
\end{cases}
$$

α は8.0%に上昇し，部門構成比率は均等的拡大再生産の場合よりもⅠ部門が相対的に大きくなっている。部門構成比率以上の比率で余剰生産手段をⅠ部門に配分し続ければ，Ⅰ部門の拡大率は上昇を続け，したがって余剰率も上昇を続けていく。再生産表式上，このⅠ部門の不均等的拡大は均衡を維持したまま無限に継続することが可能である。ただし，このことは社会全体として上昇を続ける余剰率での生産拡大が可能となることを意味すると同時に，それだけの追加投資がなければ生産手段の過剰が不可避だということでもある[5]。

この例では，初年度において余剰生産手段を恣意的にⅠ部門に多く配分した結果，生産手段の生産増加が消費手段の生産増加（したがって消費需要の増加）よりも急速に進んだのであるが，実はこのⅠ部門の不均等的拡大が惹起されると，それ以後Ⅰ部門が自立的に独自に高い拡大率を持続していく基盤が，再生産の諸関連の中に存在していることに注目する必要がある。

　第1に，Ⅱ部門の生産は消費手段の生産であるから最終消費需要と直接関係をもち，Ⅱ部門の拡大は消費の増大に直接規制されるのに対して，Ⅰ部門の生産はⅡ部門との転態を通じて間接的に消費と関係をもつにすぎない。第2に，Ⅰ部門の不均等的拡大においては，Ⅰ部門内転態部分（$C_1 + MC_1$）は部門間転態部分（$V_1 + MV_1 + MK_1$）よりも急速に拡大する[6]。第3に，Ⅰ部門内転態部分はⅠ部門の資本相互の交換であるから，Ⅰ部門の拡大率の上昇は直接自部門への需要増大となり，それがまたⅠ部門の投資・生産拡大を促進する。この部分は消費との関連がより間接的で独立的に拡大していくことが可能である。「投資が投資を呼ぶ」という状況である。

> *Column* 4-1　日本の高度成長期とアメリカの1990年代の経済成長の違いは？
> 　ここでの再生産表式分析では外国貿易を捨象しているため，すべての生産手段が一国経済の中で生産される体制が前提されている。現実の問題として生産手段の一部を外国からの輸入に依存している場合には，発生した投資需要の一部が海外に漏出することになり，この「投資が投資を呼ぶ」メカニズムは減衰する。この点は，日本経済において素原料を除く重要生産手段の国内生産体制が確立した1950年代後半以降に高度成長が実現したこと，およびその高度成長のメカニズムを把握するうえで重要である。また，第3部で論

---

5)　Ⅰ部門の不均等的拡大がモデル上では無限に継続可能なのは，追加投資額の大きさに応じて資本家の消費が調整変数となって需給均衡が達成されるからである。ただし，モデル上で常に需給均衡が達成されるということが，同時に現実の経済においてもそうなることを意味するわけでは決してない。モデル分析によって導かれた結論が現実の資本主義経済の運動にも妥当するかどうかは，別の検討を必要とする。このことは需給均衡を前提としたモデル一般に該当することである。

6)　Ⅰ部門を細分化すれば，Ⅰ部門内転態部分とはⅠ部門用生産手段生産部門，例えば工作機械や石油化学プラント用の鉄パイプの生産などであるし，部門間転態部分とはⅡ部門用生産手段生産部門，例えば乗用車用薄板や組み立てライン，食料品生産設備の生産などを意味する。

じるように，1990年代のアメリカ経済において，情報通信革命を基盤として設備投資主導の経済成長が実現されながら，1980年代に産業空洞化が進んでいたために輸入が急増して貿易赤字が膨大化し，経済成長率が相対的に低率にとどまったことを把握するうえでも重要である。

このようにⅠ部門の不均等的拡大の持続は，αの上昇を通じてよりいっそうのⅠ部門の不均等的拡大を可能にするのであるが，これは増大していく余剰生産手段をⅠ部門が主導的に吸収する限りで順調に進んでいくことが可能なのである。もしⅠ部門が主導的に吸収しなくなればどうなるだろうか。Ⅱ部門によって吸収されるしかないが，Ⅱ部門の生産拡大は消費需要の増大によって直接規制されている。資本主義的生産では，最大限の価値増殖のために労働者の賃金はできるだけ抑制しようとする傾向があるから，労働者の消費総額が増加するのは雇用が増加する場合であるが，これには生産の急速な拡大を必要とする。

余剰生産手段のⅠ部門による主導的吸収が困難になる場合とは，Ⅰ部門の生産・投資拡大が鈍化する場合であるから，労働者の充分な雇用増加も困難であるし，そうした場合に資本家の消費が急速に増加すると想定するのは非現実的である[7]。とすれば，Ⅰ部門の拡大率の鈍化と余剰生産手段の過剰化は相互促進的に進むことになる。

Ⅰ部門の不均等的拡大が進展することは，それ自体としては拡大再生産の物質的基礎が拡大し，労働者1人あたりの消費拡大によって個人的にも社会的にも生活をより豊かにできる基盤が拡大することである。しかし，資本主義はそのようなメカニズムをもたないために，ひとたび拡大率の鈍化が生じれば，拡大再生産の物質的基礎がムダなものとなるのである。Ⅰ部門の不均

---

[7] 需給均衡を前提とした再生産表式上では，Ⅰ部門の不均等的拡大を一定期間継続させた後に，Ⅰ部門の拡大率が前年度と同率になるように余剰生産手段を配分すれば，Ⅱ部門の拡大率が上昇し均等的拡大再生産に移行する。しかし，そのことと現実の資本主義経済においてそのようなメカニズムがあるかどうかは別問題である。そのような表式展開から読み取るべきは，消費需要の増加によってⅡ部門が拡大しなければ生産過剰が不可避であること，あるいはモデルが捨象した外部からの需要増大，例えば国家による需要創出や輸出の増加が必要となるということである。

等的拡大におけるⅠ部門の拡大の主要な部分は，消費増大のためではなく，Ⅰ部門の拡大のための拡大，工場増設のために工場を増設しているという内容なのである。つまり，Ⅰ部門の不均等的拡大が続くこと，すなわち「投資が投資を呼ぶ」という内容をもってⅠ部門内転態を中心として生産手段の生産が急速に拡大していくことは，年々拡大率が上昇していくことを可能にすると同時に，そのような拡大率の上昇がなければ生産手段の過剰が生じる構造を作り出すということなのである。

③ Ⅱ部門の不均等的拡大

以上から容易に推測されるように，$g_1 < g_2$ となるように ΔW_1 を配分すれば，余剰率は年々下がっていき，やがては $\Delta W_1 = 0$ となって拡大再生産自体が不可能となる。資本主義経済において，このようなⅡ部門の不均等的拡大という再生産過程の進行を想定することは妥当であろうか。この問題に答えるためには，これまでの分析で不問としてきた資本の本性である価値増殖欲・投資意欲と余剰生産手段の配分方法との関係を考察する必要がある。

(4) 資本の投資行動と余剰生産手段の配分

剰余価値額に対する新投資額の比率（MC＋MV）／M（蓄積率）を資本の投資意欲の1つの表現と考え，資本の投資意欲と余剰生産手段の配分方法との関係を考察していこう。

上の (3) の①の均等的拡大再生産における蓄積率は両部門とも約36％で，②のⅠ部門の不均等的拡大の蓄積率はⅠ部門が40％，Ⅱ部門が25％である。ここでは両部門とも資本が40％の蓄積率を意図したと仮定してみよう。Ⅰ部門の資本が意図する投資額は $320MC_1 + 80MV_1$，Ⅱ部門の資本が意図する投資額は $128MC_2 + 32MV_2$ となる。意図された追加生産手段の需要総額は448であるから，余剰生産手段の存在額400を上回っているような，両部門の資本の投資意欲が旺盛な場合である。社会全体で需給一致を前提すると，需給関係は次のようになる。

生産手段：供給額 $6,000W_1$ ＜需要額 $5,600C_t + 448MC_t = 6,048$

消費手段：供給額 $2,400W_2$ ＞需要額 $1,400V_t + 112MV_t + 840MK_t = 2,352$

　すなわち，生産手段については需要＞供給，消費手段については需要＜供給，となるから，当然生産手段の価格は上昇し消費手段の価格は低下する。これによってⅠ部門の投資額がⅡ部門の投資額より上回り，その結果，Ⅰ部門の不均等的拡大が促されることになる。つまり，資本の投資意欲が旺盛で，意図された生産手段への投資総額が余剰生産手段の存在量以上だった場合には，Ⅰ部門の不均等的拡大が促されるのである。

　このことは，これまで捨象してきた固定資本の存在を考慮するといっそう明確となる。計算の便宜上，各部門の不変資本の価値移転部分Ｃのうち1/4が固定資本の価値移転部分ｆで，残りが流動資本の価値移転部分ｒであったとする。Ｃ：Ｖ＝４：１のＣはｆとｒに分けられて，ｆ：ｒ：Ｖ＝１：３：１となる。固定資本の耐用期間を６年と仮定すると，固定資本投下額Ｆは6fでありＦ：ｒ：Ｖ＝６：３：１となる。追加投資が固定資本投下を含む場合のＭＣ：ＭＶは４：１ではなくて，（ＭＦ＋Ｍｒ）：ＭＶ＝（６＋３）：１となる。したがって，各部門の意図する投資額におけるＭＣ：ＭＶは，既存設備での生産のＣ：Ｖではなく，ＭＣの比重がより高くなるのである。

　蓄積率40％の場合，Ⅰ部門の意図する投資額は（$240MF_1 + 120Mr_1$）＋$40MV_1$となり，Ⅱ部門の意図する投資額は（$96MF_2 + 48Mr_2$）＋$16MV_2$となる。意図された追加生産手段需要総額は，固定資本投資を含まない場合の$448MC_t$から$504MC_t$に増加し，Ⅰ部門への需要とりわけ工場・機械設備などの労働手段生産部門への需要が大きくなるのである。このことは，旺盛な投資意欲に基づく新投資行動がどの部門で生じたとしても，Ⅰ部門の不均等的拡大を誘発していく可能性が高いことを示している。逆に，投資意欲が減退し固定資本投下が行なわれなければ，ＭＦは消滅してＭｒのみとなるから，Ⅰ部門への需要はいっそう急速に減少することを意味しているのである。

　さらに，Ⅰ部門の不変資本の流通の特殊性に基づく自部門への需要拡大・拡大率上昇の相互促進的展開は，固定資本の存在によっていっそう強化され加速化される。さきほどの投資意欲が旺盛な場合の例で，Ⅰ部門が（$240MF_1$

第1部　資本主義経済の一般的運動法則

$+120Mr_1)+40MV_1$ の追加投資を行ない，Ⅱ部門は残りの余剰生産手段を吸収する $(26.7MF_2+13.3Mr_2)+4.4MV_2$ の追加投資を行なったとしよう。C_1+MC_1 の生産手段需要額は固定資本を含まない場合の4,320から4,360に増加し，$V_1+MV_1+MK_1$ の消費手段需要額は1,680から1,640に減少する。余剰生産手段の存在額が限られているために，Ⅱ部門の蓄積率は11％となって C_2+MC_2 の生産手段需要額は減少するが，$V_1+MV_1+MK_1$ のⅡ部門への生産手段供給額は C_1+MC_1 への生産手段供給増大によって減少するために，両者の需給は均衡することになっている。

以上のように，投資意欲が旺盛で新投資が活発に行なわれる場合には，生産力が不変でも MC：MV が変化し，生産手段，特に固定設備への需要が相対的に高い率で増大し，Ⅰ部門内転態部分の比重が部門間転態部分よりも大きくなって，Ⅰ部門の不均等的拡大が促され持続していくことになるのである。Ⅰ部門内転態部分とはⅠ部門用生産手段生産部門であり，具体的には工作機械や工場の建設などの労働手段生産部門，それらの生産に必要な鉄鋼，石炭・石油などの産業部門である。これらの産業部門は一国経済の基幹的産業部門であり，こうした産業部門での設備投資の増加こそが景気の回復と上昇を持続させる強い原動力となるのである。

以上の考察により，3種類の余剰生産手段の配分方法のうちの③のⅡ部門の不均等的拡大が，資本主義的再生産過程の分析という課題からは無意味であることも明らかであろう。現実にはⅡ部門の投資意欲の方が旺盛でⅠ部門の拡大率を上回ることは一時的にはありうる。しかし，Ⅱ部門の不均等的拡大が持続して余剰率を低下させ続け，余剰生産手段が不足していくにもかかわらず，Ⅰ部門の投資が縮小し続けて最終的に単純再生産に帰結するという再生産過程は資本主義においては非現実的である。Ⅱ部門において固定資本投下を含む追加投資が増大し続けていけば，上述のメカニズムによって，いずれはⅠ部門の不均等的拡大を促すことになるのである。

(5) 資本主義的拡大再生産過程の基本的傾向

これまでの再生産表式分析によって，Ⅰ部門の不均等的拡大が余剰率を高めて急速な拡大再生産を可能にする再生産過程であること，両部門またはⅠ，

Ⅱのいずれかの部門の資本が旺盛な投資意欲をもち，意図された追加投資による生産手段需要額が余剰生産手段の存在額を上回っていた場合には，Ⅰ部門の不均等的拡大が誘発される可能性が強いことが明らかになった。また，Ⅰ部門の不均等的拡大は，増大する余剰生産手段をⅠ部門が主導的に吸収する限りで持続していく性質をもっていることも明らかになった。そして，Ⅰ部門による余剰生産手段の主導的吸収という条件が満たされている限り，Ⅰ部門の不均等的拡大は，再生産表式上では無限に展開させることができることも明らかである。

ただし，これらは需給の一致と再生産の理想的状態を前提とする再生産表式レベルでの結論であるから，現実の資本主義的蓄積過程の法則から見て妥当かどうかの検討が必要である。問題は，第1にⅠ部門の不均等的拡大をもたらすメカニズムは資本主義的蓄積過程の中に存在するか，存在するとすればそれはどのようなメカニズムなのか，そして第2にⅠ部門の不均等的拡大は再生産表式上のように無限に進むことは可能なのかの2つである。

第1の問題については，特別剰余価値の獲得のための新生産方法の導入競争のメカニズムが鍵となる。第3章第2節で述べたように，ある生産部門で平均以上に生産力の高い優秀な新生産方法を導入した資本は，特別剰余価値を獲得することができる。そのような新生産方法が部門内に普及していけば旧生産方法の資本には負の特別剰余価値が発生し増大していくから，損失や倒産を回避するためにも新生産方法の導入を強制される。この競争の作用は市場が停滞的で価格が低下傾向の場合にはいっそう強く働く。したがって，新生産方法の導入と結びついた更新投資や新投資がこの部門で短期間に集中的に展開するようになるのである。

この設備投資の短期間の群生によって発生した生産手段需要は関連部門に波及し，その部門における生産と投資の拡大を誘発する。この生産と投資の拡大による生産手段需要はさらに他の関連部門に波及し，その部門での生産と投資の拡大を誘発する。このように関連部門における生産拡大と投資拡大が相互誘発的に進んでいくのである。しかも設備投資は固定資本投資を含むために，生産手段需要は加速度的に拡大していくことになる。こうして生産手段への投資需要総額が余剰生産手段の存在額を超えるようになると，これ

までの再生産表式分析で明らかになったように，旺盛な投資意欲によるⅠ部門の不均等的拡大が誘発されることになるのである。

この新生産方法導入促進の社会的機構によって生産と投資を拡大させていく内的起動力と，投資需要を媒介とした市場と生産の相互誘発的・加速度的拡大メカニズムこそが，Ⅰ部門の不均等的拡大を誘発し，景気を自動的に回復させていくメカニズムなのである。

第2の問題については，Ⅰ部門の不均等的拡大において増大していく余剰生産手段をⅠ部門が主導的に吸収しなくなる可能性はあるのか，あるとすればどのような要因によってなのかという問題に読み替えることができる。Ⅰ部門の不均等的拡大は資本の旺盛な投資意欲による生産手段需要の累増によって誘発され持続していくものであるから，この問題はⅠ部門の不均等的拡大の過程を含む景気循環過程における資本の投資行動をどうとらえるかということに帰着する。したがってこの問題は競争段階の景気循環を論じる第5章で考察することにする。

ここでは第1の問題に関連して，Ⅰ部門の不均等的拡大を誘発する設備投資は新生産方法の導入をともなう投資，つまり生産力の向上をともなう投資であったから，生産力の向上は再生産表式ではどのように表現されるかという問題を考察しておこう。

(6) 生産力の向上をともなう拡大再生産

資本主義的生産において生産力が向上すると資本の有機的構成が高度化する。更新投資や追加投資の際に有機的構成が高度化すれば，一定の投資額に対する生産手段額の比率が高まることになる。これは再生産過程にどのような影響を与えるだろうか。単純化のために本章第2節の単純再生産の再生産表式をもとにして考えてみよう。

$$\begin{cases} \text{Ⅰ} & 4,000C_1 + 1,000V_1 + 1,000M_1 = 6,000W_1 \\ \text{Ⅱ} & 2,000C_2 + 500V_2 + 500M_2 = 3,000W_2 \end{cases}$$

C：Vが両部門ともに4：1から5：1になり，剰余価値率は変化しないと

する。$2,000C_2$と$1,000V_1+1,000M_1$はそのままにして表式を書き換えると次のようになる。

$$\begin{cases} \text{I} & 5,000C_1+1,000V_1+1,000M_1=7,000W_1 \\ \text{II} & 2,000C_2+400V_2+400M_2=2,800W_2 \end{cases}$$

　生産物価値のⅠ部門とⅡ部門の比率＝部門構成比は2：1から5：2に変化している。つまり，資本の有機的構成が高度化すれば，それに対応して部門構成はⅠ部門の比率がより大きくなる必要があるのである。このことは拡大再生産の場合も同様である。更新投資や追加投資が行なわれる際に有機的構成が高度化すれば，それに対応してⅠ部門の拡大率がⅡ部門より高くなるのである。

　もちろん，この拡大率の差が有機的構成の高度化に対応する限りであれば，Ⅰ部門の不均等的拡大のような「工場増設のための工場の増設」という内容をもっているわけではない[8]。そこで，このような拡大再生産を**Ⅰ部門の優先的発展**と呼ぶ。ただし，生産力の向上は特別剰余価値を獲得するための新生産方法導入競争と結びついて実現され，そのための投資額のうち生産手段への投資額の比率が上昇するのだから，Ⅰ部門の優先的発展をきっかけとしてⅠ部門の不均等的拡大が誘発される可能性が高いといえる。したがって，資本主義的蓄積過程を再生産表式分析の視点で表現すると，Ⅰ部門の優先的発展とⅠ部門の不均等的拡大とが絡みあって進んでいく過程ということになる。

---

8) ただし第3章第3節で述べたように，生産力の向上が資本の有機的構成の高度化として現れること自体が，資本主義の問題点の1つである。

第5章
競争段階の景気循環と市場構造の変化

　第5章では，これまでの内容を基礎として，競争段階における景気循環のメカニズムを明らかにする。資本主義においては〈**生産と消費の矛盾**〉が存在しているが[1]，景気循環過程はこの〈生産と消費の矛盾〉が累積・成熟し爆発していく過程でもある。さらに，景気循環が繰り返されるなかで一国経済の基幹的産業部門において，市場構造が競争的市場から独占的市場へと変化し，資本主義が競争段階から独占段階へ移行するメカニズムを明らかにする。

第1節　競争段階の景気循環

(1) 回復過程——景気の自動的回復メカニズム

　市場が全般的に停滞的で価格も低下傾向にある不況下では，最大限の価値増殖を追求しようとする資本にとって，他の資本に先んじて新しい生産方法を導入して生産力を向上させ，特別剰余価値を獲得しようという強いインセンティヴが働く。ただし，市場が停滞的な場合，新生産方法は生産能力を拡大する新投資ではなく既存設備の更新による導入となるから，既存設備に投下した資本を充分回収していない資本は導入のインセンティヴが弱まることになる。既存設備の残存価値がゼロまたは少額の資本が新生産方法を導入し，特

---

1) 資本主義においては，直接的生産者＝労働者は自らの労働によって生み出した新たな価値の一部しか獲得できず，残りの剰余価値の処分・利用に関する決定権をもたない。資本は最大限の価値増殖を求めて生産を無制限的に拡大しようという欲求を常にもつが，剰余価値はより多くの剰余価値が獲得されうる場合にのみ再投下され，労働者の消費は生存費という狭い範囲に制限されている。一方での生産の無制限的拡大傾向と他方での労働者の消費制限という矛盾＝〈生産と消費の矛盾〉が存在しているのである。

別剰余価値を獲得することに成功すれば，やがて他の資本も次々に同様の生産方法を導入しようとし，その部門で新生産方法が普及していくことになる。

　生産力を向上させる新生産方法は一般に生産規模を拡大する傾向をもっているから，新生産方法が普及するにつれてその部門の供給総量が増大し，価格はいっそう低下していく。また新生産方法を導入した資本は，生産力の向上による生産費用の低下を武器として若干の安売りをして販売を増やそうとするため，価格の低下がさらに促進される。旧来の生産方法のままで生産費用の相対的に高い資本にとっては，価値増殖どころか損失が発生し投下資本価値の回収も不可能となる危険性が高まっていく。したがって，そうした資本に対しては生き残りをかけて新生産方法の導入を強制する競争の作用が強く働くようになる。

　新生産方法が画期的であればあるほど，生産力の向上による生産費用の低下が顕著に進んで既存設備の更新時期を早める作用ももつし，導入した資本は販売量を増加させることができるから，更新投資だけではなく新投資も群生してくる可能性が高くなる。こうして新生産方法の導入をともなう固定資本投資が短期間に集中的に展開されると，関連する生産手段生産部門に大規模な需要が波及し，それらの部門での生産拡大と設備投資拡大を誘発することになる。これはさらに関連部門への需要拡大となってその部門の生産拡大と設備投資拡大を誘発するというように，設備投資の誘発と関連部門への需要の波及が相互促進的に進展し，Ⅰ部門の不均等的拡大が誘発されることになるのである。

(2) 好況過程の進展——〈生産と消費の矛盾〉の累積

　Ⅰ部門の不均等的拡大が開始されると，Ⅰ部門を中心として市場が拡大し，市場価格と利潤率が上昇して利潤量が増加していく。こうした状況下では資本家は他に先んじて積極的に生産拡大・投資拡大を行なうことによって，より多くの利潤を獲得できることになる。利潤率の上昇と利潤量の増大は資本の投資意欲をいっそう旺盛にし，積極的な投資行動と固定資本投資による生産手段需要の加速度的な波及によって，Ⅰ部門内転態部分を中心として生産拡大・投資拡大が相互促進的に進んでいく。

これにともなって雇用が増大して労働者の消費需要総額も増大するし，利潤の増大は資本家の消費も増大させるから，Ⅱ部門への需要も増大していく。この需要増大によってⅡ部門でも生産と投資が拡大していくが，これはⅠ部門への需要の波及となってⅠ部門の不均等的拡大をいっそう促進する。

　さらに，獲得した利潤に基づく資本蓄積に加えて，資本主義の発展にともなって信用制度が発達することによって外部資金を利用した資本蓄積も促進される[2]。また，生産と販売が順調に拡大するもとでは資金の循環も順調に進むから，金融機関の融資や商業手形の流通などによる信用創造も拡大し，これは金本位制のもとでも金生産の増大に制限されない急速な拡大再生産を可能とする。こうして生産も消費も全般的に急速に増大する好況過程が進展していくのである。

　労働者の消費が増大していくことは，〈生産と消費の矛盾〉が緩和または解消しているかのように見えるが，これは主として生産拡大にともなう雇用量の増大によるものである。好況過程の進展とともに雇用が増大して，失業率が充分に低下すれば名目賃金が上昇する可能性もあるが，消費手段の価格上昇によって実質賃金の上昇は抑制されるし，膨大化していく余剰生産手段を労働者の消費増大によって吸収するには不充分である。

　好況過程においては，労働者1人あたりの消費の充分な増大をもたらすメカニズムを欠いたまま，消費から相対的に独立して工場増設のための工場の増設という内容をもって，Ⅰ部門を中心として生産と投資が無制限的に拡大していくのである。すなわち好況過程の進展とともに〈生産と消費の矛盾〉が累積していくのである。

(3) 好況過程の限界——〈生産と消費の矛盾〉の成熟

　Ⅰ部門の不均等的拡大が進んでいくと，余剰率が上昇し急速な拡大再生産が可能となると同時に，労働者階級の消費制限のもとでは，急速な投資の拡

---

[2]　株式や社債などを発行することによって資金を調達する直接金融や金融機関が集めた預貯金の融資による間接金融が発達することで，零細な貨幣所有者の貯蓄や最低必要資本量の増大のもとで自立した資本家となりえない小資本家の保有する貨幣など，社会的遊休資金を資本蓄積に利用することが容易となる。

大＝成長率の上昇が継続しないと次々に生み出されてくる膨大な余剰生産手段が過剰となる可能性が高まっていく。累積してきた〈生産と消費の矛盾〉が成熟し限界点に達すると全般的過剰生産恐慌の形態をとって爆発することになる。固定資本の存在は停滞からの回復と好況の進展において非常に重要な要因となったのであるが，好況の限界点としての恐慌の爆発においても固定資本の存在が決定的な要因となる。

　固定資本投資が行なわれる際には巨額の資金が一挙に投下され巨額の需要を発生させて，Ⅰ部門の不均等的拡大の持続に重要な役割を果たすのだが，他方，投下された後は価値移転＝供給要因となるだけで，耐用期間後の更新時期が来るまで需要要因とはならない。また，更新投資は供給を増加させずに需要だけをもたらすのに対して，新投資は投資時に需要を発生させると同時に供給も増加させる効果をもっている。

　更新投資は過去に行なわれた設備投資の結果として行なわれるものであるから，ある時点における更新投資予定額は限られている。また，不況期や回復過程初期においては価格は低下傾向であり，新生産方法の導入と普及によって旧設備の早期更新が促進されたが，好況過程においては市場価格は上昇傾向となるから，旧設備でも獲得できる利潤の増加が期待できる。さらに設備更新のためには一定の建設期間が必要であるから，早期更新を促迫される事情は弱まっている。したがって，好況過程が進むにつれて，（供給増大効果をもたない）既存設備の更新投資は急速に減少していき，余剰生産手段の吸収はますます新投資の拡大に依存するようになる。好況過程の進展にともなう設備投資に占める更新投資と新投資の比率の変化を図式化すれば次のようになる。

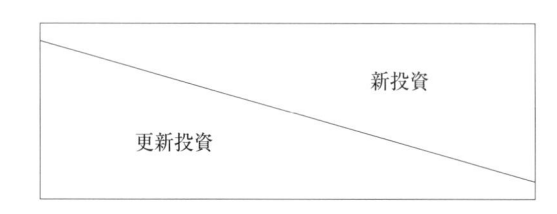

　新投資は供給増大効果をもっているから余剰生産手段はいっそう累増していき，これを吸収するためにはさらに巨額の新投資が必要とされる関係が深

まっていく。この過程が進めば進むほど，生産手段需要の増加率に生産手段供給の増加率が接近し，やがて生産手段の価格上昇率が低下していくことになる。その結果，それまでに比べてⅠ部門における投資の有利性が薄れていく可能性が大きくなる。Ⅰ部門の不均等的拡大の限界点，〈生産と消費の矛盾〉の累積の限界点に近づいていくのである。

　こうした状況が進むもとでは，市場が停滞から拡大へ動くときとは正反対に，資本の投資行動は急速に慎重なものとなっていく。新投資は巨額の固定資本投下を含み，その投下資本の回収には長期間を要する。もし市場条件が今後悪化すると予想されるのであれば，新投資を強行すれば投下固定資本の回収が困難となることも容易に予想される。短期的には依然として利潤率が高かったとしても，投下資本の回収が困難となるとすれば，資本にとって最大の関心事である投下資本の価値増殖率すなわち投下総資本利潤率は急低下し，巨額の損失の発生さえ予想される。もちろん，多数の資本家の中には，景気の動向に対して悲観的で弱気の予想をする資本家も楽観的で強気の予想をする資本家も存在するであろうが，やがては，市場の急速な拡大が予想されるときとは逆に，新投資には慎重になる資本家が増加していくだろう。

　他方，既存設備に投下した資本については，景気が悪化して投下資本の回収が困難になる前に，できるだけ回収を急ぐ必要がある。したがって，既存設備での生産は労働時間の延長や労働強度の強化などによって強力に拡大されることになる。さらに回収が終了して更新時期となった設備に関しても，設備の更新を延期して生産を拡大することが合理的な行動となる。

　新投資が減退し設備更新が延期されれば，生産手段需要増加率はさらに低下する。既存設備上での生産拡大は供給の増加をもたらして，市場条件をさらに悪化させる方向に作用する。そうなれば，まだ今後の景気動向についての楽観的な予想に基づいて旺盛な投資意欲を持続していた資本家も，やがて慎重な投資行動に転換せざるをえなくなっていく。そうした資本家が増えれば増えるほど，市場条件はいっそう悪化していくのである。個別資本にとっては合理的な行動でも，資本全体にとっては需給関係をいっそう悪化させることになる。**合成の誤謬**の典型である。

　このようにして累増する余剰生産手段を充分に吸収できるだけの投資需要

が期待できないとすると,需給関係の悪化を抑制できるのは消費需要しかない。労働者の消費需要が充分増加すれば,Ⅱ部門の生産・投資拡大によって余剰生産手段を吸収していくことも可能である。経済全体としてはこの方が合理的であるが,そのためには労働者1人あたりの賃金を充分に上昇させる必要がある。しかし,資本主義においては投資需要の減少に対応して労働者の賃金を上昇させるメカニズムはないし,もし失業率の低下によって労働者の実質賃金が顕著に上昇したとすれば,これは個別資本にとっては賃金コストの上昇による利潤の減少を意味するから,逆に投資意欲を減退させる方向に作用する。もちろん,資本家の消費需要も投資需要の減少に対応して増加するメカニズムはないし,むしろ需給関係の悪化が予想されるもとでは資本家は消費を抑制して貯蓄に回し,将来に備えようとするであろう[3]。

Column 5-1 財政政策や輸出で不況から脱出できたとしても……

労働者や資本家の消費増加に代わるものとして,この状況を緩和する可能性があるのは市場外の存在である国家による需要創出か,輸出の増加しかない。これらによって累増する余剰生産手段を吸収するだけの需要が追加され,民間設備投資需要を刺激できればⅠ部門の不均等的拡大を持続できる可能性がある。しかし,これは余剰率をさらに高めることになり,国家による需要創出や輸出が増加し続けなければ生産・投資拡大が持続できない再生産構造が形成されるだけであって,累積する〈生産と消費の矛盾〉の一時的緩和にすぎない。

こうして膨大化した余剰生産手段を吸収していくためには投資需要も消費需要も不充分な状況となる。労働者の制限された消費に対して過剰な蓄積・生産拡大の限界が来るのである。

---

[3] 第4章の再生産表式分析では総需要と総供給の一致を前提としているため,資本家の消費が調整変数となって,資本蓄積額が減少すれば同時に資本家の消費が増加して均衡が維持されることになっている。このことは資本主義においてこうした均衡化メカニズムが働くことを意味しているのでは決してない。逆に資本家の消費が増加しなければ需給一致は実現されないことを示しているのである。

（4）恐慌――〈生産と消費の矛盾〉の一時的・暴力的解決

　このように好況過程が限界点に達し〈生産と消費の矛盾〉が成熟した状況のもとで，生産要素のボトルネック，利子率の上昇，実質賃金率の上昇など，きっかけが何であったとしても生産手段の需給関係に若干でも悪化が生じて生産や投資が減少すると，社会全体で供給過剰・生産能力過剰が表面化し，価格も利潤率も急低下して，劣弱な資本から生産の停止や倒産に追い込まれていく。

　好況過程で膨張し続けてきた信用も，商業手形等の決済不能や借入金返済の困難によって一挙に収縮する。信用収縮（クレジット・クランチ）が発生すると，それまでの支払連鎖は支払不能の連鎖に転化し，経営状態がそれほど悪化していない資本も倒産を余儀なくされる可能性が高まる。支払連鎖の中に銀行が含まれていれば銀行も倒産する可能性があり，これは信用恐慌となって事態をさらに悪化させることになる。

　生産の停止や大量の倒産によって社会全体で生産が急速に縮小すれば，失業者も大量に発生する。回復過程初期からの新生産方法の導入によって生産力が向上し，資本の有機的構成が高度化していればいるほど，好況過程での活発な資本蓄積によって潜在化し累積していた相対的過剰人口の増加作用が一挙に顕在化し，失業の発生は倍加される。大量の失業者が発生すれば労働者階級の消費需要を減少させ，需給関係はますます悪化することになる。全般的過剰生産恐慌の爆発，累積してきた〈生産と消費の矛盾〉の爆発である。

　しかし過剰生産恐慌の爆発は資本主義の消滅を意味するのではない。逆にこの過程で，弱い資本が淘汰されることによって過剰生産能力は削減され，暴力的にではあるが需給関係は回復していく。生産手段の価格も低下し，労働者の賃金も低下するから，次の資本蓄積のための条件も整えられていくのである。

　恐慌後の不況がある程度継続すれば，回復過程から好況過程において実行された新投資によって設置された固定設備が更新時期を迎え始めることになる。景気の上昇過程において巨額の新投資が集中的に実行されていればいるほど，労働手段の年齢構成は大きく偏っているから，耐用期間終了後の更新投資総額も巨額になる。このことは，導入可能な新生産方法が存在しない場

合でも，巨額の更新投資が短期間に集中して関連部門への生産手段需要の波及を通じて景気を回復させていく可能性があることを意味する。新生産方法が存在すれば早期更新を促すから，更新投資はより短期間に集中することになる。これが景気循環の規則性・周期性の基盤なのである。

第2節　市場構造の変化と独占段階への移行

　以上のようなメカニズムによる景気循環の繰り返しのなかで，資本の価値増殖欲と競争の強制作用に媒介された新生産方法の導入と普及も繰り返され，生産力は飛躍的に向上していく。生産力の向上は，一般的傾向として労働手段体系・機械体系の巨大化とこれに組みあわされる原材料，労働者数の増大という内容をもって進んでいくため，生産は大規模化していく。大規模な生産のためにはそれだけの資金が必要となるから，これらが標準的な生産条件となる部門においては，資本として生産を行なっていくための最低必要資本量が増大していくことになる。

　最低必要資本量を調達できない弱小資本は生産の停止や他部門への退出を余儀なくされるか，大資本によって吸収されるか，あるいは複数の中小資本の合併による資本規模の拡大によって生き残る道を模索するしかない。こうして，大資本への資本の集中と部門内の資本数の減少が進み，優勢となった大資本は資本の集積をいっそう進めていくことによって，より少数の巨大な資本によって主要な産業部門での生産が独占的に営まれていくのである。

　金融業においても，社会の広範な資金の動員のための信用獲得や安定的な信用創造に不可欠な情報収集のために大規模化は有利に作用するため，資本の集積・集中が進んで少数の巨大金融資本による独占的な金融支配が成立していく。巨大金融資本は，巨大産業資本の必要とする資本調達に対して，小規模・零細な社会的資金をも動員した融資や株式・社債発行業務の代行によって支援する。また，金融業務によって獲得した情報を利用することによって産業の独占的結合を媒介し，その維持や強化に大きな役割を果たす。こうして巨大産業資本と巨大金融資本との独占的結合体が形成されるのである。

　以上が競争的市場を独占的市場に変化させていく推進力である。そして，

ある生産部門が少数の巨大資本によって支配されるようになると，そこでは1つの資本がその生産量の増減によって市場価格に影響を及ぼすことが可能になるし，巨大資本間の協調的行動によってその部門全体の生産量を調整し，長期的に最大の利潤を獲得できるように価格を設定し維持することが可能になってくる。こうして，資本の最大限の価値増殖欲と諸資本間の競争が，信用によって加速されながら競争的市場を独占的市場へと変化させ，その部門を独占部門としていくのである。

以上の競争的市場から独占的市場への移行メカニズムから明らかなように，独占部門が形成されるのは，投下資本額・固定設備額・原料購入額・生産額などが巨額で資本集約的な生産部門であって，一国経済の再生産構造において基幹的で重要な位置を占め，設備投資の群生を軸として社会全体の市場拡大・生産拡大において中心的な役割を果たしていく産業部門である[4]。これらの部門は，大量の需要に応えるために機械制大工業が急速に発達し，生産方法の改良と生産の大規模化が急速に進展していく部門である。また，景気回復・好況期において設備投資の群生による急速で大幅な需要拡大とそれに対応する巨額の設備投資・生産拡大が行なわれ，逆に好況末期・恐慌期において新投資の縮小にともなって需要が急速に大幅に縮小する部門でもある。この結果，最低必要資本量の増大と資本の集積・集中が急速に進展するのである。こうして資本主義は，すべての生産部門が競争部門によって構成される競争段階から，一国経済の基幹的産業部門が独占部門となる独占段階へと移行するのである。

---

4) 具体的には，生産手段生産部門では，巨大産業の中枢的な労働手段や各種産業に広く利用される大規模な産業機械や工作機械などの生産部門や，これらのための原材料である鉄鋼などの金属，化学製品，動力・燃料，建設資材などの生産部門である。消費手段生産部門では，大量で均質的な需要をもつ耐久的な消費手段の生産部門（20世紀に入ってからの例では乗用車や家庭電化製品など），大量に生産・消費される加工食品等の生産部門などである。

第2部
独占資本主義段階の理論

はじめに

　第2部では，第1部で明らかにされた資本主義経済の一般的運動法則を基礎としつつ，独占段階においてその法則がどのように変化し，独占段階はどのような構造的特質をもつのか，そして競争段階における規則的な景気循環はどのように変化するのかを理論的に明らかにしていく。第6章では，独占的市場構造の特徴を明らかにしたうえで，独占資本がどのような行動原理のもとで協調を行なって価格を支配するのか，その独占価格の設定によって獲得される独占利潤の本質とは何かを考察する。第7章では，独占利潤の確保と増大のために独占資本が行なう投資行動の特徴を明らかにし，第8章では，そうした独占資本の投資行動が社会的総資本の再生産過程に与える影響について考察し，独占段階の景気循環の変化について論じる[1]。

　ところで，本論に入る前にまず検討しておくべき問題がある。資本の運動の目的についてである。競争段階の拡大再生産過程が生産力の向上と資本蓄積との相互促進的な進展過程であり，それが規則的な景気循環となって現れる原動力は，資本の運動の目的が最大限の価値増殖＝利潤の最大化にあること，その目的のための資本蓄積を諸資本に強制していく社会的メカニズムが存在していることであった。そして，資本としての貨幣を所有する資本家は，この運動を担う「人格化された資本」として機能するのであった。

　ところが，現代の主要企業においてはこのような古典的な意味での資本家はほとんど見られなくなっている。主要企業の多くは株式会社となり，しかも株式会社の所有者である株主は多数となって個々の株主の持ち株比率は非常に低くなっている。株式会社の最高議決機関である株主総会において議決を左右できるほどの大きさの株式を，単独あるいは少数の株主が所有する会

---

[1]　なお，独占段階においては，独占資本の多くは複数の部門において活動し，各部門においてはその部門での活動に適した企業形態をとって，それぞれの経営判断に基づいて価格設定や投資行動を行なっている。独占資本はこれら各企業の総体として利潤の最大化を追求するのであるが，各独占部門における価格設定行動や投資行動について論じる場合には，独占資本ではなく独占企業という語を用いることにする。

社はほとんど見当たらないのである。株式所有に基づいて会社の意思決定を左右できる株主＝資本家が消滅したことにより，経営者が企業活動の意思決定において広範な裁量権をもつようになっている。

こうした所有構造の変化と経営者の裁量権の拡大にともなって，現代の企業は経営者が株式所有に基づかずに支配するようになったため，利潤の最大化を目的として活動していないという考え方が提起されるようになった。利潤の最大化に代わる目的とは，例えば売上高の最大化や市場占有率の維持・拡大，企業の社会的使命の遂行や従業員を含めた共同体としての活動，近年では株価の最大化や企業価値の最大化などが指摘されている。

たしかに現代の主要大企業は巨額の費用を使って大規模な広告・宣伝活動や営業活動を行ない，売上高の増大や市場占有率の拡大のために激しい競争をしている。また企業活動とは無関係に見える文化，芸術，スポーツ，教育，慈善活動などに資金を提供して支援している企業も少なくない。果たして現代の企業の活動目的は利潤の最大化ではなくなったのだろうか[2]。そして独占段階の主要企業の活動目的が変化したために，資本主義経済の一般的運動法則の変化や景気循環の変化が生じたのだろうか。

株式会社の株式の所有が分散化して経営者の裁量権が拡大したことは事実である。しかし，例えばアメリカの企業においては，企業業績を向上させることができず，配当の増加や株価の上昇に失敗した経営者が交代させられることは珍しくない。株主が企業に投資するのは配当の取得や株価の上昇によ

---

[2] バーリとミーンズの問題提起（A.A. Berle and G.C. Means, *The Modern Corporation and Private Property*, New York, 1932. 北島忠男訳『近代株式会社と私有財産』文雅堂書店，1958年）以降，株式所有の分散化の進展によって現代の大企業では支配的株主，古典的な意味での資本家が見られなくなり経営者支配型の企業が増加して，「株式会社は利潤追求企業という性格を変えた」という経営者支配論が一定の影響力をもつようになった。

日本では，1960年代に大企業間の株式の持合いと企業の集団化が進んだことから，株式所有に基づく支配力が相殺されて経営者相互が信認しあう関係が成立した。そこから西山忠範氏（『日本は資本主義ではない』三笠書房，1981年）のように，経営者の裁量権は無制限となり日本は資本主義ではなくなったという極端な主張まで現れた。もっとも1990年代以降の日本では，グローバリゼーションの進行と経済停滞の長期化のなかで，株式の持合いの解消と企業集団の解体，正規雇用の非正規雇用への転換が進み，文化的事業やスポーツからの企業の撤退が相次いだことから，こうした極端な主張は影を潜めている。

るキャピタル・ゲインの取得を目的としているからである。したがって，経営者に一定の裁量権が与えられているとしても，このような株主の意思からまったく独立して行動できるわけではない。配当の維持・増大や株価の維持・上昇のためには当然利潤を増大させる必要がある。現代において古典的な意味での資本家は見えにくくなっているとはいえ，利潤を最大化するという資本の本性から経営者が完全に自由になっているわけではない。

　また，企業活動を円滑に行ない拡大していくためには，獲得した利潤に基づく内部資金だけでは不充分なことが多く，大なり小なり外部から資金を調達する必要がある。外部資金の調達方法には，株式市場や債券市場で株式や社債を発行して資金を獲得する直接金融と，金融機関から資金を借り入れる間接金融とがあるが，どちらにしても有利な条件で大量の資金を円滑に調達するためには，企業経営を健全に維持し利潤を増大させることが必要となる[3]。債券や借入金に対しては利子の支払いが必要であるから，そのためにも利潤を増大させる必要がある。つまり，外部資金の調達に関しても企業が利潤の増大を追求しなければならない事情は依然として存在しているのである。

　さらに，企業は所属産業部門内の他の企業と競争しているし，関連商品や代替的商品を生産し販売している他部門の企業とも競争している。こうした競争で優位に立ち，生き残っていくためには生産力の向上と資本蓄積が不可欠であり，その原資としての利潤の増大が必要となるのである。

　つまり経営者の裁量権が大きくなったとしても，企業の活動目的から利潤の最大化を排除できるわけではないのである。では，現代の主要大企業が外見的には利潤の最大化を追求するのではなく，売上高の最大化や市場占有率の拡大を目的として活動しているように見えるのはなぜだろうか。実は両者は相反するものではなく，利潤の長期最大化のために売上高の最大化や市場

---

[3]　金融機関から融資を受ける場合，利潤率が高く利潤量が多いほどより低金利で大量の融資を受けやすくなるのは当然であろう。債券の発行の場合も同様である。株式の発行による資金調達でも，時価発行による増資の場合，株価が高ければ高いほど調達できる資金は多くなり，株主への配当額の比率は低くなるから，低金利で資金を調達するのと同じことになる。

159

占有率の拡大が必要となるのであるが，これについては第6章の理論展開によって明らかになる。

なお，競争段階を対象とした理論は「鉄の必然性」をもって貫徹していく理論という性格をもっているのに対して，独占段階の理論は「蓋然性」の理論という性格をもつことになる。その理由は以下のとおりである。

序章第2節で述べたように，競争段階ではすべての部門で多数の小規模な資本が競争しているために，第1に個別資本の判断と行動の差は相殺され平均化される。第2に利潤の最大化という目的にもっとも適合する行動をとる資本が優勢となり，そうでない資本は淘汰されていくから，全体の運動は一定の方向性をもつことになる。第3に多数の個別資本が意思を統一して行動することが困難であるから，運動の方向性は個別資本の意思とは無関係な客観的な法則性をもつものとなる。

独占段階においては，独占部門では資本の数が少数となり各個別資本が大規模化するため，第1に，個別資本の判断と行動の差が全体の運動に一定程度影響を与えるようになる。第2に最劣等の資本でも大規模な独占資本であるから，目的にもっとも適合的でない行動をとる資本も残存する可能性が高まり，淘汰の力が減殺される。第3に各独占資本が協調的行動をとって競争を制限する可能性が高まる。

独占段階においても競争がまったく消滅するわけではなく，独占的協調は競争と絡みあって成立するから，競争が潜在化する面と独占資本どうしの競争が激化する面の両面性がある。このどちらの面がより顕在化するかによって，法則は一定の幅をもつことになる。したがって独占段階の理論は，このような条件の場合にはこのような結果になる確率が高いという，「蓋然性」の理論という性格をもつのである。

独占段階の理論としては，非マルクス経済学の研究成果も取り入れた北原勇氏の一連の先駆的研究がある。第2部の理論的枠組みは北原氏の『独占資本主義の理論』（前掲）に依拠している。

第6章
独占的市場構造と独占価格・独占利潤

　競争段階では，各生産部門内には多数の資本が存在して自己の利潤を最大化しようとして競争しているため，自己の生産量の増減によって価格に影響を及ぼすことも多数の資本家が協定を結んで価格に影響を及ぼすこともできない（○第3章第2節）。このことは需要側も同じである。したがって，**市場価格は供給側の意図とは無関係に需要と供給によって自動的に決定される**。

　競争は部門内に限らず部門間においても行なわれている。ある生産部門において需給関係の変化によって平均以上への利潤率の上昇が生じれば，その生産部門内の資本による生産拡大や投資拡大が促進されるだけでなく，部門外からの資本の参入が促され，社会的需要の変化に応じた資本と労働の再配分がなされて，利潤率の平均化傾向が貫かれていく。こうした競争的市場の特徴は，資本の集積・集中の進展の結果，どのように変化するだろうか。

第1節　独占的市場構造の特徴

(1) 高い市場集中度
　資本蓄積過程は，基本的傾向として最低必要資本量の増大とともに資本の集積・集中が進展していく過程であり，第6-1図のように，その生産部門内の企業数は減少し各企業の資本規模と生産規模が拡大していく過程であった。各企業の規模拡大には当然優劣が存在し，それはそれぞれの**市場占有率**（market share）の差となって現れる。この過程が進展していくと，価格決定の場である市場構造に重要な変化が生じる。

第2部　独占資本主義段階の理論

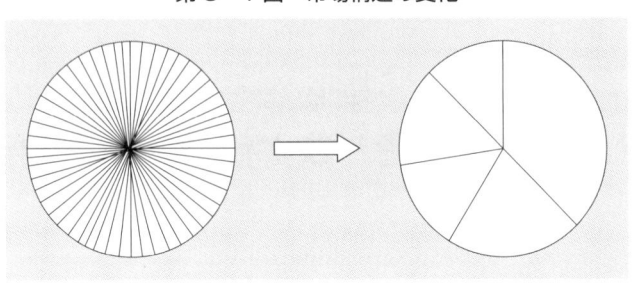

第6-1図　市場構造の変化

　こうした市場構造の変化を示す指標が，部門内の企業数と上位企業の市場占有率とによって測定される**市場集中度**である。資本の集積・集中の進展にともなって市場集中度は高度化していく。市場集中度がきわめて低い競争的市場と比較すれば，個々の企業の生産規模が市場規模全体に占める比率は大きくなり，その生産量を増減することによって供給総量に影響を与え，市場における価格決定に影響を与える可能性が生まれてくる。もちろん，1つの企業が供給量を減らして価格をつり上げようと意図したとしても，部門内の競争が制限されていなければ，他の企業が生産量を増大させて利潤量の増大を図る可能性は高いから，それだけでは価格のつり上げが実現するとは限らない。

　しかし，市場集中度が高度化すればするほど，部門内企業間において協調が成立し供給量を調整して価格をつり上げ，利潤率の上昇を実現させる可能性が高まる。競争的市場のように企業は市場で決定される市場価格を受動的に受けとめて生産・投資行動を決定するのではなく，部門内の競争を一定程度制限し市場価格の決定に能動的に関わることが可能となってくるのである。

　ただし，部門内競争の制限によって価格をつり上げて利潤率の上昇が実現できたとしても，これだけでは価格支配は一時的・短期的な可能性にとどまる。当該部門の利潤率の上昇は他部門からの資本の参入を促し，これは協調の破壊と供給量の増大によって，価格の低下・利潤率の低下をもたらすことになるからである。結果として，部門内の企業にとって自己の生産量は相対的に減少し利潤量も減少することになる。長期的に見れば，最大限の価値増殖という資本の目的にとってはむしろマイナスの結果となるのである。し

がって，価格支配と平均以上の高い利潤率とを長期にわたって実現できるかどうかは，部門内企業間の競争の制限とともに，部門間競争すなわち部門外の企業の参入を制限できるか否かに関わっている。この参入制限を可能にするのが参入障壁である。

(2) 参入障壁

参入障壁とは部門外の潜在的競争者の当該部門への参入を制約する経済的諸要因である。ここで潜在的競争者とは，他の生産部門においてすでに価格支配を行なっているような少数の巨大資本である。なぜなら，独占的市場構造が成立し競争制限による価格支配が問題となるような部門では，最低必要資本量が非常に大きくなっているからである。すなわち，当該部門に参入し既存の企業と競争して生き残っていくためには，その部門の平均的な生産力と生産能力を保持しなければならないが，そのためには工場・機械設備などの固定資本は巨額のものが必要となるし，生産を継続していくための原材料や労働力の購入に必要な資本量も巨額となっている。

さらに，部門内の既存企業は生産する商品の販売網，運輸網などを備えているし，強力で組織的な販売促進活動のための資本投下を以前から継続して実行してきている。新規参入を行なおうとする資本は，このような巨額の資本投下を一挙に行なえるだけの資金も必要となる。そうした資金を準備できる資本はすでに他部門において独占的な地位にあって，巨額の利潤を獲得している巨大資本に限られている。信用制度が発達すれば外部資金の調達が容易となるのであるが，信用制度を利用して巨額の資金調達を行なうことができるのは，やはり他部門においてすでに巨大となり大きな信用力をもつ資本に限られるのである。

潜在的競争者が当該部門に参入するか否かを判断する際の基準となるのは，自らが参入を実行した場合に長期的に実現できると予想される利潤率，すなわち**参入期待利潤率**の水準である。現行の利潤率がいかに高かったとしても，参入を実行すれば巨額の資本を長期間にわたって固定化することになるのだから，参入期待利潤率がある水準（後述）より低ければ参入は実行されないであろう。したがって，参入障壁は参入期待利潤率を現行利潤率よりも引き

下げる諸要因によって構成される。その諸要因は、(A) 生産能力と市場規模との関係、(B) 既存企業と潜在的参入企業とのコストの差異、および (C) これらを既存企業が参入企業に対して攻撃的な対抗手段として利用する可能性、の3つに分類することができる。

(A) 生産能力と市場規模との関係

　独占的市場構造が形成されているような部門では、大規模生産の有利性に基づいて生産設備1セットが巨大なものとなっている。その部門で平均的・標準的生産条件で生産を行なうための**最小必要生産能力**が非常に大きくなっているのである。したがって潜在的参入企業が参入を実行する際には、そのような巨大な生産設備を少なくとも1セット設置することになり、その生産部門の生産能力は階段状に急激に増加することになる。これは、需要条件に変化がなければ、参入の実行によって価格または**設備稼働率**（生産量／生産能力）の大幅な低下をもたらし、参入期待利潤率を大幅に低下させる可能性が高いことを意味する。

　ただし、この (A) 要因に基づく参入障壁がその部門の供給能力と部門への需要との関係によって成立しているということは、この部門への需要が大幅で恒常的に拡大していく場合には、この参入障壁は大幅に低下または消滅する可能性があることも意味している。

(B) 既存企業と潜在的参入企業とのコストの差異

　独占部門の既存企業は潜在的参入企業に比べて、一般にコスト面での優位性をもっていることが多い。生産技術の排他的利用（特許や秘密保持など）、原料資源の占有や原料生産部門の兼営、生産者との排他的取引、運輸機関や流通組織の独占的支配・排他的利用、広告宣伝の継続的・累積的効果による顧客の選好の確保などである。現行利潤率はこれらの優位性に基づいているわけであるから、潜在的参入企業の参入期待利潤率は一般に現行利潤率より低水準となるのは当然である。これらコスト面での優位性は需給の状況とは無関係であるから、この (B) 要因に基づく参入障壁の高さは需要の動向によって変化することはない。

(C) 既存企業の攻撃的対抗手段

既存企業が参入企業に対して攻撃的な対抗手段をとる可能性はさらに２つの要因に分けられる。(A) 要因を補強する (C_A) 要因と，(B) 要因を補強する (C_B) 要因である。

(C_A) 独占部門における既存企業は通常，現実の需要よりも大きめの生産能力を保有している。この「意図された過剰生産能力」を**余裕能力**と呼ぶ。余裕能力を保有する目的は，第１に，独占企業間の価格面での競争を回避するために，小幅の需要の変動に対しては設備稼働率の調整によってただちに対処することであり，第２に，参入の可能性が生じた場合に，この余裕能力を活用して供給量を増大させ，価格を大幅に低下させて一時的に利潤率を引き下げることができるようにすることである。

潜在的参入企業にとっては，自らの参入によって必然的に供給能力が増加することに加えて，既存企業の側が余裕能力を保有し意図的に供給量を増加させる対抗的な行動をとる可能性があることは，当然，参入期待利潤率を現行利潤率より大幅に引き下げる要因となる。ただし，(A) 要因の参入障壁と同様に，需要が恒常的で大幅に拡大していく場合，この (C_A) 要因による参入障壁も低下していくことになる。

(C_B) 参入の可能性が生じた場合，既存企業の側は，(B) のコスト面での優位性を攻撃的に強化することによって，潜在的参入企業の参入コストを増加させることができる。例えば，参入企業が自社の商品に対する顧客の選好を新たに獲得するために大規模な広告・宣伝活動を行なった場合，既存企業は自社の広告・宣伝活動を強化することによって，参入企業の広告・宣伝の効果を弱めることができる。競争的な広告・宣伝は，その効果を互いに相殺する性質をもっているからである。既存企業は継続的な広告・宣伝活動によってすでに顧客の選好を確保しているから，参入企業が既存企業に対抗して顧客の選好を奪うためには，さらに大量のコストをかけて広告・宣伝を実行しなければならなくなるのである。この (C_B) 要因の参入障壁は (B) 要因と同じく，需要の動向によって変化することはない。

これら (C) 要因による参入障壁は，既存企業が実際に攻撃的な対抗行動をとる意思をもっているか否かではなく，潜在的参入企業が参入の可否を判

断する場合に，既存企業が攻撃的な対抗的行動をとるのか否か，とるとすればどのような行動をとるのかの予想に関わっていることに注意が必要である。

以上のように，高い市場集中度と高い参入障壁を基礎として，独占企業は部門内競争と部門間競争を制限して価格をつり上げ，競争が全面的に支配していた場合に比べて高い価格を長期にわたって維持し，平均以上の利潤を獲得することが可能となるのである。

Column 6-1 独占価格が設定されると価格は必ず上がる？

　価格のつり上げとは，独占的市場構造が成立しているもとで，独占企業間の協調が成立せず，競争が全面的に支配した場合に比べて高い水準に価格が設定されるという意味であって，必ずしも価格の絶対水準が上昇することだけを意味しているわけではない。生産性が上昇してコストが低下している場合には，価格が絶対的には低下していても独占的な価格つり上げが強化されている場合もありうる。

　また，近年の日本のパソコン用プリンタで特徴的なように，「売れ筋」の製品の本体価格自体は激しい販売競争によって低下傾向を示していても，メインテナンス用品や消耗品に関しては，他社製品はもちろん自社製品の他機種とも互換性のないものにして価格を高水準に設定し，それらの販売によって得られる独占利潤で本体の低価格を補填する販売戦略がとられる場合もある。

ただし，形成された独占的市場構造のもとでの協調による価格支配は，決して固定的・恒久的なものではない。その部門の需要が急速に大幅な拡大をする場合，参入によって供給能力が増加しても価格が低下する可能性は低いし，既存企業の対抗的な生産量増大による価格低下の作用も弱くなる。したがって，(A)，(C_A) 要因の参入障壁はその高さが低くなり，参入はその限りで容易となる。また，既存企業の外部で新しい技術が開発され，その技術を参入企業が排他的に利用して参入しようとする場合には (B) 要因の参入障壁は低下するし，その技術が画期的で既存企業が対抗するのが困難な場合には，参入企業の方がコスト面で優位に立つ可能性も生じる[1]。

---

1) *わかりやすい例としては，アナログ・レコードとCD，機械式時計とクォーツなどディジタル技術による時計，銀塩フィルム・カメラとディジタル・カメラなど，ハイテク分野で多く見られる。*

Column 6-2 独占部門への参入の成功例——ホンダとサントリー

　戦後の日本で独占部門への参入が成功した例として，1963年の本田技研工業（ホンダ）の四輪乗用車製造部門への参入，同年の寿屋（サントリー）のビール製造部門への参入がある。いずれも高度成長期に入っていて，乗用車（当時は排気量360cc未満の軽自動車が主力）もビールも需要が急速に拡大し，(A) 要因と (C_A) 要因の参入障壁が大幅に低下していた時期である。また，両社ともに関連生産部門からの参入で，元の部門において独占企業としての地位を確立していた企業であった。

　ホンダの場合は50年代に二輪車メーカーとして日本での市場占有率第1位となっていて，販売網を確立していた。また世界の有名な二輪車レースでたびたび優勝するなど，国内だけでなく世界市場でもその技術力が認められ高いブランド力を確保していた。63年8月に軽トラックT360，10月にスポーツカーS500の販売を開始し，67年に発売した軽乗用車N360はスバル（富士重工業）を抜いて軽乗用車販売台数のトップとなった。二輪車で培った技術力とブランド力，広告宣伝効果，全国的な販売網などによって，(B) 要因と (C_B) 要因の参入障壁も非常に低かったことがホンダの参入の成功の原因と考えられる。

　サントリーは63年3月に社名を寿屋からサントリーに変更し，同年4月からビールの販売を開始した。サントリーが，麒麟麦酒（キリン），朝日麦酒（アサヒ），日本麦酒（サッポロ）の3社の市場占有率の合計がほぼ100％という典型的な独占部門であるビール製造部門への参入に成功したのも同様の要因が働いている。サントリーはウィスキーを中心とする洋酒の製造・販売で市場占有率第1位の企業であり，アルコール醸造の技術と製品のブランド力，全国的な販売網をすでに保有していた。当初は大手3社によるネガティヴ・キャンペーンもあって市場占有率1％台と伸び悩んだが，洋酒販売における独占利潤と豊富な資金を基礎として，大規模な広告宣伝活動と営業活動を行なってビール製造部門の独占体制の一角を占めることに成功した。

　この2社とは対照的に，寶酒造（タカラ）のビール製造部門への参入は失敗した。タカラは焼酎を中心に日本酒や洋酒も製造していた酒造メーカーであるが，57年4月にタカラビールの販売を開始した。しかし，同時期にアサヒがタカラビールと同種のビールを発売し，参入のための製品差別化戦略は充分な成果をあげられなかった。その後，低価格戦略と活発な広告宣伝活動によって，62年には市場占有率2.2％となったが，ビールの卸売業者や小売業者は大手3社の系列化が進んでいたために，市場占有率をそれ以上伸ばすことはできなかった。生活の洋風化にともなってタカラの本業である焼酎の売り上げは低下傾向となり，ビール事業がタカラの経営を圧迫するようになって，67年にはビール工場をサッポロに売却し撤退した。タカラは (B) 要因

と（C_B）要因の参入障壁を越えることができなかったといえよう。

　このような参入の可能性と参入の結果として独占企業間の激しい競争が現実化する可能性があることは，独占企業間の協調が競争を完全になくすものではないことを示している。また，独占的市場構造を成立させる資本の集積・集中と最低必要資本量の増大は，あらゆる部門で均等に進展するわけではないし，独占的市場構造が成立している部門でも，その市場集中度と参入障壁の高さは部門によってさまざまである。また，一国の経済構造の中では独占が形成されずに競争的市場構造が維持される部門もあるし，新たに競争部門が生まれる場合もある。

　　一国経済の中で独占部門となるのは，生産手段では，自動車生産ラインや鉄鋼生産設備などの大型の産業機械，大規模火力発電や原子力発電の設備のような重電機器，大規模な石油化学プラント，造船や航空機製造などの労働手段生産部門，鉄鋼，電力，石油精製，エチレン製造，工業用薬品製造，農薬，自動車用タイヤ，板ガラスなどの基礎的・基幹的な原材料生産部門である。消費手段では，大量で均質的需要のある自動車，民生用電気機器，加工食品などの生産部門である。競争部門としては，汎用的な機械・工具類，部品，嗜好や流行に左右される消費手段，奢侈品の生産部門などである。

第2節　協調による市場支配と独占価格の設定

　以上のように，独占的市場構造のもとでは部門内外の競争を制限し，競争が全面的に支配した場合に比較して高い水準に価格をつり上げることが可能になるとはいえ，価格が需給関係によって決定されることに変わりはない。需給関係を無視した高い価格を設定したとしてもいずれは需要の減少によって価格は低下せざるをえない。したがって，長期にわたって価格を維持し独占的超過利潤を獲得するためには，独占企業が協調的行動をとることによって供給量を調整することが必要となる。

(1) 独占価格設定における独占企業の行動原理

　資本主義企業の一般的目的は最大限の利潤を長期にわたって獲得することであるが，競争的市場においては個別資本は価格に対する影響力をもたないし，部門全体の需給の状態や参入の予想などの長期的条件の的確な予想は困難である。したがって，競争的市場の諸資本の行動原理は利潤の長期最大化欲求をもちつつも，与えられた条件のもとで自己の当面の利潤を最大化するよう行動せざるをえない。

　これに対して，独占的市場構造のもとでは，独占企業は競争を制限して価格支配を行なうことが可能になるだけでなく，長期的条件を考慮した計画的な行動をとることが可能となる。市場集中度が高いこと，すなわち少数の巨大企業の生産能力が部門全体に占める割合が高いということは，部門全体の需給の状態，自己の生産量の増減や生産能力の追加が需給に与える影響の予測が容易となることを意味するからである。また計画的な行動のためにはライバル企業の行動を予測することが不可欠であるが，価格支配のために協調的行動をとることは同時に，そうした予測につきものの不確実性を低下させるからである。

　さらに利潤の長期最大化という目的のために，各独占企業は自己の短期的な利潤の追求を抑制し，部門内独占企業相互の共同の利潤を最大にするように協調的な価格設定行動をとることが合理的となる。その理由は以下のとおりである。

　ある企業が市場占有率を拡大するために価格切下げという攻撃的価格政策をとったとすれば，部門内の他の企業も自己の占有率の低下を防ぐために対抗的な価格政策をとるであろう。それぞれが巨大な企業であるだけにそうした価格切下げ競争は容易に勝敗がつかない。結果として，最初に価格切下げを行なった企業は自己の市場占有率拡大という目的を実現できないだけでなく，大幅で長期にわたる価格低下・利潤率低下を余儀なくされることになる。独占的市場において敵対的な行動を起こせば，競争の全面的支配のもとでの対立に比べてはるかに厳しい対立となり，お互いが深刻な損害を被る可能性が高いのである。需要の大幅な変化や革新的な生産技術の出現によるコストの大幅な削減といった条件の変化がない限り，（個別企業の当面の利潤最大化

には不利であったとしても）独占企業全体の利益の最大化を図る方が結局は各々の利潤の長期安定的な最大化が実現されるのである。

　また，独占的市場構造が成立しているような部門ではすでに巨額の固定資本が投下されている。固定資本価値の回収には長期間を必要とするため，価格切下げによって一時的に利潤を増やすことができたとしても，破滅的な価格切下げ競争によって投下資本の回収が不充分となれば結果的に損失となる。巨額の固定資本の存在は，独占企業の行動を長期的な視野から決定させる重要な要素の1つである。

　このように独占的市場においては，独占企業には潜在的な激しい競争・対立を長期的視野から抑制し，独占的価格協調を行なおうとする強いインセンティヴが作用する。もちろん上述のような諸条件が消滅ないし弱まった場合には，潜在化していた激しい競争・対立が顕在化するのであるが，資本主義企業としての目的は同じであっても，その行動原理は競争企業と独占企業とでは大きく異なるのである。そして，独占的市場構造の成立を基盤として，このような行動原理に基づいて独占企業間が協調的に行動することによって，競争が全面的に支配した場合に成立する生産価格以上の高さに設定される価格が**独占価格**である。また，この独占価格設定によって，競争が全面的に支配した場合に実現される平均利潤を超えて獲得される超過利潤が**独占利潤**である。

(2) 独占価格の設定

　次に，独占企業は上述の行動原理を基礎として，どのようにして独占価格を設定するのかを考察しよう。価格は需給関係によって決まるのだから，まず，通常は右下がりとなっている長期平均的な産業需要曲線の位置や形状を推計する必要がある。もちろん独占企業といえども長期的な需要曲線を正確に把握することは困難であるが，独占価格の設定における長年の経験やマーケティング技術の発達によって，競争的市場に比べれば予測ははるかに容易で正確性も高まっている。

　推計した需要曲線と自企業の平均費用曲線とを対応させることによって，利潤を長期最大化する価格水準とそのもとでの生産量を推計することができ

る。固定費用が存在するために，生産物1単位あたりの平均費用は生産量が増加するにしたがって減少していくが，生産量がある水準を超えると増加していくから，平均費用曲線はU字型の曲線となる[2]。図示すると第6−2図のようになる。

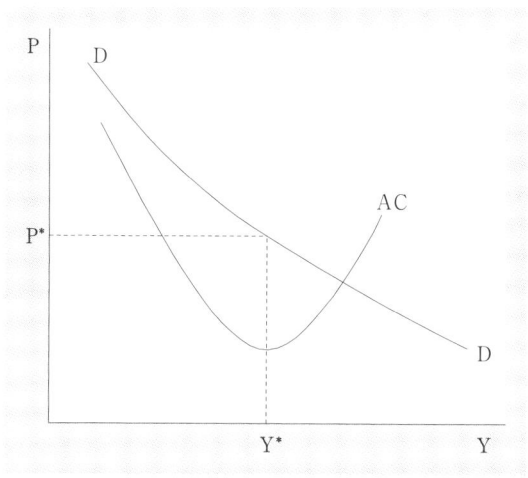

第6−2図　需要曲線と費用曲線

Pは価格および費用，Yは生産量，DDは需要曲線，ACは平均費用曲線

この図の場合には，平均費用曲線が極小となるY^*の生産量でP^*の価格水準が**利潤の長期最大化価格**となる。もちろん需要曲線の形状によっては平均費用が極小となる価格水準以外になる場合もありうる。

当該部門内の各独占企業で生産条件が異なるのが通常であるから，このようにして推計された各企業の利潤の長期最大化価格も異なることになる。例えば，ある独占部門が，固定資本比率がもっとも低い企業A，部門平均の企業B，もっとも高い企業Cの3つの独占企業によって構成されているとする。一般的には生産力の高い企業ほど大規模な生産設備を保有していて，固定資本比率が高いと考えられるから，生産物1単位あたりの固定費用も多

---

[2] 生産量が一定の水準を超えると平均費用が増加していくのは，設備を超過稼動させると修理やメインテナンスの費用が増加すること，操業時間を延長すると超過勤務手当などの人件費が増加することなどによる。

くなる。したがって平均費用曲線が極小となる生産量は企業Aがもっとも少なく，企業Cがもっとも多くなる。それぞれの平均費用曲線は第6-3図のようになる。

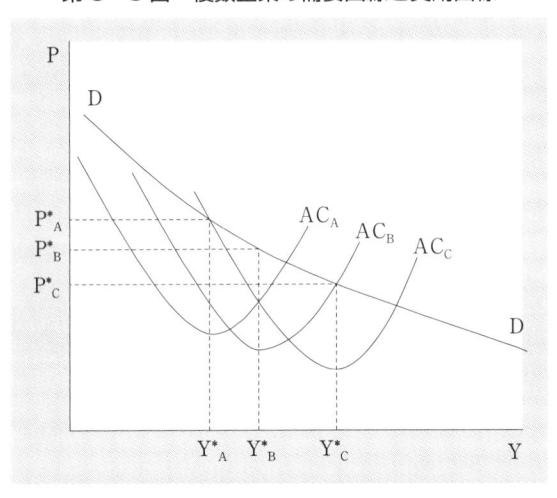

第6-3図　複数企業の需要曲線と費用曲線

この図から明らかなように，与えられた需要曲線における利潤最大化価格は企業Aがもっとも高く，企業Cがもっとも低くなるから，企業Cは企業間の価格協調において他の企業よりも低い価格設定を要求することになる。同様のことは，借入金依存度が違う場合にも妥当する。利子の支払総額は生産量によって増減しないから，借入金依存度の高い企業ほど生産物1単位あたりの利子の支払額が多くなり，より低い価格設定を要求することになる。また，減価償却を定率法で行なっている場合，未償却の固定資本額が多い企業ほど減価償却額が多くなるから，固定資本比率の大きい企業と同様により低い価格設定を要求することになる。

　独占価格の設定における協調[3]は，そうした異なる生産条件と要求をもつ独占企業間の妥協の結果として成立するのだが，一般的傾向として，その部門の最大・最強の企業の要求に近い水準に決まると考えられる。その理由は以下のとおりである。価格協調のための交渉においてどのような企業の要求が貫徹するかは，協調が成立せずに対立と競争が現実化した場合の企業の

闘争力や耐久力に依存するであろう。この闘争力や耐久力は，生産能力・技術水準・販売力・資本力・資本調達力などの優れた企業ほど強力であると考えられる。そしてこれらの力はその時点での生産能力の占有率や市場占有率を左右するものである。したがって，その部門内の最強・最大の企業が価格設定のための協調において先導的役割を果たす**プライス・リーダー**になるのである。

もちろん，プライス・リーダーが他のライバル企業の要求をまったく無視して自らの要求のみを貫こうとすれば，協調が成立せずに価格切下げ競争が現実化する危険性が高まる。その場合には，ライバル企業も耐久力をもつ独占的大企業であるから，価格切下げ競争は容易には決着がつかずに長期化し，最終的にはプライス・リーダーの要求が通ったとしても多大な損害を被ることになる。したがってプライス・リーダーは，その部門内の市場占有率の高いライバル企業の要求を一定程度受け入れて，妥協可能な価格水準を提案した方が合理的なのである。

現代の主要大企業が，外見上は利潤の最大化を追求するのではなく，売上高の最大化や市場占有率の拡大を目的として行動しているかのように見える理由がここにある。短期的な利潤を犠牲にしても巨額の費用を投じて広告・宣伝や営業活動などの激しい販売促進競争を行なうのは，売上高を増加させて市場占有率を高めることが，独占企業間協調において自企業にとってより有利な価格設定を可能とし，利潤の長期最大化を実現できるからである。

こうして成立した協調による独占価格のもとで，各企業は価格競争を回避して独占利潤の長期安定的な獲得をめざすのである。ただし，そのためには，当該部門への需要が小幅の増大を示した場合にただちに供給増大によって対

---

3) 価格協調の形態としては，(a) 価格または数量について，罰則をともなう協定を明示的に結ぶ**カルテル**，(b) 口頭によって結ばれ相互の信頼・利害の一致によって守られる**暗黙の協定**，(c) **プライス・リーダーシップ**のように，何らの協定によらずに各企業が協調の有利性と非協調の決定的不利とを充分に認識し相互に有利な価格水準を暗黙のうちに諒解して共同行動を行なう**暗黙の協調**がある。(a)・(b) はそれほど市場集中度が高くなくても価格・数量の組織的統制が可能であるが，反独占政策により非合法化されていった。現在では，高い市場集中度を前提として協調が成立し，協定も交渉もなく独占的共謀を把握・証明して規制するのが困難な (c) が主流となっている。

応できるように，余裕能力を保有しておく必要がある。需要の小幅の増大に対して設備増設によって対応しようとすれば，設備増設には通常，長期の建設期間が必要で需要の増大にただちに対応することはできないし，さらに前述のように独占部門では設備1セットが巨大化しているため，生産能力が階段状に増加して過剰生産能力を発生させてしまう可能性が高くなる。また，余裕能力の保有は，ライバル企業との非価格競争において成功を収めた企業が自企業への需要増大に迅速に対応して市場占有率の上昇を実現するためにも有効な手段となる[4]。

このように，与えられた条件が大きく変化しない限り一度設定された価格水準は硬直的に維持され，小幅の需要の変化に対しては稼働率の調整によって対応されることになる。価格水準を維持することによって，独占利潤の獲得と投下固定資本価値の回収を安定的に行なっていくのである。ただし，これは与えられた条件のもとで各企業が利潤の長期最大化のために価格面での競争を抑制したというだけであって，企業間の競争がまったく消滅したのではない。上述のように，市場占有率拡大をめざす非価格競争はむしろ激しいものとなるし，与えられた条件が大きく変化する場合には価格面での競争が現実化することもありうる。独占企業間の協調は激しい対立・競争に転化する可能性を含んだものであって，決して固定的・恒久的なものではないのである。

第3節　独占利潤の実体と源泉

次の問題は，独占価格設定によって実現される独占利潤の実体およびその源泉を明らかにすることである。独占企業間の協調による価格のつり上げという行為自体は新しく価値を生み出したり増加させたりするものではない。したがって，独占利潤の源泉は社会の総労働が生み出した価値生産物（V＋M）の中にしか存在しない。つまり，独占的価格支配が存在しなければ社

---

[4] 第8章で論じるように，余裕能力の存在は独占段階固有の停滞基調においても重要な役割を演ずることになる。

の他の構成員が受け取るはずだった価値が，独占価格による商品の不等価交換を通じて独占企業に移転したものであることは明らかである。この流通過程において不等価交換が行なわれることによる価値の移転を**収奪**という。

では，独占企業は社会のどのような構成員が受け取るべき価値を収奪するのだろうか。そして，その収奪はどのような経路を通じて行なわれるのだろうか。この問題を，独占部門と競争部門とが併存する独占資本主義を対象として，独占的協調によって部門内競争と部門間競争とが制限される場合と，競争が全面化した場合とを対比して考察する。また単純化のため，独占部門以外では競争によって利潤率は均等化すること，資本蓄積はなく単純再生産が行なわれていることを前提とする。以下，生産手段の独占価格設定の場合と消費手段の独占価格設定の場合に分けて考察していく。

(1) 生産手段の独占価格設定による独占利潤の収奪

まず，生産手段の販売において独占価格が設定され，独占利潤の収奪が行なわれる場合である。生産部門を生産手段生産部門（Ⅰ部門）と消費手段生産部門（Ⅱ部門）に分けて，部門Aは独占部門，部門B～Dは競争部門，部門Bはすべての生産手段を部門Aから独占価格で購入し，部門Dはすべての生産手段を部門Cから購入しているというモデルを設定して，独占利潤の源泉と収奪経路を考察する。

【モデル1】

```
⎧ Ⅰ部門：部門A（独占部門）  部門C（競争部門）
⎨         ↓                  ↓
⎩ Ⅱ部門：部門B（競争部門）  部門D（競争部門）
     （↓は生産物の流れ，生産手段は技術的に代替不能とする）
```

部門Aは独占的価格つり上げによって，競争が全面化した場合の平均利潤以上の独占利潤を獲得する。部門Bは競争部門であるから，生産費用は生産手段価格の上昇によって全面競争下に比べて上昇する。部門Aの独占価格設定自体によって消費手段需要が変化することはないから，部門Bの

販売価格は不変である。したがって部門Bの利潤の一部が部門Aに移転し部門Bの利潤率は低下する。

この部門Bの利潤率の低下によって，部門C，Dの利潤率が相対的に高くなるから，部門Bから部門C，Dへ資本が移動する。その結果，部門Bでは生産量が減少し価格が上昇する。この資本移動は部門B～Dの利潤率が均等化するまで続く。部門Bは生産物の生産価格以上での販売によって利潤率は回復するが，部門Aによる独占利潤の収奪のため，利潤率の回復は平均利潤率以下にとどまる。また部門Bの生産量が減少することによって部門Aへの需要が減少し，部門Aの生産量も減少する。

以上から部門Aの独占利潤の源泉と収奪経路をまとめると，部門Aの独占的価格つり上げによって部門Bとの間で生産手段の不等価交換が行なわれ，部門Bの利潤の一部が収奪される。これが独占価格の設定による直接的影響，すなわち直接的収奪である。次に，部門Bから部門C，Dへの資本移動が行なわれて部門C，Dの価格が低下する。これは部門C，Dの利潤の一部が消費者に移転し実質所得が増加することを意味するが，部門Bからの資本の退出によって部門Bの価格が上昇し，その分だけ消費者の所得から部門Bに価値が移転する。その結果，部門Bは部門Aによる収奪の一部が補填される。これらが部門Aの独占価格の設定による間接的影響，すなわち間接的収奪である。

つまり，部門Aの独占利潤総額は部門B～Dの利潤削減総額と等しくなり，部門Aの独占利潤の源泉は部門B～Dの利潤ということになる。直接的収奪を受ける部門Bから他部門に資本が移動することによって，独占部門による収奪が均等化されるのである。以上の関係を図示したのが第6-4図である。

(2) 消費手段の独占価格設定による独占利潤の収奪

次に，消費手段の販売において独占価格が設定され独占利潤の収奪が行なわれる場合である。次のようなモデルを設定して考察していこう。生産手段生産部門Aと消費手段生産部門Bは独占部門で垂直統合されており，部門Bは労働者と資本家の生活に不可欠で他の財と代替困難な必需品を生産して

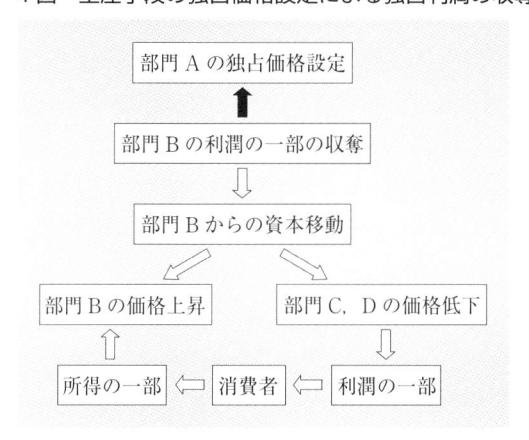

第６章　独占的市場構造と独占価格・独占利潤

第６-４図　生産手段の独占価格設定による独占利潤の収奪経路

```
           部門Ａの独占価格設定
                  ↑
           部門Ｂの利潤の一部の収奪
                  ⇓
           部門Ｂからの資本移動
              ⇙        ⇘
    部門Ｂの価格上昇    部門Ｃ，Ｄの価格低下
         ↑                  ↑
    所得の一部 ⇐ 消費者 ⇐ 利潤の一部
```

いるとする[5]。部門Ｃ～Ｆはすべて競争部門で，部門Ｄは資本家のみが購入する消費手段の生産部門で，部門Ｃは部門Ｄの生産手段の生産部門，部門Ｆは労働者のみが購入する消費手段の生産部門で，部門Ｅは部門Ｆの生産手段の生産部門とする。

【モデル２】

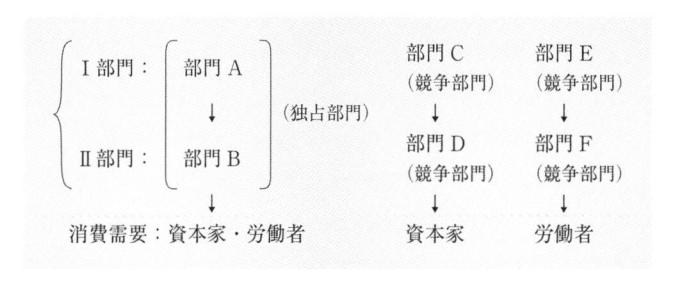

```
       ⎧ Ⅰ部門： 部門Ａ                部門Ｃ       部門Ｅ
       ⎪         ↓   (独占部門)      (競争部門)   (競争部門)
       ⎨                                ↓            ↓
       ⎪ Ⅱ部門： 部門Ｂ                部門Ｄ       部門Ｆ
       ⎩         ↓                  (競争部門)   (競争部門)
     消費需要：資本家・労働者          ↓            ↓
                                    資本家        労働者
```

---

[5]　部門ＡとＢが垂直統合されているという仮定を置くのは，消費手段の独占価格設定のみの影響を考察するためである。部門ＡとＢが別々の独占企業によって支配されている場合，部門Ｂが獲得する独占利潤は，生産手段の交換関係を通じてＡとＢの間で分割される。その分割比率は両者の独占力の優劣による。

177

① 労働者の貨幣賃金不変の場合

このモデルを用いて，まず労働者の貨幣賃金が競争の全面的支配下と同一であるとして，独占利潤の源泉と収奪経路を考察する。部門Bの生産物は代替困難な生活必需品であるから，独占的価格つり上げによって消費者はすべて全面競争下より多量の貨幣を支出せざるをえない。資本家はもともと所得水準・消費水準が高いから価格つり上げによっても購入数量は減少しない。労働者は貨幣賃金不変の前提により，現実にはその購入量が減少する可能性は高いが，ここでは単純化のために購入量は同一とする。

この結果，部門Bの独占資本家の消費需要は独占利潤の獲得によって増大する。その増大分は，部門Bの価格つり上げのために支出が増大する分を除いて，部門Dの消費手段への需要増大となる。労働者と部門C～Fの非独占資本家の部門Bの消費手段への支出額は部門Bの価格つり上げによって増大するため，その増大分だけ部門Dと部門Fの需要は減少する。部門Dへの需要は，独占資本家の需要増加額が非独占資本家の需要減少額を上回るために増加するが，その純増加額と部門Fの需要減少額とは等しくなる[6]。

このような消費需要の変化は部門間資本移動をもたらす。まず，部門Fに対する需要の減少は，この部門から他部門への資本の退出を促して部門Eへの需要を減少させ，部門Eから他部門への資本流出を促す。また，部門Dに対する需要の増大はこの部門への資本の参入を促して部門Cへの需要を増大させ，部門Cへの資本の参入も促す。こうした部門間資本移動は部門C～Fの利潤率が均等化するまで続くことになる。部門E，Fの需要減少額と部門C，Dの需要増加額とは等しいから，部門間資本移動によって均等化した利潤率水準は，競争の全面的支配下で成立する平均利潤率水準に等しいと考えられる[7]。したがって，非独占企業が独占企業によって利潤の一部を収奪される関係は存在しない。

それでは，この場合の独占利潤の源泉はどこにあるのだろうか。第1に，労働者は部門Bの消費手段を購入する際に独占価格によって賃金の一部を収奪されるのだから，独占企業が労働者への消費手段の販売によって獲得した独占利潤の源泉は労働者の賃金である。第2に，非独占資本家は全面競争

下と同じ量の利潤を獲得しているが，消費者としては部門Ｂの消費手段を購入する際に所得の一部を収奪される。したがって，この場合の独占利潤の源泉は非独占資本家の所得である[8]。

② 労働者の実質賃金不変の場合

次に，同じ【モデル２】の想定のもとで，独占的価格つり上げに対応して労働者の貨幣賃金が増加して実質賃金が維持される場合を考えてみよう。この場合には部門Ｂの消費手段への貨幣支出量は増加するが，それと同じ額

---

6) これらを量的関係の変化を含めて文字式で表すと以下のようになる。

全面競争下での，平均利潤率：r，独占部門の生産額：mPY，非独占部門の生産額：nPY，労働者の貨幣賃金総額：W とし，部門Ｂの価格つり上げ率：α ($\alpha > 0$)，価格つり上げ前の資本家の消費手段Ｂの消費性向：β ($0 < \beta < 1$)，労働者の消費手段Ｂの消費性向：γ ($0 < \gamma < 1$) とする。

独占利潤総額は，部門Ｂの独占的価格つり上げ総額に等しく，資本家と労働者の部門Ｂの生産物への支出増加額に等しい。したがって $\alpha mPY = \alpha \beta rmPY + \alpha \beta rnPY + \alpha \gamma W$……①である。この①式を変形した $\alpha (mPY - \beta rmPY) = \alpha \beta rnPY + \alpha \gamma W$……①′ は，独占資本家の部門Ｄへの需要増加額が，非独占資本家と労働者の部門Ｂへの支払い増加額に等しいことを示す。

部門Ｄへの需要額の変化は，独占資本家の需要増大と非独占資本家の需要減少の大小によるが，部門Ｄへの需要額の変化 $= \alpha (mPY - \beta rmPY) - \alpha \beta rnPY$……②であるから，②式の右辺に①′を代入すれば，$\alpha \gamma W > 0$ となって需要増大となる。

部門Ｆへの需要は労働者の部門Ｂへの支出増大分だけ減少し，部門Ｄ,Ｆへの需要の変化額の合計 $= \alpha (mPY - \beta rmPY) - \alpha \beta rnPY - \alpha \gamma W$……③である。この③式の右辺に①′を代入すれば０となって，部門Ｄへの需要増加額と部門Ｆへの需要減少額とは等しいことがわかる。あるいはこの③式の右辺を整理すると，$\alpha mPY - (\alpha \beta rmPY + \alpha \beta rnPY + \alpha \gamma W)$……③′となって，$\alpha mPY$ は部門Ｂの価格つり上げ総額であり，$(\alpha \beta rmPY + \alpha \beta rnPY + \alpha \gamma W)$ は資本家および労働者の部門Ｂの生産物への支出増加総額である。したがって③＝０となる。

7) 理論的に厳密にいえば，需要の変化に対する価格の弾力性の違いによっては均等化した利潤率水準と平均利潤率水準とは一致しない可能性がある。また，各部門の資本の有機的構成が異なれば，投下資本総額が不変でも資本移動によって各部門で生産される価値量および剰余価値量が変化するため，生産価格水準および平均利潤率水準は資本移動前後で異なる可能性がある。ただし，これらの違いは部門間資本移動に起因するものであって独占企業による収奪の大小の問題ではない。

8) 独占利潤には独占資本家が部門Ｂの生産物を購入する際の支出増大分が含まれているが，これは収奪とはいえない。収奪とは，全面競争下では他の社会構成員に属していた価値部分が，独占価格の設定によって独占資本家層に移転することを指す。

だけの貨幣賃金増加によって部門Ｆの消費手段も全面競争下と同じ量を購入できる。したがって部門Ｆの需給関係にも部門Ｅの需給関係にも変化はない。

部門Ｄへの需要も，独占的価格つり上げによる独占資本家の需要増大と非独占資本家の需要減少は等しいため，全面競争下と同じである[9]。したがって部門Ｃ，Ｄの需給関係にも変化はない。部門Ｂの獲得する独占利潤は，独占的価格つり上げによる利潤増加分から自部門の雇用労働者の賃金上昇分を控除した額となる。部門Ｃ～Ｆの需給関係と価格は全面競争下と同じであるから，非独占資本家の獲得する利潤額＝消費額は労働者の貨幣賃金の上昇分だけ減少する。

以上から，この場合の独占利潤の収奪経路と源泉は次のようになる。部門Ｂの独占的価格つり上げに対して，全労働者が貨幣賃金の引上げを勝ち取って実質賃金を維持するのだから，非独占部門の労働者の場合，その賃金増加分は非独占資本家の利潤の一部が原資となっている。その賃金増加分によって部門Ｂの消費手段への支出額を増やして実質消費水準を維持しているのだから，つまりは非独占資本家の利潤の一部が部門Ｂの独占資本家に収奪されることになる。非独占資本家は，消費者として部門Ｂの消費手段を購入する際にも所得の一部が収奪されるから，二重に収奪されていることになる。

生活必需品の独占価格設定に対して，労働者が貨幣賃金の引上げによって実質賃金の削減をどの程度まで抑止できるかは，労働者と資本家との間の力関係によって左右される。労働者が団結してどの程度まで強力に賃上げ闘争を行なえるか，あるいは資本家の側がそのような労働者の潜在的闘争力の強さを認識して譲歩するかに関わる問題である。そして，このことが独占部門

---

9) 脚注6) と同様に文字式を使って利潤の変化，需要の変化を示すと，労働者の貨幣支出増加額(貨幣賃金増加額)＝資本家の利潤減少額(消費減少額)＝$\alpha \gamma W$である。部門Ｂの雇用労働者の全労働者に占める割合をδ（$0<\delta<1$）とすると，部門Ｄへの需要額の変化＝$\alpha(mPY - \beta rmPY - \delta \gamma W) - \alpha\{\beta rnPY + (1-\delta)\gamma W\}$……④である。この④式の右辺を整理すると，$\alpha mPY - (\alpha \beta rmPY + \alpha \beta rnPY + \alpha \gamma W)$……④′となって，$\alpha mPY$は部門Ｂの価格つり上げ総額であり，$(\alpha \beta rmPY + \alpha \beta rnPY + \alpha \gamma W)$は資本家および労働者の部門Ｂの生産物への支出増加総額である。ゆえに両者は等しく④′＝0で部門Ｄへの需要は変化しない。

の雇用労働者と非独占部門の雇用労働者との賃金格差を生むことになる。

　独占部門では，巨額の固定資本が投下され労働者が大量に集積されて生産が行なわれ，大量の独占利潤が取得されている。もし労働者の闘争によって生産が停止すれば，投下固定資本の回収と利潤の獲得において大きな損失となる。この事情が，独占企業が雇用労働者に対して譲歩する必要性を生み，労働者の団結力・闘争力を強めることになる。独占企業は巨額の独占利潤を獲得しているのだから，その一部を使って賃金上昇を容認することによって労働者を懐柔し，投下固定資本を安定的に回収し独占利潤を獲得することができるのである。

　非独占部門では，独占資本の収奪によって低利潤率を余儀なくされているし，労働者も独占部門に比べて分散的に存在しているために闘争力は強くない。したがって，賃金引上げは相対的に困難であるから，独占部門との間で賃金水準の格差が生じることになる。資本はこの部門間の賃金格差を労働者階級を分断し支配を強化する手段として意図的に利用するようにもなるのである。

(3) 生産力の向上と独占利潤の収奪源泉

　独占利潤の源泉が非独占資本の利潤と労働者・非独占資本家の所得からの収奪にある以上，独占利潤の増加には限界がある。その限界を超えて収奪を強化すれば，非独占資本の生産縮小や倒産によって独占利潤が減少する危険性があるし，労働者の賃上げ闘争を促進して賃金コストの上昇や投下固定資本の回収が困難になる危険性もあるからである。

　しかし，生産力が向上すれば相対的剰余価値は増大するし，資本による労働支配の強化によって絶対的剰余価値増大の可能性も高まる（◯第2章第3節）。剰余価値生産が増大すれば，社会全体の利潤総量の増大を通じて独占利潤の収奪源泉が豊富となり，非独占資本の利潤・所得の削減や労働者の実質賃金の削減なしに，収奪を強化する可能性が生じることになるのである。

　競争段階においては，新生産方法の導入による特別剰余価値の発生と消滅のメカニズムを通じて生産力が向上し，その部門が労働者の必要生活手段に直接的または間接的に関係する生産部門であった場合，労働力商品の価値が

低下して全部門の資本が相対的剰余価値を増大させることができるのであった（⇒第2章第2節）。これは価値レベルの因果関係であるので，価格レベルで説明するとこの過程は次のようになる。

　労働者の必要生活手段の生産に関係する部門における生産力の向上→必要生活手段の価値の低下→必要生活手段の価格の低下→労働力商品の価値の低下→全労働者の貨幣賃金の低下→全部門の資本の賃金コストの低下→全部門の資本の相対的剰余価値≒利潤の増加，である。

　独占段階においても，この相対的剰余価値増大のメカニズムは基本的には作用するのであるが，【モデル2】のように，労働者の必要生活手段の生産に関係する部門が独占部門であった場合，新生産方法が導入された後の経過は異なることになる。この独占部門において，ある独占企業が優秀な新生産方法を導入して生産費用を低下させた場合，価格切下げによって自己の販売量の増大を実現しようとすれば，協調が破壊されて独占企業間の激しい価格切下げ競争が現実化する危険性がある。独占企業間協調の維持が優先されれば必要生活手段の価格は低下しないことになる[10]。

　その部門内に新生産方法が普及して必要生活手段の価値が低下した後も，価格協調が維持されていれば必要生活手段の価格は低下しない。したがって労働者の貨幣賃金も低下しないから全部門の資本の賃金コストも低下しない。つまり相対的剰余価値の増加に基づく利潤の増大は現実化しないのである。この独占部門では，生産力の向上による生産費用の低下分を，価格協調の維持によって独占利潤の増加分として獲得するのである。この独占利潤の増加分の源泉は，競争が全面的に支配していれば全部門の資本が獲得できたはずの相対的剰余価値である。生産力の向上にともなって独占利潤の収奪が強化されたわけである。

---

[10]　特定の独占企業が新生産方法を導入すればその企業の生産物の個別的価値は低下し，個別的価値の加重平均としての社会的価値の低下を通じて他の独占企業には負の特別剰余価値が発生する。しかし独占的価格協調が維持されて価格が低下しなければ，この負の特別剰余価値は利潤の減少としては現実化しない。したがって新生産方法導入の競争による強制作用は弱まることになる。このことは独占企業の投資行動に影響を与えることになるが，この問題については第7章で論じる。

(4) 独占資本主義の収奪構造・利潤率格差

　独占部門は独占企業間の協調的行動に基づく独占的価格支配によって独占利潤を獲得しているが，非独占部門ではそうした競争制限による価格支配は不可能であるだけでなく，独占部門によって利潤の一部を収奪されている。この結果，独占部門と非独占部門では利潤率の格差が生じることになる。

　競争の全面的支配下では，より高い利潤率を求める諸資本の自由な部門間資本移動によって部門利潤率の格差は一時的なものとして常に均等化されていく。しかし，独占部門では最低必要資本量が巨額となっているし高い参入障壁も存在するために，中小資本が独占部門へ参入することは不可能である。一方，独占資本が非独占部門に参入するのは容易であり，参入して独占的に価格を支配することによって大量の独占利潤を獲得できると判断した場合には，実際に参入が実行される。この部門間資本移動の非対称性によって，独占部門と非独占部門との利潤率格差は構造的なものとなる。

　さらに，非独占部門間にも構造的な利潤率格差は存在する。これまでの考察では，単純化のために非独占部門では競争が全面的に支配し利潤率が均等化すると想定してきた。現実には，ある程度の高さの市場集中度と参入障壁のもとでその程度に応じて競争を制限できる部門と，非常に多数の企業が存在し競争制限を行なうことがまったく不可能で激しい競争を行なっている部門とがある。

　最低必要資本量が大きいほどその部門に参入できる資本の数は限られるために，競争圧力は相対的に小さくなり，ある程度の協調的行動を行なう可能性が生じる。逆に，最低必要資本量が小さい部門ほど，それらの部門でしか自立できない多数の小資本が殺到するため，部門内外の競争圧力は大きくなり，価格協調の可能性は小さくなる。これらの関係をまとめると次の表のようになる。

最低必要資本量	参入可能資本数	競争圧力	価格協調の可能性
大 ↕ 小	少 ↕ 多	小 ↕ 大	大 ↕ 小

183

> *Column* 6‐3 独占企業と中小企業の関係
> 　例えば，自動車用部品産業では，主要な部品ほど開発や生産に最低限必要な資本量は大きくなるために生産できる企業の数は少なく，単純で汎用性のある部品ほど多数の企業が生産できる。日本では部品メーカーも主要自動車メーカーによって系列化されており，その系列の中でも競争制限の程度に応じて重層的な下請け関係が成立している。もっとも1990年代以降，グローバリゼーションが進み国際競争が激化するなかで，系列関係もかつてのように固定的でなくなってきている。
> 　なお，中小企業の中にも大企業や他の中小企業が持たないような特許技術や特別な技術を保有していたり，あるいは他の資本の製品にはない特徴や高い品質によって実質的な製品差別化に成功していたりする企業も存在する。こうした優位性を持つ企業であれば，これを基礎として競争を制限し独占的な価格設定を行なうことも可能になる。

　非独占部門の中でも，以上のような要因を背景とする競争制限の程度に応じて，競争の強さの異なる階層が形成されることになる。競争制限がある程度可能であれば，生産物を競争の全面支配下よりも高い価格で販売することによって，独占部門の生産する生産手段を購入する際の直接的収奪の影響を一定程度販売先に転嫁できる。また，本節（1）で述べたように，直接収奪を受ける部門から他部門への資本移動によって収奪の負担の均等化が行なわれる場合でも，競争制限によって参入がある程度抑制されている部門では収奪の負担は軽微となる。

　こうして，独占資本による直接・間接の収奪に対して，部門内外の競争制限によってその大部分を他部門や消費者へ転嫁できる部門から，激しい競争によって他へ転嫁できずにきわめて低い利潤率を余儀なくされる部門まで，被収奪の度合いが異なり，したがって利潤率が異なる階層が重層的に形成される。これが，独占段階において，非独占資本の上層を除く中小資本の恒常的な経営困難が発生する基盤である。日本で典型的に見られる中小の非独占企業間相互の下請け・再下請けといった重層的な下請け関係は，独占資本による収奪の負担転嫁の重層的関係なのである。

　独占資本による収奪と非独占資本によるその再転嫁の最底辺には，零細な規模の農家や町工場などの小生産者，生業的に卸売業や小売業を営む小商業

者が存在する。彼らは作業場や道具・機械と原材料を購入する資金を所有しているが，それらは自分や家族の労働およびごく少数の使用者の労働に基づく所有である。生産や営業によって取得する貨幣はもともと必要生活費水準にとどまり，剰余生産物はわずかである。

　独占段階ではさらに，小生産者の場合には生産手段の購入や生産した商品の販売において，小商業者の場合には商品の仕入れおよびその販売において，独占資本による収奪と非独占資本の収奪の再転嫁を余儀なくされる。この階層は，剰余生産物はもちろん必要生活費部分（労働者の賃金範疇）にまで食い込む収奪を受けることになるのである。中小資本の経営困難が利潤減少・蓄積困難を意味していたのに対して，ここでは経営困難は生活困難を意味する。

　競争段階では，こうした階層は景気循環にともなって相対的過剰人口が吸引と排出が繰り返されるなかで，傾向として賃金労働者となっていった。独占段階では，慢性的な労働力過剰[11]のもとで小生産者・小商業者として滞留し，その下層部分，特に高齢者や病弱な者，障害を負った者などはむしろ相対的過剰人口の性格をもっている。独占段階において農業問題および小商工業問題が深刻で恒常的な社会問題となるゆえんである。

　また，独占的市場構造が成立する部門は一国経済の基幹的産業部門であるから，独占的な価格つり上げは消費手段の価格上昇をもたらして，消費者としての非独占資本家，労働者，小生産者・小商業者の所得の一部を収奪し，実質消費を削減することになる。年金と現役時代の零細な貯蓄で生活する高齢者や社会保障によって生活している人々も同様である。これらの階級・階層は，社会の中では圧倒的多数を占めているが，最終消費者としては分散的に存在しているために収奪に対抗する手段をもたないし，他に転嫁する可能性もない[12]。

---

11) 独占段階においては，競争段階の規則的景気循環が見られなくなり，慢性的な資本過剰と労働力過剰をもたらす停滞基調が支配するようになる。この問題については第8章で論じる。
12) いうまでもなく，労働者が組織的な闘争を行なって賃金引上げを勝ち取ったとしても，それは消費者としての組織化・対抗ではない。ある程度の競争制限が可能な非独占部門による収奪の再転嫁も同様に，消費者としての対抗・再転嫁ではない。

こうした階級・階層に属する人々が，独占資本による消費者収奪の主要対象となるのである。彼らは（ある程度の競争制限が可能で独占資本による収奪を他の消費者に転嫁することができる非独占資本家を除いて）もともと所得水準が低いから，その生活に大きな影響を受けることになる。独占資本による収奪は，労働者階級の就業の不安定や生活困難だけでなく農民その他の小生産者・小商工業者の経営困難・生活困難を恒常化させ，非独占資本でも被収奪の転嫁が困難な中下層の経営困難も恒常化させる。自ら所得を増加させる手段をもたない年金生活者などの生活を困難とさせることはいうまでもない。これらが独占的収奪への反対が反独占資本主義運動に発展し，さらに労働者階級の体制批判・体制変革の闘争に小生産者・小商工業者や中小資本家層の一部が参加する可能性が生まれる物的基礎なのである。

Column 6-4 大企業の賃金はなぜ高い？

　もちろん独占企業に雇用されている労働者は，体制批判・体制変革の闘争の中核となる側面と，支配体制側によって労働者階級内部の分裂・対立を助長させ労働者階級全体を分断し支配するために利用される側面をもつ。本節(2)の末尾でも述べたように，独占部門に巨額の固定設備が存在するということは，ストライキなどによる生産の停止は利潤獲得と固定資本回収に大きなマイナスとなる一方，賃上げによるコスト上昇の影響は相対的に小さいことを意味する。これが，独占資本が巨額の独占利潤の一部を利用して，雇用労働者の階層に応じて相対的高賃金を与えることなどにより，労働者の懐柔・体制内化を図っていこうとする根拠である。

　他方，独占資本による収奪を転嫁できない非独占中小資本は，雇用労働者に対して賃金の切下げや労働の強化などの労働条件の切下げなど，搾取を強化することによって埋めあわせようとする。中小資本の雇用労働者は分散的に存在し団結・闘争が相対的に困難であるため，搾取の強化は相対的に容易に実現される。独占部門と非独占部門の利潤率の格差構造は，労働条件においても同様の格差構造となって現れるのである。このことは，独占企業の雇用労働者が勝ち取った相対的な高賃金・好労働条件が，非独占資本およびそこに雇用され搾取されている労働者からの収奪によって支えられている面をもつということでもある。

第7章
独占企業の投資行動

　第6章では，独占企業が利潤の長期最大化を目的として協調的行動をとって供給量を調整し，独占的価格つり上げによって独占利潤を獲得しようとすることが明らかとなった。供給量は短期的には設備稼動率によって決まるが，独占利潤を長期安定的に獲得していくためには，長期的な供給量の変化を考慮する必要がある。すなわち，設備稼働率の分母である生産能力の変化をもたらす設備投資についても考慮することが不可欠である。価格面での協調が成立したとしても，各独占企業が設備投資を自由に独自に行なえば需要規模に対して生産能力が（余裕能力を超えて）過剰となる可能性がある。これは価格の低下または設備稼働率の低下によって利潤率を低下させるし，協調を維持していくことも困難となる。

　しかも，独占部門では生産設備1セットが巨大で分割不能であり当該部門の生産能力に占める比率が高いため，設備投資は当該部門の需要と生産能力との関係にきわめて大きな影響を与えることになる。需要の動向を見誤って安易な設備投資を実行し過剰生産能力を発生させてしまえば，長期にわたって利潤率が大幅に低下することは不可避であり，これは独占企業の行動原理に反することが明らかである。したがって，協調によって設定された利潤の長期最大化価格を維持し独占利潤をもっとも有効に安定的に獲得できるように，部門内の各企業が設備投資の是非を慎重に判断し，生産能力＝供給能力を適切な大きさに維持していく必要性があるのである。

　また，競争段階の景気循環において不況から景気を回復させていく原動力は，新生産方法の導入にともなう更新・新投資の集中的展開，および投資需要を媒介とした生産と投資の相互誘発的・加速度的拡大メカニズムであった。

独占段階においては，独占企業は独占的価格支配を通じて大量の独占利潤を獲得しているから，それを蓄積基金として大規模な設備投資を行なうことができる。また，巨大企業として信用獲得力は大きく金融機関との関係も深い場合が多いから，大量の外部資金を調達するうえでも優位性をもっている。つまり，競争段階および独占段階の競争的部門の企業に比べて，独占企業はより大規模な設備拡張投資を実行する力をもっているのである。したがって，もし競争段階の景気回復メカニズムが独占段階においても同様に作用し，独占企業が積極的に設備拡張投資を実行すれば，競争段階以上に急速な拡大再生産が現実化する可能性を秘めているのである。

以上の理由から，本章では，市場条件として需要が停滞的または需要拡大が生産設備1セットの増設を可能にする程度の小幅である場合を想定して，独占企業の投資行動を考察する。第1節では生産力を向上させる新生産方法が存在しない場合，第2節では新生産方法が存在し，新生産方法の導入をともなって設備投資が行なわれる場合の2つに分けて考察する。

第1節　新生産方法が存在しない場合の独占企業の設備投資行動

(1) 独占企業の設備投資決定の基本的特徴

大規模な設備拡張投資を実行する力と可能性をもつ独占企業が，実際に設備増設を実行するか否かの判断は次のように行なわれる。まず客観的な条件として，当該部門の産業需要曲線の形や位置の長期的変化を予測し，設備増設をした場合の生産能力総量の変化と予測される需要規模との関係を検討し，価格水準がどのように変化するかを予測する。本章冒頭で述べたように，需要の動向を見誤れば過剰生産能力を発生させてしまう危険性があるから，これらの予測は慎重に行なう必要がある。

さらに，設備増設をした場合には部門内の競争関係が変化する可能性があるから，ライバル企業の生産能力や生産性などの生産条件と自企業の生産条件との比較も必要になる。また，ライバル企業が需要の長期的変化に対してどのような対応をとるかという不確定要素を含む予測を行なう必要もある。

以上のような諸要素の予測の結果を総合的に判断し，設備1セットの増設

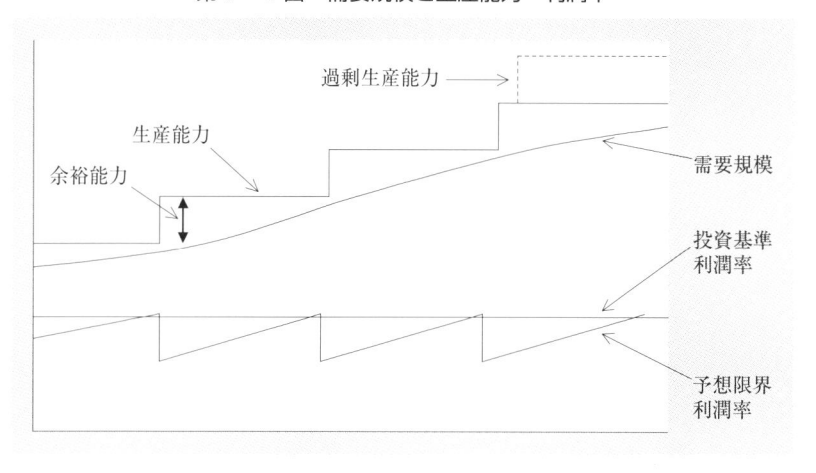

第7-1図　需要規模と生産能力・利潤率

によって長期的に実現できると予想される利潤率，すなわち**予想限界利潤率**を推計する。もちろん，この予想限界利潤率には独占企業が適切と判断する規模の余裕能力保有も考慮されている。

　需要規模が趨勢的に増大していき，余裕能力を含む現存の生産能力総量との差が減少していくほど，予想限界利潤率は上昇することになる。そして，予想限界利潤率が一定水準＝**投資基準利潤率**を超えると判断された場合に設備拡張投資が実行されることになる。需要の動向と生産能力および予想限界利潤率の変化の関係を図示すると第7-1図のようになる。独占部門では最小必要生産能力が巨額となっているから，設備拡張投資が実行されれば生産能力は階段状に増加する。需要規模と生産能力総量との差は再び拡大し，実現利潤率と予想限界利潤率は設備増設前より大幅に低下することになる。

　このため投資基準利潤率は現行の実現利潤率よりは低い水準となるが，その下限を厳密に確定することはできない。近い将来に有利な投資機会が現実化すると予想され，その場合に実現できる利潤率が高いほど投資基準利潤率は高くなるであろう。また，当該企業が保有する内部資金額が多ければ多いほど，そして外部資金を低コストで大量に利用できる可能性が高ければ高いほど，投資基準利潤率は低くなると考えられるからである[1]。

また参入の可能性が高まった場合には投資基準利潤率は低下すると考えられる。上述のように設備増設によって実現利潤率は必然的に低下するため，その部門内の既存企業が予想限界利潤率を推計する際には，増設設備部分だけでなく既存設備部分においても利潤率が低下することを織り込まなければならない。一方，潜在的参入企業は既存設備をもたないため，（既存企業が一般的にもつコスト面での優位性を除外すれば）参入期待利潤率は予想限界利潤率よりも高くなる。既存企業が参入を阻止しようとすれば，投資基準利潤率を参入の危険性がない場合に比べて低く設定する必要があるからである[2]。

以上の考察を踏まえると，市場が停滞的な場合には，需要規模と生産能力総量との差は減少しないし参入障壁の高さにも変化がないから，予想限界利潤率は投資基準利潤率を下回った状態が継続する。もし，一時的・短期的な需要の拡大があったとしても余裕能力で対応可能であるから，一般的傾向として独占企業は設備拡張投資には非常に抑制的になると考えられる。

(2) 設備投資における事実上の協調的行動

産業需要が趨勢的に拡大し生産能力との差が減少し，予想限界利潤率が投資基準利潤率を超える場合，設備拡張投資が実行されることになるのである

---

[1] 近い将来に有利な投資機会が現実化する見通しがほとんどなく，利用できる内部資金と外部資金が大量であれば投資基準利潤率は非常に低くなるが，非独占部門の平均的な現行利潤率よりはかなり高い水準にとどまるはずである。なぜなら，自部門への投資あるいは他部門への参入のいずれの場合でも，設備投資は巨額の資金を長期にわたって固定化することになる。低利潤率の非独占部門に参入して資金を固定化してしまった場合，自部門でのライバル企業との競争が全面化した場合に不利になる可能性が高いからである。

したがって，余裕資金は，第8章で取り扱う新生産物・新技術の開発や対外膨張などの有利な投資機会を創出のために用いるか，あるいは流動的形態で保有したまま金融取引や投機的取引によって利益を追求する方が独占企業の行動原理にかなうのである。独占段階において金融・投機的取引が活発化する基盤がここにある。なお，資本にとって自部門への投資と他部門への参入は利潤追求という基準からは無差別であるから，この投資基準利潤率は参入が実行される参入期待利潤率の下限でもある。

[2] 本章を含む第2部では参入障壁を経済的要因のみに限定して考察しているが，経済外的な参入障壁，例えば政府の規制によって参入が阻害されている場合，規制の緩和や撤廃が行なわれれば参入の可能性が高まり，実際に参入が実行されなくとも既存企業の設備投資が促進されることになる。

が，ここで1つの問題が生じる。当該部門に複数の独占企業が存在していて，需要規模の増大が生産設備1セットの増設を可能にする程度の小幅のものであったとすると，どの企業が設備増設を実行するのかである。

　通常，各独占企業が保有する設備の年齢，生産性や生産技術などの条件は異なるから，それぞれが推計する予想限界利潤率の水準は異なっている。需要が趨勢的に増大していく場合には各企業ともに予想限界利潤率は上昇していくから，複数の企業の予想限界利潤率が投資基準利潤率を超える可能性がある。

　しかし，価格面での協調と違って，どの企業が設備投資を実行するかを交渉によって協調的に決定することは非常に困難である。設備投資は各独占企業の生産能力に直接の影響を与え，長期にわたってその企業の競争力や利潤率に大きな影響を与えるし，交渉の前提となる需要規模の変化の予測やそれに対応する設備投資の判断を，生産条件の異なる各企業が統一的に行なうのは不可能に近いからである。交渉による協調の成立が困難だからといって，各独占企業が競争的に設備拡張投資を実行したとすれば，膨大な過剰生産能力を発生させてしまうことになる。

　ここで，各独占企業で予想限界利潤率に差があることを考慮する必要がある。稼動率が相対的に高く余裕能力の活用の程度が高い企業ほど，設備を増設した場合の稼動率は高くなり，したがって予想限界利潤率は高くなる。稼動率の差は，既存設備の設備投資を行なった時点での予測と現実の需要動向の差や，販売促進活動による市場占有率の拡大競争の成果の予測と現実の結果との差などによって生じる。したがって，予想限界利潤率を高く推計する条件をもった企業ほど設備拡張投資を率先的に積極的に実行する傾向があるといえるだろう[3]。

　複数の独占企業の予想限界利潤率が投資基準利潤率を超える状況にあったとしても，ある企業が先に設備拡張投資を実行すれば，生産能力は階段状に増加し他の企業の予想限界利潤率は急速に低下することになる。設備増設に

---

[3]　もちろん，各独占企業で生産条件も設備投資への積極性も異なり，予想限界利潤率を推計する諸条件が異なるのだから，稼動率のもっとも高い企業が必ず設備拡張投資を先に実行するとは限らない。

191

遅れた企業は市場占有率が低下することが明らかであるとしても，競争的に設備拡張を強行すれば長期にわたって過剰生産能力を抱えることになり，低利潤率と資本の長期固定化のリスクを負うことになる。したがって，設備拡張投資は当面断念し，余裕能力を最大限利用することによって市場占有率の低下を抑制することが合理的な行動となる。つまり，設備投資において**事実上の協調的行動**が成立するのである。

　同じことは，参入による設備増設の場合にもあてはまる。産業需要が趨勢的に増大していく場合には，既存企業の予想限界利潤率が上昇するだけではなく，（AおよびC_A要因の）参入障壁が低下するから，参入期待利潤率が上昇して参入の可能性が高まる。参入の可能性が高まった場合には，前述のように投資基準利潤率が低下して既存企業の設備拡張投資が促進される。既存企業が設備拡張投資を実行すれば，その時点で参入期待利潤率は低下し潜在的参入企業は参入を断念することになる。もし，既存企業の予想限界利潤率が投資基準利潤率を上回っていない状態で，潜在的参入企業の参入期待利潤率が投資基準利潤率を超えて参入が実行された場合，その時点で既存企業の予想限界利潤率は急低下する。参入を失敗させるために，既存企業が低い予想限界利潤率のもとで設備拡張投資を強行すれば，その企業は長期にわたる低利潤率と資本の長期固定化のリスクを負うことになる。

　既存企業による設備投資にせよ，参入企業による設備投資にせよ，それが実行されれば予想限界利潤率が急低下し，各独占企業が利潤の長期最大化という行動原理のために合理的な判断をする限り，設備投資における事実上の協調的行動が成立するのである。この結果，産業需要が停滞的または小幅の拡大という状況のもとでは，部門全体としては，設備拡張投資について慎重な予測とそれに基づく抑制的な投資行動が行なわれるのである。

第2節　新生産方法が存在する場合の独占企業の投資行動

　本節では，市場の全般的停滞という条件のもとで，新生産方法が存在する場合の独占企業の投資行動を考察していく。この考察は，競争段階において不況から景気を回復させていく原動力であった新生産方法の導入のための個

別資本の投資行動が，独占段階ではどのように変化するのか，その変化は社会的総資本の再生産過程をどのように変化させるのかを明らかにするための予備的考察の意味をもっている。その考察の前提として，新生産方法の基礎となる新技術の研究開発が独占段階ではどのような特徴をもつのかを考察しておこう。

(1) 独占資本主義における新技術開発

　一般的に資本主義的生産の発展過程は，最大限の価値増殖のために新技術が率先的に開発・導入され，それが当該部門内に普及していく傾向をもっている。それまでにない画期的な新技術や新生産物を開発すれば独占的超過利潤を獲得できるし，それが生産力を向上させるものであれば他の資本との競争で優位に立ち，特別剰余価値を獲得できるからである。このことが資本主義において新技術の発明・開発を促進し，その基礎である科学技術の発展を刺激してきたのである。

　この一般的傾向に加えて，独占段階においては，独占企業は大規模な生産組織と多面的な科学技術の発展の成果を蓄積しており，資本グループ内での高度で多面的な技術の交流・相互利用も可能となる。また巨額の資本によって新技術を具体化する可能性が高まるから，そうした巨額の資本を必要とする技術開発を刺激・促進するようになる。さらに，新技術・新生産物に基づく独占的超過利潤を長期にわたって確保するために，新技術の開発過程自体を独占することが決定的な重要性をもつようになる。こうして独占企業は自企業内に大規模で総合的な研究開発機構を保有して，組織的・系統的に新技術の発明や開発に取り組むようになるのである。

　また，独占段階固有の帝国主義的対立のもとでは，独占資本主義国家にとって軍事力を強化し，軍事技術を急速に高度化することが必要となる。そのため国家自身が直接的に，あるいは民間の巨大軍需企業や研究機関などへ研究開発費を提供することなどによって間接的に，大規模で組織的な科学技術の研究開発を強力に進めていくようになる。これによって，殺戮・破壊目的という歪められた方向であるとはいえ，科学技術の水準は飛躍的に急速に高められていったのである。独占資本は，国家から軍事目的の研究開発費を獲

得して利用する他にも，政府や大学などの研究組織と技術的・資金的・人的に交流したり結合したりすることによって研究開発を進め，その成果を独占利潤獲得のために利用していくようになる。

> *Column* 7 - 1 軍事技術と民生・産業用技術との関係
> 　列強間の帝国主義的対立を背景として英独の覇権争いから始まった第一次世界大戦では，国力のすべてを動員する総力戦となり，それまでに開発されていた技術を軍事化・高度化させた戦車，潜水艦，戦闘機・爆撃機，毒ガスなどが実戦で使用された。第二次世界大戦期には第一次世界大戦で使用された兵器がいっそう高度化・高性能化されたのはもちろん，アメリカの国家プロジェクトとしてのマンハッタン計画によって，超絶的な殺傷力・破壊力をもち子孫にまで被害を強いる原子爆弾が開発され，対日戦において実際に使用された。大戦後には戦時中に開発された軍事技術が独占資本によって民生用や産業用の新技術に応用された。核分裂技術による原発，生物・化学兵器に由来する農薬や化学肥料などがその例である。
> 　冷戦期には米ソの核軍拡競争のなかで大陸間弾道ミサイル（Intercontinental Ballistic Missile, ICBM）や軍事偵察衛星のような宇宙の軍事的利用の技術が急速に開発され高度化されていった。コンピュータやICの発明自体は民生・産業分野であったが，ICBMや軍事衛星への利用がその改良や低価格化に重要な役割を果たし，これらの技術の民生・産業への応用を促進した。近年では，軍事技術と民生・産業用技術の区別が曖昧となり，両用技術（dual-use technologies）の重要性が高まっている。冷戦期における軍事力増強と軍事技術開発の問題についてより詳しくは，前掲の延近『薄氷の帝国　アメリカ』第3章を参照していただきたい。

　このように，独占段階において新技術・新生産物の研究開発は飛躍的に急速に進められていくのであるが，その成果は開発主体の独占資本によって独占され，独占利潤の獲得という基準に基づいて動員されていく。したがって，独占企業によって実用化され商品化される技術は，利潤増大と市場占有率の維持・拡大に有利な技術のみであって，研究開発される技術のうちの一部となる。特に市場停滞下では，いかに労働者や国民大衆にとって必要で有意義な技術であっても，独占利潤の獲得に不利な技術は採用されない。採用される場合でも自企業が開発・生産する技術と競合し，その技術に投下した研究開発費や生産設備資金が未回収であった場合には，採用が大きく遅延される

ことになる。

　さらに，技術の研究開発自体が独占利潤の獲得という目的のために制約されるという問題も存在する。技術発展の方向は本来多様な可能性をもっているものであるが，そのうちどの方向への発展が選択されるかは，どのような階級の人間がその選択の決定に参加できるかによって決まってくる（⇒第3章第3節）。資本主義一般において生産力の発展方向と利用方法の決定を行なうのは資本家階級であるが，独占段階においては，上述のように新技術・新生産物の主要な開発主体は独占資本であるから，その方向性や利用方法を選択し決定するのも独占資本家階級となる。

　したがって，その選択の第1の基準となるのは独占利潤の獲得・増大に有利であるか否かである。国家と結合して研究開発が行なわれる場合には，独占資本の利益と合致する「国益」の維持・増大という基準（大義名分）が付け加わる。人間と環境にとっての有用性や安全性という基準は，独占利潤や「国益」という基準に従属するものでしかないのである。開発され実用化された新技術・新生産物の問題点が明らかになり修正が必要となった場合でも，上述の基準が変更されない限り，それは独占資本主義の枠内（市場メカニズムと独占の支配）での修正であって，そうした問題点を生み出した体制自体が修正されることはない。

> *Column* 7-2　軍事技術から生まれた原発の技術
> 　独占資本と国家が結合して開発される新技術・新生産物のうち，軍事力強化のための技術開発が，生まれながらに人間と環境の安全を視野に入れない性格あるいはむしろ破壊的性格をもつのは当然である。前述の核兵器およびその付随技術や劣化ウラン弾，クラスター爆弾などはその典型といえよう。
> 　原発も核兵器のための放射性物質の製造技術から応用された技術であり同様の性格をもっている。核分裂や核融合反応は人間や自然界に有害な多種多様の放射性物質を不可避的に大量に発生させるが，核兵器の場合にはそれらの処理はもともと想定されていないし，むしろ敵に損害を与えるものとして爆発的反応による自然界への放出は制御されることなく放置される。原発は核分裂反応が爆発的に進行しないよう制御しながら，発生する反応熱を発電に利用するものであるが，やはり放射性物質は大量に生成される。原発はその（核兵器にも転用可能な）放射性物質を含む廃棄物の無害化のための技術や安全な最終処理方法も未完成のまま導入され，その技術が世界中に輸出さ

れ増設されていった。そして無害化技術および最終処理方法は現在も未完成のままで稼動しているのである。

また，原発の稼働中に故障や事故があった場合，爆発的な核分裂連鎖反応や放射性物質の自然界への放出が発生しないように制御するための，さまざまな安全対策が施されているとされてきた。しかし，1979年のアメリカのスリーマイル・アイランド（TMI）発電所や86年のソ連のチェルノブイリ発電所の事故，そして2011年3月の東日本大震災における福島第一原発の事故など，「想定外」の事態によって核分裂反応が制御不能となり，大量の放射性物質が放出される大事故が起こっている。その影響は長期にわたるため，世代を超えた人的・物的損害は測りしれないものである。

さらに，独占資本は独占利潤の獲得と投下固定資本の安定的な回収のために，その雇用労働者に相対的な高賃金や好労働条件を与え，自らの利害と独占資本の利害が一致すると認識させて労働者階級を分断・支配している（⇒第6章第2節）。非独占資本でも，一定の競争制限が可能で独占資本による収奪を他に転嫁できる上層の資本は，同様にその雇用労働者を支配している。この結果，労働者階級のうち独占資本や上層の非独占資本に雇用される労働者は，こうした独占資本主義体制を支える立場をとることになる。

以上のことが，独占資本主義における生産力発展が深刻な人間破壊・自然破壊・環境破壊を生み出す可能性を規定し，その解決を競争段階以上に困難なものとして，問題を深刻化させる基盤である。

(2) 新生産方法の導入をめぐる独占企業の投資行動

次に，新技術が開発された場合の独占企業の投資行動について，競争的市場の場合と比較しながら考えよう。ここでは生産技術の改良すなわち生産力を高め生産コストを低下させる新生産方法が開発された場合を対象とし，新生産物が開発された場合については第8章第2節で考察する。また市場が全般的に停滞しているという条件のもとで，①新生産方法がすべての独占企業に利用可能な場合と，②新生産方法を特定の独占企業が排他的に利用する場合に分けて考察していく。

① 新生産方法がすべての独占企業に利用可能な場合

　新生産方法がすべての独占企業に利用できる場合とは，生産手段生産部門で新しい生産性の高い製品が開発され商品化された場合や外国で開発された新技術の場合である。いずれも対価さえ支払えばすべての企業が導入できる。新生産方法を導入すれば特別剰余価値を獲得できることは，競争部門も独占部門も同じである[4]。独占的市場では新生産方法による生産費用の低下が，独占間協調において導入企業の闘争力・発言力を強めるという誘因が付け加わる。

　市場の全般的停滞下では，新生産方法は更新投資によって導入されることになるから，旧設備に残存価値があれば未償却による損失が生じる。また，新生産方法は一般に生産を大規模化し生産能力を増大させるため，販売量を増加させることができなければ，特別剰余価値に基づく利潤増大はその分だけ削減されることになる。これらは競争部門であるか独占部門であるかを問わず，新生産方法導入の阻害要因となる。

　しかし，競争部門においては，市場規模に比べて非常に小規模で多数の個別企業が存在し他部門からの参入も容易であるため，既存企業の中で残存価値の少ない旧式設備をもつ企業または既存設備をもたない参入企業によって導入されることになる。なお，旧式設備の残存価値が多い企業であっても，その部門の生産能力総量に比べて個別企業の生産能力比率はきわめて小さいため，もし新生産方法が画期的で生産費用を低下させる作用が大きければ，その一部を利用して若干の安売りによって販売拡大が可能となるから，新投資によって導入する可能性も高まることになる。

　独占部門においては，市場内に存在する企業数が少なく，1セットの生産設備が部門全体の生産能力総量に比べて大きいため，新生産方法の導入が可能となったときに更新時期にある生産設備が存在する可能性は小さくなる。したがって新生産方法が早期更新によって導入されるかどうかは，獲得が期待される特別剰余価値と残存価値廃棄による損失との比較考量によることに

---

[4]　ただし単一企業独占の場合は，企業内で正の特別剰余価値と負の特別剰余価値とが相殺され，利潤は増大しないことになる。

なる。

　新生産方法導入によって生産能力が増大したもとで，稼働率を維持するために価格切下げによって販売を拡大しようとすれば，独占的協調が破壊される危険性がある。したがって価格切下げ以外の手段（広告宣伝，営業活動・リベートなど）による販売拡大が必要となる。販売拡大が不充分であれば稼働率は低下することになる。いずれにしても，非価格競争のための費用や稼動率の低下にともなう費用増大の分だけ期待される特別剰余価値は削減されることになる。もちろん，新投資によって導入すれば，更新投資による導入以上に生産能力を階段状に増加させるため，価格切下げによって販売を増加させようとすれば，より激しい価格切下げ競争が現実化することになる。逆に価格協調を維持しようとすれば，稼動率は大幅に低下し利潤も大幅に減少する。つまり独占部門においては，競争部門のように新生産方法の存在が更新投資や新投資を特に促進することにはならないのである。

　したがって市場の全般的停滞のもとでは，独占部門における新生産方法導入は旧式設備の充分な償却後の更新時期に行なわれることになり，競争段階および独占段階の競争的部門に比べて導入が遅れることになるのである[5]。

　では，一部の企業が新生産方法を導入した場合に，当該部門内の他の企業はどのような行動をとるだろうか。競争部門においては，新生産方法の導入・普及にともなって市場価格が低下し，他の企業に導入を強制する競争の作用が働いた。独占部門においては，独占企業の行動原理によって破滅的な価格切下げ競争を回避し独占的価格協調が維持される傾向にある。導入した独占企業が販売拡大のために強化する非価格競争による圧迫はあっても，独占価格が維持されてさえいれば，新生産方法の導入が遅れても獲得が期待できる特別剰余価値は減少しない。したがって，他の独占企業は旧設備の残存価値を充分回収した後に導入すればよい。

　すなわち，独占部門においては新生産方法導入の競争による強制作用が弱まるのである。競争の強制作用が働くのは，更新投資期に新生産方法を導入

---

[5] ただし，参入障壁が低下している場合には，新生産方法の存在は参入期待利潤率をより上昇させるから，その限りで，前節で述べたように既存企業の早期更新による新生産方法導入が促進される。

した独占企業が増大し，独占価格水準の設定においてこれらの企業の発言力が増大した時点で，価格引下げ・生産量増大が行なわれる場合となる。つまり，独占段階において市場が全般的に停滞しているもとでは，競争段階のように新生産方法の導入にともなって更新・新投資が集中的に展開する可能性が小さくなるのである。

> *Column* 7-3　日米の鉄鋼業の生産性上昇率の格差の原因
> 　もちろん市場が大幅に拡大していく場合には，新生産方法は新投資によって導入可能となるから，既存設備の残存価値の大小は問題とならなくなる。市場条件の違いによる新生産方法導入の遅延と促進の例は1950年代から60年代の日米の鉄鋼業において典型的に見ることができる。
> 　製鋼技術の革新的技術である純酸素上吹き転炉＝LD転炉は1952年にオーストリアで開発されたが，このLD転炉をアメリカの鉄鋼業で最初に導入したのはシェア12位のマクラウス製鋼で1954年のことである。シェア1，2位のUSスティール，ベスレヘム・スティールが導入したのは，それから10年後の1964年である。これに対して日本では，高度成長期に入った1957年に新日鉄八幡で導入されて以降，高炉一貫メーカーが次々と導入していき，67年には粗鋼生産の2/3，70年には8割を占めるにいたった。
> 　こうした鉄鋼生産における新技術の導入の違いが，日米両国の鉄鋼産業の生産性上昇率の格差を生み，国際競争力の接近から逆転をもたらして，日本からアメリカへの鉄鋼輸出が急増する重要な要因となったのである。日米の製造業の生産性上昇率格差の原因として，両国の企業の経営戦略や労使慣行の違いを重視する見解もあるが，この日米の鉄鋼業における新生産方法導入に関する対照的な投資行動は，まず市場条件の違いによる独占企業の投資行動の両面性としてとらえる必要がある。

② 新生産方法を特定の独占企業が排他的に利用する場合

　独占部門における新生産方法の導入と普及の遅延傾向は，新生産方法が特定の独占企業によって排他的に利用される場合にはいっそう強化される。新生産方法を導入できるのはその利用権をもつ企業だけであるから，この企業の既存設備の残存価値が大きい場合には，部門内の他の企業や潜在的参入企業の動向を考慮する必要もなく，新生産方法の導入は延期される。導入によって期待される特別剰余価値と残存価値の廃棄による損失とを比較考量する

ことは，自由に利用できる場合と同様であるが，新生産方法の排他的利用が長期にわたって確実であればあるほど，既存設備の残存価値の回収を充分に行ない，導入後は特別剰余価値を確実に獲得し，しかも部門内での発言力を増大させることができる。

したがって，独占企業は新生産方法を発明・開発し，これを特許や秘密保持によって長期に独占することが有利となる。さらに，もしライバル企業が利用する可能性のある代替的な技術や周辺技術・応用技術などを開発したり利用可能となったりすれば，その技術の重要性に応じて先行企業の有利性は減少するか，あるいは逆転する可能性もある。そうした技術に関しても，実際に自企業が利用するか否かにかかわらず，可能な限り開発または買収することによって他の企業の利用を排除することができれば，自らの独占的地位を維持・強化することになる。

以上のことは，独占企業の利潤が増大する限りにおいて技術進歩が現実化すること，すなわち技術進歩とその成果が独占企業に独占されることによって，技術進歩が遅延される場合があること，あるいは死蔵される場合もあることを示している。そして，特定企業が新生産方法の排他的利用を武器として部門内での独占的地位を強化すれば，ライバル企業は，導入された新生産方法と同等あるいはより優秀な類似的・代替的生産方法の開発・導入を促迫されることになる。

もし，部門外の独占企業によって新生産方法が開発され，独占的・排他的に利用される場合には，参入企業は既存設備をもたないという有利性に，既存企業の導入できない新生産方法による低生産費用という優位性が加わる。参入障壁がこの優位性を相殺するような高さでない場合には，参入企業は価格を切下げつつ参入を行ない，既存企業を圧倒しながら自己の販路を拡大する可能性が高まる。この場合には，既存企業が参入を阻止することは困難となる。

既存企業が参入企業への対抗のために価格切下げを行ない，市場占有率の低下を最小限に食い止めることができたとしても，利潤率の大幅な低下は不可避である。新生産方法が画期的で価格切下げによっても対抗できず，市場占有率の大幅な低下を余儀なくされる場合には，稼動率も利潤率も大幅に低

下する。したがって既存企業は参入を容認して参入企業との協調を模索しつつ，類似的・代替的生産方法の開発・導入を急ぐしかない。

　以上のように新生産方法が部門内の特定の独占企業によって排他的に利用される場合，その導入は既存設備の償却が完了した時期となり，すべての独占企業が利用可能な場合よりも遅れることになる。参入企業が排他的に利用する場合には，参入によって導入されるか否かは参入障壁の高さしだいである。ただし，市場の全般的停滞という条件のもとでは（A）要因と（C_A）要因の参入障壁は低下していないから，参入が実行されるのは，これらの要因による参入障壁を相殺できるほど新生産方法が画期的で生産費用を大幅に低下させるものである場合となる。また，新生産方法導入の競争による強制作用は，ライバル企業に類似的・代替的生産方法の開発と導入を促迫する作用という内容に変化する。いずれにしても，新生産方法の導入とその普及は競争的市場におけるよりも大幅に遅れることになる。

第8章
独占段階における景気循環の変容

　本章の課題は，独占段階における社会的総資本の再生産過程の特徴を明らかにすることである。この課題は以下のような内容をもっている。序章第1節で述べたように，独占段階では，競争段階における規則的な景気循環に代わって，社会的総資本の再生産を停滞的にする傾向すなわち**停滞基調**が支配するようになる。独占資本は競争段階の資本に比べてはるかに大規模な設備拡張投資を実行する力をもっているから，独占資本が積極的に設備拡張投資を実行すれば，競争段階以上に急速な拡大再生産が現実化する可能性がある。にもかかわらず，その可能性の現実化が阻止されて停滞基調が支配するのはなぜ，どのようにしてなのか。

　また，停滞基調はあくまで「基調」であって，独占段階において急速な拡大再生産がまったく見られなくなるわけではない。新しい画期的な技術・製品の登場や輸出の急増，あるいは戦争といった外部的条件が与えられた場合には，急速な経済成長が現実化するのである。そのような条件によって急速な経済成長を現実化するのはどのようなメカニズムによるのだろうか。

　以上の論点について，第6章および第7章で明らかにされた独占企業の独占的価格支配と投資行動を基礎として考察していく。

第1節　停滞基調

　競争段階の景気循環過程は，資本主義固有の〈生産と消費の矛盾〉が累積・成熟し爆発していく過程でもあった。独占資本主義も資本主義である限り〈生産と消費の矛盾〉が存在しているが，独占段階において〈生産と消費

の矛盾〉はどのような意味をもつことになるだろうか。独占段階においては，独占価格の設定によって独占利潤の収奪が行なわれるため，労働者階級および小生産者層の消費制限はより強化される。非独占資本家も利潤および所得の一部を収奪されるから実質消費は削減される。独占利潤の一部は独占資本家階級の消費増大につながるが，消費性向は労働者や小生産者に比べてはるかに低いから，社会全体の最終消費は競争が全面的に支配した場合よりも削減されることになる。

　この消費制限の強化は，その他の条件が同じであれば社会全体の再生産規模を縮小させるように作用する。しかし，競争段階においても制限された消費のもとで，個別資本の投資行動を通じて，最終消費から「自立」的に社会全体の市場拡大と急速な拡大再生産をもたらすⅠ部門の不均等的拡大メカニズムが存在していた。その基軸が新生産方法の導入にともなう更新・新投資の集中的展開，および投資需要を媒介とした生産と投資の相互誘発的・加速度的拡大メカニズムである。独占段階において，独占資本が独占利潤を収奪し消費制限が強化されることは資本蓄積のための基金が増大することを意味するから，その基金によって現実に資本蓄積が行なわれれば，むしろ再生産規模をより急速に拡大させる可能性をもたらす。

　つまり，問題の焦点は，資本主義的拡大再生産の牽引力である設備投資の動向が独占段階ではどのように変化するのか，それは市場や生産にどのような影響を与えるのかということになる。言い換えれば，競争段階に存在していた停滞の中から社会全体の市場拡大と急速な拡大再生産をもたらすメカニズムは，独占段階においてどのように変化するのかということである。

(1) 生産＝市場拡大の内的起動力

　新生産方法が特定の独占企業によって排他的に利用される場合はもちろん，すべての独占企業が利用可能な場合であっても，市場の全般的停滞下では，新生産方法は各独占企業の旧式設備の更新時期に個別的に導入される（→第7章）。また，独占的価格協調が維持される限り，他の独占企業に導入を強制する競争の作用も弱まる。したがって，独占部門において新生産方法の導入と結びついた設備投資が短期間に群生し，労働手段生産部門を中心とする

関連部門に対して需要を一挙に拡大していく可能性はきわめて小さくなっているのである。

さらに，独占的市場構造が成立するのは一国経済の再生産構造において基幹的で重要な位置を占め，設備投資の群生を軸として進展する社会的総資本の拡大再生産において中心的な役割を果たしていく産業部門である。したがって，これらの部門が独占部門となり，市場が停滞的な場合に新生産方法の導入にともなう更新・新投資の集中的展開がほとんど期待できないということは，独占段階においては経済全体の市場拡大を強力に推進していく内的起動力が大幅に削減されることを意味する。

ただし非独占部門において新生産方法の導入にともなう設備投資が群生する可能性は残っている。しかし，非独占企業は独占企業の収奪によって蓄積基金を削減され，信用による社会的資金の利用においても不利な立場にある。独占部門と直接の産業連関にある非独占部門の生産や投資は独占部門の動向に左右されるから，独自に生産や投資を拡大する可能性は小さい。独占部門と直接の産業連関のない部門は，奢侈品や流行に左右されやすい非耐久消費財部門，多品種少量生産で資本の有機的構成の低い部門であることが多いから，これらの部門で設備投資競争が展開されたとしても，労働手段生産部門への需要を急増させて経済全体の市場拡大をもたらすような強力な推進力とはならない。したがって，非独占部門は，単独で経済全体の市場拡大をもたらすような大規模な設備投資を実行できる力をもっていないといえよう。

(2) 関連部門の市場＝生産の誘発的拡大メカニズム

もちろん，独占部門においては新生産方法の導入が遅延されるとはいえ更新時期には導入されるのであるし，複数の独占企業の保有する設備が同時に更新時期を迎えることもありうる[1]。また，非独占部門は単独では大規模な

---

1) 競争的市場においては労働手段の年齢構成が理想的な状態を出発点としたとしても，新生産方法の導入をめぐる競争によって早期更新や新投資が促進される結果，労働手段の年齢構成が偏って更新時期が集中する傾向があった。独占的市場では競争の強制作用が弱まるから，その限りで更新時期が集中する可能性は低くなる（⊃第4章第2節および第5章第1節）。

設備投資を実行する力をもたないとはいえ，独占部門において更新投資が行なわれる時期に，複数の非独占部門でも新生産方法の導入にともなって更新・新投資が集中的に展開する可能性はある。

こうした更新・新投資の集中によって発生する需要が経済全体の需要増加・生産拡大をどの程度誘発するかは，関連部門に固定資本投下を含む設備投資を誘発するかどうかに関わっている。需要増加が一定の大きさとなり，既存の設備上での生産拡大だけではなく，固定資本の投下を含む設備投資が行なわれるようになると，需要増加は関連部門に加速度的・相互促進的に波及するからである（◯第4章第3節）。

しかし，関連部門が独占部門であった場合，各独占企業は余裕能力を保有することによって，需要の一時的な増加に対して稼動率の上昇による生産拡大＝供給の増大で対応できるような体制をとっている。需要増加の程度が部門内の既存企業の保有する余裕能力総量の範囲内で，予想限界利潤率が投資基準利潤率を下回っていれば既存企業は設備増設には踏みきらないし，この場合は参入障壁も充分には低下しないため他部門の企業による参入の可能性も小さい。したがって，この部門の生産拡大による他の関連部門への需要増加は流動資本部分にとどまることになる。また，需要増加が余裕能力を超えるような規模であったとしても，各独占企業は需要の長期的な動向を慎重に予測して推計される予想限界利潤率が充分に高くなければ設備拡張投資は実行しないし，一部の独占企業が設備を拡張しても他の企業は競争的な設備投資には抑制的である（◯第7章第1節）。

このように独占部門における余裕能力の存在と独占企業特有の慎重な投資行動が，いわばショック・アブソーバのような役割を果たして，関連部門にさらに需要が加速度的に波及していく作用を減衰させるのである。そして独占段階においては，一国経済の基幹的な産業部門であって，急速な拡大再生産メカニズムにおいて決定的に重要な位置を占める生産部門が独占部門となっているのである。このことは，たとえ一部の生産部門で設備投資が集中的に展開し，その投資需要が関連部門に波及してその部門の生産拡大と設備投資を誘発したとしても，それらの需要拡大はやがては独占部門に波及していくことを意味している。

したがって，独占部門のショック・アブソーバ機能を超えて生産・投資の加速度的拡大が誘発されない限り，資本蓄積の強力な進展によって経済全体の再生産規模の拡大を促していく作用は著しく弱まっているのである。この結果，独占段階においては，競争段階に内蔵されていた停滞からの自動的回復メカニズムは衰弱し，社会的総資本の拡大再生産を停滞的にする基本的傾向が支配することになる。これが独占段階の停滞基調である。

(3) 〈生産と消費の矛盾〉の現れ方の変化

競争段階においては，資本主義に内在する〈生産と消費の矛盾〉は，ある時期には市場の諸条件に制約されないかのような生産の無制限的な拡大過程が出現し，やがて制限された労働者の消費に直接・間接に規制された市場の諸条件がこの拡大過程を限界づけるという形態で展開した。これに対して，独占段階では，労働者の消費制限は独占価格の設定による収奪と停滞基調のもとでの労働力の慢性的過剰（名目賃金の上昇の抑制）によって，より強化される一方，上述のように生産の無制限的拡大傾向は抑制される。

このため，独占資本は独占利潤の収奪によって巨額の資本蓄積を行なう力をもっているにもかかわらず，停滞基調のもとで有利な投資機会が存在しない場合には貨幣資本の慢性的な遊休化が生じる。また，余裕能力を超える大幅な過剰生産能力が発生した場合でも，独占資本は強力な耐久力をもっているために過剰生産能力が倒産という形で解消される可能性は小さく，生産資本の過剰も慢性的なものとなる。さらに，独占部門では新生産方法の導入が主として旧式設備の廃棄＝更新投資によって行なわれるため，生産力の向上にともなう資本の有機的構成の高度化（投下資本あたりの労働力雇用率の低下）による労働力排出作用（◎第2章第3節）が一方的に働き，労働力の過剰も慢性的なものとなる。これは労働者の消費制限をさらに強化し（失業者の増大とその圧力による就業者の賃金低下），Ⅱ部門の市場に影響することによって全体の停滞を促進する作用を果たすことになる。

このように独占段階における〈生産と消費の矛盾〉は，拡大再生産の急速な進展の可能性が広範に存在するにもかかわらず，その可能性の現実化が阻止されて資本過剰と労働力過剰が慢性化し，構造的なものとして定着すると

いう内容をもって現れるのである。

第2節　新生産部門の形成と対外膨張による急速な拡大再生産の現実化

　独占段階固有の停滞基調のもとでは，独占資本は有利な投資機会を創出するために新技術・新生産物の開発にいっそう積極的に取り組むことになる。生産方法の革新をもたらす新技術を開発すれば，特別剰余価値を獲得する可能性が生まれるだけでなく，当該部門のライバル企業との競争や価格協調においてより有利な立場に立つことが可能になるし，参入障壁をより強化することもできる。しかし，既存設備に未回収の残存価値があった場合には，生産方法を革新する技術の導入は更新時期が来るまで遅延される（◯第7章）。

　これに対して新生産物の開発に成功した場合，それが大量で安定的な需要を生み，巨額の利潤を長期にわたって確実に獲得できると予想されるようなものであれば，実用化・商品化が遅延される理由はない。独占資本はそのような新生産物の生産のための投資をただちに開始することになる。新生産物が，自動車や石油化学製品のようにそれまでに存在しなかったような画期的なもので，独自の新しい労働手段体系によって大規模生産が行なわれるようなものであれば，新たな生産部門が形成されることになる。大規模な新生産部門が形成される場合には，激しい設備投資競争が発生して停滞基調に反作用を与え，急激な拡大再生産を現実化する可能性をもっている。

　また資本主義経済は本来，一国経済の枠を超えて国外にも拡張していこうとする傾向をもっているが，独占段階固有の停滞基調のもとでは資本過剰が慢性化するために，国家と結びついていっそう激しい対外膨張として追求される。それが成功した場合に急速な拡大再生産を惹起する一方で，戦争や国家間の鋭い対立を生み出すことにもなる。

　以下，新生産部門の形成や対外膨張が停滞基調に反作用を与えて，社会的総資本の急速な拡大再生産を現実化するメカニズムを明らかにする。

> *Column* 8 - 1 独占段階の経済成長には新生産部門や対外膨張が必要
>   歴史的に見ても，独占段階で間欠的に見られる急速な発展の時期において，新生産部門の形成や対外膨張が重要な役割を果たしていることは明らかである。新生産部門の形成については，1920年代のアメリカ長期好況期での自動車の大衆化，電話・ラジオなどの電気機器，レーヨンなどの新繊維（再生繊維）など，1950年代以降の持続的経済成長期でのエレクトロニクス関係の新生産物や石油化学の新素材（繊維，ゴム，プラスティック），日本の高度成長期における自動車，家庭電化製品，石油化学製品などである。対外膨張については，第一次世界大戦や第二次世界大戦にともなうアメリカの輸出の急増，ベトナム戦争期のベトナム周辺諸国やアメリカへの日本の輸出の急増などで，いずれも経済成長を刺激する重要な要因となった。

（1）新生産部門の形成をめぐる設備投資

　上述のように，大規模な需要が見込まれ長期的に巨額の独占的超過利潤を獲得できると予想される画期的な新生産物が開発され，それが独自の新しい労働手段体系によって大規模生産が行なわれるようなものであれば，新生産部門を形成するための巨額の設備投資が行なわれることになる。

　新生産物を開発し最初に生産を行なう独占企業は，その独占的地位を利用して独占的超過利潤を大量に獲得するため，当初から有利な量産体制をもって生産に着手しようとする。このため新生産物の生産のための新鋭労働手段体系の一括設置を行なうことになるが，新生産物に対する広範な需要を開拓し，生産の飛躍的拡大と設備拡張を進めていくには一定の期間が必要となる。この新生産物の市場開拓期においては，他の独占企業は高い利潤率を実現できる新生産部門に参入しようと類似的・代替的な新生産物の開発・実用化を追求する。他の独占企業も従来から新生産物の研究開発を行なっているし，先行企業の需要開拓努力によって新生産物の市場が大幅に拡大していけば参入障壁が低下し，他企業の参入を容易にすることにもなる。

　他企業の参入が実現すると，複数の独占企業による設備投資が展開して生産が拡大し，新市場の開拓・拡大は急速に進んで，新生産部門の本格的形成期を迎えることになる。そこでは，複数の独占企業の競争的な生産方法の改良による価格の低下，品質の改良競争，競争的な販売促進活動が行なわれて，

新生産物の需要は着実に大幅に拡大していく。さらに需要拡大のより多くを自企業のものにしようとする積極的で率先的な設備拡張投資競争が現実化し，設備投資はいっそう活発なものとなる。

(2) 関連生産部門への需要の波及と設備投資の誘発

　新生産部門における固定資本投下を含む投資競争が現実化すると，大規模な投資財需要が持続的に創出され，Ⅰ部門とりわけ耐久的な労働手段を生産する部門に対する需要を急速に拡大していく。また，設備投資と生産の拡大にともなって原材料やエネルギー，労働力に対する需要も拡大していくし，新生産物の需要開拓のための販売促進活動に必要な資材や労働力への需要も拡大する。

　このような新生産部門の形成にともなう需要拡大は関連部門の生産拡大をもたらすが，独占段階においては，余裕能力の存在と独占企業の慎重な投資行動によって，需要拡大が設備拡張投資を誘発する作用は大幅に弱まっている。したがって，関連部門の設備拡張投資を誘発していくためには，これらの部門の余裕能力をかなりの程度上回る規模と持続性をもって需要が創出され，独占資本の慎重な投資行動を一変させるようなものである必要がある。

　そのような新生産物とは社会・経済・生活のあり方を革新するほどの画期的なものである。例えば自動車は単独の生産物としてそのような役割を果たすものであったし，石油化学，エレクトロニクスなどはこれらと技術的関連性をもった多種多様な新生産物の開発を刺激するとともに，新しい生産手段として既存の多様な生産物を大きく変革するような性質をもっていたのである。こうした新生産物は当然独占利潤の獲得に有利なものである。したがって独占企業は，独占利潤に基づく内部資金および金融資本との結合によって調達する外部資金を利用し，ときには国家政策と結びついて国家機関や国家資金をも利用しながら，自らが保有する大規模な研究開発機構によって画期的な新生産物の開発を追求するのである。

　新生産物が上述のような画期的なものであった場合，新生産部門の形成にともなう関連部門への需要拡大はきわめて大規模になり，それらの部門において複数の独占企業による設備拡張投資競争を誘発することになる。この関

連部門における設備拡張投資はさらにその関連部門へ需要を波及させていくが，この需要の波及は固定資本投資を含むために加速度的に拡大していくことになる。Ⅰ部門の不均等的拡大のメカニズムを軸とする市場と生産拡大の加速度的誘発メカニズムが一挙に顕在化するのである（◯第4章第3節）。

> *Column* 8－2　独占資本が開発する新生産物の性格
>
> 　社会・経済・生活のあり方を革新するほどの画期的な新生産物とは，一般的にはそれだけ社会的有用性が大きいものであるが，それは独占資本が新生産物を開発する第1の目的が社会的有用性であることを意味しない。独占資本の行動原理は最大限の独占利潤の長期安定的な獲得であるから，新生産物の開発においても独占利潤の獲得に有利であるかどうかが第1の目的である。
> 　社会的有用性が大きい生産物や技術は大量の需要が見込めるから独占利潤の獲得にも有利となるが，社会的有用性があっても独占利潤の獲得に不利な場合には，そのような生産物や技術は開発されないか，開発されてもその実用化・商品化は遅れることになる。例えば，製薬会社がある病気の治療に劇的な効果をもつ新薬の可能性を発見したとしよう。もし，すでにその病気の治療のために巨額の研究開発費を投じた自社の医薬品を生産しており，その投下資本の回収が終わっていない場合には，その新薬の開発や生産は独占利潤の獲得と投下資本の回収に不利となる。また，難病の治療のための医薬品に社会的有用性があるのは当然であるが，その難病の患者が少数で医薬品の開発には巨額の研究開発費が必要な場合も同様である。
> 　逆に，社会的有用性が小さいか，あるいは社会にとって有害な生産物や技術であっても，独占利潤の獲得や投下資本の回収に有利である場合，その生産物や技術の開発・実用化は強力に進められることになる。第3章末尾の *Column* 3－4 で述べた原発問題はその典型といえよう。

　さらに，独占企業は競争段階の企業に比べて巨額の投資資金（内部資金と外部資金）を利用できるし，設備投資の際には余裕能力を見込んで投資規模を決定するため，設備投資と需要拡大の相互促進的・加速度的波及はいっそう急激で大規模なものとなる。また，設備投資を実行すれば，部門全体として生産能力が過剰となることが明らかになるような状態になったとしても，独占企業は市場拡大終了後の市場占有率確保のために生産能力過剰を覚悟した設備投資を強行する傾向が強いため，この設備拡張投資競争はいっそう激しいものとなる。

Ⅰ部門の不均等的拡大の進展によって生産規模が拡大し雇用が増大すれば，労働者の賃金総額の増大と消費総額の増大をもたらす。また，時間外労働の増加や賃金率の上昇，家族の就業率の上昇によって家計の合計所得が増大し，停滞基調のもとで潜在化されていた消費欲求が顕在化して急速な消費支出増大を実現する。消費手段需要の増加はⅡ部門の生産拡大と設備投資の拡大を促すが，それはⅠ部門の不均等的拡大をさらに促進することになる。

　こうして画期的な新生産物の登場による新生産部門の形成を契機として，独占段階固有の停滞基調は一転する。独占間協調によって潜在化されていた競争と対立が全面的に顕在化しながら，Ⅰ部門の不均等的拡大を軸とした社会全体の急速な拡大再生産，すなわち好況過程が進展するのである。

(3) 新生産部門の形成による発展の限界

　好況過程＝Ⅰ部門の不均等的拡大は，設備投資が増大し続ける限りにおいて継続する（◯第4章第3節）。しかし，新生産部門形成投資は新生産物の市場が開発され拡大していく一定期間に一斉に行なわれるが，新生産物がほぼ普及し新市場の本格的形成が完了した後にはこれらの設備投資も終了するという特徴をもっている。その後は設備の耐用期間が終了するまで，長期にわたって拡張投資も更新投資も一切なく，一方的供給のみが行なわれる状態が継続することになる。

　このことは，一定期間は新生産部門に関連する諸部門に大規模な需要が波及し，その部門における生産拡大と設備拡張投資競争を誘発していくが，一定期間終了後には関連諸部門への需要も急速に減退することを意味している。したがって，既存の関連部門でも設備拡張投資競争が終了し，特に労働手段生産部門において大規模な過剰生産能力が発生し，一方的供給のみが行なわれる状態となる。この結果，競争段階の景気循環と同様の〈生産と消費の矛盾〉の累積と爆発のメカニズムによって，市場条件は大幅な需要超過の状態から供給過剰の状態へと転じ，全般的過剰生産恐慌が爆発することになる。

　競争段階において過剰生産恐慌が爆発すると，大量の倒産の発生によって過剰生産物と過剰生産能力が削減され，暴力的に需給関係が回復されるのであった。これは生産手段価格や賃金の低下とともに，新たな発展過程のため

の条件を整備することを意味した。独占段階においても，非独占部門の中小資本を中心として大量の倒産が発生し，恐慌が激烈であれば一部の独占企業が倒産する可能性もある。しかし，多くの独占企業は独占間協調による生産制限によって価格の低下を抑制し，独占利潤を基礎とするその強大な耐久力によって低利潤率のもとでも生き残っていく。金融独占との結合・癒着は信用供与を通じてその耐久力を補強するし，独占企業間の信用連鎖における支払不能の波及を抑止することも可能となる。

　このことは，非独占部門において過剰生産物と過剰生産能力が解消されたとしても，独占部門においては過剰生産能力がほとんどそのまま残存することを意味する。社会全体の拡大再生産を強力に牽引していく基幹的産業部門の過剰生産能力が，全般的過剰生産恐慌によっても充分に解消されず，長期にわたって残存し続けることになるのである。つまり，独占段階においては，恐慌が過剰資本を破壊し新たな発展過程を準備する機能が麻痺して，恐慌後の深刻な不況・経済停滞が長期間継続することになるのである。

　そして，このような経済停滞状況のもとでは，新生産方法の導入のための投資や新生産部門の形成が実現し，ある程度の設備投資需要の増大があっても，独占部門の余裕能力と過剰生産能力によって吸収されてしまい，独占部門における設備拡張投資とその集中的展開が生じる可能性は非常に低くなる。慢性的な資本過剰と労働力過剰のもとで，停滞からの回復が実現するためにはいっそう巨額の需要を創出するような新生産部門の形成，あるいは対外膨張による国外市場の拡大という外部的条件が必要となるのである。

(4) 対外膨張による急速な拡大再生産の現実化

　資本は商品の輸出市場の拡大や原料資源の確保などのために，一国経済の枠を超えて国外にその活動を拡大していく一般的傾向をもっているが，独占段階においては，巨大独占資本がその資本力を武器として，独占利潤の獲得のために対外膨張を強力に推進していく。

　資本主義経済が未発達または発達途上で将来大量の需要の開拓が見込まれる国・地域に対して，独占資本が他に先んじて進出して自企業の商品の販売市場とし，さらにその市場を独占的に支配することができれば，将来にわた

って巨額の独占利潤を安定的に獲得することができる。市場支配のためには，商品輸出だけではなく部分的な生産設備の設置や流通機構の整備がより有効な手段となる場合には，資本輸出をともなって対外膨張が実行される。

　商品販売市場としての将来性は乏しいが天然資源が豊富な国・地域に対しては，資本輸出による対外膨張を行なって，天然資源の開発から生産・輸送・流通機構までのすべてを独占的に支配することが有利となる。自国あるいは他国の独占資本の参入を阻止し，購買独占によって相手国に極端な不等価交換を強制して，低廉な資源を安定的に獲得できるからである。その資源を独占価格によって販売すれば，購買と販売の両面で巨額の独占利潤を獲得できるし，他の先進資本主義国の独占資本との競争においても有利となる。

　こうした資本主義経済が未発達の国・地域に対する対外膨張において，現地資本や相手国民との利害の衝突がある場合には，経済活動だけではなく，現地の支配階級に（合法的・非合法的を問わず）資金提供を行なうことによって，あるいは自国政府との結合・癒着を基礎に軍事的手段をともなって相手国・地域を支配下に置くことも合目的的な行動となる。

　すでに資本主義が高度に発達し独占段階にある先進資本主義国に対する対外膨張は，相手国の独占資本が形成する参入障壁の存在によって容易ではないが，すでに巨大な市場が成立しているだけに，進出に成功すればそれだけ巨額の独占利潤が期待できる。この場合に有効な武器となるのが，需要の急速な拡大期に導入された優秀な新生産方法を基礎として低コストで生産された生産物，あるいは大規模な研究開発投資によって開発・実用化に成功した，相手国には存在しない新生産物（同種の生産物であっても品質や性能が決定的に異なるものを含む）である[2]。これらによって相手国への商品輸出に成功し，さらに販売の持続的拡大が期待できる場合には，輸送コストや流通コストの削減などのため生産工程の全部あるいは一部を相手国に移転する場合もある。この場合には直接の企業進出や相手国企業の買収のための資本輸出も行なわれることになる。

---

[2] もちろん資本主義の発達度や生活水準等は各国によって異なるため，これらに規定された相対的な低賃金が商品輸出の武器となる場合もある。

以上のような対外膨張は，独占段階固有の停滞基調のもとではいっそう激しく追求されるようになる。国内に有利な投資先がなく慢性的に過剰となった貨幣資本は対外直接投資の原資となるし，流動的形態を維持したままで利子やキャピタル・ゲインを獲得するために対外証券投資も追求される。生産能力の過剰によって生産設備の稼働率が極度に低下しコストが上昇した場合には，ダンピング輸出によってでも生産量を確保し，生産物1単位あたりの固定費用を削減することが，利潤の増大のための合理的行動となる。

> *Column* 8-3　ダンピング輸出が行なわれる理由
> 　自国内での販売価格を大幅に下回る価格，場合によっては生産費用を下回るような価格でのダンピング輸出が行なわれる理由を，簡単な例で示せば次のようになる。ある自動車メーカーが年産200万台の生産設備を保有していて，固定費用（減価償却費，研究開発費など）が年5000億円，限界費用（自動車1台あたりの原材料費，人件費などの直接費）が100万円だったとする。
> 　販売が国内向けだけで100万台だったとすると，1台あたりの平均費用は固定費用50万円＋限界費用100万円＝150万円となる。これを1台200万円で販売すると，売上総額は2兆円で総費用は1兆5000億円であるから利潤総額は5000億円となる。
> 　輸出価格を国内販売だけの場合の平均費用の150万円より低い125万円に設定することで100万台の輸出が可能になるとすると，販売台数は200万台となり，1台あたりの平均費用は固定費用25万円＋限界費用100万円＝125万円に低下する。売上総額は3兆2500億円で，総費用は2兆5000億円となり，利潤総額は7500億円に増加する。
> 　つまり，ダンピング輸出によって輸出数量を確保できれば，それによって平均費用が低下するために，輸出による利潤はゼロであっても国内向け販売で利潤が増加するのである。輸出の増加によって生産能力を大規模化した企業にとっては，輸出量を維持することが死活的な重要性をもつのである。

こうした「平和的」手段だけではなく，停滞が深刻であればあるほど，またそれが長期にわたればわたるほど，独占利潤の維持・増大を目的として商品輸出市場の拡大や低廉な原料資源を求めて，国家をも利用した「暴力的」で手段を問わない対外膨張が追求される可能性が高まっていく。たとえ「暴力的」であっても対外膨張に成功し輸出が急増したとすれば，新生産部門の形成にともなう急速な拡大再生産メカニズムと同様の作用が働いて，需要増

215

大と生産・投資拡大の加速度的・相互促進的波及が現実化し，急速な経済成長と雇用の増大が実現される。それゆえ国家政策としての「暴力的」対外膨張が，独占資本はもちろん労働者を含めた多数の国民の支持を勝ち取り，実行されていくのである。

(5) 対外膨張による再生産構造の変化

対外膨張の成功によって急速な拡大再生産が現実化するのは，輸出の急増によって輸出部門の生産と設備投資が拡大し，それがきっかけとなってⅠ部門の不均等的拡大のメカニズムを軸とする市場と生産拡大の加速度的誘発メカニズムが一挙に顕在化するからである。新生産部門の形成にともなう急速な拡大再生産は，新生産物の普及が完了するとともに終了することが運命づけられていた。対外膨張による急速な拡大再生産も，それがⅠ部門の不均等的拡大という内容をもつ限り〈生産と消費の矛盾〉が累積していくのだから，やがて過剰生産恐慌に帰結する可能性をはらんでいる。しかし新生産部門の形成とは異なり，輸出が増加し続けて設備投資が増加し続ける限り拡大再生産の継続も可能である。ただし，このことは一国経済の再生産構造の変化という別の問題を生み出すことになる。

輸出の急増によって輸出部門および関連部門で設備投資が群生し，Ⅰ部門の不均等的拡大が進展するということは，Ⅰ部門もⅡ部門も国内最終消費や投資需要に加えて，輸出需要を不可欠の要素とする再生産構造が形成されることを意味する。輸出が消費手段のみであるとして図示すると第8-1図のようになる。

第8-1図　対外膨張による再生産構造の変化

Ⅰ部門	
Ⅱ部門	
国内最終消費	輸出

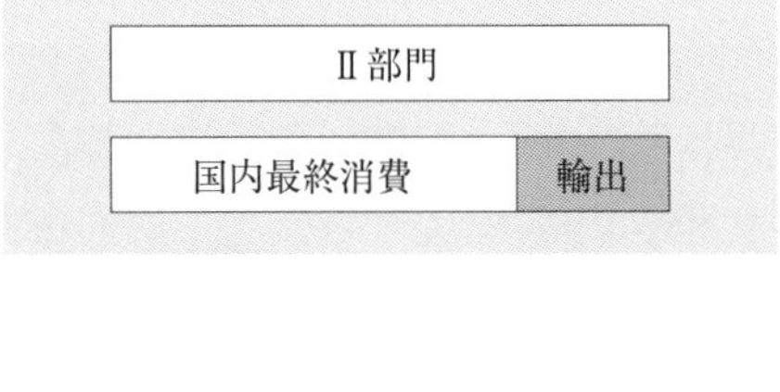

輸出が増加し続けてII部門の生産拡大と投資拡大が持続すれば，I部門への投資需要の増加によってI部門の不均等的拡大も持続するが，それはこの再生産構造のアンバランスをいっそう深めていくことになる。つまり対外膨張に依存した急速な拡大再生産とは，もし輸出の増加が鈍化すればこのアンバランスな再生産構造が一挙に瓦解する可能性をはらんだ拡大再生産なのである。〈生産と消費の矛盾〉は，労働者1人あたりの消費増大による最終消費の増大のメカニズムを欠いたまま，輸出増加に依存して生産と投資が無制限的に拡大していくという内容となっているのである。

対外膨張に依存した経済成長は，Column 8-3で指摘した個別企業レベルで輸出の維持を利潤獲得と投下資本回収の不可欠の要素とする構造を形成するだけでなく，一国経済レベルにおいても輸出の累増を不可欠とする再生産構造を形成するのである。輸出の累増が不可能となればこの経済成長は全般的過剰生産恐慌に帰結する性格をもっているのはいうまでもない。もし輸出を累増し続けることができたとしても，他の独占資本主義国も停滞基調からの脱出のために同様の対外膨張を追求すれば，国家間の対立を激化させることになる。

(6) 1930年代長期不況と第二次世界大戦

「平和的」手段によるにせよ「暴力的」手段によるにせよ，対外膨張は独占資本主義国家間の対立を先鋭化し，軍事的衝突を発生させる危険性をもっている。1929年世界恐慌とその後の30年代長期不況に対する各国の政策，その帰結としての第二次世界大戦がその現実化の典型例である。

1920年代のアメリカ経済は「新時代（New Era）」と呼ばれるほどの空前の好況を謳歌していた。第一次世界大戦にともなう富の蓄積によって純債権国となり，乗用車や各種の電気製品などの新生産物が急速に大衆に普及し，海外投資や貿易も拡大して，設備拡張投資も次々に実行された。しかし，やがてヨーロッパ諸国が大戦による打撃から回復しはじめると，アメリカの農産物の輸出市場が圧迫され，工業製品も生産過剰化傾向となった。1929年10月，ニューヨーク株式市場の株価の暴落をきっかけとして過剰生産恐慌が爆発し，銀行の倒産も発生して信用恐慌状態に陥った。恐慌はヨーロッパや日

第2部　独占資本主義段階の理論

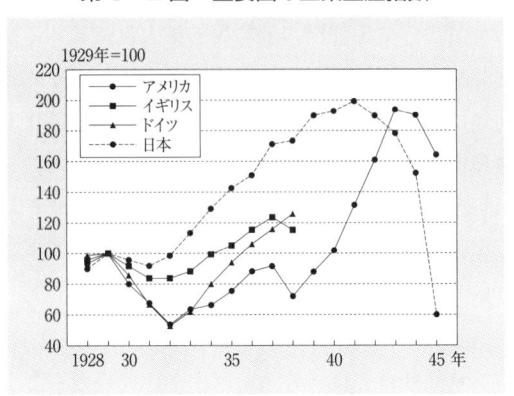

第8-2図　主要国の工業生産指数

[備考] イギリスとドイツは39年以降の統計と断絶しているため38年までを表示した。
[資料出所] B. R. Mitchell, *European Historical Statistics, 1750-1970*, U. S. Department of Commerce, *Historical Statistics of the United States*, OECD, Industrial Statistics 1900-1962, 日本銀行『明治以降本邦主要経済統計』より作成。

本へ波及し世界恐慌に拡大していった。まさに新生産部門の形成と対外膨張による好況が一転して長期不況へと落ち込んでいったのである。

　この状態を主要国の経済指標によって確認しておこう。第8-2図は米・英・独・日4カ国の工業生産指数のグラフである。アメリカの工業生産指数は，恐慌前に比べて32年の53.8にほぼ半減し39年まで恐慌前水準を回復していないが，40年以降に急速な生産の増大があったことを示している。イギリスは32年に83.5まで落ち込むが，35年頃には恐慌前水準に回復している。ドイツは32年に53.3に低下し4カ国中でもっとも深刻な状態となったが，それ以降急速に回復し36年には恐慌前水準を上回った。日本は31年に91.6と4カ国の中でもっとも影響は軽微に見えるが，すでに第一次世界大戦後の不況，関東大震災，金融恐慌により工業生産は低水準となっていた。33年に恐慌前水準に回復し，以後急速に生産が増加していったが，41年をピークにして急速に低下している。

　第8-3図は米・英・独3カ国の失業率の推移を示している。アメリカは29年のほぼ完全雇用状態から33年のピーク24.9%まで上昇し（失業者数

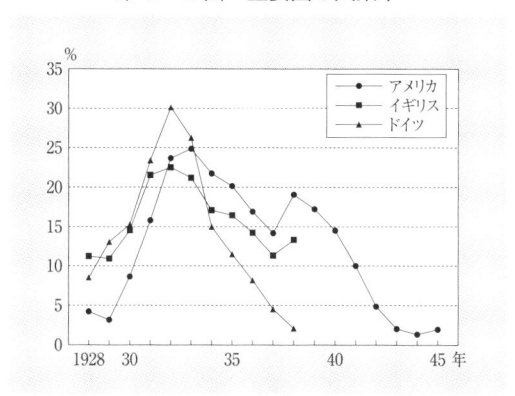

第 8-3 図　主要国の失業率

[備考] 日本はこの時期の失業率の公式統計がない。また各国で失業率の定義が異なるので絶対水準の比較は意味がない。
[資料出所] 第 8-2 図に同じ。

1280万人)，37年でも14.3%（同770万人）と高水準となっている。38年以降は急速に低下して42年にはほぼ完全雇用水準となり，45年まで1%台の超完全雇用状態が続く。イギリスはアメリカとほぼ同様の経過であるが，影響はより軽微である。ドイツは32年に30.1%（同480万人）できわめて深刻な状態となるが，以後，急速に低下し完全雇用を達成していく。また，前記4カ国の輸出額の変化を示した第8-4図では，米・英・独3カ国とも低迷しているのに対して，日本のみが急速に輸出を増加させていったことが特徴的である。

このように深刻な状況に陥った各国は，世界恐慌の影響を受けずに社会主義建設を進めるソ連の存在もあって，資本主義体制の危機打開のためにも国家が種々の政策によって経済過程に本格的な介入を開始せざるをえなくなった。国家独占資本主義段階への移行である。具体的な政策として実行されたのが，国内的には企業救済と失業対策のための政策および対外的にはブロック経済政策や軍事的侵略のような対外膨張的政策であり，そうした政策の自由度を確保するための金本位制の停止である。アメリカではニュー・ディール政策とラテン・アメリカ諸国に対する善隣外交政策であり，イギリスではイギリス連邦の形成とブロック経済化およびポンドの切下げが典型である。

第２部　独占資本主義段階の理論

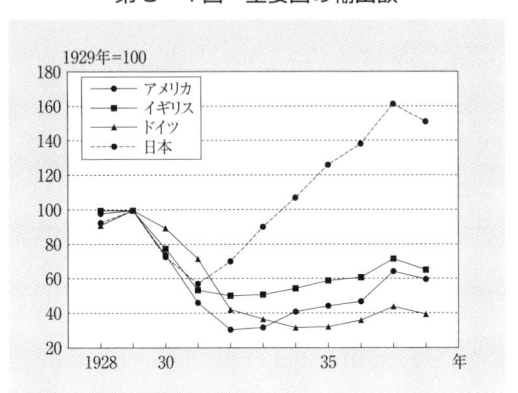

第8-4図　主要国の輸出額

[備考] 第8-3図に同じ。
[資料出所] 宮崎犀一，奥村茂次，森田桐郎編『近代国際経済要覧』（東京大学出版会）。

　ドイツと日本では国内的には企業救済・失業救済的政策も実行されるが，ドイツのナチス政権下で実行された近隣諸国への軍事的侵略，日本の満州事変から本格的に開始される対中国軍事侵略のように，主として「暴力的」対外膨張政策が実行されていく。
　こうして先進資本主義諸国間の対立が極限にまで先鋭化した結果，第二次世界大戦が勃発し，第一次世界大戦をはるかに上回る国家間の総力戦となっていくのである。

第3部
現代資本主義の危機の構造

はじめに

　第1部で資本主義経済の一般的運動法則を明らかにし，第2部では独占段階においてその運動法則が根底においては貫徹するものの，独占的市場構造の成立によって法則の現れ方が一定程度変容することを明らかにした。これらの理論の性格は，競争段階においては「鉄の必然性」をもって貫徹する理論であったが，独占段階では個別資本の判断と行動の差が経済全体の運動に一定程度影響を与えるようになるため，独占段階の理論は蓋然性の理論という性格をもつことになった。ただし，いずれの段階においても，各経済主体が自ら判断する経済的合理性に基づいて行動することが，経済全体の法則的な運動を規定していたのである。

　第3部の課題は，第二次世界大戦後の現代資本主義の危機の構造を明らかにすることであるが，そのためには，第2部までで展開された理論を基礎としつつも，各経済主体の行動に規定される経済的法則以外の要因を考慮する必要がある。1929年世界恐慌から30年代長期不況期において，国家の経済過程への大規模かつ恒常的な介入が必要となり，国家の政策が経済の運動に大きな影響を与えるようになった（◐第8章）。さらに大戦後には各国の経済政策だけでなく，大戦後の世界を規定する国際政治・軍事的要素を含む次の2つの要因を考慮して，多面的かつ総合的に分析する視角が必要になるのである。

　第1の要因は冷戦である。大戦後まもなく始まった米ソを両極とする冷戦は，1989年12月のマルタ会談で米ソ首脳が終結を公式に宣言するまで40年余にわたって続いたが，さまざまな点でそれまでの戦争とは異なる特異性をもっている。宣戦布告と講和条約によって「平和」状態と戦争状態とが区別される典型的な戦争でないだけでなく，資本主義と社会主義というイデオロギーおよび政治・経済体制間の妥協の不可能な対立である点で，一般的な二国間・二陣営間の対立関係とも異なっている。それゆえに，両陣営はその存亡をかけて，それぞれのイデオロギー的正当性に反する独裁的政権・勢力であっても自陣営の勢力圏の拡大のために利用し，世界を二分していったので

ある。

　さらに第二次世界大戦が戦争形態を劇的に変化させたこと，および大戦末期にアメリカが人類史上初めて開発に成功した原子爆弾（原爆）＝核兵器[1]の存在によって，両陣営間の対立を直接の武力行使によって解決することも困難とした。第二次世界大戦はまさに国家の総力が勝敗を決する長期戦となったことにより，軍隊どうしの戦いにとどまらず，相手国の生産設備・産業基盤や中枢的大都市に対する無差別的な攻撃が実行された[2]。相手国の経済力に打撃を与えて軍事力の基盤を弱体化させ戦局を有利にするため，あるいは相手国民の戦意を喪失させて政治体制を動揺または崩壊させることによって降伏に追い込むためである。この戦争形態の変化のもとで，大戦末期にアメリカは広島と長崎に原爆を投下したのである。

　核兵器は，それまでの「通常」兵器とは隔絶した破壊力・殺傷力をもつだけでなく，爆発的核分裂反応にともなって生成される放射性物質によって，被爆者の子孫や環境にまで長期的な被害を与え続ける兵器である。冷戦が妥協不可能な両陣営間の対立であることに加えて，その対立の軍事的勝利を追

---

[1]　原爆は核分裂連鎖反応によって生成される膨大なエネルギーを利用するもので，アメリカの軍・産業・大学の多数の科学者や技術者が参加し総額約20億ドルの費用をかけたマンハッタン計画（1941年12月開始）によって開発された。この計画は，アメリカの物理学者やドイツからの亡命ユダヤ人学者たちがナチス・ドイツの原爆開発の可能性に危機感をもち，その一人である物理学者L.シラードが執筆しA.アインシュタインが署名したF.ローズベルト大統領宛の手紙（1939年8月2日付）をきっかけに立案されたといわれている。

　1949年にはソ連も原爆の実験に成功した。52年にはアメリカが水素爆弾（水爆）の実験に成功し，翌年にはソ連も水爆の実験に成功した。水爆は原爆をリチウムと重水素の化合物で包み，原爆の爆発で生じる高温・高圧によって水素の核融合反応を起こす兵器で，原爆よりもさらに破壊力は大きくなる。

[2]　いわゆる「戦略爆撃」と呼ばれるもので，萌芽的には第一次世界大戦中のドイツ軍飛行船によるロンドン爆撃や1937年のスペイン内戦時のドイツ空軍によるゲルニカ爆撃があるが，戦争戦略として本格的に実行されるようになったのは第二次世界大戦期からである。1940年9月のドイツ軍によるロンドン爆撃，日中戦争中の39年5月の日本軍による重慶爆撃，43年7月の米英軍によるハンブルグ爆撃，45年3月の米軍によるドレスデン爆撃，45年3月の米軍による東京・大阪・名古屋などの大都市への爆撃，そして，45年8月の米軍による広島・長崎への原爆投下などがその例である。いずれも非戦闘員・民間人に非常に多数の死傷者を出し，都市および都市機能を破壊した。

求するために米ソ両陣営が核軍拡競争によって膨大な量の核兵器を蓄積していった結果，両国が全面戦争を行なえば両国だけでなく人類世界全体が破滅する危険性をはらむことになったのである。さらに，パンドラの箱を開けたように，核兵器とその技術は世界に拡散し，冷戦終結後も軍事および国際政治上の不安定要因となっている。こうして冷戦はその特異性ゆえに，第二次世界大戦後から現在に至るまで，世界の政治・経済・社会を規定する重要な要因であり続けているのである。

もう1つの要因は冷戦を背景としてアメリカ主導で形成された国際経済体制である。第二次世界大戦によって，アメリカ以外の資本主義国は敗戦国はもちろん戦勝国も極度の荒廃状態となった。また，大戦末期から大戦直後にかけて植民地諸国や列強の支配下にあった地域で独立運動や民族解放闘争が高揚し，独立を勝ち取る国も次々と現れた。他方，東欧諸国が社会主義国になり，中国や東南アジア諸国でも社会主義勢力が民族解放闘争と結合して力を強化し，社会主義は戦前のソ連一国から世界体制となっていった。

こうした資本主義の体制的危機に対応し資本主義体制を再建し強化していくためには，戦前のように資本主義諸国が自国優先の政策をとって対立を深めていくわけにはいかなくなったのである。そこで，大戦を通じて圧倒的な経済力・軍事力をもつようになり，国際社会における影響力・発言力を格段に強化したアメリカが，戦後資本主義世界体制の構築において主導的役割を担うことになった。冷戦のもとでのアメリカ主導による資本主義陣営の再建＝冷戦・国独資連合の構築である。

戦後の資本主義諸国経済の復興と成長はこの2要因のもとで実現したのであるが，戦後資本主義世界体制の中心であるアメリカ経済は，次ページの年代ごとの経済指標の表が示すように，1970年代以降，衰退傾向を示している。経済成長率や生産性上昇率は低下し，失業率や物価上昇率は上昇して，財政赤字と貿易赤字が累増していった。このアメリカ経済の衰退傾向も上述の2要因に規定されているのである。

こうした実体経済における衰退傾向に対して，アメリカは金融の自由化・国際化に活路を求めていく。その結果，1980年代以降，とりわけ冷戦終結以降のグローバリゼーションの急速な進展とともに，膨大な資金が世界中を

アメリカ経済の年代ごとの主要指標

		実質GDP*増加率	失業率	生産性上昇率	CPI**上昇率	PPI**上昇率	財政収支	貿易収支
1950年代	前半	5.1	4.0	4.2	2.5	2.0	▲1.2	2.2
	後半	2.9	5.0	2.7	1.6	1.8	▲2.2	3.7
	10年間	4.0	4.5	3.5	2.1	1.9	▲1.7	2.9
60年代	前半	4.2	5.7	3.4	1.3	0.2	▲4.2	5.4
	後半	4.7	3.8	2.7	3.5	2.5	▲7.1	2.8
	10年間	4.4	4.8	3.1	2.4	1.4	▲5.7	4.1
70年代	前半	2.8	5.4	2.1	6.1	6.8	▲14.0	▲2.1
	後半	3.7	7.0	1.9	8.1	8.1	▲56.1	▲18.6
	10年間	3.3	6.2	2.0	7.1	7.5	▲35.1	▲10.4
80年代	前半	2.4	8.3	1.5	7.5	6.1	▲134.8	▲53.9
	後半	3.7	6.2	1.6	3.6	1.9	▲178.2	▲134.3
	10年間	3.1	7.3	1.5	5.6	4.0	▲156.5	▲94.1
90年代	前半	2.4	6.6	1.8	3.6	2.0	▲247.8	▲116.6
	後半	4.0	4.9	2.2	2.4	1.2	▲19.7	▲229.6
	10年間	3.2	5.8	2.0	3.0	1.6	▲133.7	▲173.1
2000年代	前半	2.6	5.2	3.5	2.6	2.3	▲116.7	▲509.1
	後半	1.0	5.9	1.7	2.6	3.1	▲519.7	▲754.3
	10年間	1.8	5.5	2.6	2.6	2.7	▲318.2	▲631.7

［備考］財政収支は会計年度，他はすべて暦年。貿易収支と財政収支は各期間の年平均額で単位は10億ドル。他はすべて年率の単純平均で単位は％。
 *50年代はGNP増加率。
 **CPIは消費者物価指数，PPIは生産者物価指数。
［資料出所］U.S. Government, *Economic Report of the President 1985, 2011* より算出・作成。

駆け巡るようになって，世界経済や各国経済に対して一国の経済政策だけでは対応できないような大きな影響を及ぼすようになる。1つの危機を一国の政策や各国の政策協調によって乗り越えたとしても，そのことが別の新たな危機，解決困難な危機をもたらすようになっているのである。2008年秋以降の世界的金融・経済危機はこのような事態のもとで発生したのであるし，1990年代以降の日本経済の閉塞的状況も同様である。

　第3部では，こうした分析視角のもとに現代資本主義の危機の構造を明らかにしていくが，本書では経済面を中心に考察し，冷戦を含む軍事・国際政

治面については経済面の考察に必要な限りで論じることにする[3]。第9章では，アメリカ主導で構築された戦後資本主義世界体制の特徴とその機能を明らかにし，第10章では，2008年以降の世界的金融・経済危機を戦後資本主義世界体制の危機の顕在化として位置づけ，アメリカ経済を中心としてその危機の構造を明らかにする。第11章では，以上を基礎として1990年代以降の日本経済の長期停滞の構造について考察する。

以下では，図表作成のために利用した統計のうち，頻出のものの出典は以下のように略記した。

ERP	U.S. Government Printing Office, *Economic Report of the President, Transmitted to the Congress, Together with the Annual Report of the Council of Economic Advisers* (http://www.gpoaccess.gov/eop/).
IFS	International Monetary Fund, *International Financial Statistics Online* (http://www.imfstatistics.org/imf/).
SCB	U.S. Department of Commerce, Bureau of Economic Analysis, *Survey of Current Business* (http://www.bea.gov/scb/date_guide.asp).
SCBID-ITA	U.S. Department of Commerce, Bureau of Economic Analysis, *Survey of Current Business*, Interactive Data, International Transactions Accounts (http://www.bea.gov/scb/).
SCBID-NIPA	U.S. Department of Commerce, Bureau of Economic Analysis, *Survey of Current Business*, Interactive Data, National Income and Product Accounts (http://www.bea.gov/scb/).
US Budget	U.S. Government Printing Office, *Budget of the United States Government* (http://www.gpoaccess.gov/usbudget/).

---

3) 冷戦下および冷戦終結後のアメリカの国家安全保障戦略と経済との関係について，より詳しくは前掲の拙近『薄氷の帝国 アメリカ』を参照していただきたい。

第9章
戦後資本主義世界体制の特徴

　本章では戦後資本主義世界体制の2つの柱である冷戦体制と国際経済体制の特徴と機能，両者の相互関係を明らかにする。第1節では，アメリカの冷戦戦略とその変化を考察し，冷戦戦略に規定された恒常的軍拡体制の特徴を明らかにする。第2節では国際経済体制の中軸としてのIMF＝ドル体制の特徴とその機能を考察し，IMF＝ドル体制がアメリカの冷戦戦略と表裏一体のものとして機能することによって，アメリカ以外の資本主義諸国の戦後復興と経済成長の枠組みとなったこと，そしてアメリカの冷戦戦略の実行がIMF＝ドル体制を崩壊させていく経緯を明らかにする。

第1節　アメリカの恒常的軍拡体制

(1) 1950年代のアメリカの冷戦戦略と恒常的軍拡体制の成立

　1949年秋にソ連が原爆実験に成功し（8.29, トルーマン大統領公表9.23, ソ連公表9.25），アメリカの原爆独占は崩壊した。また，同年10月には中華人民共和国が成立し翌年2月に中ソ友好同盟相互援助条約が締結され，社会主義陣営は東アジアにまで拡大した。この国際政治・軍事情勢の変化に対応するために，アメリカのトルーマン政権は新たな国家安全保障戦略を採用する。この戦略は1950年4月に国家安全保障会議（National Security Council）に提出された文書NSC 68の提起した戦略を基礎としているため，以下では**NSC 68の冷戦戦略**と呼ぶことにする。

① NSC 68 の冷戦戦略

　NSC 68 の冷戦戦略は，米ソ間の対立を「神と悪魔との対立」と単純化し，ソ連が実際にどのような意図で行動するかではなく，ソ連が近い将来に保有すると予測される軍事能力を基準として，その脅威に対処する戦略という特徴をもっている。そのためにはソ連の軍事力を圧倒的に上回るような，常備され即時に動員可能で総合的な軍事力の強化が必要とされる。総合的な軍事力の強化とは，核戦力および通常戦力を含む全般的な軍事力の増強であり，さらにソ連陣営を軍事的に封じ込めるためのグローバルな反共軍事同盟網の形成と同盟国の軍事力の強化も含むものである。この戦略の実行のためには軍事支出を大幅に増額する必要があるが，冷戦とは「現実の戦争（real war）」であるという認識から，財政や経済への悪影響よりも軍事的要請が優先されることになった。

　NSC 68 の冷戦戦略は朝鮮戦争の勃発をきっかけとして正式な国家戦略として採用され，この戦略の実行のために軍事力の増強が進められ，朝鮮戦費とともに軍事支出は急増していく。また軍事同盟も，米比相互防衛条約（51.8.30），太平洋安全保障条約（ANZUS, 9.1），日米安全保障条約（9.8），米韓相互防衛条約（53.10.1），東南アジア集団防衛条約機構（SEATO, 54.9.6），米台相互防衛条約（54.12.2），中東条約機構（METO, 55.12.22）と次々と結成され，東アジアから中東を経て，すでに成立していた北大西洋条約機構（NATO, 49.4.4）につながって，ソ連陣営を包囲するグローバルな軍事同盟網が完成する。ソ連も軍事力増強をさらに進めるとともにワルシャワ条約（55.5.14）を締結して対抗した結果，米ソ両陣営によるグローバルな軍拡競争が世界を巻き込みながら全面化していったのである。

② ニュー・ルック戦略

　1952 年のアメリカ大統領選挙では，トルーマン民主党政権に対して，朝鮮戦争と NSC 68 の冷戦戦略の実行のために巨額の軍事支出を費やしているにもかかわらず，朝鮮戦争に勝利できず共産主義の封じ込めにも成功していないという批判が高まり，共和党のアイゼンハワーが当選した。大統領に就任したアイゼンハワーが採用した冷戦戦略がニュー・ルック（New Look）

戦略である。この戦略の基本方針は，米ソ冷戦が短期間で終わるものではないという認識に基づいて，経済に悪影響を及ぼさないように軍事支出を節減するとともに，ソ連および共産主義に対して軍事的強硬態勢をとるというものである。

　軍事支出を抑制しながら軍事力を強化するという二律背反的な課題を解決するために，核戦力に重点を置いて軍事力を増強するという方法が選択された。通常兵器に比べて，核兵器は破壊力・殺傷力あたりの費用が相対的に安価だからである。ソ連陣営の行動に対する報復手段として，核戦力を中心とする強大な軍事力を即時に行使できる態勢をとることによってソ連陣営を威嚇し，共産主義の脅威の拡大を抑止しようという戦略である。

　NSC 68の冷戦戦略は，ソ連側の軍事行動に対応してその場所で同種の軍事手段によって対抗できる態勢をとり，ソ連陣営を封じ込めてその体制の内部崩壊を助長する戦略であった。これに対して，ニュー・ルック戦略は，核戦力による「大量報復力」でソ連本国を攻撃可能な態勢をとって，ソ連陣営にアメリカの意図を強制する戦略である。これがニュー・ルックの意味であり，また**大量報復戦略**とも呼ばれた理由である。

　ニュー・ルック戦略は単にソ連の行動を抑止するだけにとどまらず，ソ連圏の拡大に対する「巻き返し」，共産主義の脅威にさらされている国・地域の「解放」をも目的とするもので，戦争瀬戸際政策と表裏一体の戦略である。この戦略を実行するためには，核兵器の運搬手段である戦略空軍の増強も必要となるが，当時はまだ大陸間弾道ミサイル（ICBM）は存在しなかったから，戦略爆撃機の基地として同盟国の存在が不可欠となる。その同盟国を防衛し米軍基地を確保するためには地上軍を含む通常戦力も必要となるが，それをアメリカが負担すれば巨額の費用が必要となる。アメリカは軍事支出を節減しなければならないから，同盟国に軍備を増強させて自国と米軍基地を防衛する役割を分担させる政策がとられた。日本の自衛隊創設（自衛隊法制定 54.6）や西ドイツの再軍備（パリ協定 54.10，ドイツ連邦軍編成・NATO加盟 55.5）はニュー・ルック戦略の実行の一環なのである。

Column 9–1　日本の再軍備過程と日本国憲法の解釈の変更

　日本の再軍備は，朝鮮戦争が始まった直後の1950年7月8日，対日占領軍のマッカーサー司令官から吉田首相宛ての「日本警察力の増強に関する書簡」で「事変・暴動等に備える治安警察隊」として，75,000名のNational Police Reserveの創設が要請され，8月10日にポツダム政令として警察予備隊令が公布されたことに始まる。当時の吉田茂首相は警察予備隊設置の目的は治安維持であり，その性格は国際紛争を解決する軍隊ではなく，再軍備の目的もないと国会で答弁している。しかし，警察予備隊の訓練はアメリカの軍事顧問の監督下で行なわれ，その装備も迫撃砲，対空自走砲，軽戦車，榴弾砲など重装備化が進められていく。日本の再軍備はその開始当初からアメリカの冷戦戦略を補完するものとして位置づけられているのである。

　51年9月に調印された対日平和条約および日米安全保障条約によって，対日占領軍であった米軍が「極東の平和と安全」のために日本に駐留し続けることとなった。52年4月の対日平和条約発効後の海上警備隊の創設，警察予備隊の保安隊への改組を経て，54年3月に締結されたMSA協定（日米相互防衛援助協定など）によって日本の自衛力増強が義務づけられ，同年7月に自衛隊が発足した。その後，アメリカの冷戦戦略の変化にともなって自衛隊の米軍の補完としての役割は拡大され，4次にわたる防衛力整備計画によって着実に軍事力増強が実行されていく。

　日本国憲法第9条は憲法前文と国際連合憲章前文の趣旨を反映するものとして，日本が武力以外の手段によって国際平和に寄与する努力をする意思を表明したものと解釈でき，実際に新憲法制定のための帝国議会での審議でも政府は自衛のための戦争も放棄するものであると答弁していた。しかし，アメリカの冷戦戦略に規定された再軍備と自衛隊の増強にともなって，憲法第9条の解釈はその後次々と変更されていくのである。

　こうした冷戦戦略の実行にともなってアメリカの軍事支出は増加していく。第9–1図は第一次世界大戦期から冷戦終結までのアメリカの軍事支出の推移を示している。第一次世界大戦期と第二次世界大戦期には，アメリカの参戦によって軍事支出は急増するが，戦争終了とともに急減している。第二次世界大戦後は急減したとはいえ100億ドル程度が維持されているのは，冷戦の開始とともに米軍の海外駐留が維持されたのが主な原因である。朝鮮戦争とNSC 68の冷戦戦略の実行によって1951年度から軍事支出は急増しているが，朝鮮戦争の休戦後もニュー・ルック戦略の実行にもかかわらず軍事支出

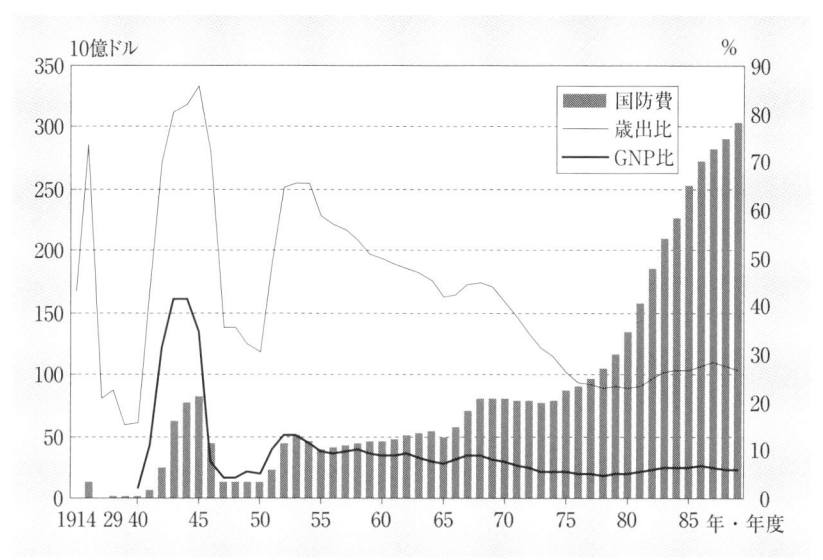

第9章 戦後資本主義世界体制の特徴

第9-1図 アメリカの軍事支出の推移

[資料出所] *US Budget, Historical Tables, SCBID-ITA, SCBID-NIPA*, U.S. Department of Commerce, *Historical Statistics of the U.S.* より作成。

はそれほど減少せず，50年代後半にはむしろ増加している。その後は，ベトナム戦争後に若干の減少があるものの，ほぼ一貫して増加を続けているのである。

この軍事支出の恒常的増加は，もちろん軍事力の増強とそれを支える大規模な軍需生産が恒常的に行なわれてきたことの反映である。第9-1図は，こうしたアメリカの軍事力増強と軍事支出増大および大規模な軍需生産の恒常化＝**恒常的軍拡体制**が50年代後半に成立したことを示唆している。実際，ニュー・ルック戦略は軍拡を恒常化させる必然的な性格をもっているのである。

大量報復力の威嚇による相手の行動の抑止というニュー・ルック戦略が実効性をもつためには，アメリカの核戦力がソ連に対して圧倒的に優位であり，しかもソ連からの攻撃に対してアメリカの防衛がほぼ完全であることが必要である。なぜなら，ソ連に対して核攻撃を行なった場合，ソ連の対抗的な核攻撃によって自国に深刻な損害を受ける可能性があれば一方的な威嚇は確保

されないからである。ニュー・ルック戦略の目的がソ連陣営にアメリカの意図を強制するものである以上，アメリカは自国を敵からの攻撃を受ける心配のない「聖域」としつつ，一方的に核兵器による威嚇を行なえる状態にしておく必要がある。つまり，大量報復力とは，必要な場合には相手の核戦力を破壊して余りあるほどの核戦力であって，アメリカ本土の防衛とソ連に対する威嚇とを同時に実現するものとして必要とされるのである。

　したがって，この戦略が有効であるためには，アメリカは常に核兵器およびその運搬手段をソ連の戦力を圧倒的に凌駕するように質・量ともに増強し続けなければならない。さらに，ソ連が自国の核戦力が破壊される前に先制核攻撃を行なおうとした場合に備えて，アメリカ本土の早期警戒・防空体制を完全な状態に維持することも必要となる。

　しかも，その凌駕すべきソ連の戦力は現存のものではなく，先制攻撃の重要性が決定的となった核時代においては，ソ連の兵器開発能力を含む潜在的軍事力を対象としたものでなければならない。アメリカが新軍事技術の開発に成功すれば，近い将来ソ連も同様の開発に成功すると想定し，さらにそれを凌ぐ能力をもった技術の研究開発を進めなければならなくなる。新兵器・新軍事技術がまだ現実のものとなっていない時点で，すでにそれを凌駕するような技術の研究開発を行なっていくことが運命づけられることを意味しているのである。

　そして，この際限のない軍事研究開発が超先端技術である核兵器とその運搬手段およびそれに対する防衛・早期警戒体制を対象としているために，最先端の科学・技術の全面的動員が必要とされるし，その生産基盤としての原子力，航空・宇宙，エレクトロニクス産業といった超先端産業が軍需産業として創出・育成されなければならないのである。

　アイゼンハワー政権初期においては，米ソ双方が核兵器を保有する時期になったとはいえ，総合的な核戦力においてはアメリカの圧倒的優位は明白で，アメリカがソ連の核攻撃によって大きな損害を被る可能性もほとんどなかったといえる。こうした状況こそがニュー・ルック戦略が対ソ・対共産主義強硬政策として実効性をもちうる条件であった。しかし，1957年10月，ソ連が世界初の人工衛星スプートニク1号の打ち上げに成功したことによって，

アメリカの「聖域」性は崩壊しニュー・ルック戦略の有効性は失われる。

人工衛星とICBMの技術は基本的に同じであり，人工衛星の打ち上げ成功は，ソ連がアメリカ本土への弾道ミサイルによる核攻撃能力を持ったことを意味する。戦略爆撃機の速度が音速（時速約1,200km）以下であるのに対して，弾道ミサイルの速度は秒速7km（時速約2万5,000km）以上，ソ連からアメリカ本土への到達時間は30分程度になり，当時の技術では迎撃は不可能であったからである（現在でも確実な迎撃はきわめて困難）。スプートニク1号の成功はアメリカ国内で**スプートニク・ショック**と呼ばれたが，それは単にアメリカが人工衛星の打ち上げでソ連に後れをとったというだけでなく，このようにアメリカの安全保障を危機的状況に陥れる意味をもっていたからである。

アメリカはICBMと人工衛星の開発を急ぎ，翌年にはいずれも実験に成功する。さらに潜水艦搭載弾道ミサイル（Submarine-Launched Ballistic Missile, SLBM）とそれを搭載する原子力潜水艦の開発・配備も行なっていく。弾道核ミサイル時代の幕開けである。アメリカが大量報復力によるソ連の威嚇というニュー・ルック戦略をとる限り，そしてソ連がアメリカに対する核戦力の劣位に甘んじずに核軍拡で対抗する限り，両国の際限のない核軍拡は不可避となる。核ミサイル時代に入って，両国ともに自国への核攻撃による深刻な損害を受ける危険性を考慮せずに，相手国に核攻撃の威嚇を加えることはできなくなったのである。これが，「核の手詰まり（atomic stalemate）」または「**相互抑止**（mutual deterrence）」と呼ばれる状況の始まりである。

そしてこの状況は，ニュー・ルック戦略の地域的・限定的な紛争に対する有効性も失わせた。アメリカがソ連の地域的・限定的な軍事行動に対して核戦力による大量報復攻撃を行なえば，ソ連の対抗的な対米攻撃を受けて壊滅的な損害を被る危険性があるからである。アイゼンハワー大統領は，ソ連に対抗するための核戦力のさらなる増強と高度化を最優先の課題・至上命題にするとともに，1960会計年度の予算教書で「いかなる脅威にもただちに対処できるような軍事機構を維持し，国防の強化を続けなければならない」と述べて，そのための国防支出の増額方針を発表する。核戦力を中心とする軍事力増強によって軍事支出を節減するという，政権発足当初のニュー・ルッ

ク戦略の基本方針は事実上放棄されたのである。

　実際，スプートニク・ショック以降，核兵器・ミサイルの研究開発費と調達費が急増していく。上記の至上命題のため，科学技術の全面的動員によって軍事研究開発が促進され，超先端の原子力，航空・宇宙，エレクトロニクス等の産業が軍需産業として創出・育成され，軍事力およびその産業基盤の大規模な常時即応体制が形成されていくのである。1950年代後半の軍事支出の増加はこの反映である。

　核物質や核弾頭の生産は原子力委員会（Atomic Energy Commission, AEC）の管轄下で設備の政府所有・民間企業運営方式で行なわれているが，AEC所有の固定設備は50年度の約2.1億ドルから61年度末には約7.7億ドルに急増し，雇用者総数は同期間に約6.3万人から約12.3万人へほぼ倍増している。軍事調達額のうちの各品目の占める割合を52年度と59年度を比較すると，航空機45.7％→30.5％，ミサイル1.4％→21.1％，電子・通信設備4.5％→11.7％で，これらの合計が51.6％から63.3％に増加したのに対して，艦船，戦車，銃・砲，弾薬等は38.4％からわずか9.4％に激減している。

　このような調達内容の変化に対応して，国防契約受託企業にも大きな変化が生じている。第二次世界大戦期（1940.6～44.9），朝鮮戦争期（1951～53），アイゼンハワー政権末期（1958～60）の3つの時期について，国防宇宙関係の主契約額の上位25社を比較すると，第二次世界大戦期には航空機産業12社の他に自動車産業4社，電機・通信産業4社，鉄鋼・造船産業3社，化学産業1社が含まれていたが，朝鮮戦争期には鉄鋼・造船と化学が消え去る。アイゼンハワー政権末期になると，クライスラー（18位）とGM（21位）の自動車メーカー2社以外，航空機（およびミサイル），電機・通信ですべてが占められている。しかも，クライスラーの軍事契約額約4.1億ドルのうち約2.8億ドル（68.9％）が誘導ミサイル関係で戦車・自動車は約1.1億ドル（28.0％）にすぎないし，GMの軍事契約額約2.3億ドルのうち約1.3億ドル（59.0％）が航空機・ミサイル関係で戦車・自動車は約0.5億ドル（19.9％）にすぎない。

　また，58年における各産業の産出額の連邦政府購入依存度（間接購入を含む）を見ると，航空機および部品産業が86.7％，ラジオ・テレビ・通信機器

産業が40.7％，電子機器産業が38.9％であるのに対して，鉄鋼産業は12.5％（直接購入は0.6％），自動車産業は4.6％（同1.3％）となっている。連邦政府は軍需物資の購入だけではなく，研究開発費の助成によっても超先端軍需産業の成長に寄与している。1950年代末のアメリカの研究開発費総額の約64％が連邦政府資金であり，その約9割が国防・宇宙関連目的である。民間産業の研究開発費のうち約55％が航空機・ミサイルおよび電機・通信設備部門で実施され，その資金のうち60％弱が連邦政府資金である。

さらに，連邦政府の軍事調達や研究開発の契約においても，契約受託企業に有利な契約方式がとられた。連邦政府の物資調達は公開入札方式が原則であるが，アイゼンハワー政権期の米軍の調達総額のうち約85％が入札ではなく企業との協議契約方式となった。さらに契約時に納入価格を決めるのではなく，契約履行に要した費用に一定の比率の手数料を加えて契約受託企業に支払う費用補償方式の契約の比率も，51年度の12.7％から60年度には42.6％に上昇している。リスクを軽減し利潤を保証する契約方式によって，企業を軍事研究開発と軍需生産に誘導し超先端軍需産業の育成を促進していったのである。ただし，こうした契約方式は，基本的に費用が多額になるほど利潤量も増加することになるから，軍需物資の価格高騰を招くことになった。

こうしてアイゼンハワー政権期に，現在まで続く戦略爆撃機，ICBM，SLBMの戦略核兵器の3本柱が出現し，これらの開発と生産を行なう超先端軍需産業が創出され急成長していったのである。その結果，大規模な軍事組織と恒常的な軍需生産体制の結合体，いわゆる軍産複合体（Military-Industrial Complex）が形成された[1]。こうして，これ以降のアメリカを，そして世界を規定する恒常的軍拡体制が成立したのである。

---

1) アイゼンハワーの大統領退任時の演説は，軍産複合体の肥大化に対してその危険性を警告した演説として一般には知られているが，その部分は「軍産複合体が不当で是認しがたい（unwarranted）影響力を獲得することに対して，……警戒しなければならない」という表現である。アイゼンハワーにとっては，軍産複合体が「不当で是認しがたい」大きな影響力をもつことが問題だったのであり，アメリカが恒常的に軍事力を増強し大規模な軍事組織と軍需生産体制を維持すること自体は必要であり，むしろ強力に推進されるべきことだったのである。

(2) 1960年代のアメリカの冷戦戦略とベトナム戦争

　ニュー・ルック戦略が米ソの相互抑止状態をもたらし，地域的・限定的な紛争に対して有効性をもたなくなったという難点を克服するために，次のケネディ政権が採用した冷戦戦略が柔軟反応（Flexible Response）戦略である。この戦略は，アイゼンハワー政権期に形成された核戦力中心の大規模な常時即応体制を基盤としつつも，ゲリラ戦から全面的核戦争までのあらゆる形態の戦争に対応できるように全般的な軍事力増強を行ない，脅威の規模と性質によって柔軟に対処するというものである。

　ニュー・ルック戦略では，地域的・限定的な紛争に対しても基本的には核攻撃の威嚇による対処という選択肢しかなかったために，相互抑止状態になるとアメリカは軍事力の行使という選択肢を事実上失ったのであった。これに対して，柔軟反応戦略では，ゲリラ戦に対してはゲリラ戦で対応し，中規模の通常戦力による戦争には同様の戦力で対応するというように，多様な選択肢を準備することによって軍事力行使のハードルを下げようとするものである。

　ただし，この戦略があらゆる形態の戦争に勝利することを目的とする以上，相手の軍事力増強（の予想）に対して圧倒的に優位な軍事力を保持し続けることが必須となる。ニュー・ルック戦略では核戦力に関する軍事技術の絶えざる高度化が必要とされたのであったが，この戦略では通常戦力においてもその絶えざる高度化が運命づけられることになる。さらに全面的核戦争においても勝利するためには，自国への核攻撃による損害を最小化することが必要となるから，相手の核戦力を破壊する対兵力戦略（counter-force strategy）が採用されることになる。

　ソ連の都市や産業集積地に比べてはるかに小さな核ミサイル基地を標的として破壊するためには，弾道核ミサイルの小型化や命中精度の飛躍的向上といった軍事技術の高度化とそのための科学技術の発展，相手の核ミサイル基地の正確な位置と発射の準備状況などの情報収集のための軍事衛星の開発・運用も必要となる。ケネディ政権がアポロ計画を開始し宇宙開発を促進していった意味はここにある。

　さらに，都市や産業集積地の数には限りがあり，したがって核攻撃のため

に必要なミサイルの数にも限界があるのに対して，核ミサイル自体を標的とするようになれば，そのような量的限界はなくなる。相手が核ミサイル基地を破壊しようとすれば，報復攻撃力の確保のために相手の破壊能力を上回る数の核ミサイルの配備が必要となるというように，対兵力戦略は際限のない軍拡と軍事支出の膨大化を必然とする戦略なのである。実際，この戦略の実行に必要な軍事支出については，軍事的要請に財政が従属するという方針が明確化された。また，ケネディ政権が採用した経済政策は，財政支出の拡大によって完全雇用を達成しようとするものであったから，軍事支出の増額を正当化することになった[2]。

　アメリカがこのような戦略によって軍事力を増強しソ連の行動を抑止する能力を強化すればするほど，ソ連にとってはアメリカによる多様な形態の武力行使の脅威が増大することになる。地理的条件として，ソ連の中枢的な都市や産業基盤はヨーロッパ側に偏在しており，首都モスクワはNATO諸国に配備された米軍の核ミサイルや核爆撃機の基地から1,500～2,000km程度の距離しか離れていない。これに対してアメリカの首都ワシントンD.C.はソ連から10,000kmほども離れた位置にある。相互抑止状態になったとはいえ，ソ連の方が相手の先制核攻撃に対してより脆弱であることは明らかである。

　ソ連がこの地政学上の不利・非対称性をカヴァーする手段は，第1にアメリカからの先制核攻撃後に報復核攻撃が可能なようにICBMやSLBMの戦略核戦力をいっそう増強すること，第2にNATO諸国からの核攻撃に対する抑止力としてヨーロッパ地域に配備する核・非核攻撃力を増強すること，第3にアメリカ本土の近くに核弾道ミサイルを配備することである[3]。実際に，米ソの戦略核戦力は60年代に急速に増強されていく。アメリカのICBMは

---

[2] ケネディ政権の経済政策は，ケインズ経済学を主柱とするニュー・エコノミクスの考え方に基づくもので，労働力人口の増加率と生産性上昇率から完全雇用を維持する経済成長率を算出し，現実の経済成長率がそれより低い場合には減税や政府支出の増加によって完全雇用を達成するというものである。この点について，より詳しくは前掲の延近『薄氷の帝国　アメリカ』第3章を参照していただきたい。

[3] ソ連は1962年秋にキューバにミサイル発射基地を建設し中距離弾道ミサイル（Intermediate Range Ballistic Missile, IRBM）の配備を開始した。アメリカのU2型偵察機がこれを発見し，同年10月にキューバ・ミサイル危機が起こった。

60年代初めの300基程度から1970年には1,050基超に，SLBMは100基程度から650基超に急増し，ソ連のICBMは100基程度から1,500基超に，SLBMは100基足らずから280基程度に急増している。

　アメリカが柔軟反応戦略と核戦力における対兵力戦略を採用し全般的軍事力増強路線をとったことが，ソ連の同様の行動を誘引し50年代をさらに上回る米ソの軍拡競争をもたらしたのである[4]。さらに，この戦略は軍事力行使のハードルを下げたことによって，世界各地の地域的・限定的な紛争へのアメリカの介入とそのエスカレーションを誘引することになった。その典型がベトナム介入である。

　アメリカは，第1次インドシナ戦争においてフランスへの軍事援助開始（1950.6）にともなってベトナムに軍事援助顧問団を派遣していたが，ケネディ政権になると軍事援助顧問は4,000人規模に増員され，直接戦闘にも参加していった（1962年3月にマクナマラ国防長官が米軍の直接介入を公表。その後軍事顧問は12,000人規模まで増員）。ジョンソン政権になると，トンキン湾事件（64.8.2）を理由として米軍機がベトナム民主共和国（北ベトナム）の海軍基地・石油貯蔵所を爆撃（8.5）して以降，ベトナムへの武力介入を本格化させていく。65年2月には北ベトナムへの継続的爆撃が開始され，6月には地上部隊の本格的な投入も開始された。

　東南アジア地域での米軍の兵力は，1970年には64万人（当時の米軍の総兵力は340万人規模）に達し，直接のベトナム戦費とされる額だけで1067億ド

4）　第1次戦略兵器制限交渉（Strategic Arms Limitation Talks I, SALT I）により1972年5月に調印された米ソ間の暫定協定で米ソのICBMとSLBMの保有上限基数が定められたが，アメリカの保有上限はICBM1,054基・SLBM710基で，ともに当時の保有基数（ケネディ政権で定められた目標基数）を追認するものである。
　この協定ではソ連のミサイルの保有上限がアメリカを上回っているが，アメリカはこの時点でミサイル1基に搭載する弾頭を複数化してそれぞれを別の目標に到達させる多弾頭独立目標設定可能再突入体（Multiple Independently Targetable Reentry Vehicle, MIRV）技術に成功しており，SALT Iによってアメリカの対ソ優位が失われたわけではない。実際，アメリカの保有する戦略核弾頭数はその後も増加し続け，命中精度の格段の向上とともにアメリカの戦略核戦力は増強され続けていく。ソ連も同様の技術開発に成功し，両国の核弾頭数は地球上の生命を数十回も消滅させることのできるオーバー・キル（overkill）状態となっていく。

ルもの支出がなされた。65〜70年の軍事支出増加額の90％近くがベトナム戦争関連の支出によるものである。戦死者数は，米兵約4万6千人，南ベトナム軍や韓国軍などの援助軍約19万人にのぼり，北ベトナム・解放戦線軍とベトナム民間人の死者は推計であるが，それぞれ92万人，120万人とされている。

　アメリカがこれだけの巨額の軍事支出を行ない，莫大な兵力と核兵器を除くあらゆる近代兵器を動員して戦ったにもかかわらず，戦争は上記のような膨大な犠牲者をともないながら長期化・泥沼化していった。徴兵制のもとで多数の戦死者・負傷者が出たことは，アメリカ国内の広範な階層による反戦運動・ベトナム戦争批判をいっそう強め，ジョンソン大統領は68年に北爆停止声明と大統領選挙への出馬断念の発表に追い込まれた。次のニクソン大統領はグアム・ドクトリンを発表して「ベトナム戦争のベトナム化」方針を示し，ベトナムからの撤退を模索する。さらに，それまでの中国敵視政策を転換して71年7月には訪中声明を発表し，米中接近によって北ベトナムと中国の分断を図った後，73年にパリでの和平協定に調印し米軍はベトナムから全面撤退した。

　アメリカのベトナム戦争遂行と敗北は，アメリカ国内の政治・経済・社会等に大きな影響を与え，さらにその後長期にわたってベトナム・シンドロームとも呼ばれる後遺症を残しただけでなく，IMF＝ドル体制を変質させる重要な要因となった。

第2節　初期IMF＝ドル体制の機能と冷戦戦略の実行

　第二次世界大戦後の資本主義諸国経済の復興と成長の国際的枠組みとなったのが，IMFとGATTである。IMFは各国通貨の国際取引を，GATTは国際貿易を自由で無差別・多角的なものとすることによって，各国の経済復興と成長を促進することを目的としている。いずれも1930年代の長期不況に際して各国が為替切下げ競争やブロック経済化を行なった結果，資本主義諸国間の対立を激化させ世界大戦を招いたことの反省から，アメリカ主導のもとに設立されたものである。

特にIMFは，戦後のアメリカの圧倒的な経済力のもとで冷戦体制と相互に深く関係してIMF＝ドル体制として機能することになり，アメリカ主導の戦後資本主義世界体制の構築・強化に大きな役割を果たした。この体制のもとで西欧と日本は経済復興と成長を実現するが，1970年代初頭の金・ドル交換停止と変動相場制への移行によってIMF＝ドル体制の性質は大きく変化する。しかし，70年代以降現在にいたるまで，アメリカはIMF＝ドル体制のもとで獲得したドルの基軸通貨特権（後述）を，その覇権を保持し経済的繁栄を継続するための命綱としていく。本節では，IMF＝ドル体制を柱とするアメリカ主導の国際経済体制とその動揺・崩壊過程を考察していく。なお，金・ドル交換停止と変動相場制移行までのIMF＝ドル体制を初期IMF＝ドル体制と呼ぶことにする。

(1) 初期IMF＝ドル体制の機能

初期IMF＝ドル体制は，第1に固定レート制をとったこと，第2にドルが基軸通貨となったことを特徴としているが（◯第1章第2節【補】），この2つはアメリカとアメリカ以外の国にとってまったく異なる意味をもっていた。

まず，固定レート制は，アメリカ以外の各国に対して国際収支の均衡化を義務づけ，そのために国際競争力を強化する政策をとることを強制する意味をもっている。戦後の経済荒廃のもとでは，各国は経済復興や国民生活の維持のために必要物資を輸入しなければならないが，外貨準備も輸出などによる外貨＝ドル収入も不充分である。自由貿易を原則とするGATT体制とあいまって，当然国際収支は赤字傾向となり，為替レートはドル高・自国通貨安の方向に動こうとする。したがって，固定レートを維持するためには国際収支を均衡化する政策，とりわけ輸出を増やし輸入を抑制するための政策，すなわち資金や資材・労働力を生産力向上のために集中し，国際競争力を強化する政策をとらなければならないのである。

もちろん，国際競争力を強化する政策は短期間では効果をあげることはできないから，IMF協定やGATTは経済復興が完了するまで為替取引制限や保護貿易政策をとることを認めていたし，アメリカは各国の資本主義的復興を促進するために対外援助や技術輸出を実施していった。しかし，経済復興に

ともなう国内景気上昇によって輸入が増大し，国際収支が赤字傾向になってドルに対して自国通貨安となれば，ドル準備を使用してドル売り介入によって固定レートを維持しなければならない。ドル売り介入のためには充分なドル準備がなければならないが，戦後復興期の貿易赤字傾向のもとではドル準備は不足がちになる。したがって，景気引き締め政策をとって輸入を抑制しなければならなくなるのである。つまり，固定レート制維持のために国内経済政策が制約されるのである。

　他方，アメリカの場合には，たとえ国際収支の赤字が継続してもこのようなメカニズムによって均衡化を強制されることはない。国民通貨であるドルが同時に基軸通貨であるために，国際収支の赤字はただドルが海外に流出するだけであり，外国為替取引によって自国通貨レートが変動することがないからである。アメリカのみが国際収支の赤字を継続できるという特権をもったことになるとともに，国際収支を顧慮せずに国内経済政策を実施することができることになったのである。むしろ，ある程度の国際収支の赤字は国際取引を媒介するのに必要な通貨＝ドルを供給する役割を果たすとして正当化されるのである。もちろん金交換という制約があり，国際収支の赤字をまったく無視できるわけではないが，圧倒的な経済力をもち充分な金準備を保有している限り（ピーク時49年で246億ドル，世界の金準備の73％），この制約はほとんど意味をもたないのである。

　こうして初期IMF＝ドル体制によって，アメリカ以外の諸国は経済力の強化を義務づけられ，アメリカはドルが基軸通貨となることによって国際収支の赤字を続ける特権＝**基軸通貨特権**を獲得した。そして，アメリカはこの特権を冷戦戦略の実行のために利用していったのである。

(2) 冷戦戦略の実行と初期IMF＝ドル体制の動揺

　第9－2図は，アメリカの国際収支（基礎収支＝経常収支＋長期資本収支）の推移と各項目の収支を政府部門と民間部門別に集計して示したものである。1950年代の基礎収支は56，57年を除いて赤字となっていて，政府部門は毎年40億ドルから60億ドル近い赤字で，民間部門は黒字が続いているが，その額に応じて基礎収支が赤字になるか黒字になるかが左右されている。つま

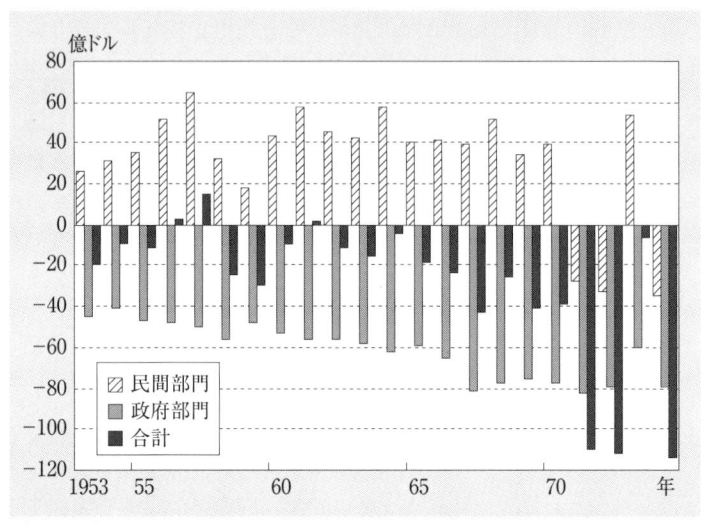

第3部　現代資本主義の危機の構造

第9-2図　アメリカの基礎収支（政府部門と民間部門）

[資料出所] *IFS: 1977 Supplement Annual Data 1952-1976*, May 1977より算出・作成。

り，政府部門の赤字によって流出したドルが民間部門の黒字によって還流するという基本的パターンを読み取ることができる。

　民間部門の黒字は貿易収支と貿易外収支のうち，その他サービス（主として海外からの利潤・投資収益の送金）の黒字によるものである。50年代後半以降，西欧向けを中心とする民間対外投資の増加（アメリカ企業の多国籍企業化）によって，民間部門の長期資本収支は赤字が増大していくが，対外投資によって獲得される利潤・投資収益がその赤字を上回っている。

　政府部門の赤字は純軍事取引・移転収支・長期資本収支の赤字によるものである。純軍事取引は対外軍事支出から対外軍事販売額を引いたものであるが，50年代の軍事販売額はごく少額であるから，米軍の海外展開にともなう赤字である。移転収支の赤字は対外援助の贈与で大部分が軍事援助である。長期資本収支の赤字は対外援助の貸与によるもので，3割強が安全保障支持援助と呼ばれる軍事的性格の強いものであり，それ以外の経済援助も51年10月制定の相互安全保障法（Mutual Security Act of 1951, MSA）に基づくアメリカ陣営の軍事力強化を目的とするものである。つまり，国際収支の政府部門の赤字は50年代の冷戦戦略の実行のための費用なのである。

こうしたアメリカの冷戦戦略の実行にともなう国際収支の赤字は，西欧・日本の経済復興に必要なドルを（IMFの枠外で）供給し経済成長を支援する役割を果たした。西欧・日本の産業は固定レート制のもとで国際競争力を強化していき，西欧諸国は58年に通貨の交換性を回復し，日本は50年代後半から高度経済成長を実現していった。

他方，アメリカは国際収支の赤字の結果，第9-3図が示すようにアメリカの対外流動債務が急増していく一方で金準備は減少していき，59年に両者がほぼ同額となり60年にはついに逆転した。

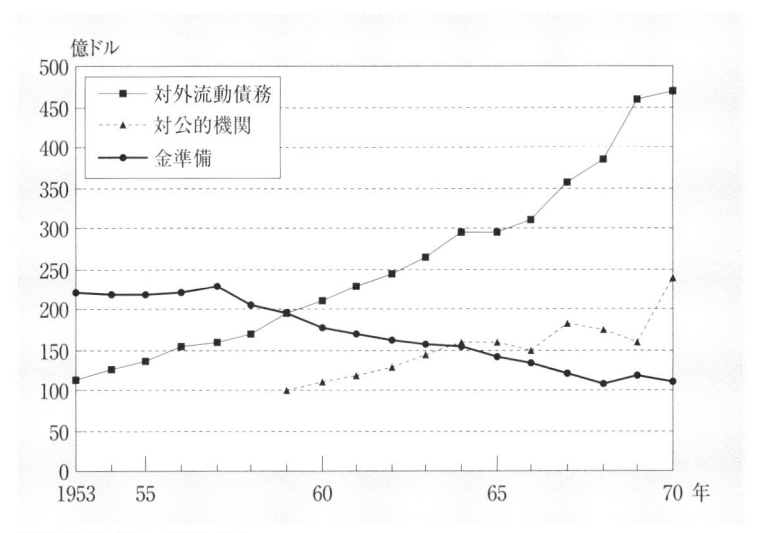

第9-3図　アメリカの金準備と対外流動債務

［資料出所］第9-2図と同じ。

この結果，ドルに対する信認は急速に低下して，60年10月にロンドン金市場で金価格が1オンス＝41ドル台に高騰し最初のドル危機が発生する。ケネディ大統領は就任直後の61年2月に国際収支に関する特別教書を発表し，金の公定価格維持の意向を表明するとともに，輸出振興やバイ・アメリカン（Buy-American）政策などのドル防衛策を提示した。さらに同年10月に（欧米8カ国が金を拠出して金市場に介入する）**金プール協定**が成立して，激しい金投機はようやく収束した。

ドルに対する信認を低下させドル危機をもたらした根本的原因が，アメリカの国際収支の政府部門の赤字すなわちアメリカの冷戦戦略の実行にあることは明らかであった。そこで，ケネディ政権は海外軍事支出や対外援助政策の見直しを行ない，60年代前半の純軍事取引は50年代後半に比べて減少した。ただし，これは海外での軍事活動が抑制され海外軍事支出の絶対額が削減されたわけではなく，アメリカ製兵器の同盟国への販売を促進することによってドルの還流を図り，国際収支表上の純軍事取引額を減少させる政策がとられたのである。これはまた，海外に展開されたアメリカの軍事力を弱体化させず，同盟国の軍事力をアメリカ製兵器によって強化させるとともに，兵器の標準化を進めて米軍の補完としての同盟国軍の役割を強化することになった。

　この他にも，対外経済援助の贈与から借款への転換や軍事援助の対外軍事販売への転換も進められた。政府部門の赤字抑制策以外でも，民間部門全体では黒字であっても民間対外投資が国際収支の赤字要因であることには変わりがないため，対外証券投資の抑制を目的として1964年に金利平衡税（Interest Equalization Tax）が導入されている[5]。

　こうしたドル防衛策にもかかわらず，政府部門では先進国向けの援助に代わって発展途上国向けの援助（借款中心）が増大したことや，資本主義諸国の復興・経済成長によって民間対外直接投資が急速に増大していったため，アメリカの国際収支の赤字は依然として増加傾向を示している。このため，ドルに対する信認も低下し続けて金準備の減少が進む一方で，対外流動債務は増加し続けた。64年には対外流動債務のうちアメリカが金交換を認めていた対公的機関分が金準備額を上回り，ドルに対する信認はさらに低下した。

(3) ベトナム戦争と初期IMF＝ドル体制の崩壊

　アメリカが急増する対外流動債務に対して充分な金準備を保持できなくなり，ドルに対する信認が低下したことはドルの基軸通貨特権が限界を迎えた

---

[5] これは65年末までの時限立法による措置であったが，ジョンソン政権で2年間の延長が行なわれ，その後も期限が延長された。74年の対外投融資規制撤廃にともなって廃止された。

ことを意味するが，こうした状況の中でアメリカはベトナムへの本格的介入を開始したのである。海外軍事支出・対外援助は急増していき，国際収支の赤字はいっそう深刻化していった。60年代後半，ベトナム戦争が長期化・泥沼化する中でも，民間対外投資に関しては投資収益が資本流出額を上回り続けて民間部門は黒字を維持するが，貿易黒字の減少によって黒字幅は縮小していく。他方，政府部門は対外軍事支出・援助の急増によって赤字幅が拡大し，この結果，経常収支の黒字が減少し基礎収支の赤字は急増していった（前掲第9-2図）。さらに67年第4四半期から68年第1四半期にかけて貿易黒字が急減する。

こうした状況を背景としてロンドン金市場の金価格は急騰し，金需要に応えられなくなったイギリス政府は金市場を閉鎖し（68.3.15），金プール7カ国（フランスは67年3月に事実上脱退）は金プール制の廃止と**金の二重価格制**を発表した（68.3.17）。各国通貨当局は金市場に対していかなる介入・金供給も行なわないことになり，金は公定価格と民間価格の2つの価格が並存することになった。これは，それまで民間金市場に対して通貨当局が金を供給することによって間接的に行なわれてきた民間に対するドルと金との交換が停止されたことを意味する。すなわち，初期IMF＝ドル体制の重要な柱であるドルの世界通貨としての機能が実質的に失われたことを意味する。

アメリカは，この金の二重価格制によって金交換という制約から事実上解放され，従来以上に国際収支の赤字に対する規制がルーズとなっていった。71年には貿易収支も赤字に転落し，民間海外投資の急増とあいまって民間部門まで赤字となり，基礎収支だけでなく経常収支も赤字となった。ドルへの信認低下による国際通貨危機は限界点に達し，71年8月15日，ニクソン大統領は金とドルとの交換停止を一方的に宣言した。12月の10カ国蔵相会議において，アメリカの政府支出削減によるインフレ抑制と国際収支改善によるドル価値の維持・安定化政策の実行を前提としてスミソニアン協定が合意され，固定レート体制の維持が図られた。

しかし，ニクソン政権はインフレ抑制・国際収支改善という国際的公約を無視して，通貨供給増大による景気刺激策をとったことからインフレが高進し，ドルの実質的減価が進んだ。これはドル切下げを見越したアメリカ多国

籍企業を中心とする投機的通貨取引を加速し，ドル流出はさらに急速となった。結局，スミソニアン体制は1年余りで崩壊し，各国は変動相場制へ移行していった。戦後の資本主義諸国の復興と成長の枠組みであった初期IMF＝ドル体制はここに崩壊したのである。

(4) アメリカ経済の相対的衰退

　初期IMF＝ドル体制を崩壊に導いた根本的な原因は，50年代から継続するアメリカの冷戦戦略の実行にともなう国際収支の政府部門の大幅な赤字にある。そのうえで，政府部門の赤字を相殺していた民間部門の黒字が60年代後半に縮小し，70年代に入って赤字に転落したことがドルに対する信認を決定的に低下させ，68年の金二重価格制から71年のニクソン声明につながったのである。なぜ民間部門の黒字が縮小し赤字に転落していったのか。その要因の第1はアメリカ経済の軍事化，第2はアメリカ企業の多国籍化，第3は60年代の経済政策およびベトナム戦争の遂行である。

① アメリカ経済の軍事化

　前節で見たように，アイゼンハワー政権期の冷戦戦略によって核戦力を中心とした軍事力増強が急速に進められ，その軍事力を支える原子力，ミサイル，宇宙開発，エレクトロニクスなどの超先端軍需産業の創出・育成が至上命題とされた。さらにケネディ・ジョンソン政権では対兵力戦略に基づいて軍事技術の高度化が追求された。そのため，研究開発費と優秀な研究者・技術者はこれらの部門に集中的に投入された。

　この結果，超先端軍事分野の研究開発は急速に進んだが，これら以外の在来重化学工業（鉄鋼，合成繊維，一般機械，電気機械，輸送機械等）のアメリカの技術的優位・国際競争力は50年代半ば以降，急速に低下していった。これらの産業は朝鮮戦争以前においては軍需産業として重要な位置を占めていたが，50年代後半にはこれらの産業の軍需依存度は非常に小さくなっていった（鉄鋼産業の全出荷額のうち武器・弾薬産業および直接軍需向け出荷額の割合は，1945年10.8％→58年0.4％）。航空機・部品産業の出荷額の連邦政府依存度は直接・間接の合計で50年代末には86.7％，電子・通信設備産業は

同40％前後となっている。雇用者数を見ても，50年代末には，航空機・部品産業は鉄鋼・圧延産業を超えて自動車産業に匹敵する水準となり，電子・通信設備産業もそれに近い規模となっている。

こうして超先端軍需産業はアメリカ経済の再生産構造において重要な位置を占めるようになったが，在来産業との再生産上の関連はほぼ断絶している状態である。58年と63年の産業連関表から計算すると，超先端軍需産業部門（ミサイル含む兵器，ラジオ・テレビ・通信機器，航空機）の中間財購入額のうち，自部門からの購入が58年の50.0％→63年の44.8％に対して，在来産業部門（鉄鋼・圧延，化学製品，石油精製，金属加工機械，自動車）からの購入は同7.9％→6.6％である。逆に在来産業部門から超先端軍需産業部門および政府部門への販売は同4.7％→3.5％にすぎないのである。

このことは，超先端軍事分野における研究開発の成果による新技術・新生産物が在来産業の生産技術や製品技術の革新につながりにくいこと，したがってアメリカの在来産業の生産性上昇や輸出競争力強化に寄与しにくいこと[6]，超先端軍需産業部門の形成・拡大が在来産業部門の生産拡大や投資拡大を誘発する効果が小さいことを示唆している。また，新技術開発・新生産部門の形成が独占段階固有の停滞基調を逆転して急速な拡大再生産を惹起していく作用（◉第8章第2節）が，超先端軍需産業部門においては非常に限定されていることを意味している。以上のことは70年代以降のアメリカ経済の長期停滞傾向を根底において規定する要因として重要である。

② アメリカ企業の多国籍化

1950年代半ば以降，アメリカの巨大企業は活発な対外直接投資によってヨーロッパ諸国へ進出していったが，この多国籍企業化が本国の在来産業部門の設備投資の停滞と生産性上昇率の低下をもたらした。アメリカ系多国籍企業のヨーロッパにおける生産・販売の拡大および周辺地域への輸出拡大は，

---

[6] アメリカの労働生産性上昇率は，60年代前半が年平均4.3％，60年代後半が同1.3％であるのに対して，日本はそれぞれ7.7％，13.4％である（日本銀行『日本経済を中心とする国際比較統計』各年版）。この生産性上昇率の差については，第7章の Column 7-3も参照していただきたい。

アメリカ本国の企業にとってこれら諸国・地域への輸出市場を縮小させる効果をもっている。また，これら多国籍企業によるアメリカ本国への輸出（いわゆる逆輸入）は，アメリカ市場における本国企業のシェアを低下させて生産・投資の抑制要因として作用し，本国企業の生産手段需要や労働力需要の減少効果をもつから，関連生産部門の市場縮小をもたらす。これらは本国における新生産方法の導入をともなう更新投資や新投資の遅延・抑制作用をもち（◯第7章第2節），逆に多国籍企業のアメリカ本国以外での新生産方法の導入をともなう投資を促進することによって，アメリカ在来産業の国際競争力の相対的低下をもたらすのである。

③ 60年代の経済政策とベトナム戦争遂行

ケネディ・ジョンソン政権の成長持続政策によって，個人消費と民間固定資本形成が活発化して，実質GDP増加率は62〜64年には6.0％，4.4％，5.8％と高水準となり，製造業の設備稼働率も80％以上に上昇した。失業率も5％台前半に低下したが，消費者物価上昇率は1％台，生産者物価上昇率は0％台で安定していた。このように60年代前半にアメリカ経済がほぼ完全雇用状態に達した状況のもとで，ベトナムへの本格介入が開始されたのである（◯本章第1節）。

ベトナム戦争によって国防費は65年度の506億ドルから69年のピーク時825億ドルまで急増した。前述のようにドル防衛のために国防支出・対外援助支出の国内調達を強化したため，軍需産業への需要は急速に増加した。しかも，ベトナム戦争では，ピーク時60万人規模の兵力と地上戦用の通常兵器の大量投入および大規模な爆撃作戦が実行されたため，軍需調達の内容はそれまでよりも「限定戦争」用の戦力と通常兵器の比重が高まった。

このことは，超先端軍需産業に対する軍需増大に比べて，在来軍需産業の関連部門である在来重化学工業に対する需要の波及効果が大きくなることを意味し，経済全体の生産・投資拡大の相互促進的・加速度的波及効果をもつはずである。しかし，60年代後半のGDP増加率は60年代前半とほとんど変わらない平均5％程度にとどまっている。設備稼働率は，66年には91.1％にまで上昇し67〜69年も87％前後の高水準が維持されたが，設備投資は67

年以降はそれ以前よりもむしろ低水準となっている。これは，失業率が完全雇用の目安とされる4％を下回って賃金上昇をもたらしたこと（65～70年の単位労働コスト上昇率は0.2％，2.6％，3.4％，4.5％，6.5％，5.6％），消費者物価上昇率が64年の1.3％から70年の5.7％まで上昇し，生産者物価上昇率も64年の0.3％から70年の3.4％に上昇したこととあいまって，アメリカ産業の国際競争力を相対的に低下させたのである。

以上のような諸要因によって，ベトナム戦争遂行（およびジョンソン政権の「偉大な社会」計画）によって増大した財政支出・連邦政府需要が海外からの輸入増大によって一部吸収され，アメリカ国内の投資の誘発効果を減殺したと考えられる。アメリカとは対照的に，日本は50年代後半以降，主としてアメリカから導入された新技術・新生産部門形成にともなう独占企業間の設備拡張投資競争（⇒第8章第2節）によって高度経済成長を実現した[7]。国際競争力は飛躍的に高まり，対米輸出が急増して65年を境として対米貿易は黒字化する[8]。こうしてアメリカの貿易収支は悪化し民間部門の国際収支も赤字に転落して，初期IMF＝ドル体制を崩壊に導いていったのである。

アメリカが冷戦戦略を実行し国際収支の赤字を続ける一方で，西欧諸国や日本は順調に経済復興・成長を実現していった。50～60年代を通じて，西欧諸国は年平均5％前後，日本は10％前後の実質経済成長率を記録し，安定的な資本主義国となっていった。冷戦・社会主義との対抗のもとで資本主義体制を再編し安定化させるというアメリカの目的はみごとに成功を収めたといえよう。しかし，皮肉にもそれは同時にアメリカ経済そのものを侵食し，日米貿易摩擦の頻発からアメリカの保護主義化が進んで自由貿易を原則とするGATT体制をも変質させていくことになり，資本主義体制の復興・成長の枠組みであったアメリカ主導の国際経済体制を崩壊させることになったのである。

---

[7] 日本の高度経済成長の特徴とそのメカニズムの優れた分析として，井村喜代子『現代日本経済論』（有斐閣，初版1993年，新版2000年）がある。

[8] 70年代に入ると，公害反対運動の高まりによって制定されたアメリカの自動車の厳しい排気ガス規制＝「1970年大気清浄法改正法（Clean Air Amendment of 1970）」（通称マスキー法）とそれにならった日本の排気ガス規制をクリアーした日本の自動車の対米輸出が急増し，それは73年の第1次石油危機によるアメリカの消費者の小型車・燃費効率選好によって倍加され，アメリカの対日貿易赤字はさらに増大していく。

第10章
戦後資本主義世界体制の危機の構造

　初期IMF＝ドル体制の崩壊後，1970年代のアメリカ経済は60年代までに比べて実質GDP増加率や生産性上昇率は低下し，失業率や物価上昇率は上昇した。財政赤字も貿易赤字も累増し，実体経済の衰退傾向が明白となった（◯第3部冒頭のアメリカ経済の主要指標の表）。一方，ドルはニクソン声明によって金交換の裏づけを失ったが，国際間の取引を媒介する基軸通貨としての地位は維持し続けた。また，アメリカの軍事支出（実質額）はベトナム戦争敗北の後遺症によって70年代後半まで減少傾向となり，ソ連に対する軍事力の相対的優位性は低下するものの，依然として世界の中で圧倒的な優位は維持していた。

　実体経済の優位性を失ったアメリカにとって，ドルの基軸通貨としての地位と軍事力が，その覇権を保持し経済的「繁栄」を継続するために残された最後の武器＝命綱となったのである。そこで，アメリカは70年代初頭以降，金融の自由化・国際化を進めることによって国際資本取引における金融的覇権の強化を図り，さらに80年代のレーガン政権はこの2つの武器＝命綱の強化をめざして，金融の自由化・国際化をいっそう強力に推し進め，大規模な軍事力の増強を実行していった。

　レーガン政権の新自由主義的経済政策は，70年代のスタグフレーションを解消するものの，経常赤字と財政赤字という「双子の赤字」が急増し恒常化した。そして，アメリカの経済的「繁栄」は，巨額の経常赤字が国際的な（投機的）金融取引の盛行にともなうドル還流によってファイナンスされる限りで持続するが，その資金循環が崩壊すればドルの基軸通貨特権も失われ，「繁栄」も一挙に瓦解するという「**危うい循環**」がアメリカ経済に構造的に

刻印されたのである。

　80年代末に冷戦が終結しさらに90年代に入ってソ連が崩壊すると，グローバリゼーションが文字どおりに地球規模で急速に進む中で，アメリカ経済は持続的成長を実現し「復活」するが，国際的金融取引はさらに投機的色彩を強め膨大化していく。そして「危うい循環」によってファイナンスされるべき経常赤字はますます膨大化していっただけでなく，そのファイナンスが経済の実態をはるかに超える投機的金融取引に支えられた不安定性をはらんだものとなる。これは，ドルの基軸通貨としての地位がいっそう不安定化していったことを意味する。

　さらに冷戦終結後，それまで米ソの冷戦体制によって抑制されてきた民族対立や宗教対立に起因する地域的紛争が頻発するようになった。また，冷戦中にアメリカがその覇権維持のために関与してきた諸国家でアメリカに対抗する動きが強まり，核兵器や生物・化学兵器などの**大量破壊兵器**（Weapons of Mass Destruction, WMD）の保有国または保有をめざす国が増加し，反米的な非国家勢力もその力を強めて，公然・非公然の反米活動を拡大していった。このような状況の中でアメリカの国家安全保障を確保するためには，冷戦期に形成された軍事力はもはや充分に有効なものではなくなった。このアメリカの国家安全保障の脆弱化を象徴する事件が2001年の9.11同時多発テロである。

　2001年1月に就任したブッシュ大統領は，アメリカの国益のためには単独軍事行動も辞さない「新帝国主義」戦略をとってアフガニスタンとイラクへの攻撃を開始するが，この「対テロ戦争」はベトナム戦争以上に長期化・泥沼化し，90年代末に黒字化した財政収支は再び赤字に転落した。経常赤字も90年代以上にさらに膨大化し，そのファイナンスも投機的な金融取引にともなう外国資金の流入と外国政府の対米投資に依存しており，「危うい循環」の維持のために必要な条件はいっそう厳しいものになっていった。

Column 10 – 1　湾岸戦争とアメリカの国家安全保障の脆弱化
　冷戦終結後のアメリカの国家安全保障の脆弱化の出発点といえるのが1991年の湾岸戦争である。90年8月2日にイラクがクウェートに侵攻すると，国連安全保障理事会（安保理）はイラク軍の無条件即時撤退を要求する決議

(8.2)，国連全加盟国にイラクに対する経済制裁を求める決議（8.6），イラクのクウェート併合の無効を宣言する決議（8.9）を次々と採択した。この間に，アメリカはイスラム教の2大聖地のあるサウジアラビアに「異教徒の軍隊」である米軍駐留を承認させ，サウジアラビア防衛を目的とする「砂漠の盾作戦（Operation Desert Shield）」を開始した（8.7）。国連安保理が対イラク武力行使容認決議を採択すると（11.29），91年1月17日に米軍を中心とする多国籍軍がイラク領内への空爆作戦である「砂漠の嵐作戦（Operation Desert Storm）」を開始した。1カ月以上にわたる激しい空爆の後に地上部隊による「砂漠の剣作戦（Operation Desert Saber）」が開始され（2.24），クウェート市が解放された（2.27）。クウェートへの賠償，WMDの廃棄，国境の尊重などを内容とする安保理決議をイラクが受け入れて（4.6），湾岸戦争は終了した。

湾岸戦争は，アメリカ主導の多国籍軍という形態ではあったが，国連が安保理決議に基づく軍事的強制力を発揮し，世界の安全保障のために初めて有効に機能する可能性を示したのである。ただし，これはアメリカが「双子の赤字」（◯本章第1節）を抱えて単独で軍事力を行使できる状態ではなく，湾岸地域におけるアメリカの「死活的利益」の防衛のために，国連安保理決議という国際的正当性を必要としたからであった。この国際的正当性によって，アメリカは湾岸諸国と日本，ドイツに拠出させた合計540億ドルの戦費の大部分を受け取った結果，91年度の国防支出は8.7％減少し，国際収支面でも政府移転収支が黒字となったために，91年の経常収支は例外的に黒字となったのである。

その後，アメリカ経済の「復活」に成功したクリントン政権は，アメリカの国家安全保障のために国連を舞台として各国の協力を求める必要を認めなくなる。冷戦終結によってアメリカの核戦力を縮小し軍事支出を削減する一方で，湾岸戦争のようなアメリカの利害に直接関わる地域での紛争に対処し，世界におけるアメリカの覇権を維持するために，米軍のグローバルな緊急展開能力を強化しつつ，アメリカ主導のもとで同盟国・友好国に役割分担をさせるという方向性を選択するのである。

しかし，圧倒的な軍事力によってイラクを屈服させたアメリカに対して脅威を感じた反米的国家は，WMDの開発や保有を追求するようになる。また湾岸戦争終了後もサウジアラビアに軍隊を駐留させ続けるアメリカに対して，反米イスラム勢力はたびたびテロ攻撃を実行するようになる。80年代にアメリカから支援を受けつつアフガニスタンでソ連と戦い，湾岸戦争を機に反米に転じたオサマ・ビンラーデンを指導者とするアル＝カーイダがその典型である。アル＝カーイダは90年代に数々の反米テロ事件を起こし，そして2001年9.11同時多発テロを実行するのである。

Column 10-2 日本政府の「湾岸戦争のトラウマ」

　湾岸戦争は日本の国家安全保障体制にとっても画期となった。アメリカの「砂漠の盾作戦」開始から約3週間後の90年8月29日，日本政府はアメリカへの10億ドルの支援を決定し，9月14日にはアメリカ連邦議会の追加資金提供要求に対して30億ドルの追加を決定した。さらに「砂漠の嵐作戦」開始から1週間後の91年1月24日に90億ドルの拠出を決定し，その後の円安による負担軽減分の補塡をアメリカに要求され7月に5億ドルの追加支払いを行なった。また戦争終了後には憲法の制約を超えてペルシャ湾に自衛隊の掃海艇を派遣した。

　こうした日本の支援・協力にもかかわらず，アメリカからは「*too little, too late*」と酷評され，クウェートが戦後にアメリカの新聞に出した感謝広告の「クウェート解放に貢献した30ヵ国」に日本が含まれなかったこと，ペルシャ湾の掃海業務についてはクウェートが感謝の意を表明したことなどから，日本国内では「**湾岸戦争のトラウマ**」という言葉が生まれたほど，「人的貢献」なしには国際社会から評価されないという意識が，政府だけでなくマスコミの報道を通じて一般国民にも普及した。

　しかし，日本の135億ドルという拠出金額はサウジアラビア，クウェートに次ぐ第3位で，アメリカの湾岸戦費の約25%にあたる（ドイツは70億ドル）。ブッシュ大統領は海部首相の訪米の際の記者会見で日本の財政支援を連合国の一員として「充分な水準」と謝意を述べているし，湾岸戦争を指揮したアメリカ中央軍（USCENTCOM）のシュワルツコフ司令官はその回想録で，日本の資金提供がなければ「砂漠の盾作戦」は破産していたと述べている。日本の協力は決して「*too little, too late*」ではなかったのである。また，日本が拠出した135億ドルのうち，クウェートが受け取ったのはわずか450万ドルである。感謝広告の国名リストに日本がなかったのも不思議ではない。

　事実関係は違っていても，日本政府はその後も「湾岸戦争のトラウマ」を抱え続け，アメリカのイニシアティヴによる「**日米安保体制の再定義**」に従って，在日米軍のアジア太平洋地域への活動範囲の拡大と軍事面での日本の役割の拡大を容認し，冷戦終結にもかかわらず防衛関係費を増加させ続けていく。92年のPKO協力法以降，自衛隊の海外派遣は常態化し，96年の**日米安保共同宣言**によって，日米安保体制の対象範囲は日米安保条約を改定することなくアジア太平洋地域に拡大された。その具体化として，97年の「日米防衛協力のための指針」（新ガイドライン）の策定，99年の新ガイドライン実行のための周辺事態法の制定，自衛隊法と日米物品役務提供協定の改正などが行なわれている。

　そして，2001年のアフガニスタン攻撃開始後にはインド洋に海上自衛隊を，03年のイラク攻撃開始後にはイラクに航空・陸上自衛隊を派遣する。両戦争

> ともに在日米軍基地は米軍の出撃・兵站拠点となっており、日米安保体制はアジア太平洋地域のみならず、中央アジア・中東地域というアメリカ中央軍の作戦地域にまで拡大されたのである。さらに、14年7月1日に安倍政権は歴代政権の方針を変更して日本の集団的自衛権行使を容認する閣議決定を行なった。なお、この方針変更の基本的方向性を提言した「安全保障の法的基盤の再構築に関する懇談会」（安保法制懇）の座長の柳井俊二氏は湾岸戦争当時の外務省条約局長である。

以下、第1節では、レーガン政権期の経済政策と「危うい循環」の形成について考察し、第2節では、冷戦の終結後のアメリカ経済の「復活」および「危うい循環」のさらなる不安定化について分析し、第3節では、戦後資本主義世界体制の危機の顕在化としての世界的金融・経済危機の構造を明らかにする。

第1節　レーガン政策と「危うい循環」の形成

(1) ドルの基軸通貨特権の危機と金融の自由化・国際化戦略

初期IMF＝ドル体制の崩壊によって、ドルは原理的には、金との交換の停止によって金の裏づけをもつ世界通貨としての機能を失い、固定レート制の崩壊によって各国は為替レート維持のために外貨準備としてドルを保有し外為市場に介入する必要がなくなったために、介入通貨と準備通貨としての機能も失った。さらに、アメリカ経済の相対的衰退によってアメリカ以外の国家間の貿易が増大し、貿易をドル建てで行なう必要性も低下した。したがって、ドルが基軸通貨である必然性は大きく低下したのであり、アメリカが国際収支の赤字を継続できる基軸通貨特権も失われる可能性が高まったのである。

しかし、初期IMF＝ドル体制の崩壊後もドルは貿易取引を中心として基軸通貨の地位を維持し続けた。ドル建ての貿易取引が世界貿易の中で占める比率は急速に低下することはなく、ドルの貿易取引通貨としての機能は維持されていた。ドルに代わって主要な貿易取引通貨となる通貨はなかったし、石油危機によって価格が高騰した石油がドル建てで取引されていたためである。とはいえ、西欧・日本の国際競争力の強化によって国際貿易における相対的

優位性を失い，貿易赤字が累増しているアメリカにとって，ドルの貿易取引通貨としての地位も安泰ではない。ドルの基軸通貨特権が失われれば，アメリカの覇権と経済的「繁栄」は危機に瀕することになる[1]。

そこで，アメリカは基軸通貨特権を死守するために，ドルの貿易取引通貨としての機能だけにとどまらず，資本取引通貨としての機能と為替媒介通貨としての機能を維持・拡大する戦略をとっていく。70年代初頭以降，アメリカは経済的「繁栄」の維持のために，金交換の制約から解放されたドルの基軸通貨特権を利用して国際収支の赤字を放置し，国内的には大規模な金融緩和・景気刺激政策を継続しつつ，国際資本取引における金融的覇権の強化を図っていくのである。

それまでアメリカの国際収支の赤字に国外に流出したドルが主に運用されていたのはロンドン市場を中心とするユーロ・ダラー市場であった。金融の自由化・国際化を進めてアメリカの金融市場を活性化させ，ロンドン市場に対抗する巨大国際金融市場とすることができれば，ドルの資本取引通貨としての機能を拡大することができる。ドル建ての金融取引が増大すれば，各国通貨間のドルを媒介とする取引も増大してドルの為替媒介通貨としての地位も強化される。また，各国が保有する外貨準備としてのドルをアメリカの金融市場で運用させれば，ドルの準備通貨としての機能も維持・拡大でき，金・ドル交換停止以降のドル安傾向の中でも各国のドル離れを防ぐことができるのである。

実際，72年にはシカゴ商業取引所で通貨先物取引が開始され，74年1月にはドル防衛のための対外投融資および対外直接投資規制が撤廃された。こうして，アメリカは金融の自由化・国際化によって，ドルの基軸通貨としての地位を強化して国際収支の赤字を継続できる特権を維持しつつ，アメリカ金融市場における国際的金融取引による金融的利得の増大をめざしていくの

---

[1] ドルが基軸通貨としての地位を失い各国のドル離れからドル暴落が発生したとすれば，アメリカの経済的「繁栄」が瓦解せざるをえないことは，1997年のタイ，インドネシア，韓国の通貨危機の際に，IMFのコンディショナリティ（IMFが融資利用国に課す経済政策の制約条件）によって，金融引き締めや財政赤字の削減などの厳しい緊縮政策，経常収支赤字の縮小などが要求されたことを想起すれば明白であろう。

である。こうした戦略をさらに徹底していったのがレーガン政権である。

(2) レーガン政権の「経済再生計画」

　レーガン政権は，経済の再生と軍事力の大規模な増強による「強いアメリカ」の再建をスローガンとして，新自由主義に基づく経済政策および金融の自由化・国際化と軍事力の大規模な増強を急速に進めていく。レーガン政権の「経済再生計画」は次の4つの政策を柱としている。

(a) 連邦政府支出増加率の削減
(b) 個人所得税の減税と加速償却の導入による企業の設備投資の促進を通じた雇用の創出
(c) 大幅な規制緩和計画の設定
(d) 連邦準備制度との協力のもとに，安定した通貨と健全な金融市場の再建を目的とする新金融政策の採用

経済に対する連邦政府の役割は金融政策を除いてできるだけ小さくし，自己責任の原則と市場メカニズムの機能への依存を軸とした(a)～(d)の政策を実行することにより，70年代のスタグフレーションを克服しようというのである。
　また，経済政策として政府支出の抑制が提起される一方で，国家安全保障政策としては，(e) 軍事力の急速な増強のための軍事支出の大幅な増額，が提案されている。アメリカの軍事力のソ連に対する圧倒的優位性を再建するためには，軍事支出の急速な増加が必要であり，そのためには軍事支出は歳出削減という原則の対象外とされたのである。
　なお，(e)については，ソ連のICBMに対するアメリカ本土の防衛を掲げた戦略防衛構想（Strategic Defense Initiative, SDI）と国内産業の再生との関連が重要である。すなわち，ミサイル防御のための広範な超先端技術の研究開発の成果をSDIそれ自体だけでなく，アメリカのハイテク産業の成長に利用してこの産業の他国に対する優位性を維持・拡大し，アメリカ国内産業の再生に寄与させるという意図を含んでいたのである。
　以上のレーガン政策の「強いアメリカ」の再建へのシナリオは次のように

まとめられる。個人所得税の減税は労働意欲の向上と貯蓄の増加をもたらす。労働意欲の向上は生産性の上昇につながり，貯蓄増加と企業に対する減税は設備投資を増加させることによって，これも生産性上昇をもたらす。設備投資の増加と生産性上昇は景気を回復させる。種々の規制緩和は，企業の設備投資を刺激して経済成長に寄与すると同時に，福祉予算などの歳出削減とともに「小さな政府」を実現して財政の均衡化にも寄与する。経済成長率の上昇は税収の増加を通じて財政の均衡化にも寄与する。通貨供給量の抑制は物価上昇率の低下をもたらし，生産性上昇とともに産業の国際競争力の強化に寄与する。また，軍事力の増強とSDIは対ソ優位の維持・強化に寄与すると同時に，革新的技術開発を刺激して産業の国際競争力強化にも寄与する。これらは経済成長も刺激することを通じて失業率も低下させる。こうして「強いアメリカ」の再建が実現される。このシナリオを図式化すると第10-1図のようになる。

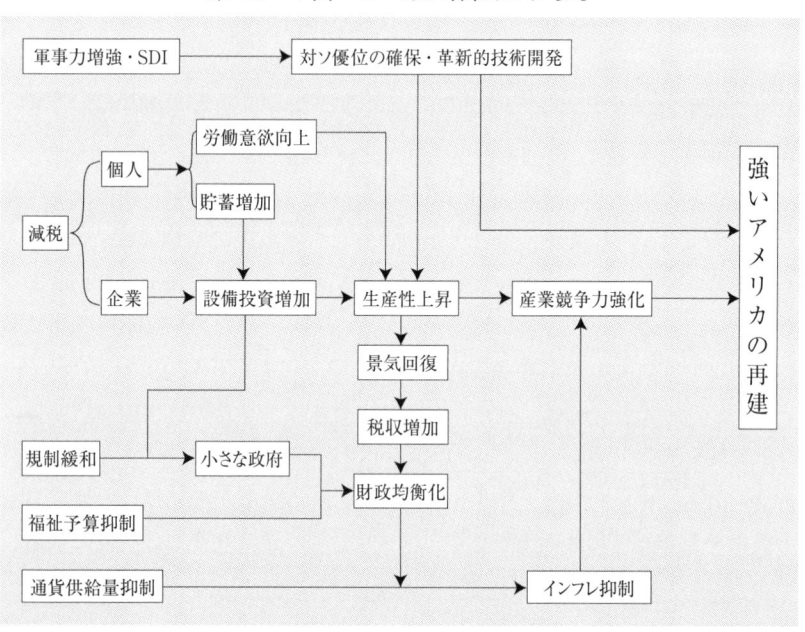

第10-1図　レーガン政策のシナリオ

(3) レーガン政策の帰結Ⅰ——インフレーション鎮静化と経済成長

このようなレーガン政策はアメリカ経済に何をもたらしたのか。物価上昇の抑制について見てみると，レーガン政権以前の80年10月～81年1月までのマネー・サプライ（M_1）の増加率は年率10％以上であったが，レーガン政権となった81年2月から年末までは平均5.3％に抑制された。特に81年4月～10月の増加率は0％である。この厳しい通貨供給の抑制によって，消費者物価指数（CPI）上昇率は80年の13.5％から83年には3.2％へ，生産者物価指数（PPI）上昇率も同様に13.4％から1.6％へと急速に低下し，プライム・レートは81年2月～10月に20％前後という高水準に上昇し，84年まで10％以上の水準が維持された。

通貨供給の抑制と利子率の急上昇のもとで物価上昇率が低下すれば，実質利子率はいっそう上昇することになる。この結果，資金繰りの悪化した企業の倒産が激増し（商工業倒産件数は80年約1万1,700件→82年約2万4,900件），82年の設備稼働率は70.9％に低下，非住宅民間固定資本形成は3.8％減少し，失業率は9.7％に上昇した。82年の実質GDP増加率は－1.9％となり，アメリカ経済は81年7月から82年11月までの16カ月間の景気後退という，戦後最長の不況に陥ったのである。

こうした状況に対して，レーガン政権は中間選挙が行なわれる82年に入ると通貨供給抑制策を放棄した。連邦準備制度（FED）は82年7月から公定歩合を引き下げて年初の11.02％から年末には8.5％とし，マネー・サプライの増加を容認する方針に変更した。この結果，プライム・レートは82年14.9％，83年10.8％に低下して消費者信用の金利も低下し，金利の変化に感応的な住宅建設や自動車の購入を刺激した。これに所得税減税の効果も加わって個人消費が増加し，83年の実質GDP増加率は4.5％に上昇した。また，財政面でも，景気後退による法人税の減収を中心に歳入が減少する中で，財政支出を増額したために財政赤字が増加した。

84年以降も年平均約4.5％の経済成長が続き失業率も7％程度に低下した。しかし，経済成長は主として個人消費の増加に支えられたものであり，貯蓄率は政権初期の10％台から政権末期には6％台に低下した。民間設備投資および設備稼働率は低迷し続けたし，生産性も予想されたほどには上昇しなか

った。レーガン政権期において，経済成長率の上昇，物価上昇率と失業率の低下という目標はほぼ達成されたといえるが，それらはレーガン政策が描いたシナリオに基づくものではなかったのである。

(4) レーガン政策の帰結Ⅱ──双子の赤字の膨大化

レーガン政策は，スタグフレーションからの脱却という目標は達成した一方で，双子の赤字を膨大化させ，アメリカ経済および世界経済に対して非常に大きく困難な問題をもたらした。

① 財政赤字の膨大化と高金利

財政赤字額はカーター政権末期の81年度に790億ドル（GDP比2.5％）とすでに高水準であったが，レーガン「経済再生計画」の見通しでは，82年度は1183億ドル（同3.8％）に増加するものの，その後は経済成長にともなう税収増と政府支出の抑制によって，86年度には770億ドル（同1.7％）に減少するとされていた。しかし，実際には86年度2212億ドル（同5.0％）と財政赤字額が激増した。これは同年の個人貯蓄総額2684億ドルに匹敵する額である。

この財政赤字の激増にともなって，政府債務残高も80年度末の9090億ドル（GDP比32.6％）から89年度には2兆8678億ドル（同52.3％）へ急増し，利払い費は80年度の525億ドル（歳出比8.9％）から89年度には1690億ドル（同14.8％）に膨れ上がった。利払い費の比重の上昇は財政赤字増加との悪循環および財政の硬直化が進んでいくことを意味する。そして，この累増する財政赤字をファイナンスするための大量の国債発行は，レーガン政策初期の通貨供給抑制策とともに異常な高金利をもたらし，82年後半以降の金融緩和策のもとでも金利を高止まりさせ，民間設備投資の抑制要因となった（⇨第10−2図）。

財政赤字の膨大化の主な原因は，経済成長率が上昇したにもかかわらず所得税・法人税の増加による歳入の増加が「計画」を下回ったことに加えて，国防関連支出が激増したことにある。国防支出は82〜89年度に年平均8.7％増加し，これに国際関係費と退役軍人費を加えた国家安全保障支出は同

7.5％増加した。この期間の財政赤字（オン・バジェット）の増加累計額（81年度の赤字額に対する82〜89各年度の赤字増加額の合計）は7805億ドルであるのに対して，国防支出の増加累計額は7645億ドルとほぼ同額，これに国際関係費と退役軍人費を加えた国家安全保障費の増加累計額は7910億ドルとなっているのである。

② 外国資本の大量流入

　財政赤字の膨大化にともなう高金利は，レーガン政権が70年代以上に強力に進めた金融の自由化・国際化のもとで，外国資本の大量流入をもたらした。対米民間証券投資は81年の98億ドル（うち財務省証券が29億ドル）から89年の684億ドル（同296億ドル）に激増している。直接投資においても，81年に流出額96億ドルに対して流入額252億ドルと純流入国に転換し，その後も83年を除いて流入超過が継続している。

　70年代の世界経済の長期的な停滞のもとで，有利な投資先を見つけられない欧米および日本の独占資本と，2度の石油危機による原油価格高騰によって大量の石油輸出収入を得た石油産出国の資金は，より有利な運用先を求めて国際金融・証券市場を移動するようになっていた。アメリカ主導の金融の自由化・国際化によってその資金の移動はより大規模にグローバルに拡大し，レーガン政策による高金利を求めてアメリカに大量に流入したのである。また，80年代にマイクロ・エレクトロニクス（ME）技術の発達によってコンピュータ化とオンライン・ネットワーク化が進んだことにより，膨大な国際的情報を瞬時に処理して金融取引を短時間で実行することが可能となって，こうした大量の資金のグローバルな移動がより促進された。

　この大量の資金の移動は金融市場，諸商品の先物市場，外国為替市場の価格変動を増進しただけでなく，金融の自由化・国際化によって飛躍的に自由度を増した国際的な投機的取引がその価格変動を利用して恒常的かつ大規模に行なわれるようになった。世界のオフショア市場の規模は81年末の7652億ドルから88年6月末には2兆1519億ドルにまで拡大した。うちロンドン市場のシェアは72％から45％に低下し，香港が16％，日本が14％，アメリカが13％，シンガポールが11％を占めるようになった。ユーロ・カレンシ

一市場の規模は 77 年に 5721 億ドルであったが，80 年には 1 兆ドルを超え，89 年には 4 兆 3615 億ドルにまで急拡大した。また，ニューヨーク，ロンドン，日本の株式市場の株価変動の相関係数は 70 年代には 0.4 〜 0.5 程度であったが，80 年代には 0.7 〜 0.9 にまで上昇している。各国株式市場の株価変動が同方向のものとなって，株価がグローバルに同時的に高騰または暴落する可能性が高まったのである[2]。

③ ドル高と経常収支赤字の増大

高金利を求める外国資本の大量流入は異常なドル高をもたらして，経常収支を恒常的に赤字とし，さらにその経常赤字を累増させていった。第 10-2 図が示すようにドルの実効為替レートは急速に上昇した（1980 年から 85 年の 5 年間で 63.6％上昇）。ドル高は，輸出価格の上昇と輸入価格の低下を通じてアメリカ製造業の国際競争力のいっそうの低下をもたらし，輸出産業の衰退を促進した。さらに，家庭電化製品や半導体を中心に多国籍企業の国外での生産の拡大やアメリカ本国企業の生産拠点の国外への移転を促進した。また，国内生産においても原材料や部品の外国からの調達，国外の OEM（Original Equipment Manufacturer，相手先ブランド製品の受託生産者）の利用が増大した。これらの輸出抑制・輸入増大作用によって貿易赤字は激増した（80 年 255 億ドルから 85 年 1222 億ドルへ）。

レーガン政権前半期の異常ドル高の影響はこれだけにとどまらない。生産拠点の国外への移転は現地で固定資本投資を実行すること（巨額の資本の長期固定化）であり，外国からの部品調達や OEM 利用は国内での生産ネットワークやノウハウの一部が国外に移転することになる。つまり，ドル高によって**アメリカ産業の空洞化**が急速に進んでいったのである。これは，もしドル高が逆転してドル安傾向になったとしても，海外進出企業の本国への回帰や生産拠点の本国への再転換が困難となること，したがって，アメリカ経済に**構造的な貿易赤字累増体質**が刻印されたことを意味するのである。

---

2) 世界のオフショア市場の規模と各国株式市場の株価変動の相関係数は経済企画庁『世界経済白書』昭和 63 年版，ユーロ・カレンシー市場の規模は国際決済銀行（BIS）への報告提出銀行の外貨建て債務残高で，*BIS Quarterly Review* による。

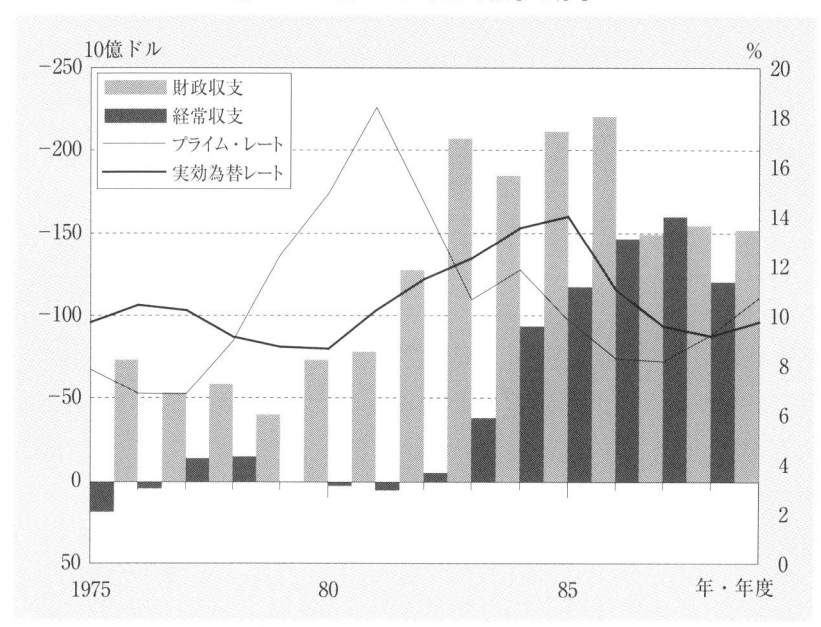

第10章　戦後資本主義世界体制の危機の構造

第10-2図　アメリカの双子の赤字

[備考] 財政収支と経常収支は左目盛りで，軸は反転してある。実効為替レートは1973年＝10として表示，プライム・レート（％）とともに右目盛り。財政収支は会計年度，その他は暦年。
[資料出所] *US Budget FY2012*, Historical Tables, *SCBID-ITA*, *ERP 2011* より作成。

　ドル高はまた，外国資本の対米直接投資と証券投資をさらに増大させて，資本収支は82年の328億ドルの赤字から83年に210億ドルの黒字に転換し，85年には995億ドルの黒字へと黒字幅が急拡大していった。資本収支の黒字幅が拡大すると，経常収支項目の対外投資収益の支払額が増大するため，対外投資所得収支の黒字額は減少していく。これが貿易赤字の激増とともに経常赤字の増大の要因となったのである。

(5) 双子の赤字とドルの基軸通貨特権の危機——「危うい循環」の形成

　一国の経常収支の赤字は何らかの形でファイナンスされなければ持続できない。アメリカの累増する経常赤字は，80年代前半はその経常赤字を生んだメカニズム自体によってファイナンスされた。83〜85年の経常赤字合計額2512億ドルに対して，同期間の民間の対米証券投資と銀行取引の増加を

主因とする資本収支の黒字（資本流入）合計額は1962億ドルとなっている。アメリカの高金利を求める資本流入＝ドル買いがドル高をもたらし，そのドル高がキャピタル・ゲインを求める投機的な対米証券投資や外為取引を促進し，さらに資本流入とドル高を呼ぶという連鎖によって経常赤字がファイナンスされたのである[3]。また，対米証券投資には財務省証券への投資が含まれているから，対米民間投資によって財政赤字もファイナンスされていたことになる。

本節（3）で述べたように，レーガン政権期の経済成長は主として貯蓄率低下と減税による旺盛な個人消費の増加によって実現したものであった。アメリカ国内産業の空洞化のもとでは個人消費の増加は輸入を増加させ，それが貿易赤字・経常赤字の増大をもたらしたのであった。その赤字が対米民間投資によってファイナンスされているということは，レーガン政権期に実現したアメリカ経済の「繁栄」は，外国民間資本の投機的取引を含む対米投資によって支えられているということを意味する。

しかし，ドル高が進めば進むほど，対米投資を行なっている外国民間資本にとっては，停滞する国内産業と消費者信用＝借金に依存した個人消費による貿易赤字の累増という，アメリカ経済の実態と乖離したドル高は，いずれ是正されるとの予想が強まってくるであろう。何らかの原因によって外為相場がドル高基調からドル安基調へと転換してその予想が現実化すれば，ドル高を進めていったメカニズムが一挙に逆回転して投機的なドル売りを誘発することになる。累増する経常赤字を異常ドル高と対米投資との相互促進的進展による資本流入がファイナンスするという循環は，民間資本のドル離れとそれによるドルのスパイラル的下落＝ドル大暴落の危険性を内蔵した「**危うい循環**」なのである。

ドル大暴落はドルの基軸通貨としての地位の喪失を意味し，したがってアメリカが基軸通貨特権を失って経常赤字を持続することが不可能になること

---

[3] こうした取引によって，世界の外国為替市場の取引額は激増し，89年には1日の取引額が同年の世界の1日の輸出入合計額の35倍にあたる約5900億ドルにまで達した（世界の外為市場の取引額は Bank for International Settlements (BIS), *Triennial Central Bank Survey: Foreign exchange and derivatives market activity in 1996*。世界の貿易額は *IFS*）。

を意味する。すなわち経常赤字の累増をもたらした経済成長政策と大軍拡による財政赤字，および世界からの借金に基づいたアメリカ経済の「繁栄」を持続することが不可能になるのである。アメリカ国民にとっては雇用の喪失と生活水準の低下を余儀なくされるということである。レーガン政策によるアメリカ経済の「繁栄」とは，「危うい循環」という薄氷の上に築かれた摩天楼，あるいはバベルの塔というべきものなのである。

　実際，双子の赤字の抑制のためにドル高是正と金利引下げの必要に迫られたアメリカが，G5諸国に協調介入によるドルの「秩序ある」切下げと協調的な金利引下げを要請したプラザ合意（85.9.22）をきっかけとして，ドルは予想を超えて急速に下落していった（前掲第10－2図）。87年のルーブル合意（2.22）に基づくG7諸国の協調的ドル買い介入によってドル暴落の悪夢は食い止められたが，プラザ合意を境として民間資本の財務省証券投資が激減し，代わって外国公的機関のドル買い介入の結果としての財務省証券購入が急増した。

　政府資本収支は86年から流入超過に転換し，86年に339億ドル，87年に555億ドルの黒字となっているが，これは外国政府がアメリカの経常赤字のファイナンスを支えたことを意味している。民間資本の対米投資は債券から株式へとシフトしたが，世界の主要株式市場の株価が暴落した「ブラック・マンデー」（87.10.19）によって対米株式投資も減少する。対米民間証券投資の減少を埋め合わせたのが，ドル安を誘因とする外国企業による対米直接投資，とりわけ日米貿易摩擦の解決手段としてアメリカが要求した日本企業の現地生産化を中心とする対米直接投資の急増であった。

　レーガン政権期の経常赤字のファイナンス構造をまとめたのが第10－1表である。経常赤字をファイナンスする外国民間資本の対米直接投資・証券投資および外国公的機関の対米証券投資が増大すれば，とりわけ高金利のもとでは投資収益の海外送金を急増させる。これはアメリカの経常収支勘定の投資収益収支の黒字を減少させるため，貿易赤字累増が続く限り経常収支の大幅な赤字の改善の可能性はなくなることを意味する。先進資本主義諸国の協調的行動に支えられてドル暴落はかろうじて食い止められたとはいえ，80年代後半，外国資本の流入によって経常赤字と財政赤字がファイナンスされ

第3部　現代資本主義の危機の構造

第10-1表　アメリカの経常赤字のファイナンス構造（1980～88年）

	経常収支	資本収支				対米民間投資（資本流入）		対外民間投資（資本流出）	
		政府資本		民間資本					
		収支	うち財務省証券	収支	うち財務省証券	直接投資	証券投資	直接投資	証券投資
1980～82年	0.6	▲2.8	6.8	▲25.9	4.2	18.2	10.3	▲11.1	▲5.8
1983～85年	▲83.7	▲4.5	3.6	69.9	17.4	18.2	41.3	▲16.0	▲6.3
1986～88年	▲143.0	42.8	39.8	98.1	5.5	50.5	51.9	▲27.2	▲5.8

［備考］金額は単位10億ドルで各期間の年平均額。
［資料出所］SCBID-ITAより作成。

るという「危うい循環」はむしろ固定的で構造的なものとなっているのである。こうした経常赤字のファイナンス関係が持続することによって80年代後半にアメリカは対外純債務国に転落し，これ以降純債務額が累増していく。

第2節　アメリカ経済の「復活」と「危うい循環」の深化

　1980年代後半，双子の赤字が深刻化しドル暴落の危機を抱えるアメリカと，軍拡競争の負担に耐えられなくなったソ連との間で，両国の軍事的対立の緩和を模索する動きが高まった。87年末，ワシントンでの米ソ首脳会議において INF（Intermediate-range Nuclear Forces, 中距離核戦力）全廃条約が調印され（12.8），冷戦開始以来，初めて米ソの核戦力の実質的な削減が実現することになった。88年にはソ連軍のアフガニスタンからの撤退が開始され，翌年初めに撤退が完了した（89.2.15）。89年5月にはブッシュ大統領が対ソ封じ込め政策の転換方針を表明し，同年12月，地中海マルタ島沖のソ連客船内でブッシュ大統領とゴルバチョフ・ソ連共産党書記長が会談し，冷戦の終結が宣言されたのである。

　冷戦の終結は，社会主義圏の資本主義への移行によってグローバリゼーションをまさに地球的規模に拡大して資本の活動領域を広げるとともに，アメリカの軍事支出を削減し軍事力増強のために向けられていた諸資源の民生や産業目的への転換を可能とした。いわゆる「**平和の配当**（Peace Dividend）」

である。これらはクリントン政権の**情報通信革命**の推進政策と規制緩和・自由化促進政策と結合して，民間設備投資が主導する持続的経済成長をもたらした。失業率・物価上昇率ともに低水準に維持されながら長期にわたる経済成長が実現したことから，アメリカ経済は「復活」し，さらに景気循環も克服した「ニュー・エコノミー」段階に入ったと称されたのである。

　80年代に深刻化した双子の赤字のうちの財政赤字は，軍事支出削減と持続的経済成長にともなう税収増によって90年代末には解消されたが，もう1つの経常赤字はさらに累増し，80年代に形成された経常赤字のファイナンスの「危うい循環」はいっそう大規模化し深化した。ドルの基軸通貨としての地位がアメリカ経済の「繁栄」持続のための不可欠の条件となる構造はいっそう強まっていくのである。

(1) 1990年代のアメリカ経済の「復活」

　アメリカ経済は91年3月を底として回復しはじめ，92年から2000年まで実質GDP増加率が年平均3.8％という長期にわたる持続的成長を実現した。この持続的成長の特徴は，設備稼働率が80％台と高水準に維持されたもとで，非住宅民間固定資本形成の増加率が93年の8.7％以降，90年代を通じて9～12％という高い水準を維持したことにある。第二次世界大戦後のアメリカ経済において，これだけ長期にわたって民間固定資本形成が高い増加率を持続したのは初めてである。

　生産指数で見ると，92年から99年までの8年間に製造業全体で46.9％の上昇（80年代の10年間で28.2％）と急速な生産拡大が実現した。なかでも耐久財の生産が81.8％の上昇（同32.5％）と顕著な拡大となっている。産業別では，コンピュータおよびエレクトロニクス産業の生産指数が379.5％の上昇（同170.2％）と，80年代をさらに上回る急速な生産拡大を示している。70年代初めに排ガス規制と低燃費化に後れをとって生産が低迷していた自動車および部品産業も65.6％の上昇（同52.8％）と復活傾向を示している。

第3部　現代資本主義の危機の構造

> *Column* 10-3　日本の自動車輸出自主規制のカルテル効果
> 　80年代の自動車生産の拡大は，日米自動車貿易摩擦のもとで日本の自動車メーカーが輸出自主規制を実施し，これが景気拡大と第2次石油危機後の石油価格の低下による自動車需要の増加とともにアメリカ自動車メーカーの生産拡大をもたらしたこと，80年代後半の円高・ドル安への転換を機に貿易摩擦緩和のための日本の自動車メーカーの北米現地生産が本格化したことによる。なお，輸出自主規制は，アメリカ自動車販売市場において日米自動車メーカーの事実上の価格協調が成立したことを意味し，このカルテル効果・販売価格上昇効果によって日米双方のメーカーの利潤増大をもたらして設備投資を促進することにもつながった。

　失業率は景気回復初期の92年に7.5％と前年比0.7ポイント上昇したが，その後は低下していき99年には4.2％と完全雇用に近い状態となった。物価上昇率も，CPIが年率2～3％程度の上昇，PPIはほぼ1％前後の上昇と低水準で安定していた。金利も80年代に比べて低水準が維持された。個人消費は失業率の低下および貯蓄率の低下のもとで年平均3％台後半の増加を示した。長期にわたって経済成長が持続しながら，失業率・物価上昇率・金利が低水準のままで推移したことも，それまでには見られなかった新しい特徴である。
　このような90年代のアメリカ経済の持続的成長を実現した要因は，①情報通信革命の進展，②冷戦終結による「平和の配当」，③個人消費の増加，④1980年代後半からの産業再生策，である。以下，その内容を検討していこう。

① 情報通信革命の進展
　90年代の持続的経済成長をもたらした設備投資の軸となったのが情報技術（Information Technologies, IT）への投資である。民間固定資本形成のうち「耐久設備およびソフトウェア」への投資は年率10～14％で増加し続け，実質GDP増加率への寄与率が20～30％に達している。90年代に入って，IT産業およびIT機器の利用とインターネットの普及・拡大が相互促進的に急速に進み，生産・流通・消費のあらゆる場面において，これら新生産物と新技術を利用した新しいビジネスが次々と生み出されていった。80年代の

経済成長が主として個人消費の増加に支えられていたのに対して，90年代の経済成長は，種々の新生産物・新技術の登場に基づく新生産部門形成投資とその関連部門の独占段階固有の設備投資競争が牽引したものといえよう（⇨第8章第2節）。

　こうした設備投資主導の経済成長の契機となり基盤となったのが，クリントン政権の技術開発促進政策である。この政策の特徴は，軍事研究開発の焦点を軍民両用技術（dual-use technologies）に置くことによって国防産業の非軍事市場への転換を促進するとともに，グローバルな情報のネットワークの基盤を整備しようとしたことにある。後者は国立科学財団（NSF）がインターネット・バックボーン（主要幹線）として構築したNSFNETの急速な拡大として実現した。

Column 10 – 4　冷戦とインターネットの登場

　インターネットは，1957年のスプートニク・ショック後，アイゼンハワー大統領の指令に基づいて，58年2月に国防総省内に設立された高等研究計画局（Advanced Research Project Agency, ARPA）を中心とした研究開発に起源をもつ。当初はアメリカ全土の防空レーダー・システムのネットワーク化の研究が中心であったが，62年に国防総省がソ連の核攻撃によって軍の通信ネットワークの一部が破壊されても機能を失わないネットワークの研究に着手し，ARPAの研究と結びつけられていく。

　60年代にARPAの非軍事宇宙関連研究はNASAに移管され，ARPAは主として弾道ミサイル防衛研究などに専門化していく。ARPAの予算によるARPANET計画のもとで，69年9月にこの計画の契約企業であるBBN社とカリフォルニア大学ロサンゼルス校（UCLA）との間で初めてネットワーク接続が成功した。さらに10月にスタンフォード研究所（SRI），11月にユタ大学と接続され，その後も接続先が増大していった。

　84年にはNSFがアメリカ全土に設置されたスーパーコンピュータ・センターを高速ネットワークで接続する計画を開始し，86年に他の個別ネットワークと相互接続可能なNSFNETが誕生，89年にARPANETはNSFNETに吸収された。NSFNETは当初は学術研究目的の利用に限定されていたが，ブッシュ政権の高速ネットワーク計画に組み込まれ，91年に商用利用が可能になる。そして95年，Windows 95が発売されてパーソナル・コンピュータおよびインターネット利用者が爆発的に増加していった。

情報通信分野における規制緩和や競争促進策も実行され，他産業からの参入や新ビジネスの展開を刺激して情報通信革命を促進するとともに，国際的規模にまでおよぶ提携や合併を活発化させて情報通信市場の独占的な再編を促進することにもなった。クリントン政権の情報通信分野を中心とする技術開発促進策と巨大プロジェクトによって情報通信革命が促進され，IT分野を中心とする設備投資が集中的に展開し，これが関連部門への需要の波及を通じて民間設備投資の持続的拡大が実現したのである。

② 冷戦終結による「平和の配当」

　冷戦の終結によって軍事支出（国防総省費）は92年度の2983億ドル（歳出比21.6％，GDP比4.7％）から98年度の2682億ドル（同，16.2％，3.0％）へ11.2％減少し，実質額（2005年度価格）では4385億ドルから3461億ドルへ21.1％減少した。財政赤字は，軍事支出の削減と経済成長にともなう税収の増大（93年度〜99年度まで年平均9.7％の増収）とによって，91年度の2692億ドル（GDP比4.5％）から97年度の219億ドル（同0.3％）へと急速に減少していき，98年度には黒字に転換した[4]。

　軍事支出の減少と財政赤字の縮小は政府の有効需要の削減を意味し，これは本来なら経済成長に対してはマイナスの影響を与えるはずである。実際，国防・宇宙産業は80年代の生産指数上昇率83.4％が90年代には−16.2％と生産が激減している。しかし，核戦力を中心とする軍事力を支える超先端軍需産業は，他の一般産業との再生産上の関連が希薄であった（◯第9章第2節）。このことから，軍事支出の減少による有効需要削減の影響は主として核物質生産や軍事関係の宇宙部門などの超先端軍需部門にとどまり，経済全体に与える影響は限定的なものであったと考えられる。冷戦終結にともなう軍事支出・軍需の減少は，むしろ「平和の配当」として，アメリカ経済に次のようなプラスの作用を与えたのである。

---

[4]　オンバジェットの黒字転換は99年度からである。ただし，連邦負債総額は累増し，負債総額の対GDP比は80年代末の50％台から90年代を通じて60％台と悪化している。

> *Column* 10-5 冷戦の終結とアメリカ軍需産業の再編
> 　もちろん軍需産業にとって冷戦の終結による軍事支出の削減の影響は深刻であった。軍需産業の雇用者数は87年の362万人から98年には218万人まで144万人減少し，軍需企業は生き残りをかけて吸収・合併などの再編を進めていった。例えば航空機メーカーでは，93年にジェネラル・ダイナミクス社の航空宇宙事業部門がロッキード社に売却され，そのロッキード社は95年にマーチン・マリエッタ社と合併してロッキード・マーチン社となる。旅客機の生産が主体であったボーイング社は96年にロックウェル・インターナショナル社，97年にマグドネル・ダグラス社を吸収し，軍用機部門を強化していった。こうした状況のもとで軍需企業は対外膨張＝武器輸出に活路を求めていくのである。

　第1に，アメリカが圧倒的優位性をもつ軍事技術を民生・産業技術に応用することによって新生産物・新技術の開発と実用化が追求されたことである。例えば，軍事目的の人工衛星による全地球測位システム（Global Positioning System, GPS）が部分的に民生・商業用に開放され，カー・ナビゲーション・システムなどの開発と精度の向上を促進した。また，国防総省の資材調達・兵站用に開発されたCALS（Computer-aided Acquisition and Logistics Support）システムをベースとして，これを民間産業用に応用した産業用CALSが開発され各種産業に導入されていった。この産業用CALSは，企業および関連組織内で製品やサービスに関する情報を共有し，製品開発，設計，部品や原材料調達，製造，消費者のニーズの把握，納品，配送，決済など，企業活動のすべてをコンピュータ・ネットワーク上で行なうためのシステムで，グローバリゼーションとネットワーク化の進展とともに，企業がグローバルに効率的に活動するためのシステムになっていった。

　第2に，軍事関連の研究開発に従事していた優れた研究者・技術者たちが，クリントン政権の技術開発促進策によって非軍事部門に移動してさまざまな新ビジネスの創出に参画し（spin-out），情報通信革命の進展とIT産業の発展に寄与したことである。なお，軍事力を支えるC^3Iシステム[5]は，情報通信革命と結合して90年代にその重要性を増したから，IT産業の拡大を促進する要因となったと考えられる。

第3に，戦略ミサイルの開発・生産や運用などに関連するエレクトロニクス産業や情報通信産業は，情報通信革命の進展によって民生・産業用製品の生産に転換していった。軍事支出の減少はこれらの産業における軍事関連の不生産的投資から生産的投資への転換となって，むしろ「平和の配当」として経済成長にプラスに作用したと考えられる。

　第4に，財政赤字の縮小が金利の低下と民間への資金供給の増加をもたらして，生産と投資の拡大に寄与したことである。これも「平和の配当」の一部といえよう。

③ 個人消費の増加

　雇用者数は92年から99年に人口増加率（0.9％）を上回って1.3％（約1500万人）増加し，個人消費は年平均3.7％増加した。その内容としては耐久財の購入の増加が顕著で，自動車購入は同期間に年平均8.5％の増加，住宅建設は年平均5.2％の増加となっている。この個人消費の増加は個人貯蓄率の急速な低下（同期間に7.7％→2.4％）と消費者信用の顕著な増加（消費者信用残高は同期間に90.1％増加）をともなうものであった。

　このように雇用増大と個人貯蓄率の低下，消費者信用の利用増大による個人消費需要の増加が，耐久財を中心とした生産部門の生産・投資拡大を誘発して持続的経済成長を支えたのである。ただし，この時期の消費手段生産は，80年代の生産指数上昇率23.6％に対して90年代は24.2％に上昇したにすぎない。消費需要の増加は国内産業への需要拡大とともに輸入も増加させ，90年代の貿易赤字を80年代以上に膨大化させていったのである。

　また，この個人消費の増大は株価の高騰によるキャピタル・ゲインの増加によってさらに刺激された。国際金融市場における投機的取引は90年代に入っていっそう拡大し，日本やEU諸国が長期にわたる経済停滞に陥っていたことから，有利な投資機会を求める大量の資金が相対的に好調を続けるアメリカ経済に流入して株価や債券価格を押し上げた。アメリカ国内でも90

---

5) Command, Control, Communication and Information でアメリカの軍事力を支える指揮・管制・通信・情報システムを指し，このシステムの有効性が軍事力の真の実力を左右する。

年代前半の金利低下が銀行預金からミューチュアル・ファンドへの資金の移動を誘発し，有価証券市場での資金運用が増大した。いわゆる401Kによる年金基金のミューチュアル・ファンドでの運用の増大もこれを促進した。

こうして大量の資金の流入によって株価の上昇傾向が持続すれば，キャピタル・ゲインを求める投機的取引がいっそう活発化し，株価をさらに押し上げることになる。実際，第10-3図が示すように，アメリカの株価は，90年代に加速度的に上昇していったのである。キャピタル・ゲインのみを目的とした投機的な株取引，経済の実態からかけ離れたマネー・ゲームの恐るべき拡大というほかない。証券市場における巨額の投機的取引によってキャピタル・ゲインが急速に増大し，その一部の現金化による所得増大およびその資産効果によって個人消費が刺激されたのである。

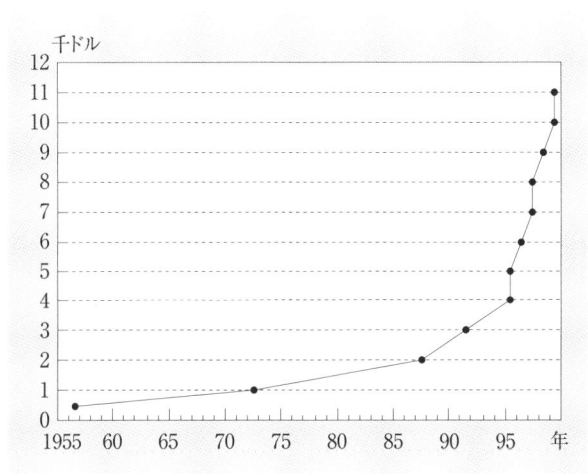

第10-3図 ニューヨーク株式市場の株価の推移

［備考］ニューヨーク証券取引所ダウ工業株30種平均価格。株価の加速度的な上昇を視角的に示すために，千ドル単位の大台を突破した年月日を折れ線で結んだグラフであり，実際に株価が直線的に上昇したわけではない。
［資料出所］Dow Jones 社ウェブサイト。

Column 10-6 株価の高騰による利益はフィクション
　株価が高騰すれば，株式所有者はその株式の売却によって巨額のキャピタル・ゲインを獲得できる可能性が生じるが，それはあくまで可能性にすぎな

> い。すべての株式所有者がキャピタル・ゲインの現金化を目的として株式の売却を行なえば株価は暴落し，キャピタル・ゲインは消滅するからである。その意味で投機的取引に支えられた高株価およびそこから得られると予想されるキャピタル・ゲインは虚構でしかない。現実には，株価の上昇によって増大するキャピタル・ゲインのうち現金化されるのはその一部であるが，現金化していない株式保有者に対しても，バランス・シート上の自己保有資産の増大に依拠して消費者信用などを利用した消費を刺激する効果＝資産効果がある。
> 　なお，株式の売却によって生じる株価の暴落が停止する水準は，理論的には生産活動など「健全な」企業活動が新たに生み出した剰余価値の一部である配当額を，適切な利子率で割った（資本還元した）理論的株価水準となる（⊃第2章第4節）。

④　1980年代後半からの産業再生策

　80年代の貿易赤字の35％前後が対日貿易赤字によるものであったため，レーガン政権は政府間交渉で日本に輸出抑制の圧力をかけ（日米貿易摩擦），さらには赤字の原因を日本経済の構造そのものにあるとして日本に内需拡大や市場開放を要求した（日米構造問題協議）。その一方で，日米産業の国際競争力の差異の原因を調査し，アメリカ産業・企業の再編とその政府による支援を進めていった。

　87年に国防総省の主導によって主要半導体メーカーが参加する半導体製造技術組合（SEMATECH）が設立され，官民共同で半導体製造のための先端的プロセス技術の開発や生産性向上のための技術開発が進められた。また，金融自由化と反トラスト法緩和など種々の規制緩和が進められるもとで，アメリカの大企業はM&Aを実行するとともに，徹底的なリストラクチャリング（リストラ）を展開していった。労働者に対しては人員削減，賃金抑制，正規雇用の削減と非正規雇用への置き換えを進め，生産過程においてはME機器・設備や日本型生産方式が導入された。また，事業の選別を行なって低収益部門の売却と高収益部門への経営資源の集中，アウト・ソーシングの拡大も進められた。

　これらは，レーガン政権初期の政府の関与を縮小し民間企業の競争を促進して経済活性化を図るという政策が，官民協力のもとで産業の再生をめざす

という政策に転換されたことによるものであった。クリントン政権の政策はその延長上に位置し，さらにそれを徹底していったものである。その結果，90年代に入って，IT関連産業だけでなく自動車産業の生産拡大・輸出拡大が実現し，鉄鋼を含む金属製品も80年代の生産指数上昇率4.5%から90年代は34.7%へと顕著に上昇した。自動車産業は広範な関連産業をもち雇用創出力の大きい産業であるから，この生産拡大は関連産業への需要創出と雇用増加による個人消費の増加を通じて，持続的経済成長を促進する役割を果たしたのである。

（2）経常赤字の累増と「危うい循環」の深化

　双子の赤字のうち財政赤字はクリントン政権期に解消したが，経常赤字はさらに増加していった（第10-4図）。ブッシュ政権期の89～92年には年平

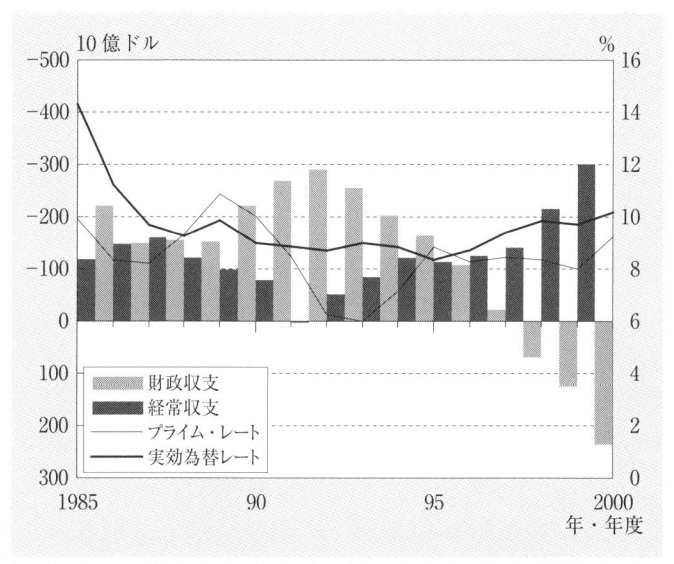

第10-4図　アメリカの財政収支と経常収支（1990年代）

[備考] 財政収支と経常収支は左目盛で，軸は反転してある。実効為替レートは1973年＝10として表示，プライム・レート（%）とともに右目盛り。財政収支は会計年度，その他は暦年。
[資料出所] 第10-2図と同じ。

均568億ドルに減少していた赤字額は[6]，クリントン政権第1期の93～96年に同1112億ドル，第2期の97～2000年には同2682億ドルにまで膨れ上がった。

① 構造的な貿易赤字体質の強化

この経常赤字累増の主な原因は貿易赤字の急増にある。貿易赤字急増の第1の要因は，消費者信用の利用増大や株価の高騰によるキャピタル・ゲインの増加によって刺激された個人消費の増大が輸入の増大をもたらしたという「循環的」な要因である。第2の要因は構造的要因である。前節で述べたように，80年代前半のドル高によってアメリカ産業の空洞化が進み，アメリカ経済に構造的な貿易赤字体質を刻印したのであったが，90年代にはその貿易赤字体質がいっそう強まった。すなわち，IT化・ネットワーク化が急速に進展し，アウト・ソーシングやCALSの利用拡大のもとで生産体制がグローバル化したことによって，アメリカ企業の国内生産・販売拡大が国外の直接投資先からの逆輸入や外国企業からの外部調達の増大をもたらすようになったのである。

このことが，クリントン政権期の経済成長が新生産部門形成にともなう設備投資主導の成長であったにもかかわらず，実質GDP成長率が年平均3.7%程度の水準にとどまった理由の1つである。設備投資によって誘発された生産財需要の増大や個人消費増加による消費財需要の増大の一部が輸入増大によって海外に吸収され，設備投資による生産と投資の相互誘発的拡大メカニズムが抑制されたのである（➡第4章第3節および *Column* 4-1）。また，この貿易赤字の急増は対米輸出国にとってはアメリカへの輸出増大を意味し，日本やEUの経済停滞の緩和と中国などの新興国の経済成長を支えることになったのである。

---

[6] 湾岸戦争の戦費分担金として91年にサウジアラビア，クウェート，日本などから500億ドル以上の資金流入があったことにより，政府移転収支が大幅な黒字になったことが寄与している。

② 経常赤字のファイナンス構造

90年代においても，経常赤字を資本収支の黒字（外国資本の流入）でファイナンスするという基本的関係は変わらないが，80年代との違いは，その規模がいっそう膨大なものとなっただけでなく，外国資本の流入額が経常赤字額を大きく上回るようになり，それが海外に再投資されるという循環が成立したことである。

第10-2表　アメリカの経常赤字のファイナンス構造（1989～2000年）

	経常収支	資本収支 政府資本 収支	資本収支 政府資本 うち財務省証券	資本収支 民間資本 収支	資本収支 民間資本 うち財務省証券	対米民間投資（資本流入）直接投資	対米民間投資（資本流入）証券投資	対外民間投資（資本流出）直接投資	対外民間投資（資本流出）証券投資
1989～92年	▲56.8	21.8	15.8	39.0	20.8	39.9	47.1	▲41.7	▲36.4
1993～96年	▲111.2	86.5	66.1	18.7	74.3	60.4	153.7	▲88.7	▲120.3
1997～2000年	▲268.4	21.9	▲2.4	228.6	11.1	223.8	280.2	▲157.9	▲124.3

［備考］金額は単位10億ドルで各期間の年平均額。
［資料出所］第10-1表と同じ。

第10-2表はこの時期の経常赤字のファイナンス構造を示しているが，資本流入の内容が時期によって大きく変化している。93～96年は，89～92年に比べて対外民間投資が急増して民間資本収支の黒字幅が縮小し，外国政府の財務省証券投資を中心とする政府資本収支の黒字によって経常赤字がファイナンスされている。民間資本収支の黒字幅が縮小したのは，第1に対米直接投資が増加した一方で対外直接投資が急増し，282億ドルの流出超過となったこと，第2に対米証券投資が激増した一方で，対外証券投資も激増したためである。この結果，民間投資の（直接投資と証券投資以外を含む）流入総額は1346億ドルから3045億ドルに増加したが，流出総額も956億ドルから2858億ドルに増加したことにより，民間資本収支の黒字幅が390億ドルから187億ドルに縮小したのである。

97～2000年には，経常赤字のファイナンスの主体は再び外国民間資本となった。財政赤字の減少・黒字化を反映して政府資本収支の黒字額が急減したのに対して（財務省証券は24億ドルの引き揚げ超），民間資本収支の黒字額

は2286億ドルに膨らんだ。これは，対外民間投資総額が93〜96年の約1.7倍に増加する一方で，対米民間投資も約2.3倍に急増したためである。

さらに注目すべきは，90年代半ば以降，経常赤字のファイナンスをはるかに超える資本取引＝巨額の資本の流出入が行なわれるようになったことである。80年代後半の民間資本流入額は経常赤字額の約1.5倍（外国政府を含めると1.8倍）であったが，93〜2000年は約2.7倍（同2.9倍）となっている。これは，巨額の経常赤字によって海外に流出した資金が，好調なアメリカ経済における有利な投資機会を求めて対米投資として還流し，その資金がアメリカ資本のグローバルな展開のために海外に直接投資されていること，あるいは投機的取引を含んだ巨額の証券・銀行取引によって資金が流出入するようになったことを意味している。大規模な資本取引がアメリカを「ハブ（hub）」としてグローバルに展開されるという循環が90年代に成立したのである。

上記の循環を反映して，経常取引勘定では民間対外投資収益が増加（89〜92年平均1449億ドル→97〜2000年平均2847億ドル）する一方で，民間対米投資収益の支払額も増加（同864億ドル→1879億ドル）した。政府部門の投資収益収支（政府証券利払い等）の赤字も増加（同319億ドル→729億ドル）したため，対外投資収益収支の黒字幅が縮小した。これは貿易赤字と移転収支の赤字が継続している状況のもとで経常赤字を減少させるためには，サービス収支の黒字を増大させるしか方法がなくなることを意味する。この意味で，クリントン政権期を通じて海外軍事支出が抑制されるなかで，対外軍事援助計画のうちの対外軍事販売が増大し，93年から軍事取引収支が黒字化しているのが注目される[7]。

---

7) サービス収支は軍事取引の他に，輸送，通信，建設，保険，情報，特許権使用料などが含まれる。環太平洋経済連携協定（TPP）交渉においてアメリカがこれらの分野を重視している理由の1つとして，経常収支の赤字と「危うい循環」との関係を注目する必要がある。

③「危うい循環」の深化

　以上のように，90年代のアメリカ経済の「復活」と「繁栄」の構造は，累増する経常赤字によってドルを流出させ続けながら，情報通信革命が進展するアメリカ経済の好調さゆえにドルが還流し，さらにそのドルを海外に投資することによって経済成長を持続するというものなのである。しかし，このようなアメリカの膨大な経常赤字をめぐる資金循環は，80年代に形成された「危うい循環」をさらに深化させるものである。

　アメリカ経済の「復活」にともなう株価の上昇傾向のもとで，ミューチュアル・ファンドや年金基金，公的退職年金などから個人資金が大量に証券市場に投入された。これによって株価の上昇が促進されると，特に95年以降，海外からの資金が社債や株式市場に大量に流入して有価証券価格の上昇を加速し，それがさらに対米証券投資による資金流入を刺激するという相互促進的なプロセスが進行していったのである。前掲の第10-3図が示す株価の異常といえる高騰はこのプロセスの反映なのである。90年代のアメリカ経済が好調であったとはいえ，これはもはや経済の実態をはるかに超える「投機が投機を呼ぶ」状態といえよう。そして，このような投機的金融取引の盛行によってアメリカの経常赤字がファイナンスされたのである。

　さらに，アメリカの経常赤字の累増に起因して膨大化した国際的資金は，デリバティブ（金融派生商品）やその他の新しい金融商品の開発とその運用を含む投機的取引に向かい，アメリカ金融市場だけでなく，アメリカ以外の国際金融市場においても急激に膨張していった。ユーロ・カレンシー市場の規模は80年に1兆876億ドルであったが，2000年には7兆9708億ドルに達した（第10-5図）。世界の外為市場の1日の取引額は89年に輸出入総額の35.0倍に達していたが，98年には49.3倍にまで膨張した。デリバティブは簿外取引であるためにその正確な取引規模は把握できないが，BISの推計によれば，1日の取引額（想定元本ベース）は95年4月時点の8800億ドルが98年には1兆2650億ドルに達したという[8]。

---

8) 外為取引額，デリバティブ取引額ともに，BIS, *Triennial Central Bank Survey: Foreign exchange and derivatives market activity, 1996, 2007*. 世界の貿易額は *IFS*。

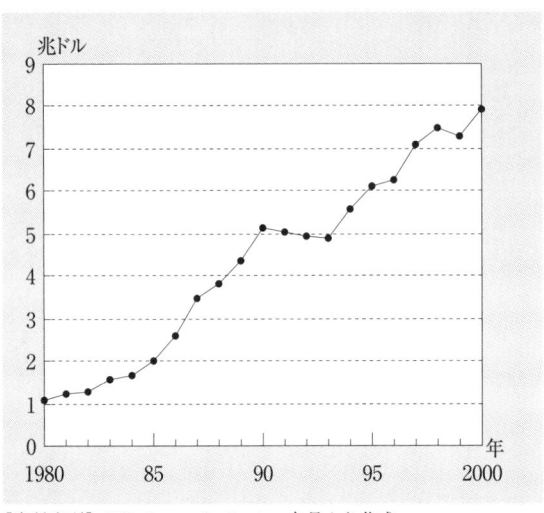

第10-5図　ユーロ・カレンシー市場の規模

[資料出所] *BIS Quarterly Review* 各号より作成。

　これだけの膨大な資金が，情報通信革命によるグローバルなコンピュータ・ネットワークを利用して，世界中の通貨・株式・債券・不動産や国際的諸商品市場を瞬時に駆け巡るようになったのである。もちろんその背景には，70年代初頭の金・ドル交換停止以降のアメリカの「繁栄」維持の活路としての金融の自由化・国際化，80年代以降の世界的な規制緩和・撤廃と自由化によるアメリカ発の金融グローバリゼーションの進展，冷戦終結以降の旧ソ連圏を包含する文字どおりのグローバリゼーションの急速な進展と，そのもとでのアメリカを「ハブ」とする国際的（投機的）金融取引の盛行がある。

　そして，この膨大な国際的金融取引がドルを主要な取引媒介手段として行なわれているため，ドルは資本取引通貨と為替媒介通貨としての機能によって基軸通貨としての地位を維持しているのである。そして，その限りでドルはアメリカの金融市場に流入しまたそこから流出するという循環を繰り返し，アメリカの累増する経常赤字をファイナンスしているのである。

　つまり，90年代のアメリカ経済の「繁栄」は，このような膨大な資金がアメリカ金融市場を「ハブ」として流出入し循環する限りで持続可能なものとなっているのである。逆に，その循環を部分的にでも断絶させるような事

態や「ハブ」の役割を低下させる事態が発生すれば，その「繁栄」は一挙に瓦解する危険性をはらんだものといえよう。また90年代は，80年代以上に国際的な資金が膨大化しただけでなく，レバレッジによって現実資金の数十倍もの規模で取引が行なわれるデリバティブなどの投機的金融商品取引もさらに膨大化したのであるから，アメリカの「繁栄」持続のための不可欠の条件である「危うい循環」は80年代以上に不安定化し深化したといえよう。そして金融関連産業や情報通信産業だけでなく，実体経済を支える諸産業の独占的巨大企業も，その設備投資のための資金調達や利潤増大をこうした投機的金融取引によって押し上げられた高株価にますます依存していったのである。

このことは，いったん「危うい循環」が機能不全に陥ってドルの還流が止まり諸証券価格が暴落すれば，金融関連部門のみならず実体経済も深刻な影響を受けて，金融恐慌とそれをきっかけとした全般的過剰生産恐慌に発展する危険性が高くなったことを意味する。そして実体経済の成長が依存してきた投機的金融取引が膨大であるだけに，いったん恐慌が発生した場合，アメリカ一国の政策や国家資金で激烈な恐慌の爆発を阻止することが困難となったことも意味する。グローバリゼーションのもとで世界経済はより緊密化したために国際的な影響も深刻なものとならざるをえないから，国際的協調によっても恐慌の爆発を阻止することは困難であろう。もし国際協調のもとで大量の資金投入と財政の大膨張によって「激烈」な恐慌の阻止には成功したとしても，その「成功」は，恐慌がもつ過剰生産能力・過剰貨幣資本や過度に膨張した信用を一挙に収縮させて景気回復の諸条件を準備する機能を阻害することを意味するから，逆に独占段階固有の深刻で長期にわたる停滞基調を現実化することになるのである（◯第8章第1節）。

第3節　投機的金融取引の盛行と世界的金融・経済危機

9.11同時多発テロ後の景気後退に対処するためにブッシュ政権がとった金利の大幅引下げ・金融緩和などの政策は一定の景気回復をもたらしたが，国内外の金融取引はさらに膨大化し，その投機的性格もいっそう深まっていった。

(1) 投機的金融取引の連鎖的膨張による実体経済の回復

　クリントン政権末期には，90年代の持続的経済成長を主導したIT関連の新生産部門形成投資が頭打ちとなり，関連部門の設備投資も鈍化した。2000年第3四半期の実質GDP成長率は1.3％，第4四半期1.9％となり，9.11同時多発テロ発生前に持続的経済成長は限界を迎えていたのである。9.11同時多発テロは景気に対してさらに大きなマイナス要因となった。01年の非住宅民間固定資本形成増加率は−2.8％，02年には−7.9％と大きく落ち込み，設備稼働率も73％前後に低下し，実質GDP成長率は01年1.1％，02年1.8％と低迷する。個人消費増加率は年平均2％程度を維持し景気を下支えしているが，90年代に比べて大幅に低下した。これは，9.11同時多発テロ後の株価の低下[9]によって，90年代のキャピタル・ゲイン増大による所得増大・資産効果に基づく消費増大のメカニズムが消滅したことによる。

　この経済停滞に対して，ブッシュ政権は住宅投資拡大を景気対策の柱として，金利を大幅に引き下げて（公定歩合は2000年5.73％→02年1.17％，プライム・レートは同9.23％→4.67％）超金融緩和策をとった。非住宅民間固定資本形成が低迷する中で，この政策に刺激されて住宅投資と個人消費が顕著に増加し，実質GDP増加率は03年に2.5％，04年も3.6％の上昇と景気は短期間で回復傾向となった。以下，この住宅投資と個人消費増加による景気回復のメカニズムを考えていこう。

　景気低迷のもとで融資対象の拡大を求める金融機関は，従来はローン返済能力・信用力の不足のために住宅ローン利用が困難であったサブプライム層への融資を急速に拡大していったことから，住宅投資増加率は01年0.6％から04年9.8％へと急上昇した。住宅価格上昇率（ケース・シラー20都市住宅価格指数）も01年7.4％から04年16.3％と急速に上昇していった。返済が不確実なサブプライム層への住宅ローンの増大を支えていったのが，80年代末から本格化した**資産の証券化**や**債権の証券化**および90年代半ば以降の**証券の証券化**によるデリバティブである。

---

[9]　ダウ工業株30種平均価格（月平均）は2000年1月の11,281.26ドルをピークに01年9月には1,200ドル以上低下して9,000ドル台となり，11,000ドル台を回復するのは06年初めである。

証券の証券化の代表的なものがCDO（Collateralized Debt Obligation）である。これは大手投資銀行などの証券組成金融機関が住宅ローン債権担保証券（RMBS）やクレジット・カード債権などの資産担保証券（ABS）を集め，これらから得られるキャッシュ・フローを裏づけとして，異なるリスク・ランクの原証券を混成して新たな証券＝CDOを作り出すものである。貸し倒れリスクの高いサブプライム・ローン債権であってもそれを多数集めてRMBSとし，さらに他の膨大な証券と合わせてCDOに混成することによってリスクが分散されるとされたのである。債券格付け会社がこの考え方に基づいてCDOに高い格付けを与えたことから，サブプライム・ローン債権を組み込んだCDOの発行と取引が激増していった。

また，政府が返済当初2～3年は元本返済なし，低金利の支払いのみという方式を認め，住宅ローンの利子の所得控除という優遇措置をとったため，低所得者層の住宅ローン利用による住宅取得意欲を促進した。住宅ローンを提供する住宅ローン会社は債権を証券化して投資家に売り渡せば貸し倒れのリスクを避けることができるため，住宅ローン利用者の返済能力の充分な調査・検討をしないままにローン契約が実行されていったのである。

さらに，大手の組成金融機関が作成したCDOを購入した別の金融機関は，他のCDOや証券と組み合わせて2次CDO・3次CDOを組成・販売して収益を上げる行動をとっていったため，CDOは非常に複雑化していった。その結果，個々のCDOにはどのような証券がどれだけの比率で含まれているのか，したがってどのようなリスクが含まれているのかが不明となっていったのである。

証券の証券化に加えて，CDO等のリスクを回避するためのデリバティブであるCDS（Credit Default Swap）が開発されたことが，サブプライム・ローンをいっそう拡大させていった。CDSはCDO等が債務不履行となった場合に備えてリスク相当の金額を受け取ることができる権利を購入し，その対価として保証料を支払うものである。リスクが発生しなければCDSの売り手は保証料だけを受け取れるが，リスクが現実のものとなった場合にCDSの買い手はリスク相当の金額を売り手から受け取れることになる。CDOとCDSの取引が組み合わされることにより，安易な審査に基づくサブプライ

ム・ローンが激増していったのである。

　貸し倒れリスクの高いサブプライム・ローンに基づく住宅取得であっても，住宅需要は拡大していくわけであるから住宅価格は上昇していく。それは住宅建設を刺激しつつ価格上昇前に少しでも早く住宅を購入しようとする需要を増大させ，それがまた住宅価格の上昇を促進していく。住宅ローン提供者にとっても，ローン返済が不可能になったとしても住宅価格上昇が継続する限り担保価値の上昇によって損失を防げることになるのである。

　このようにCDOやCDSという投機的な金融取引が膨大化しつつ，住宅投資を刺激して景気の回復・上昇がもたらされたのであるが，個人消費の拡大においてもこのサブプライム・ローンの急速な拡大に起因する住宅価格の上昇が大きく寄与している。それは，アメリカの独特の制度である**ホーム・エクイティ・ローン**である。これは住宅の資産価値から住宅ローン残高を引いた純資産価値を担保として金融機関が低利で消費者ローン枠を与える制度である。住宅価格が上昇すればするほど，住宅を保有したままで消費者ローンによって消費を拡大することができるのである。他にも，住宅ローン金利が低下した場合に以前の住宅ローンを借り換え，しかも住宅の資産価値が上昇していればその分だけ借入額を増やすことができる**キャッシュアウト・リファイナンス**制度があり，これも個人消費増大に寄与した。

　以上のように，サブプライム・ローンと結びついた投機的な金融取引の急増と住宅価格の上昇とが相互促進的に進み，それが消費者ローンに基づく個人消費を刺激していったのである。もちろん，このような住宅投資と個人消費の増大は，投機的な金融取引に支えられた住宅価格の上昇が続くことが前提であり，CDO・CDS等によるリスク・ヘッジも住宅価格の上昇が止まれば不可能になることは理論的に見て明らかである。さらに住宅価格が永遠に上昇し続けることもありえないから，住宅投資と個人消費の増大による景気上昇はいずれは瓦解する必然的性格をもつものなのである。

　しかし当面は，住宅投資や個人消費が個人貯蓄率の低下（90年代5％台，2000年代前半3％前後，05年には1.4％）をともないながら増大し，それらが住宅以外の民間固定資本形成の増加（04年6.0％，05年6.7％，06年7.9％）ももたらして実体経済を回復させる効果をもった。そして，こうした投機的な

金融取引による利益を求めて海外からも資金が流入し，アメリカの経常赤字をファイナンスしていくことになるのである。

> *Column* 10−7　サブプライム・ローン増大による景気回復は破綻する運命だった
> 　RMBSやCDOによってリスクが低下するというのは次のような考え方に基づいている。1件のサブプライム・ローンが返済不能となり債権が回収不能となるリスクは高くても，それを数千件・数万件集めてRMBSを形成した場合，債権が回収不能となる確率は「大数の法則」によってサブプライム・ローン利用者の過去の経験的な返済不能率に近づき，リスクは低下するという考え方である。サイコロの特定の目の出る確率はこの「大数の法則」の典型例であり，生命保険や損害保険の保険料率の設定もこの考え方に基づいている。
> 　例えば，債務者が失業することによってローン返済が不可能になる場合を考えると，1人の債務者が失業する可能性は，当人が給与所得者であれば勤務している会社やそこでの職種・地位などによって，自営であればその業種や業績とその見通しなどによってさまざまであり，厳密な審査をしなければ返済不能になるリスクは確定できないであろう。しかし，非常に多数のローン債権を集めれば，債務者個々の返済不能率は確定できなくても，多様な債務者全体としての返済不能率はその時点の失業率程度に収まると推定できるという考え方なのである。
> 　しかし，この考え方に基づくリスク・ヘッジは，債務者個々の返済不能率は他者とは無関係に決まっており，全体の返済不能率も過去の経験的な返済不能率が将来にわたって大きく変化しないという前提があって初めて成立するものである。サイコロの特定の目が出る確率は前回の試行でどの目が出たかとは無関係なのは当然であるし，生命保険の保険料率も特定の個人の生死が他人の生死に影響しないことを前提として，年齢や職種など各階層の経験的な死亡率に基づいて設定される。これに対して，ローン返済の場合は各債務者は他の債務者とは無関係ではありえない。ある債務者の勤務する会社の業績悪化や倒産が，取引や信用の連鎖を通じて他の会社の業績悪化や倒産をもたらすことはよくあるし，業績悪化が景気後退によるものであれば債務者全体の返済不能率を急上昇させる可能性があるからである。このリスク・ヘッジはその考え方の前提が成立しないのである。
> 　また，住宅価格が上昇し続けるという前提が成立していれば，たとえ返済不能が発生しても担保の売却によって債権回収が可能となりリスクは現実化しないが，この前提も成立しない。投機的取引によって住宅価格が上昇し，それが住宅需要と住宅投資の増大を刺激したとしても，建築された実物の住宅は最終需要者，つまりその住宅に居住しようとする者によって購入されなければならない。しかし，住宅価格があまりにも高騰し最終需要者の所得に

> よって規定される購入可能限度額を超えれば，住宅需要も価格上昇も限界に達するのである。さらに，返済不能率の上昇によって債権回収のための住宅売却が急増すれば，住宅価格も低下し債権回収も不能となる。これは，サブプライム・ローンと結びついた投機的金融取引の累増が限界に達することも意味している。

(2) 経常赤字の累増と「危うい循環」の拡大・不安定性の増大

　アメリカの経常赤字は，01年度の3966億ドルから06年度の8006億ドルへと90年代よりはるかに膨大化していった。80〜90年代に形成されたアメリカ経済の構造的な貿易赤字累増体質のもとで，景気回復による輸入の急増が貿易赤字をさらに膨大化させたことが最大の要因であるが，「対テロ戦争」の長期化にともなう海外軍事支出と政府移転収支の赤字増加も寄与している。

　この膨大な経常赤字は，外国資本の流入によってファイナンスされているのであるが，90年代までのファイナンス構造との違いは，03年以降，経常赤字のファイナンスのためには外国政府・民間資本両方の巨額の資本流入が不可欠となったことである。第10-3表が示すように，01〜02年の経常赤字は，主として民間資本収支の黒字によってファイナンスされている。03〜05年には経常赤字は約2000億ドル増加したが，対米民間証券投資（資本流入）が増加する一方で対外民間証券投資（資本流出）が急増したために，民間資本収支の黒字額は前の期間より約1200億ドル減少した。これを補うかのように外国政府による対米投資が急増したことによって経常赤字がファイナンスされている。

　06〜07年には経常赤字はさらに約1200億ドル増加した。この期間には対米民間投資も増加したが，対外民間投資がほぼ倍増したため，民間資本収支の黒字額は前の期間より約500億ドル減少した。この減少分を上回る外国政府の対米投資の増加によって経常赤字がファイナンスされたのである。

　03年以降の民間資本流入については，対米直接投資が高水準に維持されつつ証券投資が累増していることが注目される。つまり，90年代に比べて成長率は低下したとはいえ，3％前後の経済成長を維持するアメリカ経済の

第10-3表　アメリカの経常赤字のファイナンス構造（2001～07年）

| | 経常収支 | 資本収支 ||||| 対米民間投資（資本流入） || 対外民間投資（資本流出） ||
| | | 政府資本 || 民間資本 ||| 直接投資 | 証券投資 | 直接投資 | 証券投資 |
		収支	うち財務省証券	収支	うち財務省証券					
2001～02年	▲426.9	67.6	47.1	382.7	43.0	125.7	381.6	▲148.4	▲69.6
2003～05年	▲631.1	320.4	190.4	268.2	105.8	107.5	456.6	▲167.3	▲189.5
2006～07年	▲755.5	477.2	153.5	218.1	4.3	232.2	648.6	▲329.5	▲365.8

［備考］金額は単位10億ドルで，各期間の年平均額。
［資料出所］第10-1表と同じ。

　「繁栄」とドル安傾向のもとで対米直接投資が高水準に維持されるとともに，巨額の対米証券投資が証券価格の上昇をもたらし，その価格上昇によるキャピタル・ゲインを目的として，また外国民間資本の投機的な対米投資を促進するという循環によって資金が流入しているのである。

　また，90年代ほどではないが，依然として経常赤字のファイナンスをはるかに超える資本取引＝巨額の資本の流出入が行なわれている（03～07年の民間資本流入額は経常赤字額の約1.7倍，外国政府を含めると2.3倍）。流入する巨額の外国資金を原資としてアメリカ民間資本の対外投資が行なわれ，これら資本流入額と流出額の変化によって民間資本収支が増減している。その流入超過分を経常赤字のファイナンスの不可欠の要因としたうえで，外国政府の巨額の対米投資が加わって初めて経常赤字がファイナンスされる構造に変化しているのである。さらに，これらの対米投資と対外投資から発生する投資収益の受取額と支払額が03年以降巨額化し，その投資収益収支の黒字額が経常赤字累増の抑制要因にもなっているのである。

　その外国民間資本流入は証券投資が中心であり，それは住宅価格が上昇し続けることを前提としなければ持続不可能なサブプライム・ローンや，その証券化および証券の証券化と結びついた投機的利益を目的としたものである。そのような目的による外国民間資本流入によって「危うい循環」が維持されるという構造になっているのであるから，「危うい循環」は90年代よりも格段に拡大しただけでなく，きわめて不安定化したといえよう。

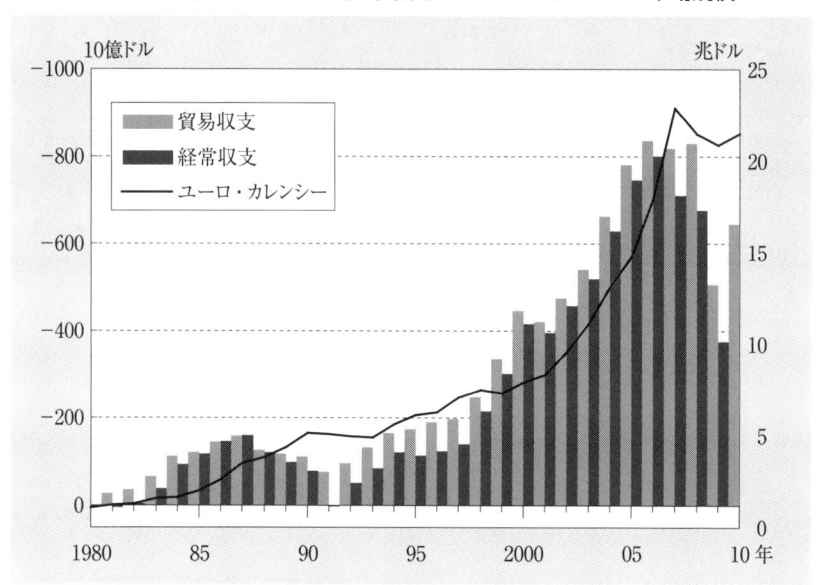

第３部　現代資本主義の危機の構造

第10-6図　アメリカの経常収支とユーロ・カレンシー市場規模

[備考] 貿易収支・経常収支は左目盛りで軸を反転させてある。ユーロ・カレンシー市場規模は右目盛り。
[資料出所] SCBID-ITA, BIS Quarterly Review 各号より作成。

　こうした経常赤字の膨大化と「危うい循環」の拡大を反映してユーロ・カレンシー市場も90年代よりもさらに巨額化している（第10-6図）。そして，この巨額の国際的（投機的）資金がIT化・ネットワーク化および投資のコンピュータ・プログラム化のいっそうの進展によって，キャピタル・ゲインを主目的として，グローバルな金融市場や国際商品（先物）取引市場を瞬時に駆け巡っているのである。
　また，第10-7図はアメリカの対外純債務の国・地域別の動向を示しているが，このうちイギリス（マン島）とカリブ海諸国（ケイマン諸島を含む）は石油産出国のオイル・マネーがタックス・ヘイブンとして利用している地域である。90年代初めがオイル・マネーとジャパン・マネーが主体であったのに対して，90年代後半にはオイル・マネーとヨーロッパ・マネーに交替し，さらに2005年以降はオイル・マネーと日本を除くアジア・マネー（中国中心）へと変化していったことがわかる。

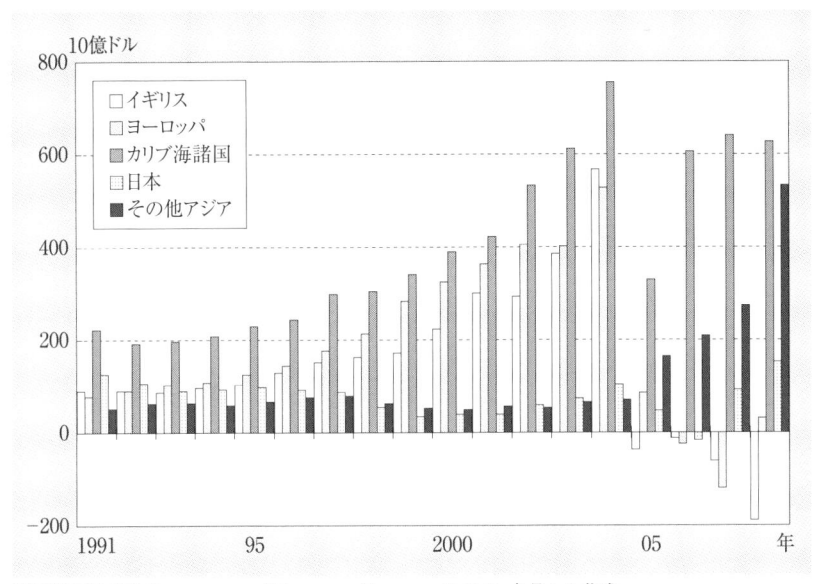

第10章　戦後資本主義世界体制の危機の構造

第10-7図　アメリカの対外純債務額（国・地域別）

[資料出所] U.S. Department of Treasury, *Treasury Bulletin* 各号から作成。

　このように急速な対米投資主体の変化にもかかわらず，アメリカへの巨額の資本流入が継続し経常赤字がファイナンスされているのは，外国政府および外国民間資本が巨額のドル資産を保有しており，アメリカへの資本流入・ドル資産への投資が顕著に減少すればドルが暴落し，そのドル資産が大幅に減価するためである。この意味で外国政府・民間資本にとっても当面はドル体制を支持し「危うい循環」を維持する必要性があるのであるが，「危うい循環」の不安定性が増せば増すほど，何らかのきっかけでドルが暴落する可能性は高まりドル資産を維持するリスクは高まっていく。そのリスクを避けるためにドル資産を他の通貨建て資産に置き換えようとするインセンティヴが高まっていくが，そのことがまたドル暴落の可能性を高めて，「危うい循環」の不安定性をさらに強めることになるのである。

Column 10-8 アメリカがイラク攻撃を強行した理由

　2003年3月，アメリカのブッシュ政権は国連安保理でのイラクに対する武力行使の是非の審議を打ち切り，米英軍主導の有志連合国軍がイラク攻撃を開始した。アメリカがイラク攻撃の理由としていたのが，イラクがWMDを保有または開発しているという疑惑，イラクがアル＝カーイダと協力関係にあるテロ支援国家であること，イラクを民主化する必要性である。しかし，同年2～3月の国連安保理の議論では，WMDの査察が進行中であり武力行使は時期尚早という意見が大勢を占めていた。アル＝カーイダとの協力関係については，当時でもその根拠はきわめて曖昧であったし，その後に誤った情報によることが明らかになっている。イラクの民主化については，安保理での議論を急いで打ち切って攻撃を開始するほどの緊急の課題ではなかった。

　湾岸戦争の際のように国連安保理の明示的な決議なしにアメリカがイラク攻撃を強行した理由についてはいろいろな見解があるが，私は「危うい循環」の維持という要因を重視している。本章で明らかにしたように，アメリカ経済の「繁栄」は，アメリカの経常赤字の累増に起因する膨大な国際的資金が，ドルの基軸通貨としての地位を基盤とする「危うい循環」が機能する限りで持続することができるものであった。そして，その「危うい循環」の機能を低下させる事態が発生すれば，その「繁栄」が一挙に瓦解する危険性をはらむものだったのである。

　そのような危険性を現実化させる可能性をもつ事態が20世紀末に発生する。EU内11カ国による共通通貨ユーロの使用開始（1999.1）であり，イラクに対する「食料のための石油計画（Oil for Food Program, OFP）」に基づくイラクの石油売却代金をイラク側の要請によってユーロ建てに変更する決定（2000.10）である。さらに，02年8月にはイランも石油輸出をユーロ建てに変更することを検討していることが報道された（バーレーンの *Gulf Daily News*）。

　EUの結成とEU諸国の国民通貨の共通通貨ユーロへの転換自体が，ドル体制への対抗という性格をもっており，EUのドル離れは「危うい循環」を動揺させる可能性をはらんだものであった。これに石油取引のドルからユーロ建てへの転換が加われば，ドルの貿易取引通貨としての機能およびそれに付随する為替媒介通貨としての機能も大幅に低下する。その結果，ドルの基軸通貨としての地位が失われて「危うい循環」が崩壊し，ドルの基軸通貨特権に支えられたアメリカの「繁栄」が一挙に瓦解する危険性が高くなるのである。

　ブッシュ政権内の政策決定過程は現時点で入手可能な資料からは検証困難であるが，アメリカにとってのドルの基軸通貨特権維持の「死活的」重要性を考慮すると，イラク攻撃の最大の目的は「対テロ戦争」の大義名分のもとにフセイン政権を打倒し，石油取引のユーロ建てへの変更を阻止することにあったとするのがもっとも説得力のある説明である。実際，03年4月のフセ

イン政権の崩壊後まもなくイラクの石油取引はドル建てに戻されているし，イランはアメリカの圧倒的な軍事力を目のあたりにして石油取引のユーロ建てへの変更を見送ったのである。

しかし，アメリカのイラク攻撃が，フセイン政権打倒後のイラクの民主化の明確なビジョンと具体的な占領計画の準備のないままに実行された結果，まもなくイラクはイスラム教シーア派とスンニ派の対立が激化して内戦状態の泥沼に陥っていく。巨額の「対テロ戦争」の費用によってアメリカの財政赤字は累増し，国内政治的にも派兵継続が困難となって，ブッシュ政権が場当たり的な出口戦略をとった結果，「民主的」選挙で多数の議席を獲得したイラクのシーア派政権は，2011年末の米軍の全面撤退以降，少数派のスンニ派を抑圧していく。そして，シーア派政権のスンニ派敵視政治とスンニ派の抵抗運動との対立が高まる状況と，2012年末からの「アラブの春」波及のもとでのシリアの内戦を背景として，アル＝カーイダ由来のイスラム武装組織が勢力を拡大し，シリア北部からイラク北西部を支配下に置いて，2014年6月，「イスラム国」の樹立を宣言するのである。

この問題についてより詳しくは前掲の延近『薄氷の帝国アメリカ』第7章および私のウェブサイト http://web.econ.keio.ac.jp/staff/nobu/ に掲載の「対テロ戦争」関係の資料を参照していただきたい。

(3) 2008年秋の金融・経済危機の発生

ブッシュ政権の経済政策は90年代を質・量ともにさらに上回る投機的国際金融取引の盛行をもたらして経済的「繁栄」を再現したものの，それはサブプライム層への住宅ローンの拡大と相互促進的な住宅価格の上昇に依存したものであり，瓦解の必然性を内包したものであった。06年後半には住宅価格は低下に転じ（ケース・シラー20都市住宅価格指数），07年半ばにはサブプライム・ローンの行き詰まりが表面化した。そしてついに08年秋，リーマン・ショックを契機として金融・経済危機が発生し，この危機は瞬く間にグローバルに波及していったのである。

この危機の深刻さをまずアメリカの実体経済面で見ると，09年の個人消費増加率は−1.2％（対前年比，以下同じ），非住宅民間固定資本形成増加率は−17.1％，民間住宅投資は−22.9％と顕著な減少を示し，実質GDP増加率は−2.6％（08年第2四半期の1.0％から09年第2四半期には−5.0％）となり，失業率は08年の5.3％から09年には9.3％（08年第2四半期5.3％から09年第4

四半期には10.0％）へと急上昇した。この危機的状況に対して，連邦政府はGM，クライスラーなど巨大独占企業への7000億ドルに上る巨額の金融支援と5300億ドル以上という莫大な財政出動（09年度の対前年度歳出増加額，増加率は17.9％）を実行し，各国政府も協調的政策をとったことによって激烈な世界恐慌の爆発はかろうじて回避された。

しかし，巨額の公的資金投入による巨大独占企業の救済は過剰生産能力や過剰な資金・信用を暴力的に破壊するという恐慌の機能を阻害し，資本過剰と労働力過剰をともなう経済停滞の長期化をもたらすことを意味している。実際，これだけの巨額の財政支出を行なってもその後の景気は本格的回復にはほど遠く，民間固定資本形成や住宅投資は10年になっても低水準または前年比マイナスであり，GDPギャップは09年に－5.0％，10年でも－3.6％存在し，失業率も9％台と高水準が維持された。また財政支出の急増の一方で，景気停滞によって所得税・法人税などの税収は落ち込んだために（法人税収は08年度の3043億ドルが09年度に1382億ドルに急減），財政赤字は09年度に1兆4127億ドル（GDP比10.0％）に膨れ上がった。この結果，連邦政府債務残高は07年の8兆9507億ドル（GDP比63.7％）から10年の11兆8759億ドル（同87.4％）へ急増したのである。

（4）2008年秋以降の経常赤字のファイナンス構造

では，アメリカの経常赤字のファイナンス構造は，2008年秋に発生した金融危機前後でどのように変化したのだろうか。08〜10年の経常赤字のファイナンス構造を示した第10－4表を見ると，経常赤字は09年に前年より約3000億ドル減少したが，これは景気後退にともなって貿易赤字が減少したことが主な原因である。そのファイナンス構造として特徴的なのは，民間資本収支の黒字額が08年に7433億ドルへ急増した後に09年に7729億ドルの赤字へと激変し，政府資本収支の黒字が08年に202億ドルに急減した後に09年に9693億ドルへ激増したことである。

第10-4表　アメリカの経常赤字のファイナンス構造（2008〜10年）

	経常収支	資本収支					対米民間投資（資本流入）		対外民間投資（資本流出）		銀行取引収支	
		政府資本			民間資本							
		収支	うち財務省証券	外貨保有	収支	うち財務省証券	直接投資	証券投資	直接投資	証券投資	債務	債権
2008年	▲677.1	20.2	548.7	▲529.8	743.3	162.9	310.1	▲2.7	▲329.1	197.3	▲428.3	542.1
2009年	▲376.6	969.3	569.9	543.3	▲772.9	▲14.9	158.6	▲11.0	▲303.6	▲226.8	▲317.1	▲242.9
2010年	▲470.9	355.5	397.8	10.1	▲114.9	256.4	236.2	376.9	▲351.4	▲151.9	177.1	▲515.0

［備考］金額は単位10億ドルで，各期間の年平均額。
［資料出所］第10-1表と同じ。

　民間資本収支について資本流入と流出の項目別に見ると，08年に外国民間資本の対米投資のうち証券投資が大幅に減少して赤字化し，銀行取引収支の債務もそれまでの黒字に対して大幅な赤字となり，その構造は09年も維持されている。対外民間投資では，08年に証券投資および銀行債権が大幅な黒字に転換した後，09年に07年以前と同様に赤字に戻っている。これらの劇的変化は次のような事情に基づいている。

　外国民間資本の対米証券投資の減少・赤字化は，サブプライム・ローン危機を反映して種々の証券の購入が減少し，保有証券が売却されたことによって資金が引き揚げ超となったことを意味する。銀行債務は外国民間資本に対する米銀行の債務，つまり外国民間資本の米銀行口座残高であり，これが大幅に減少したということは対米投資の引き揚げ超となったことを示している。08年のアメリカ民間資本の対外証券投資の黒字化は保有証券の売却によって資金が引き揚げ超となったことを意味する。

　アメリカの金融機関が金融危機に直面して債権回収を急いだために，それら金融機関から資金調達をしていた外国民間資本が債務返済を迫られたのである。ただし，サブプライム・ローン関連の金融商品価格の大幅下落によって，外国民間資本は保有金融商品の売却収入だけでは債務返済が困難となっていたため，新たにドル建て資金の調達の必要が生じた。

　これに対して，アメリカ連邦準備制度理事会（FRB）は日・欧などの金融機関にドル資金を供給することを目的として，各国中央銀行とドル資金供与の見返りに各国通貨を受け取るスワップ協定を結び，各国中央銀行はこれに

よって得られたドル資金を自国金融機関に供給した[10]。各金融機関はこのドルによってアメリカ金融機関にドル債務を返済し，これはアメリカ金融機関にとっては債権回収（資本流入）を意味するから，対外証券投資の引き揚げ超とともに08年に民間資本収支の黒字が大幅に拡大したのである。

つまり，アメリカ金融機関の債権回収と外国金融機関の債務返済をFRBが間接的に支援し，それが民間資本収支の大幅黒字につながり経常赤字のファイナンスに寄与したといえるだろう。そして，このスワップ協定に起因する外貨の流入がアメリカ政府の外貨保有額の急増（ドルの流出）と相殺され，外国政府による財務省証券投資の激増（07年の984億ドルから08年の5487億ドルへ）に支えられて，アメリカの経常赤字がファイナンスされたのである。

09年には，外国民間資本の（財務省証券を含む）対米証券投資の引き揚げ超と債務返済が継続する一方，アメリカ民間資本の対外証券投資と金融機関の対外資金供与が純増へ再転換し，民間資本収支は7729億ドルの大幅な赤字に逆転した。また，アメリカ政府の外貨保有は08年のスワップ協定によって外国中央銀行に供与されたドル資金が返済され始めたことにより5433億ドルの大幅な黒字へ転換している。これと外国政府による高水準の財務省証券投資が継続されたことによって政府資本収支は9693億ドルの巨額の黒字となり，民間資本収支の大幅赤字を相殺して経常赤字がファイナンスされたのである。

このファイナンス構造の変化を四半期ごとに見ると，外国政府の財務省証券投資とアメリカ政府の外貨保有額の急増は08年第3四半期から始まり，外国民間資本の証券投資の急減は08年第1四半期から，米銀行預金の急減は08年第2四半期から始まっていることがわかる。アメリカ民間資本の対外証券投資の引き揚げ超は08年第3四半期から，債権回収は08年第2四半期から始まっている。住宅投資は06年に対前年比－7.3％，07年に－18.7％と顕著に減少し，サブプライム・ローンの行き詰まりはすでに表面化してい

---

[10] 07年12月にFRBとヨーロッパ中央銀行（ECB）およびスイス国立銀行との間で結ばれ，08年9月にイギリス・オーストラリア・カナダ・日本などとも結ばれた。08年12月末時点でのドル供与額は5830億ドルに達し，10年2月に終了した（ロイター通信08年9月18日付および10年1月28日付配信記事）。

たが，国際金融取引の資金循環もリーマン・ショック以前の08年当初から変調しはじめていたことがわかる。

　以上のように，08年秋の未曾有の金融危機に直面する中で，FRBによる内外の金融機関への支援と外国政府の協力とによって，「危うい循環」はかろうじて維持されたといえよう。10年になると，景気の回復傾向によって経常赤字は4709億ドルに増加したが，外国政府の財務省証券投資は09年より減少するが3978億ドルと高水準を継続している。一方で，外国民間資本の財務省証券を中心とする証券投資が3769億ドルに増加したことなどによって民間資本収支の赤字幅が急減した。これらの結果として経常赤字がファイナンスされたのである。

(5)「薄氷の世界経済」化

　外国政府の財務省証券投資が高水準を維持しているのは，中国が貿易黒字によって積み上げた外貨準備（10年末で2兆8573億ドル）をアメリカ国内で運用し，その一部を財務省証券購入に充てているためである（10年末の財務省証券発行残高のうち中国政府の保有比率は26.6％）。中国にとって，アメリカの経常赤字のファイナンスが困難となってドルが暴落すればそのドル資産の価値は急減するため，当面は外貨準備のアメリカでの運用を継続せざるをえないのである。外国民間資本による財務省証券投資についても，石油産出国が石油輸出によって得られるドル収入の一部を財務省証券購入に充てている。石油産出国は08年秋以前に原油価格（ニューヨーク商業取引所WTIの期近物は08年7月のピーク時に1バレル＝145.29ドル）の高騰によって膨大なオイル・マネーを手にしており，それらの多くはドル建てで運用されていたため，やはりドルが暴落すればその資産価値が急減するからである。

　中国の外貨準備は14年9月時点で3兆8877億ドルにまで膨れ上がり，原油価格も08年秋の金融危機によって一時1バレル＝33ドル台（2008年12月）まで低下するが，その後は各国の金融緩和や公的資金投入などによってさらに膨大化した投機的資金が原油市場にも流入して，上昇傾向となっている（11年4月には113ドル台，14年7月時点で104ドル台）。これらのことは，アメリカにとってその経常赤字をファイナンスする資金が潤沢化しているこ

とを意味するのであるが，そのファイナンスは自動的に行なわれるわけでは決してない。アメリカの経済状況によってドルが暴落した場合，その巨額の資産価値も急減し損失が巨額化することを意味するからである。これら諸国がそのようなリスクを避けるために，ドル資産を他の通貨建て資産に置き換えようとするインセンティヴはむしろ高まっており，それは「危うい循環」崩壊の潜在的可能性をさらに高めていると考えるべきなのである

　08年秋の世界的金融危機の発生後，こうした危機の再発防止のためにG20等で金融取引の規制の必要性が議論されたし，アメリカでも10年7月に金融規制改革法が成立した。しかし，これまで見てきたようにアメリカをハブとする膨大な国際的・投機的金融取引がアメリカの「繁栄」を支える「危うい循環」維持の必須条件である以上，実効性のある規制を実現することは困難である。その後も膨大な資金がグローバルに自由に駆け巡る事態は変わっておらず，それら資金の動きしだいで各国の実体経済も大きな影響を受ける可能性はさらに強まっている。09年末以降のドバイ・ショックやギリシャを初めとしてEU諸国に次々に波及するソブリン債務危機とその世界経済への影響に見られるように，2008年秋からの世界的金融・経済危機によって，アメリカだけではなく世界経済が「薄氷」の上に立つことになったのである。

　このような世界経済の危機回避のために各国政府が膨張的な財政・金融政策や巨額の公的資金を投入したことによって，10年にはアメリカ，日本，EU諸国の実質経済成長率はプラスに転じた。しかし，アメリカの成長率はその後も1〜2％程度であるし，日本は11年の東日本大震災と福島第一原発の深刻な事故の影響もあって14年まで年平均1％以下の成長率にとどまっている。ユーロ地域の成長率は0.1〜0.3％とゼロ成長に近い。各国ともに長期停滞傾向が持続しているのである。アメリカの完全失業率は14年12月には5.6％まで低下したが，フルタイム職を希望しながらパートタイム労働に就いている者を考慮した広義の失業率は11％と高水準で，求職断念者の増加が失業率を低下させている面もある。ユーロ地域の失業率は11％台と高水準のままである[11]。

第10章　戦後資本主義世界体制の危機の構造

第10-5表　各国のGDPギャップ (%)

	2007年	2008年	2009年	2010年	2011年	2012年	2013年	2014年
アメリカ	2.69	0.01	▲4.67	▲3.99	▲4.17	▲3.75	▲3.43	▲3.24
日本	2.94	1.23	▲4.81	▲0.82	▲1.70	▲0.74	0.22	▲0.17
ユーロ地域	3.68	2.58	▲2.87	▲1.72	▲0.86	▲2.16	▲3.24	▲3.27
全OECD諸国	3.28	1.47	▲3.60	▲2.19	▲1.83	▲2.13	▲2.35	▲2.28

［備考］GDPギャップ＝（現実のGDP－潜在GDP）／潜在GDP。
［資料出所］OECD.Stat Extracts（http://stats.oecd.org/index.aspx）より作成。

第10-6表　中央政府累積債務のGDPに対する割合 (%)

	2007年	2008年	2009年	2010年	2011年	2012年	2013年	2014年
アメリカ	63.8	72.6	85.8	94.6	98.8	102.1	104.3	106.2
日本	162.4	171.1	188.7	193.3	209.5	216.5	224.6	229.6
ユーロ地域	72.7	78.0	88.8	93.9	95.9	104.4	106.7	107.7
全OECD諸国	73.3	79.9	91.2	97.5	102.1	107.1	109.5	111.1

［資料出所］第10-5表と同じ。

　また，資本主義諸国のGDPギャップは依然として解消されていないし（第10-5表），各国の中央政府の累積債務は累増し続けている（第10-6表）。ユーロ・カレンシー市場の規模は，リーマン・ショックから12年3月のギリシャ国債の事実上のデフォルトという一連の事態を背景としていったんは縮小する。しかし，アメリカの財政赤字削減のための強制的な歳出削減に備えた大規模な追加的金融緩和（QE3）が12年9月から実施され[12]，日本の「異次元の金融緩和」[13]も加わって，再びユーロ・カレンシー市場は拡大しはじめている（第10-8図）。またアメリカのQE3にともなって，サブプライム・ローンが住宅だけでなく自動車購入に対しても拡大しており，これが経済成長を支える要因となっているのである。

---

11) 日本の失業率は09年第3四半期の5.4％から11年には4％台，14年には3％台後半まで低下したが，日本の経済状況については第11章で論じる。
12) 金融の量的緩和はquantitative easeの頭文字をとってQEと呼ばれる。12年9月からのQEは08年秋の金融危機発生から3回目なのでQE3と呼ばれている。
13) 日本の「異次元の金融緩和」については第11章で論じる。

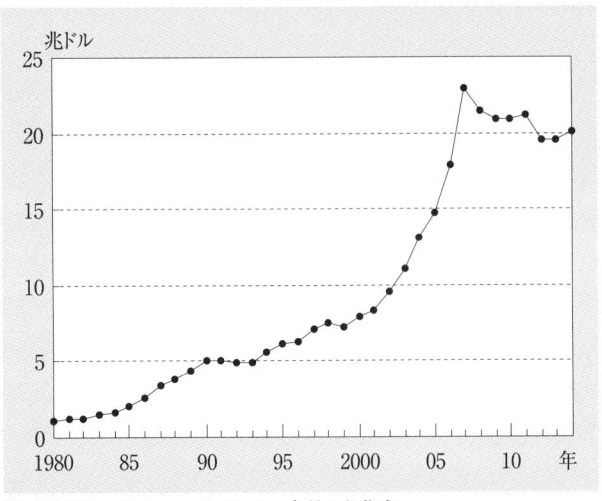

第10-8図　ユーロ・カレンシー市場の規模（1980～2014年）

[資料出所］*BIS Quarterly Review* 各号より作成。

　各国政府の財政赤字と累積債務の膨大化のもとでは，低迷する実体経済に対する刺激策はゼロ金利とQE政策によるしかない状況なのであるが，財政赤字の累増による国債の大量発行は国債価格の暴落・金利の急騰の危険性を常にともなうことになる。国債のデフォルトが発生すれば財政は破綻するし，QEが中央銀行の国債購入を通じて行なわれていれば中央銀行の破綻もありうる。そうした事態が避けられたとしても，QEによって大量に供給される貨幣が商品市場に向かえば制御困難なインフレーションをもたらす危険性があるし，土地・住宅市場に向かえば土地・住宅バブルをもたらす危険性もある。いずれにしても経済の混乱を避けるためにはQE政策はいずれ転換される必要があるが，政策転換が明らかになった時点でやはり国債価格の暴落・金利の急騰と国債のデフォルトが発生する危険性が高くなる。

　08年秋以降の世界的金融・経済危機に対する各国の政策と協調が戦前の世界恐慌の再現の危機を回避したのであるが，依然として欧米および日本の実体経済は停滞基調から脱出できず，政策手段も手詰まりとなっているのである。そしてグローバルに駆け巡る資金は各国のQEによっていっそう膨大化して，「薄氷の世界経済」をさらに不安定化させているのである。

第11章
1990年代以降の日本経済の構造的危機

　1990年代以降の日本経済は，第11-1表が示すように80年代に比べて長期停滞傾向と高い失業率が並存する状況が続いている。消費者物価指数（CPI）上昇率は低下傾向となり，2000年代以降は持続的な物価下落傾向を示している。財政赤字は累増し続けて，GDPに対する中央政府の累積債務は1990年ですでに約65％と高水準であったが，2014年にはOECD諸国で最悪の約230％に達する危機的状況となっている。貿易収支は90年代は10兆円規模の黒字であったが，2000年代に減少傾向となり，11年からは赤字に転落している。

第11-1表　日本経済の主要指標（1980～2000年代）

		実質GDP増加率	失業率	CPI上昇率	財政収支	貿易収支
1980年代	前半	3.7	2.4	3.9	▲2.5	2.8
	後半	5.2	2.6	1.1	1.4	11.0
	10年間	4.4	2.5	2.5	▲0.5	6.9
1990年代	前半	2.2	2.4	2.0	1.7	11.5
	後半	0.8	3.8	0.4	▲3.9	10.6
	10年間	1.5	3.1	1.2	▲1.1	11.0
2000年代	前半	1.4	5.0	▲0.5	▲6.3	9.9
	後半	▲0.3	4.3	0.0	▲4.9	6.4
	10年間	0.6	4.7	▲0.3	▲5.6	8.1
2010～13年		1.9	4.5	▲0.2	▲8.2	▲3.6

［備考］財政収支は対GDP比，貿易収支の単位は兆円，その他はすべて％。
［資料出所］内閣府『国民経済計算確報』，総務省統計局『労働力調査』，『消費者物価指数』，財務省『財政統計』，『貿易統計』より作成。

第二次世界大戦後の日本経済は，1950年代後半から高度成長を実現し，60年代半ばからは輸出増加によって貿易収支が黒字基調となった。初期IMF＝ドル体制が崩壊し，世界経済の成長が減速した70年代初頭以降においても，輸出増大・貿易黒字の累増に依存して相対的に高い経済成長率を維持してきたのである。90年代初め以降20年以上にわたって長期停滞と物価上昇率の低下傾向が持続し，貿易収支が赤字基調に転換したことは，日本経済に構造的な変化が生じていることを示唆している。

本章の課題は，第2部までで展開した資本主義分析のための理論と第3部第9，10章で明らかにした戦後資本主義世界体制とその危機の構造を基礎として，この90年代以降の日本経済の構造的な変化を分析することである。そのためにまず，2012年12月に成立した安倍自民党政権が打ち出した"アベノミクス"と称される経済政策の特徴と，その経済理論的支柱であるリフレーション派（以下リフレ派）の主張を検討する。さらにリフレ派を批判して90年代以降の日本経済の長期停滞と持続的な物価下落傾向の原因を「生産年齢人口減少」や「成熟社会＝貨幣選好強化」に求める見解，1つの原因ではなく「複合的な要因」によるとする見解を検討する[1]。そして，これらの主張や見解が90年代以降の日本経済の構造的な変化の説明として説得力を欠くことを明らかにしたうえで，私の見解を第1部以降の理論を基礎として述べることにする。

第1節　アベノミクスの理論的支柱——リフレ派の主張[2]

(1) リフレ派の主張の特徴

アベノミクスは「3本の矢」にたとえられる政策パッケージとされている。デフレマインドの一掃をめざす大規模な金融緩和政策，総需要拡大のための

---

1) これらの論者は90年代以降の日本経済で見られる「持続的な物価下落傾向」をデフレーション（デフレ）と呼んでいる。デフレとは本来，貨幣価値の上昇によって一般物価が下落することであるが，商品価格は貨幣価値の変化だけでなく，生産性の変化や景気循環にともなう需給の変化，輸入品の価格変化などによっても変動する。これらの価格変動をその原因によって区別せずに一括してデフレと呼ぶのは理論的に正確ではないが，以下では各論者の表現どおりにデフレという用語を使用する。

機動的な財政支出の増加，民間投資の喚起やイノベーションの促進をめざす成長戦略である。これらの政策によって，今後10年間に年平均の名目GDP成長率3％，実質GDP成長率2％，1人あたり名目国民所得150万円の増加を実現するというものである。「3本の矢」とは以下のとおりである[3]。

第一の矢：大胆な金融政策
　消費者物価の前年比上昇率2％を目標とする日本銀行の大胆な金融緩和政策「デフレ脱却と持続的な経済成長の実現のための政府・日本銀行の政策連携の強化」
第二の矢：機動的な財政政策
　東日本大震災からの復興の加速，防災の強化のための国土強靭化計画（インフラの老朽化対策，建築物の耐震改修・建替えの促進），第三の矢のための迅速な財政支出
第三の矢：民間投資を喚起する成長戦略
　「貿易立国」と「産業投資立国」
　基本方針：民間投資やイノベーション促進，中小企業の活性化，農林水産業や観光の振興等による地域の活性化，潜在力の高い成長分野を中心に大胆な規制改革・制度改革
　具体的施策：(a) 復興・防災対策，(b) 民間投資の喚起（省エネ・再エネ）国家戦略特区，農業形成の規模拡大・生産性向上，薬事法・薬剤師法の一部改正など

　アベノミクスの理論的支柱であるリフレ派の特徴は，90年代以降の経済停滞とデフレの原因とその解決策を金融政策に求めることにある。90年代については，80年代後半の資産価格（特に土地価格）の高騰への対策として，日本銀行（日銀）や政府が「過度な金融引き締め」を継続したために，物価の下落と不良債権問題を引き起こし，深刻化させたと主張している。さらに，2008年のリーマン・ショック以降について，景気対策としての財政支出を過大評価し貨幣供給の充分な増加を怠った結果，デフレと円高が進行して生

2）リフレ派の主張については，主として岩田規久男，浜田宏一，原田泰編著『リフレが日本経済を復活させる』（中央経済社，2013年）に依拠する。同書は，浜田氏のような長老から若手までの「リフレ派を代表する執筆陣」（同書の執筆者紹介欄）によるものである。ただし，同書の主要な対象は2008年のリーマン・ショック以降の問題であるので，90年代の把握については同書の執筆者のその他の著作も参考にした。
3）「日本再興戦略」（首相官邸ホームページ）より抜粋。

産や設備投資が縮小し輸出も抑制したという。この認識から,「日本経済を救う」ための経済政策として金融の大幅な量的緩和が提起される。

　リフレ派の中心的存在で安倍政権の経済政策のブレーンである浜田宏一氏は,「デフレは貨幣の財に対する相対価値が上がっていく現象であり」, 日本経済を「デフレ, 景気後退から救いうるのは金融政策だけである」とし, 通常の買いオペの効果が限られるゼロ金利下でも,「包括緩和」によって「デフレ, 不況, 円高のもたらす弊害を解決することができる」と主張する。90年代後半以降, 日銀が金融緩和政策をとってきたにもかかわらず, 日本経済がデフレから脱却できなかったことについては,「あまりにも少なく, 遅すぎた」からであるという[4]。

　大幅な金融緩和によってデフレから脱却できる理由については,「変動相場制の下においては, 金融を拡張すると自国通貨の価値が下がり, 輸出産業と輸入競争産業にとっては競争のハードルが下がって金融政策が有効となる。逆に財政政策, すなわち政府支出は外需が自国金利の上昇によってもたらされる自国通貨高により削られてしまうので, 経済に限定的な効果しか持ち得ない。……また一般均衡分析のワルラス法則によれば, 財の超過供給がある場合には必ず貨幣に対する超過需要がある。したがって, 人々が貨幣にしがみつこうとするときには, 人々の財布に貨幣を持たせてやれば, 財に対する需要が回復する」という[5]。

---

4) 『リフレが日本経済を復活させる』pp.21-29。なお, ゼロ金利が継続する中では, 名目利子率はそれ以下に下げることはできないが, デフレのもとでは貨幣価値が上昇して実質利子率が上昇するため, 設備投資や消費を抑制し総需要を減少させて, いっそうのデフレと景気後退をもたらすことになる。このように金利政策が有効性を失うために, 金融政策としては日銀が買いオペをするしかない。つまり市中銀行の保有する国債などを日銀が買えば, 市中銀行の貨幣保有が増加するが, 貨幣自体を保有しても金利はつかないので, 金利や運用益を獲得するために銀行は貸し出しや債券購入を増やし, マネー・サプライが増加することになる。

　しかし, 通常行なわれる短期国債などを購入する買いオペでは, 短期国債はほぼゼロ金利であるため, 貨幣を保有し続けてもコストはほとんどゼロとなり, マネー・サプライは増加しない（流動性のワナ）。したがってゼロ金利ではない長期国債や株式などを日銀が購入する買いオペ=「包括緩和」を大規模に行なう（アベノミクスの「異次元の金融緩和」）必要があるという主張である。

5) 『リフレが日本経済を復活させる』pp.30-31。

このようなリフレ派の経済政策の基礎にある理論的概念は，貨幣数量説と合理的期待形成説に基づくインフレ期待の2つである。

① 貨幣数量説
貨幣数量説はフィッシャーの貨幣数量方程式に基づいている。

$MV = PQ$ （M：貨幣数量，V：貨幣の流通速度，P：価格，Q：商品取引量）

この式から，VとQは完全雇用のもとで短期的には所与とすると，PはMに比例する。つまり，金融緩和によって貨幣流通量を増加させれば，価格は上昇する。しかし，ゼロ金利のもとでは，金融政策の有効性が低下するためにマネタリー・ベース（日銀券発行高＋貨幣流通高＋日銀当座預金，以下MB）を増加させても，流通過程における実際の貨幣量であるマネー・ストック（現金通貨＋預金通貨，以下MS）を増加させることが困難になる。そこで政策として提起されるのが「異次元の金融緩和」であり，合理的期待形成説に基づくインフレ期待をもたらすインフレーション・ターゲッティング政策（以下インフレ・ターゲット政策）である。

② 合理的期待形成とインフレ期待
合理的期待形成説とは，企業や家計が「ある時点で入手可能な情報を活用して，将来を最適に予想しながら合理的に行動する」という仮説である。ゼロ金利政策が継続されていても，現時点のデフレ傾向が将来も続くと予想されれば実質利子率は上昇すると予想されるが，将来，インフレになることが予想されれば，実質利子率が低下することが期待される。インフレは貨幣現象であるから金融の量的緩和（QE）政策によって実現することができる。

したがって，将来のインフレ率の目標を設定し（インフレ・ターゲット政策），その目標が達成されるまでQE政策を続けることを現時点で確約し（時間軸効果），実際にQEを行なえば，各経済主体は将来のインフレと実質利子率の低下という合理的な期待を形成する。実質利子率の低下は設備投資や個人消費を刺激するから，デフレと経済停滞から脱却できる。つまり「日本経済を救える」というわけである。

このQE政策とインフレ・ターゲット政策の組み合わせによる「流動性のワナ」からの脱出というアイデアは，クルーグマンが提起したものである[6]。彼のモデルは，今期の経済が「流動性のワナ」に陥っていても，次期以降（将来）の経済は「流動性のワナ」から脱出し，貨幣数量説が成立していると仮定されたものである。この仮定のもとでは，将来MSが増加するという予想が形成されれば，将来の物価は貨幣数量説によって上昇すると期待されるので，期待インフレ率が上昇し，実質利子率が低下して需要が刺激されることになる。つまり，今期にQE政策をとってもそれだけでは効果はないが，将来もQEが実行されると企業や個人に期待させるインフレ・ターゲット政策と組み合わせれば，「流動性のワナ」から脱出し，デフレと経済停滞から脱出できるという論理なのである。

(2) リフレ派の主張の検討
① 貨幣数量説の欠陥

　貨幣は価値尺度，流通手段，蓄蔵手段，支払手段，世界貨幣など多様な機能をもっているが，貨幣数量説は，貨幣が流通手段としての機能しかもっていないことを前提としている[7]。貨幣が流通過程にしか存在できないのであれば，商品の販売によって獲得した貨幣は他の商品を購買するしか使途はない。つまり，販売は同時に購買を意味する物々交換と同じことになりセイ法則が成立する。

　しかし，もちろん貨幣の機能は流通手段としての機能に限られるわけではなく，蓄蔵手段としての機能ももっている。家計は収入の一部を将来の必要

---

6) Krugman, Paul R. "It's baaack: Japan's Slump and the Return of the Liquidity Trap," *Brookings Papers on Economic Activity*, 2, 1998, pp.137-205. 矢野浩一氏は『リフレが日本経済を復活させる』第3章「貨幣はなぜ実質変数を動かすのか」でリフレ政策がクルーグマンのアイデアを基礎としていることを述べている。

7) これはフィッシャー自身が認めていることである。「貨幣数量説は，究極的にはあらゆる財の中で貨幣のみが持つ根本的な特性に依存している――貨幣自体には人間の欲望を満たす力はなく，欲望を満たす力を持つ物を買う力しかないという事実である」（Irving Fisher, *The Purchasing Power of Money: Its Determination and Relation to Credit, Interest and Crises*, 1911, Macmillan, p.32.）

に備えて貯蓄するのが一般的であるし，企業が設備投資をすれば，その設備で生産した商品の売上げの一部は減価償却として償却基金に積み立てられる。この場合，販売と購買は時間的に分離し，流通における総需要と総供給は一致しなくなる（●第1章第2節）。

もちろん，個別企業レベルでも経済全体のレベルでも，設備の年齢構成が理想的な状態で償却基金の積立額と現物更新額が等しければ，販売と購買は一致する可能性がある。しかし，新生産方法の導入をともなう設備投資の競争による強制作用や景気循環を考慮すれば，設備年齢はむしろ偏る傾向にあるから，資本主義経済においては固定資本投資をめぐって総需要と総供給が一致しないのがむしろ常態といえる（●第4章第2節）。

いったん流通から引き揚げられた貨幣が，金融機関などによって他の経済主体に融資され，その経済主体が消費や設備投資に使用すれば商品の需給は一致する。しかし，金融機関自体や金融機関から融資を受けた経済主体が，貨幣を土地や株式への投資，あるいは海外への投資に使用すれば，商品流通市場に存在する貨幣量はその分減少し，需給は一致しなくなる。

したがって，日銀がMBを増やしてもMSが増加するとは限らないのである。このことを公定歩合の変化と通貨量の増減を示した第11-1，2図および第11-2表で検証しよう。

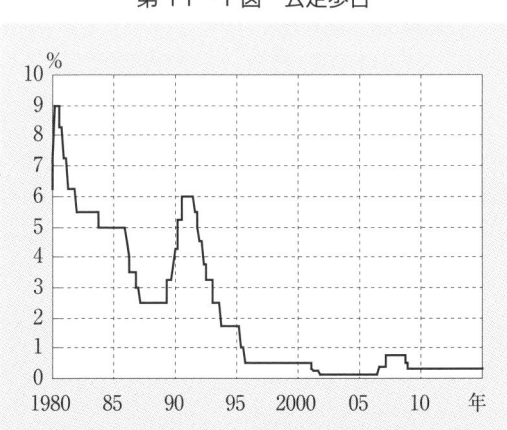

第11-1図　公定歩合

［備考］01年以降は基準割引率および基準貸付利率。
［資料出所］日本銀行主要時系列データ表より作成。

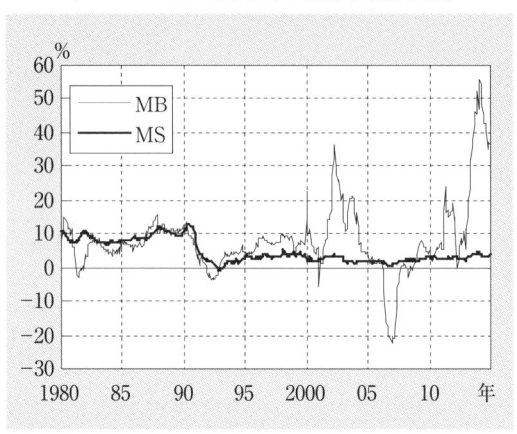

第3部　現代資本主義の危機の構造

第11-2図　通貨量の増減(対前年比)

[資料出所] 第11-1図と同じ。

第11-2表　MBとMSの関係

	MB 増加率(A)	MS 増加率(B)	(B)/(A)
1981～85年	4.96	8.33	1.68
86～90年	10.28	10.36	1.01
91～95年	2.22	2.03	0.91
96～2000年	7.59	3.17	0.42
2001～05年	10.46	2.21	0.21
06～08年	▲7.72	1.54	▲0.20
09～12年	7.86	2.63	0.33
13～14年	39.03	3.52	0.09

[備考] 各時期の年平均増加率（%）。MSは04年3月以前はマネー・サプライ。
[資料出所] 第11-1図と同じ。

　1980年代前半，公定歩合は5%まで連続的に引き下げられ，MB増加率＜MS増加率となっている。80年代後半，公定歩合は2.5%まで引き下げられた後，90年8月に6%まで急速に引き上げられた時期にはMB増加率≒MS増加率となっている。90年代前半，公定歩合は連続的に引き下げられて95年9月には0.5%となる。この期間はMB増加率＞MS増加率であるがその差は小さい。90年代後半から2001年1月まで公定歩合は0.5%が維持される

308

が，MB増加率＞MS増加率で，その差が拡大しMBの1％の増加はMSの0.4％の増加しかもたらさなくなっている。両者の相関係数は0.18で相関関係はほぼ失われている。

2000年代前半，公定歩合は0.1％まで引き下げられ06年6月まで維持される。MB増加率＞MS増加率で，その差がさらに拡大しMBの1％の増加はMSの0.2％の増加しかもたらさなくなっている。06年7月に公定歩合は0.4％，07年2月には0.75％まで引き上げられリーマン・ショックの08年9月まで維持される。この期間にMBは－7.7％の減少であるが，MSは逆に1.5％増加している。08年12月に公定歩合は0.3％まで引き下げられ，以降この水準が維持されるが，民主党政権下ではMB増加率7.9％に対してMS増加率は2.6％にとどまっており，MBの1％の増加に対してMSの増加は0.3％である。

アベノミクスが実行された13年以降，MBは急増し14年末までの増加率は39.0％にまで達した（14年12月には55.7％！）。まさに「異次元の金融緩和」といえるが，MS増加率は3.5％でしかなく，MBの1％の増加はMSの0.09％の増加しかもたらしていないのである。

また，MB増加率とCPI上昇率の関係は，80年代から2010年までは逆相関関係にあるが，11年以降は相関係数0.60とかなり強い相関となっている。MS増加率とCPI上昇率の関係は，2000年までは弱い相関関係，10年までは逆相関関係，11年以降は相関係数0.67とかなり強い相関となっている。MBの増加率に対するMSの増加率は低くなっていても，CPIの上昇は実現されているように見えるが，第11-3図が示すように，価格上昇率の高い品目は電気，光熱・水道，ガスである。これらは東日本大震災と安倍政権成立以降の円安傾向による輸入エネルギーの価格高騰が原因と考えるのが妥当であり，QEの効果によってCPIが上昇したとはいえない。

以上のことから，90年代後半以降，MBとMSおよびCPIの変化には直接的な関係はなく，貨幣数量説は統計的事実によっても否定されることが明らかであろう[8]。

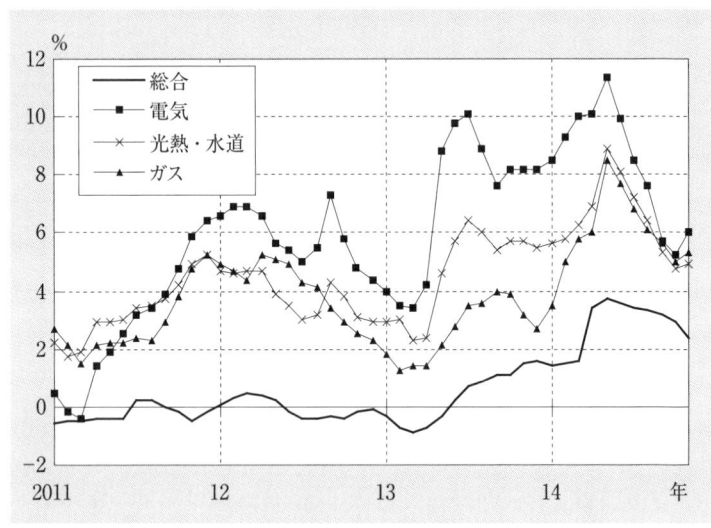

第11-3図 品目別CPI上昇率

［資料出所］総務省統計局『消費者物価指数』より作成。

② 合理的期待形成とインフレ期待の非現実性

　リフレ派は，経済主体が合理的期待形成に基づいて行動することの証明として，89年の消費税の導入や97年の5％への税率の引上げ直前の耐久消費財の駆け込み需要の発生，2010年のたばこ税増税の際の駆け込み需要の発生を具体例として挙げ，QEによって期待インフレ率が上昇し景気を刺激できる根拠としている[9]。しかし，これらの例は将来に対する合理的期待や予想ではなく，増税が実施されることもその税率も確定している事実である。事実であるからこそ，多くの人々が増税の前に駆け込み購入や買いだめという行動をとって需要が急増し，増税後には需要が激減したのである[10]。

　そもそも，すべての経済主体が将来の経済状況を的確に合理的に予想し，

---

[8] 90年代にMBとMSおよびCPIの変化の関係が希薄化したのは，ゼロ金利によって「流動性のワナ」に陥ったからだという反論が予想されるが，MBとMSとの関係はゼロ金利になる前から希薄化しているし，MBとCPIの関係はゼロ金利以前から逆相関である。

[9] 『リフレが日本経済を復活させる』pp.102-103。

それに基づいて行動するのであれば，株式や債券，通貨などの投機的取引において，一部の主体が利益を獲得し，その他の主体が損失を余儀なくされることもありえない。投機は基本的にゼロサム・ゲームであるから，投機に参加するプレーヤーすべてが同じ判断のもとに行動すれば，価格変化は無限大またはゼロとなって，投機自体が成立しないからである[11]。例外は，市場における価格変化の方向が自明で，すべてのプレーヤーが自己の利益最大化という動機によって買いまたは売りの同じ方向の取引を行なうが，市場外の主体が異なる動機によってその逆の取引を行なう場合である[12]。

　また，リフレ派が理論的に依拠するクルーグマンのアイデアにも難点がある。第1に，将来の経済がなぜ「流動性のワナ」から脱出していると仮定できるのかである。この仮定を置くことで，現在の経済主体にインフレ期待を形成させ，それが「流動性のワナ」からの脱出をもたらすというのであるから，トートロジーでしかない。第2に，もし将来経済で「流動性のワナ」から脱出できていたとしても，QEがインフレをもたらすのは貨幣数量説の成立が仮定されているからであるが，貨幣が流通手段以外の機能をもつ現実の経済においては貨幣数量説は成立しない。

　第3に，もし期待インフレ率が上昇し実質利子率の低下が予想されたとしても，それだけで個人が消費を増やしたり企業が生産や設備投資を増やした

---

10) 同様のことは，10年5月に開始され11年3月末（当初は10年末終了予定）まで実施された家電エコポイント事業制度にも妥当する。この制度は，CO_2排出量抑制，地上デジタル放送への転換の促進，経済活性化のために旧型製品の買い替えを促進するという名目で導入されたものである。前2者に対する効果はあっても，この事業による需要の増加は事業終了とともに消滅するのは明らかであるから，独占企業に対して生産能力増強のための設備投資を刺激する効果はないに等しい（⇒第7章第1節）。実際，2010年の民間固定資本形成の増加率は▲1.6％，11年は0.7％である。
11) 投機的取引の本質についてより詳しくは，前掲の延近『薄氷の帝国　アメリカ』pp.159-160，脚注1）を参照していただきたい。
12) 例えば，1950年代末以降たびたび発生したドル危機の際，アメリカの国際収支悪化に起因するドルの信認低下から金市場で金買い・ドル売りが殺到したため，金プール諸国が金を拠出しドル価値を維持した。1971年の金・ドル交換停止後には，ドル価値が下落することを見越したアメリカ多国籍企業や日本の大企業が日本の外為市場で大量のドル売りを行ない，日銀が円高抑止のためにドル買いを行なって巨額の為替差損を被った。いずれの場合も合理的期待というよりほぼ確実な事実に基づく投機である。

りするとは限らない。個人が消費の増減（貯蓄の増減）を決定する際，将来の雇用の安定性や所得増加の予想，現役引退後の生活の予想などの要因にも左右されるのは当然である。企業が生産や設備投資の増減を決定する際にも，インフレ率や利子率だけではなく，需要の長期的予想，保有生産能力の稼働率，生産性の変化，原材料価格，賃金水準などのコスト条件の予想，大規模な需要を喚起できるような新製品・新技術の現実化の予想，国内外のライバル企業の行動の予想などによって規定される長期的な予想利潤率を考慮に入れるのが当然である。80年代の利子率や MB 増加率と経済成長率との関係からも明らかなように，企業の設備投資の判断において決定的に重要なのは予想利潤率を劇的に上昇させるような有利な投資機会の有無であって，実質利子率の高低は決定的な要因ではないのである（◯第7章第1節）。

　要するに，合理的期待形成説とインフレ期待を理論的基礎として，「異次元の金融緩和」によってデフレから脱却し，需要を刺激して景気回復を実現できるとするリフレ派の主張は，多様な経済現象のごく一部だけをとりあげ，その他のより重視すべき要因を理論の前提からすべて排除したモデルに基づいた非現実的なものなのである[13]。もちろん，アベノミクスにおける金融政策の位置づけは，その一部＝「第一の矢」でしかなく，財政政策や成長戦略も並列している。しかし，「第二の矢」の財政政策は事実上財政膨張政策となっていて，リフレ派の主張とは矛盾するものであり，「第三の矢」の成長戦略も，その内容は財政膨張の正当化のためのものか，具体性を欠くもの，具体性があっても企業の投資意欲を劇的に刺激するようなものではない。

　以上のことから90年代以降の日本経済の構造変化について問われるべきは，金融面においては，80年代後半には見られた MB と MS との相関関係が，90年代に入って，とりわけ90年代後半以降見られなくなったのはなぜか，MB を顕著に増加させても MS はそれほど増加せず，CPI も上昇しないのは

---

13) その他にも，リフレ派は金融緩和によって期待インフレ率が上昇すれば購買力平価によって決まる為替レートが円安に進むと主張しているが（『リフレが日本経済を復活させる』pp.73-74），為替レートの変動が購買力平価に規定されるのは，外為取引が貿易関連のみによって行なわれる場合である。第10章で述べたように，貿易取引額の何十倍もの額の外為取引が行なわれている現在では購買力平価説は妥当しない。

なぜなのか，である。実体経済面においては，80年代後半には個人消費も設備投資も活発で経済成長率も高かったのに対して，90年代以降，財政膨張や金融緩和が行なわれても個人消費や設備投資は低迷を続け，経済が停滞し続けているのはなぜなのか，である。これらの問題を分析し考察した結果に基づいて政策を構想することもなく，現実性を欠く貨幣数量説と合理的期待形成説に基づくインフレ期待を根拠とした金融緩和政策を実行しても，デフレと経済停滞から脱出することは不可能といえよう。

第2節　リフレ派に対する批判Ⅰ——「生産年齢人口減少説」

次に，90年代以降の日本経済の長期停滞傾向の原因を人口の減少，特に生産年齢人口の減少に求める見解を検討する。この見解は以下で述べるように経済学的には正しくないのであるが，一見するとわかりやすく，またマスメディアでもかなり流布している見解である。この見解の主張者の1人，藻谷浩介氏は，90年代初頭以降，金融緩和政策を続けても物価下落傾向は継続したのだから，経済停滞と物価の下落傾向の主因は貨幣供給量の不足にあるのではないとリフレ派の主張を批判し，生産年齢人口の減少に起因する個人消費の減少こそが問題の根源にあるとする。

河野龍太郎氏は，ゼロ金利やQEは金融システムが危機的状況に陥ったときには必要であるが，現在の低成長はそのような状況にはなく，金融緩和はむしろ悪影響をもたらすとする。そして，生産年齢人口の減少にともなう労働力人口の減少が企業の設備投資を減少させ，藻谷氏が重視する個人消費の減少とともに，需要の減少をもたらしたと主張する。そこで，2人の主張を「生産年齢人口減少説」として，順に検討していく[14]。

(1) 藻谷浩介氏「生産年齢人口減少説」の検討

藻谷氏は，95年を境に生産年齢人口（15歳以上65歳未満人口）が減少し続

---

14) 両氏の主張は，主として萱野稔人編，藻谷浩介・河野龍太郎・小野善康『金融緩和の罠』（集英社新書，2013年）によっている。

けており，生産年齢人口の減少は就業者数を減少させ個人消費を減少させるとする。その論理は，就業者数の減少は現役世代の所得総額の減少をもたらし，非生産年齢人口の高齢者は（現役世代に比べて住宅や耐久消費財などの消費が少なく，老後の備えのためもあって）消費抑制的であるから，高齢化の進展は消費を減少させる。そして，個人消費の減少は総需要を減少させ供給過剰をもたらすから，景気は悪化し物価が下落するというのである。

以下，藻谷氏の論理を，①生産年齢人口の減少→就業者数の減少，②就業者数の減少→個人消費の減少，③個人消費の減少→総需要の減少・供給過剰，④供給過剰→景気悪化・物価下落，に分けて，まず統計的事実（藻谷氏の強調するファクトベース）をもとにして検討しよう。

① 生産年齢人口の減少→就業者数の減少

藻谷氏は，生産年齢人口は95年から2010年の15年間に7％減少し，就業者数も「一方的に7％減りました」として，「マクロ経済学では，就業者数の増減は景気次第とされている」が，「ファクトベースでみると，日本の雇用の増減は景気ではなく生産年齢人口の増減で決まって」いると主張する[15]。

第11-4図が示すように生産年齢人口は，95年をピークとして2012年まで年率0.6％減少しているが，就業者数は同期間に年率0.2％の減少であるし，97年までと04〜07年は逆に増加している。就業者数に完全失業者数を足した労働力人口も同期間に0.1％の減少でしかないし，98年までと05〜07年は増加している[16]。12年時点で労働力人口は6555万人で生産年齢人口の

---

15) 『金融緩和の罠』pp.23-25。藻谷氏は国勢調査のデータを使用しているが，国勢調査は悉皆調査であっても5年ごとの調査であるからその間の変動は把握できない。意図的かどうかはわからないが，国勢調査のデータを使うことによって，景気変動にともなう就業者数の増減（および完全失業者の増減と景気低迷で求職をあきらめた者は非労働力人口にカウントされることを含めて）を「ファクト」から排除してしまっている。

16) 15歳以上人口に占める労働力人口の比率は80年代後半63％前後であったが，92年に64％に上昇した後に低下傾向となり，12年に59.1％となっている。就業者でもなく求職もしていない非労働力人口が増加しているのであるが，通学や家事を理由とする者は減少傾向であるから，それ以外の理由の者が増加していることが原因である。

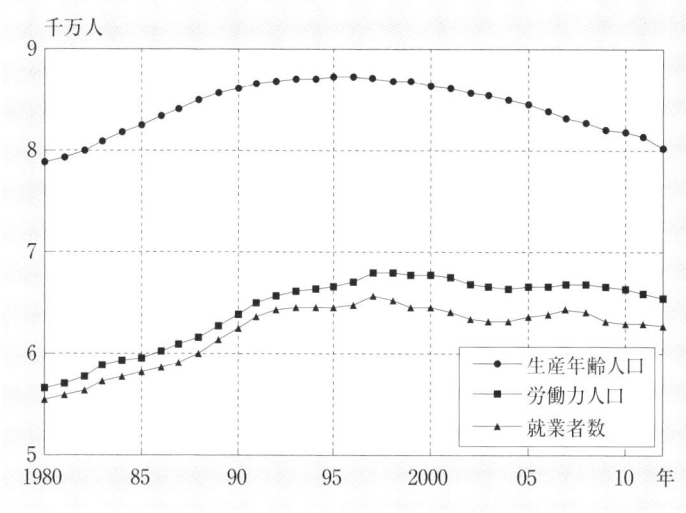

第11章　1990年代以降の日本経済の構造的危機

第11-4図　生産年齢人口と就業者数の動向

[資料出所] 総務省統計局『人口推計』,『労働力調査』より作成。

8042万人よりも約1500万人少ないのであるから,完全失業者（285万人）や求職者が増加して就業者となれば,生産年齢人口が減少したとしても,就業者数は増加することが可能なのである。

② 就業者数の減少→個人消費の減少

第11-3表が示すように,生産年齢人口が減少しはじめた96年以降,5年ごとで見ると就業者数も減少している（ただし生産年齢人口の減少率より減少率は小さい）が,96～2000年は雇用者報酬も民間最終消費も増加している。01～05年は雇用者報酬も減少するが減少率は生産年齢人口の減少率および就業者数の減少率より大きく,民間最終消費は増加している[17]。06～10年になるとすべてが減少しているが,それぞれの減少率は異なっている。つま

---

17) 藻谷氏は,商業統計の小売販売額が96年度のピーク（148兆円）の後,06年度に13兆円減少したことを根拠に「9％近くも国内のモノの消費額が減ってしまっています」（『金融緩和の罠』p.26）と主張するが,「小売販売額」=「国内のモノの消費額」ではないし,小売販売額も96年以降減少し続けているわけではない。

315

第11-3表 就業者数と個人消費の年平均変化率（％）

	生産年齢人口	就業者数	雇用者報酬	民間最終消費	実質GDP増加率
1991～95年	0.26	0.66	3.44	3.44	1.42
96～2000年	▲0.20	▲0.03	0.01	0.75	0.85
01～05年	▲0.42	▲0.28	▲1.14	0.36	1.54
06～10年	▲0.70	▲0.18	▲0.81	▲0.62	▲0.03

［資料出所］総務省統計局『わが国の推計人口』，『労働力調査』，内閣府『国民経済計算確報』より作成。

り就業者数の減少が必ず個人消費を減少させるわけではない。個人消費の動向は就業者数の増減よりは，実質GDP増加率，つまり景気の動向と相関関係にあるといえる（91年から20年間の相関係数は0.54）。

　高齢化が個人消費を減少させるという主張も経済学的には成立しないものである[18]。高齢富裕層の消費性向が相対的に低い（貯蓄性向が高い）ことは事実であるが，それを年金を生活の重要な糧とする高齢者一般にあてはめることはできない。65歳以上の人口は2010年に総人口の23％に達し，世帯主が65歳以上の世帯の消費額は2011年時点で全世帯の消費額の3割，60歳以上の世帯では4割強を占めている。消費のライフサイクルを考えると，現役世代は労働によって得た所得の一部を退職後の生活のために貯蓄し，退職後は所得水準の低下のために貯蓄を取り崩して消費を行なうと考えられる。

　実際，年代別の消費性向は，2000～11年の期間に30歳代が約70％で年齢とともに上昇し50歳代が約75％であるのに対して，60歳代以上の消費性向は，2000年時点で，60～64歳は105％弱，65～69歳が110％弱，70歳

---

18) 藻谷氏は，高齢富裕層は「現役世代のようにモノを消費する理由も動機もない」し，「退職して給与所得がなくなった人であればなおのこと消費をせずに……貯蓄を増やす傾向が強まります。……企業が人件費を削ってだした利益を配当するたびに，現役世代から彼ら高齢者に所得が移転します。年間55兆円におよぶ年金も，現役世代から高齢者への資金還流です。ところがそうした高齢者の収入の多くは，銀行の口座に貯まるか，国債の購入にあてられるかで，モノの購入には向かわない」と主張している（『金融緩和の罠』p.45）。
　高齢者が現役時代の貯蓄や退職金などである程度多額の現金資産を保有しているのは事実だが，経済学的にいえばこれらはストックであり，毎年の収入に占める消費額の比率というフローの消費性向とは区別する必要がある。

以上が約100％強，11年時点では60〜64歳は110％強，65〜69歳が130％強，70歳以上が約115％に上昇している（総務省『家計調査報告』）。つまり，高齢者一般は年金や金利などの収入だけでは生活費を支弁できず，すでに貯蓄を取り崩す生活をしており，その取り崩し比率は上昇し続けているのだから，高齢化を消費減少の原因とすることはできないのである。

③ 個人消費の減少→総需要の減少・供給過剰

いうまでもなく，総需要は個人消費だけではなく民間設備投資や輸出なども構成要素であるから，個人消費の減少が必ず総需要を減少させるわけではない。実際，2000年，02〜03年に民間最終消費の増加率はマイナスであったが，実質GDP増加率はプラスとなっている。輸出の増加額が民間最終消費額の減少を上回ったからである。

④ 供給過剰→景気悪化・物価下落

生産年齢人口の低下が始まった90年代後半，それ以前に比べて経済成長率は0.8％，CPI上昇率も0.4％に低下している（第11-1表）。しかし。2000年代前半には経済成長率は1.4％に上昇したのに対してCPI上昇率は−0.5％と下落している。90年代後半以降，一貫して総需要が減少し経済成長率がマイナスとなっているわけではないし，物価が下落し続けているわけでもないのである。

以上のように藻谷説は統計的事実によって否定された。理論的に見れば，藻谷説の誤りの根源は生産年齢人口の減少が個人消費の減少をもたらすことを自明のように前提していることにある。いうまでもなく，生産年齢人口が減少しても，1人あたり賃金が不変の場合，就業者数が減少しなければ賃金総額は減少しないから，個人消費は減少しない。1人あたり賃金が増加する場合，その程度によっては就業者数が減少しても賃金総額が増加する場合もありうる。1人あたり賃金が減少する場合には，就業者数が不変あるいは増加しても賃金総額が減少する場合もありうる。

就業者数や賃金率は労働力市場の需給関係によって変化し，労働力市場の

需給関係は生産や設備投資の動向によって左右されるのである。実際，日本の高度成長期には生産年齢人口の増加とともに1人あたり賃金も増加し，生産年齢人口の増加率以上の経済成長率が実現されたのであり，90年代後半以降，生産年齢人口が一貫して減少していても，その他の種々の要因（後述）によって就業者数は増減し，雇用者報酬も増減しているのである。

実は，藻谷氏もこれらの事実に気づいていないわけではないと思われる。藻谷氏は，生産年齢人口が減少しはじめた時期に企業は従業員の採用を抑制し賃金も抑制したために，雇用者報酬が減少して国内消費も縮小することになり設備投資も抑制されたと述べ，採用の抑制や設備投資の抑制によっても供給過剰が解消されないのは，企業が雇用の減少のもとでも生産性の向上を追求して出荷額を維持しているためだとしている。そして，「みんなでお互いの首を絞めあっているのが長期不況にあえぐ日本の現状なんです」と述べ，「日本経済をよくしようと思ったら，値下げ，賃下げに終始する企業体質を変えていかなくちゃならない」と主張しているのである[19]。

ここでは，採用抑制や賃金抑制によって，就業者が減少し雇用者報酬（総額）が減少して個人消費が減少すること，つまり生産年齢人口が減少しなくても，これらによって個人消費が減少することを認めている[20]。そして，企業が採用抑制や賃金抑制によるコストカットと生産性の向上に邁進していることが供給過剰と景気の低迷をもたらしているのだから，日本の企業体質を変える必要があると主張しているのである。

藻谷氏が「ファクトベース」で考えることを強調するのであれば，90年

---

19) 『金融緩和の罠』pp.39-44。なお，藻谷氏がここで主張していることは，マルクス経済学が（150年前から）すでに論じている問題である。生産性の変化と雇用の増減の問題は相対的過剰人口論の対象であり（◯第3章第3節），労働者の賃金抑制・消費制限と過剰生産との関係は，資本主義における「生産と消費の矛盾」として把握される問題である（◯第5章）。

20) 藻谷氏はまた，「この先は1年に1％ずつ生産年齢人口が減少していくペースになる。……毎年1％以上の給与の上昇で迎え撃っていかないかぎり，日本ではとてつもない需要減少が発生しつづける」（『金融緩和の罠』p.27）とも述べている。つまり，生産年齢人口が減少しても，給与（総額）が増えれば需要は減少しないことを認めているのである。1％の給与の増加が実現不可能な数値ならまだしも，雇用者報酬が1％以上増えることは，80年代まではむしろ常態だったのが「ファクト」である。

代の日本経済の経済停滞とデフレ傾向の原因を生産年齢人口の減少に求める前に，これまでに掲げた図表および第11-5図が示す日本経済の統計的事実を基礎として，以下の諸点を問うべきだったのである。

1. なぜ，経済成長率が90年代初頭から低迷しはじめたのか？
2. なぜ，90年代初めから設備投資が傾向的に減少し続けているのか？
3. なぜ，90年代後半以降に就業者数が減少傾向を示し，増加している時期にも雇用者報酬が減少し続けているのか？
4. なぜ，90年代後半以降からは最終消費支出が減少し低迷し続けているのか？
5. なぜ，企業はお互いの首を絞めあうことになるのに，採用抑制・賃金抑制やコストカットのための生産性向上に邁進するのか？

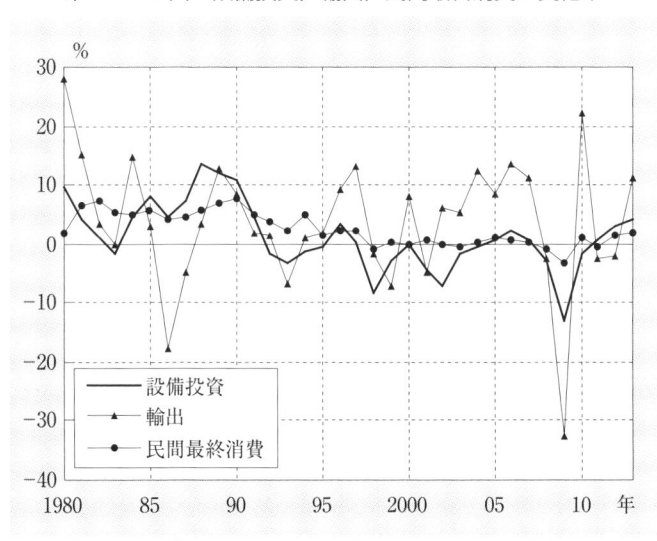

第11-5図　設備投資，輸出，民間最終消費の変化率

［資料出所］内閣府『国民経済計算確報』より作成。

(2) 河野龍太郎氏「生産年齢人口減少説」の検討

　河野氏の論理は，生産年齢人口が増加し労働力人口が増加する時期には物的資本が相対的に不足するため，企業は設備投資を増加させる，①逆に生産年齢人口が減少し労働力人口が減少する時期になると，②物的資本が相対的に過剰となって企業は設備投資を減少させようとする．90年代に生産年齢人口の減少にともなって個人消費の減少とともに設備投資が減少した結果，総需要が減少して供給過剰となり，デフレと経済停滞がもたらされたというものである。その根拠とされているのは，90年代以降，生産年齢人口の動向と民間資本ストックの増減とがほぼ一致しているというグラフと，③付加価値ベースで見た経済成長の要因＝資本投入量，労働投入量，全要素生産性（Total Factor Productivity, TFP）のいずれもが減少しているというデータである[21]。

① 生産年齢人口の減少→労働力人口の減少

　生産年齢人口が減少しても，それと同じテンポで労働力人口や就業者数が減少するわけではないことは，藻谷説への批判がそのままあてはまる。したがって生産年齢人口の動向がストレートに設備投資の増減を説明するものではない。

② 労働力人口の減少→設備投資の減少

　労働力人口の減少が物的資本の相対的過剰をもたらし設備投資を減少させたという主張は，因果関係が逆である。90年代後半，労働力人口が減少していても失業率は上昇しているのだから，企業レベルで物的資本が過剰になっても雇用を増やせばその過剰は解消できる。現実には，90年代の景気後退によって設備稼働率が低下して物的資本が相対的に過剰となり，企業は設備投資を抑制し人員削減をしたのである。それが個人消費と設備投資の低迷をもたらし，需要の減少と経済停滞をもたらしたのである。

---

21)　『金融緩和の罠』pp.92-98。

③ 資本投入量・労働投入量・TFPの関係

　90年代以降の資本投入量，労働投入量，TFPの減少も同様に因果関係が逆である。河野氏の論理では，（労働投入量を増やしたくても労働力人口が減少したために）労働投入量が減少し，それにともなって資本投入量が減少し，イノベーションも低迷したためにTFPも伸びずに経済成長率が低下したとなる。資本投入量と労働投入量の減少は②で述べたように労働力人口の減少が直接の原因ではない。TFPは，もともと［産出量の増加］－［資本と労働の投入量の増加］で定義されるものであるから，イノベーションそのものの動向を示すものではなく，景気や設備投資，稼働率の動向によって変化するものである。したがって，問われるべき問題としては，河野氏に対しても藻谷説批判の末尾で指摘したことがあてはまる。

　　なお，著名なケインズ経済学者である伊東光晴氏は，現在の主流派の経済学やリフレ派に対して鋭い批判をした後，ハロッドが提起した自然成長率の概念をもとに，90年代の「日本市場の縮小」の原因として藻谷説を肯定的に評価している。伊東氏の説明によれば，「自然成長率とは人口の増加率——ハロッドは労働人口の増加率と人口の増加率とは同じであると仮定しているので労働人口の増加率と考えてよい——と技術革新によって決定される適正な極大成長率である」。95年以降の生産年齢人口の減少は「自然成長率がマイナスへと大きく減少することを意味している。……技術革新を規定する経済理論は存在しない。それは与件である。いまそれを1％と仮定しても1％の生産年齢人口の減少は，自然成長率がゼロであることを意味する。……自然成長率ゼロの社会。それは長期的には停滞社会である」[22]。

　　このような文脈で伊東氏は藻谷説を評価されているのであるが，すでに指摘したように労働力人口の増加率は（生産年齢）人口の増加率に直接規定されるわけではない。また，生産性上昇率は80年代後半には8％前後（60年代後半には10％超）に達していたのであるから，90年代に自然成長率がゼロになったとする根拠は乏しい。やはり問われるべきは，藻谷説や河野説と同様に生産性の上昇をもたらす技術革新や設備投資が90年代以降に低迷している理由である。

　本節の最後に，両氏に対してだけでなく90年代以降の日本経済の長期停

---

22)　伊東光晴『アベノミクス批判——四本の矢を折る』（岩波書店，2014年），p.34, pp.58-60。

滞傾向の原因を，総人口や生産年齢人口の減少に求める見解に対して指摘しておくべきことがある。もし経済成長率の低下が人口の減少に規定されたものであるとしても，1人あたりのGDPや国民所得が低下せず国民の生活水準も低下しないのであれば，国民にとって経済成長率の低下それ自体は何の問題もないはずである。人口の減少をもたらしている出生率の低下も，国民が自ら進んで選択しているのであればこれも問題にはならないはずである。問題は，経済の長期停滞傾向のもとで失業率が高止まりし雇用が不安定化して，個人消費が低迷し続けていることである。そして，これを根本的な原因として少子化が進んでいるのであれば，安倍政権が進めようとしている「成長戦略としての女性の活躍推進」政策は，この根本的な原因を解決することのない空虚な政策でしかない。

第3節　リフレ派に対する批判Ⅱ──「成熟社会化＝貨幣選好強化説」[23]

(1) 小野善康氏「成熟社会化＝貨幣選好強化説」の論理

　小野氏は，90年代半ば以降に日本経済の構造変化があったために主流派の経済学は妥当しなくなったが，その変化は，人口動態の変化ではなく，日本が「成熟社会」に移行したために起こったとする。小野説の論理を整理すると以下のようになる。

① 貨幣数量説批判＝貨幣選好の強化

　現在の主流派の経済学＝新古典派経済学がセイ法則を基礎としており，セイ法則の世界では不況はごく一時的な調整過程でしかなく長期不況はありえないが，現在の日本は不況が「定常化」しているため，新古典派経済学は妥当しない。その原因は，日本が90年代に「成熟社会」に移行し，モノへの欲望が飽和して貨幣が「究極の欲望の対象」となった，つまり流通手段としての機能ではなく，貨幣そのものへの選好が強まりセイ法則が妥当しなくなったことにある。

---

23)　『金融緩和の罠』pp.153-225。

② 貨幣選好の強化→個人消費の抑制→設備投資の抑制→総需要の抑制・デフレ

　貨幣選好が強化されれば，日銀が貨幣量を増やしても需要はモノへ向かわずに貯蓄に回されるため，個人消費は増えない。個人消費が増えないために企業の設備稼働率も上がらず，金利が低くても設備投資は増えない。消費需要も投資需要も増えなければ景気は回復せず，物価も上がらない。

③ デフレ→貨幣選好のいっそうの強化

　物価が下落傾向にあれば貨幣価値は逆に上昇していくので，モノを買うより貨幣を保有していた方が有利となり，人々の「貨幣選好」はますます強まっていく。

(2) 小野説の検討

　小野氏の①の貨幣数量説批判は妥当であるが，②の個人消費の抑制が設備投資の抑制をもたらしたという部分は，個人消費は97年まで増加しているが，設備投資は92年からすでに増加率はマイナスとなっているから事実誤認である。小野説の最大の問題点は，90年代に「成熟社会化＝貨幣選好の強化」が進んだという認識と，そのために個人消費が抑制され，景気後退とデフレをもたらし，金融緩和政策が有効性を失ったという主張である。

　小野氏は「生産力が拡大してモノが大量に生産されるようになると，それ以上のモノへの欲望が減ってきて，お金の欲望が表に現れてくる。これが成熟社会です」[24]と主張している。しかし，そのような変化がいつから始まったか，その変化はどのような指標で確認できるのかについては説明されていないし，根拠も示されていない。人々の「モノへの欲望」と「お金の欲望」の変化とその量的な比較を可能とするデータは，おそらく存在しないだろう。もし，90年代以降に個人消費が低迷しデフレが持続しているから，というのであればトートロジーである。

　90年代以降，日本国民は，はたして「モノへの欲望」が減るほど物質的には満ち足りてしまっているのだろうか。そうであれば，経済停滞もデフレ

---

[24] 『金融緩和の罠』p.164。

もむしろ歓迎すべきことであろう。しかし，90年代に入って以降，完全失業率は急上昇してピーク時5.4％，14年には3％台に低下したが，80年代の2％台に比べて高水準である。生活保護受給者は90年代前半は100万人を下回っていたが，後半に急増して14年4月現在で約216万人となっている。就業者の平均年収は約14％も減少（97～12年，20代～50代男性，CPIは同期間に1％程度の低下）しているし，その就業形態も非正規雇用・不安定雇用が増加している。1人あたり住宅床面積は22.6㎡（関東大都市圏の借家，アメリカの1/3，イギリスの1/2強，ドイツ・フランスの1/2以下）で年収に占める住居費の割合が18％（全国平均，ローン支払い中，借家世帯は15％）である。また，98年以降11年まで毎年の自殺者が3万人を超える状況が続き，14年でも2万5千人を超えている（◯第3章第3節 Column 3-3）。

　小野氏は，どのような階層の人々のどのような生活状態を見て，日本は「モノへの欲望」が減少した「成熟社会」になったというのだろうか。結局，小野氏も，90年代以降の日本経済の構造変化を説得的に説明できる原因と論理を組み立てられず，事実に基づかない「成熟社会化＝貨幣選好強化」にその原因を求めてしまっているのである。

第4節　リフレ派に対する批判Ⅲ——複合要因説[25]

（1）吉川洋氏「複合要因説」の論理

　吉川氏は，リフレ派の主張を詳細に検討・批判したうえで，デフレの原因として，企業が利潤と売上げの維持・増大のために，賃金引下げによる賃金コストの低下を通じて商品価格の引下げを追求したことが，個人消費を抑制して不況を長期化させ，デフレももたらしたという「合成の誤謬」の論理を指摘する[26]。つまり，デフレは長期停滞の原因ではなく結果であるという基本認識に立っている。

　では，日本経済が長期停滞に陥った原因は何か。吉川氏は，「一つの原因

---

[25]　吉川洋『デフレーション"日本の慢性病"の全貌を解明する』（日本経済新聞出版社，2013年）。
[26]　『デフレーション』p.173。

で説明しようとするのは誤りだ」とし，複合的な要因によって長期停滞に陥ったとする。吉川氏が要因として挙げているのが，①大型景気の反動としての設備投資循環の影響，②不良債権問題による97～98年の金融危機のもとでのクレジット・クランチ，そして，③デフレの中での消費者の「低価格志向」とグローバル化のもとでの国際競争と円高傾向によって，日本企業がコストダウンのための「プロセス・イノベーション」に専心し「需要創出型のプロダクト・イノベーション」をおろそかにしてきたこと，である[27]。

(2) 吉川説の検討

まず，デフレは長期停滞の原因ではなく結果であるという吉川氏の基本認識は，「合成の誤謬」論も含めて妥当である。経済成長率が低下しはじめたのは90年代初頭からであり，CPI上昇率がマイナスになるのは90年代末からである。金融緩和が始まった後もCPI上昇率は低下傾向を持続し，MBおよびMSの増減とCPI上昇率の動向には相関が見られないのだから（●本章第1節(2)），デフレの原因は貨幣現象ではなく，実体経済面に求めなければならない。90年代の実体経済の変化として，デフレを説得的に説明できるのは，長期停滞と賃金抑制・雇用の不安定化による個人消費の低迷である。

吉川氏が①で日本経済の長期停滞傾向の要因として設備投資の低迷に着目していることも妥当であるが，設備投資の低迷が「設備投資循環の影響」というのであれば，20年経っても設備投資が回復しない理由が説明されるべきである。②も，97年のアジア通貨危機をきっかけとして不良債権問題が深刻化し，クレジット・クランチが発生して設備投資を急速に減少させ，マイナス成長に陥ったことは事実である。

問題は③である。90年代以降に日本企業がコストダウン至上主義といえる行動をとっていったことは事実である。吉川氏はその理由としてデフレ下での消費者の「低価格志向」を挙げているが，これは因果関係が逆であり，デフレは長期停滞の原因ではなく結果であるという吉川氏自身の認識とも矛盾する。企業のコストダウンの手段の中心は賃金コストの削減であり，その

---

27) 『デフレーション』pp.206-212。

ための賃金切下げと正規雇用の非正規雇用への転換である。この企業の賃金コスト削減を強力に支援したのが90年代後半から始まる構造改革路線であり，それをさらに徹底・促進する小泉内閣の「聖域なき構造改革」路線である（役員を除く雇用者のうち非正規雇用の占める割合は90年20.2%→95年20.9%→2000年26%→05年32.3%）。

このような官民一致・協働しての賃金コスト削減と雇用の不安定化こそが，個人消費の低迷・減少とデフレをもたらしたのである。消費者は，デフレのもとで低価格を「志向」したのではなく，失業率上昇のもとでの賃金（家計所得）低下・雇用の不安定化によって消費の抑制を余儀なくされ，低価格商品を選択せざるをえなくなったのである。

次に，国際競争と円高が企業のコストダウン至上主義をもたらしたという主張については，90年代にグローバル化が急速に進んだことは事実であるが，それが，なぜ，どのような内容をもって国際競争を激化させ，日本企業にどのような対応を迫って，長期停滞をもたらすことになったのか，吉川氏は答えていない。

また，95年には1ドル＝79円台まで円高が進んだことも事実であるが，円ドルレートは，86～90年の5年間に8.5%（88年までの3年間では18.3%）の円高になっているのに対して，91～95年は8.2%の円高，96～2000年は3.3%の円安，01～05年は0.7%の円安，06～10年は4.2%の円高である。80年代後半には90年代以上の円高が進行し，輸出維持（87～90年の輸出増加率は年平均5%）のために企業は徹底したコストダウンを行なったにもかかわらず，設備投資増加率9.6%（年平均），経済成長率5%（同）が実現されている。90年代も同様に，円高に対して輸出維持のための行動がとられながら（輸出増加率は91～2000年に年平均2.1%，01～10年は同4.0%），なぜ設備投資増加率はマイナス（91～2000年に同▲1.0%，01～10年は同▲2.7%）となり，経済成長率は1%前後に低迷しているのか。国際競争の激化や円高という要因のみによって経済の長期停滞を説得的に説明することはできないのである[28]。

さらに，日本企業がコストダウンのための「プロセス・イノベーション」に専心し「プロダクト・イノベーション」をおろそかにしてきたという主張

も疑問である。「プロセス・イノベーション」とは，通常，生産過程において革新的な生産設備を導入して生産力を向上させることを意味する。市場が全般的に停滞的な場合，企業が利潤の維持・増大のためにこうした行動をとるのは当然であり，それが商品価格のいっそうの低下を通じてコスト削減競争を促進し，それがまた企業に生産力の向上を促迫することになる（◯第2章第2節および第3章第2節）。生産力の向上は，一般に資本ストックあたりの労働力を減少させる作用をもつから，こうした生産力向上・コスト削減の行動によって利潤が確保されたとしても，資本ストックや生産・販売額がこの労働力減少作用を相殺するだけ増加しなければ，雇用は減少する（◯第2章第3節）。つまり「プロセス・イノベーション」は，商品価格の低下と雇用の減少による個人消費の減少をもたらし，経済停滞とデフレを倍加する作用をもっている。吉川氏の主張はこの限りでは正しい。

しかし，他方で「プロセス・イノベーション」による革新的設備の導入とは，企業が設備投資をすることを意味する。つまり，消費者の低価格志向と国際競争のもとで，日本企業が「プロセス・イノベーション」に専心したという吉川氏の主張に従えば，多くの企業が（競争の強制作用によって促迫されて）設備投資を実行した，ということになる。多くの企業がそのような設備投資をすれば，それは関連生産部門に大規模な需要を発生させ，その部門での生産や投資の拡大を誘発し，それがまた関連部門に大規模な需要を波及させていくことになる。このメカニズムが作用すれば景気は回復していくはずである（◯第2章第2節および第5章第1節）。

しかし，実際にはそうならなかったし，90年代以降，設備投資は低迷し続けている。日本企業はコストダウンを追求したが，それは「プロセス・イノベーション」のための設備投資によってではなく，主として賃金コストの削減によって実現しようとしたのである。また，日本企業が「プロダクト・

---

28) 実は，吉川氏も「過去40年間の円高は大局的にみれば購買力平価の推移……に沿ったもの」で，「時折購買力平価から乖離した円高が日本経済にマイナスの影響を与えたことはあるにしても，円高が長期停滞の原因であるとは考えない」（『デフレーション』p.205）と述べているのである。ただし，私は80年代以降の円高が購買力平価の推移に沿ったものとは考えていない。この点，本章の脚注13) も参照していただきたい。

イノベーション」をおろそかにしてきたという吉川氏の主張も，IT関連技術や環境対応技術から身の回りの種々の新製品など，90年代以降の日本でも吉川氏のいう「需要創出型のプロダクト・イノベーション」が追求されなかったわけではない。経済の長期停滞を逆転させるほどの大規模な需要を創出することができるような「プロダクト・イノベーション」に成功しなかっただけなのである。

以上から，問われるべきもっとも重要な問題は，90年代以降，設備投資が低迷し続けているのはなぜか，ということである。

第5節　日本経済の構造的危機の基本的性格

これまでの90年代以降の日本経済の長期停滞傾向の原因に関する諸見解の検討を通じて，問われるべき最重要問題が，設備投資が長期にわたって低迷している原因であることが明らかとなった。そこで，本節ではこの問題に対する私の考えを示していくが，結論を先取りすれば，この問題の根源には，現代の資本主義は独占段階にあり停滞基調が支配していること，そして90年代以降の日本経済の構造変化は，これまで本書で展開してきた独占資本主義の諸矛盾と第二次世界大戦後の資本主義世界体制とその危機の発現として把握し分析する必要がある，ということである。この分析視角に基づいて，まず高度成長期から1980年代までの日本の経済成長のメカニズムを概括し，その後に90年代以降の日本経済の構造変化について論じていく。

(1) 高度成長期から1980年代までの日本の経済成長のメカニズム
① 高度成長期

1950年代前半，朝鮮特需によって獲得した外貨に基づく合理化投資によって，素原料・エネルギーを除く生産手段を国内でほぼ生産できる再生産構造が形成された。この構造を基盤として，50年代後半，外国技術の導入によって石油化学，電気機器，自動車などの新生産部門が一挙に創出され，これら新生産部門の形成のための設備投資と関連部門における新生産方法導入をともなう激しい設備投資競争によって高度成長が実現された。この設備投

資競争は生産力の急速な上昇をもたらし，日本の工業製品の国際競争力を飛躍的に高めた。

1965年からアメリカがベトナム戦争への本格的介入を開始し，ベトナム周辺地域への軍事支出や援助が急増していったが，60年代前半までの設備投資競争によって強化された国際競争力を武器として，これらの地域への日本の輸出は激増した。また，ベトナム介入がアメリカ経済を相対的に衰退させ，アメリカ在来産業の国際競争力が低下したため，アメリカへの輸出も急増した。この輸出急増すなわち対外膨張がきっかけとなって，60年代前半以上に大規模な設備投資競争が行なわれて高度成長が持続した。この結果，日本は輸出大国・経済大国となるが，輸出増大を経済成長の不可欠の要因とする再生産構造が形成された。

② 1970年代

1970年代初めには輸出増大による設備投資主導の高度成長は限界を迎えていたが，71年の金・ドル交換停止後の円高傾向に対する財政膨張と金融緩和による景気刺激政策によって物価と土地価格が高騰した。さらに73年の石油危機が加わってインフレが高進したために総需要抑制に政策転換され，74年にはマイナス成長となった。70年代の世界的長期不況に対して，日本企業は減量経営・コストダウンを追求して輸出拡大＝いっそうの対外膨張に活路を求めていく。石油価格の高騰や環境問題（自動車の排気ガス規制）は，むしろ日本の自動車産業などの優位性を高めて輸出は増加し，世界の中でも例外的に高い経済成長率を持続した。

② 1980年代

レーガン政策によって異常なドル高・円安が進み，日本の対米輸出は急増した。プラザ合意後の円高に対しても，日本企業は生産技術のME化および徹底的な合理化・コストダウンを追求し，さらに製品技術（自動車や家電製品，産業機械など）をME化することによって，輸出を維持・増大させた（87～90年の輸出増加率は年平均5%）。対外膨張の持続と新生産物の開発・新生産方法の導入にともなう設備投資競争によって設備投資は9.6%（年平均）

増加し，5％（同）の経済成長が実現された。この経済成長には円高対応のための政府・日銀の財政膨張と金融緩和政策も寄与したが，これらの政策は，アメリカ主導の世界的な金融の自由化・国際化のもとで，株価と不動産価格を中心とする資産価格の高騰をもたらした。

(2) 1990年代以降の停滞基調と日本経済の構造変化
① 対外膨張の限界と新生産物・新技術開発の国際競争での敗北

89年以降の金利の引上げとMBの縮小政策によって資産価格は急速に低下し，これをきっかけとして景気は下降し，日本経済は長期停滞に入る。90年代初めに円ドルレートは一時150円台まで円安が進んだが（90年4月，1ドル＝158円台），その後はクリントン政権の円高誘導政策によって急速に円高が進んだ（95年4月，1ドル＝79円台）。円高に加えて冷戦終結後のアメリカ経済の「復活」によって日本の輸出増加率は急速に低下した。90年代に情報通信革命（PC化，ネットワーク化およびそれを基盤としたニュービジネス，グローバルな生産体制）が急速に展開するが，これはアメリカを起点としてアメリカン・スタンダードとして進展したため，日本企業は新生産物開発競争で後れをとり，開発者が享受する独占的超過利潤の獲得に失敗した。対外膨張の持続および新生産部門の形成による経済成長が限界を迎え，独占段階の停滞基調が顕在化したのである。

② 海外生産への転換

輸出増加率の低下に加えて，80年代の設備投資の結果としての生産能力の過剰化傾向が顕在化し，設備投資は92年から04年まで（96，97年を除いて）増加率はマイナスとなって国内需要が抑制された。80年代後半の急速な円高の進行に対しては，日本企業は製品技術と生産技術のME化によって輸出を維持・拡大し，その市場拡大のもとでは設備のME化という新生産方法の導入も遅延されることなく，新投資によって次々と導入され生産性を高めることができた。

しかし，90年代初めからの円高に対しては，80年代にME化設備投資によって巨額の固定資本を投下した直後であり，市場が停滞的となった状況で

は生産性をより高める新生産方法が存在したとしても導入は遅延されることになる。そこで，日本企業は製品輸出ではなく海外への直接投資・海外生産への転換に向かうのである。海外に新たに設置した最新鋭設備や低賃金労働を利用して低コストで生産した商品を海外へ輸出し，日本へも「逆輸入」するという戦略である。80年代後半の円高期ではアメリカへの直接投資（86～90年に年率72.4％の増加）が中心であったが，90年代の円高期にはアメリカへの直接投資は減少し，代わって中国とアジアNIESへの直接投資が急増している（対中国直接投資は92～95年に年率95.2％の増加，対アジアNIESは94～97年に年率150％の増加，産業別では輸送機械，電気機械が中心)[29]。

この日本企業の多国籍化と産業の空洞化は，日本からの輸出を減少させるだけではなく，生産・販売増加のための設備投資を国内ではなく海外で行なうこと，日本国内で生産された商品の需要を奪うことを意味する。したがって，国内での設備投資をさらに減少させ，関連部門間の設備投資需要の相互促進的波及作用を弱めることにもなる。そして円高への対応としての海外生産への転換は，巨額の固定資本投資を海外で行なうことを意味するから，為替レートが円安傾向になったとしても，すぐに国内生産に回帰することは困難となる。これが，90年代以降に設備投資が低迷し続けているメカニズムなのである。

日本の製造業の設備の平均年齢は高度成長期終了後の70年代前半には7年程度，その後上昇傾向となり90年代初頭に約9年となっていたが，90年代の国内での設備投資低迷の結果として2013年には約16年にまで延びている[30]。つまり「プロセス・イノベーション」も低迷しているのであり，これは当然生産性の上昇も鈍化させ，国際競争力のいっそうの低下をもたらすのである。

以上のことから，60年代にアメリカ企業の多国籍化によってアメリカ経済が相対的に衰退化したメカニズムおよび80年代前半の異常ドル高によってアメリカ経済に構造的な貿易赤字累増体質が刻印されたメカニズムと同様

---

29) JETRO「直接投資統計」による。
30) 経済産業省『我が国のものづくり基盤技術の現状と課題』2006年版，同『ものづくり白書』2013年版。

のことが，90年代以降の日本経済にも起こっていることが明らかであろう。これこそが90年代の日本経済の構造変化なのである。60年代後半以降の輸出依存的経済成長によって，輸出増大を経済成長の不可欠の要因とする再生産構造が形成されたもとで停滞基調が顕在化し，さらに日本経済が構造的に変化したのであるから，80年代までのように輸出の拡大という対外膨張によって，この日本経済の構造的危機を乗り越えることはきわめて困難となっているのである。

③ 賃金切下げと雇用の不安定化

　景気が低迷し有利な投資機会もない状況で，日本企業は売上げと利潤の確保・増大のために賃金コスト削減至上主義といえる行動をとり，賃金切下げや人員整理・リストラ（潜在的失業者の増大），正規雇用の非正規雇用への転換を進めていった[31]。政府は構造改革政策によって雇用の流動化と企業の賃金コスト削減を支援し促進した。賃金切下げや雇用の不安定化は個人消費を抑制し，不況をさらに深刻化させていく。不況が深刻化すれば，企業は製品価格の引下げによる売上げ確保のために，いっそう賃金コストの削減に邁進する。停滞基調における労働力過剰のもとでの「合成の誤謬」のメカニズムによって，経済停滞は長期化し，90年代末から物価が持続的に低下していったのである。

④ 1990年代以降の金融緩和の効果の減衰

　最後に，金融緩和政策が80年代までは一定の景気刺激効果をもっていたのに対して，90年代以降，MBの増加がMSの増加をもたらさず，物価に与える影響も希薄となった理由を指摘しておこう。日本企業（金融・保険業を

---

31) 企業の賃金コスト削減至上主義の背景として，90年代にアメリカ標準の金融グローバリゼーションが進んだことから，株主である機関投資家の経営に対する影響力が増大し，経営者層も報酬の一部をストック・オプションという形で受け取ることが多くなったため，企業経営が長期的な戦略よりは，短期的に利益を増やして株価を上昇させることが重視されるようになったことがある。当面の利益を増加させるには賃金コストを下げることが早道であり，そのためのリストラを行なえば，あるいはリストラ計画を発表しただけで，格付け会社によるその企業の評価が上がり，株価が上昇するからである。

除く）の内部留保総額は80年代末の100兆円規模から2013年には328兆円に増加した[32]。これは，停滞基調における貨幣資本の慢性的過剰を意味している。この巨額の内部留保の存在によって，低金利や金融緩和が生産拡大や設備投資を刺激する効果が弱まったのである。

さらに，大企業（資本金1億円以上）の内部留保は90年の約80兆円から13年には200兆円超まで増加したのに対して，現預金は90年に内部留保とほぼ同額であったのがその後漸減して50兆円規模が持続し，13年でも70兆円規模でしかない。その差額は国内外の金融市場で運用されていると考えられる。アメリカ主導の金融の自由化・国際化によって，90年代以降，世界的に投機的金融取引が盛行していったことを背景として，企業が巨額の内部資金や低金利で調達した外部資金を，実体経済での投資よりも金融市場での投機的取引で運用し，キャピタル・ゲインを獲得しようとする傾向が強まったのである。

以上が，アベノミクスの実施以降の「異次元の金融緩和」によってMBが激増したにもかかわらずMSは微増にとどまり，設備投資も個人消費も停滞的で，（円安や福島第一原発の事故の影響を除けば）デフレ傾向が持続している理由である。

そして，問題はアベノミクスが日本経済の長期停滞傾向に対して効果がないことだけではない。日銀の巨額の国債購入によって「異次元の金融緩和」が実行され人為的に低金利が維持される中で，財政赤字は累増し累積債務は膨大化し続けているのである。この政策が成果をあげることなく長期化すれば，大量に発行される国債の大部分を日銀が引き受けることとなり，やがて国家の債務返済能力に対する不信が高まって，国債価格の暴落・金利の急騰が現実のものとなる危険性，すなわち国家財政および日銀の破綻と深刻な恐慌が発生する危険性が強まっていく。これを避けるために「異次元の金融緩和」を縮小しようとすれば，その時点で国債価格の暴落・金利の急騰が現実化することになる。日本経済の現状ではQEの出口戦略はきわめて困難な課

---

[32] 鈴木絢子「企業の内部留保をめぐる議論」（国立国会図書館『調査と情報』836号，2014年11月）。

題となっているのである。さらに，国際的に見れば，「異次元の金融緩和」によって供給される貨幣は，グローバルに駆け巡る投機的資金の原資となって「薄氷の世界経済」のいっそうの不安定化に寄与しているのである。

あとがき

　本書は，私が慶應義塾大学経済学部で20年以上にわたって担当してきたマルクス経済学関係の科目の講義ノートを基礎として執筆したものである。第1部は「経済原論Ⅲ」（2000年度からは学部のカリキュラム改革にともなって「マルクス経済学Ⅰ，Ⅱ」に名称変更），第2部は「独占資本主義論」，序章と第3部は「現代資本主義論」，「戦後アメリカの軍拡と経済」，「世界的金融・経済危機の構造」の講義内容に該当している（現在の担当講義は「マルクス経済学Ⅰ，Ⅱ」，「独占資本主義論」，「世界的金融・経済危機の構造」）。

　第1部と第2部に該当する講義を担当しはじめた頃は，大学院時代に勉強したマルクス『資本論』の学習ノートや常盤政治・井村喜代子・北原勇・飯田裕康の4人の先生の共著『経済原論』（有斐閣），井村先生の『恐慌・産業循環の理論』（有斐閣），北原先生の『独占資本主義の理論』（有斐閣）の内容を整理して話すのがやっとであった。第3部に該当する講義は私の専門の研究テーマだったが，冷戦が終わって世界経済もアメリカ経済も状況が激変していく時期で，研究はまだ手探り状態で講義の全体像を明確に描くこともできない段階であった。ただ，いずれの講義の内容も資本主義の歴史的段階変化を重視しなければならないという基本視角は一貫していた。

　私の専門研究も少しずつ進み，講義することにも慣れてくるにしたがって，私の話す内容に対する学生の反応や質問，試験の答案の内容，学生による授業評価のアンケートなどから，学生の興味や関心の中心が講義内容の理論が現実の経済とどう関わっているのか，現実の経済は理論によってどう解釈できるのかにあることがわかってきた。そこで，そうした学生の興味や関心に応えるように，理論が現実の経済においてどのような意味をもつかを意識して話すことを心がけ，現実の経済の変化や私自身の研究の進展に応じてほぼ毎年講義ノートを改良してきた。

　さらに，マルクス経済学の理論に基づけば世界的金融・経済危機の構造はどのようにとらえられるかをテーマとした前著『薄氷の帝国 アメリカ』を

執筆して，あらためてマルクス経済学の現実妥当性や現状分析のための手段としての有効性を実感した。実際，前著をテキストとした講義や研究会（ゼミナール）での学生の反応は，'マルクス経済学は時代遅れの難解な理論という先入観をもっていたが，現実のさまざまな経済問題や国際政治・軍事問題の意味がよくわかった' というものが少なくなかった。また，学生以外の複数の読者から'アメリカ中心のグローバル化のもとでのマネー至上主義の現代の社会や経済のあり方やイラク戦争について，何かおかしいと漠然とした疑問をもっていたが，その答えをこの本の中に見出した気がします' という趣旨のメールが送られてきたし，2014年度の通信教育のスクーリングの受講者からも同様の感想をいただいた[1]。

ただ，前著では第1部で資本主義の歴史的段階変化についての理論を展開したうえで，その理論を基礎として第2部と第3部で戦後資本主義世界体制の危機の構造を規定するアメリカ経済について論じたのであるが，特に第1

---

1) 前著に対する専門的研究者の書評としては，柿崎繁氏（経済理論学会『季刊 経済理論』第49巻第4号，2013年1月），萩原伸次郎氏（社会経済史学会『社会経済史学』79巻1号，2013年5月），藤岡惇氏（政治経済学・経済史学会『歴史と経済』第221号，2013年10月）がある。柿崎氏と藤岡氏の書評は，国際政治や軍事的要因も包括した分析視角も含めて肯定的な評価をされたうえで，私が論じなかった論点や簡単な言及にとどめた論点などについて，それぞれの学問的関心や立場からコメントや要望をいただいた。それらについては今後の課題としたい。

萩原氏は，前著での私のキー概念であるアメリカの経常赤字ファイナンスの「危うい循環」について，「米国は基軸通貨国だから」，「米国の経常赤字は自動的に米国にとっての資本収支の黒字となる」のであって「資金が還流しなければ経常赤字がファイナンスされないなどというものではない」と述べられ，90年代のアメリカ金融市場をハブとする巨額の資金の流出入という循環についても，「米国が基軸通貨国である限り」，アメリカの対外投資も米国の投資家の自主的な行動によって可能なのだから，「真に奇妙なロジックといわねばならない」と批判されている。

しかし，私は前著（および本書第3部）で，初期IMF＝ドル体制が崩壊しドルの基軸通貨としての制度的・実体経済的基盤が失われたにもかかわらず，ドルが基軸通貨であり続けているのはなぜなのかを論じ，外国政府および民間資本の対米投資によってアメリカの膨大な経常赤字がファイナンスされ，ドルの基軸通貨としての地位も維持されていることを明らかにしたのである。萩原氏の私への批判は「米国が基軸通貨国である限り」という前提に基づいているにもかかわらず，萩原氏は金ドル交換停止と変動相場制への移行後も「米国が基軸通貨国である」根拠を示されていない。したがって，この批判は論理的に成立しないものである。

あとがき

部はマルクス経済学の方法や理論になじみの薄い一般の読者にとって内容を理解するのが難しい部分があった。そこで，大学の経済学部生向けの教科書を主たる目的としつつ，現代経済の諸問題に対して批判的な問題意識をもつ一般の読者にも理解が容易なように，マルクス経済学の基礎理論をできるだけやさしく解説したうえで，その理論を現状分析に応用すればどのようなことが明らかになるかを提示することを目的として，本書を執筆しようと考えたわけである。

その際には，今までの講義の経験から，理論と現実の経済との関係をできるだけ盛り込むこと，さらに前著ではほとんど触れられなかった日本経済について論じることにした。特に前著の出版以降，安倍政権が成立し1990年代以降の日本経済の長期停滞から脱却することをめざしてアベノミクスと呼ばれる経済政策が実行されたから，その経済学的意味を検討し90年代以降の日本経済の構造的変化をマルクス経済学の立場から分析することにした。

そうした方針のもとに本書の原稿を執筆しはじめた2014年に，トマ・ピケティ氏の $Le\ Capital\ au\ XXI^e\ siècle$ の英訳がアメリカで出版され，ベストセラーになっていることが日本でも報道された。その内容は，アメリカでは2011年9月から始まった「ウォール街を占拠せよ（Occupy Wall Street）」運動をきっかけとして，富裕層への富の極端な集中と所得格差の拡大への関心が高まっていたことを背景として，ピケティ氏の『21世紀の資本論』がベストセラーになっている，という趣旨であった。フランス語の原題と英訳の書名は『21世紀の資本』であるが，マルクスの『資本論』の原題は $Das\ Kapital$ であるから，日本語訳を『21世紀の資本論』として紹介されたのであろう。14年12月に出版された日本語版は原題に即して『21世紀の資本』とされたが，いずれにしてもマルクス経済学者にとっては刺激的で興味をそそられる書名である。

ピケティ氏の主張は，欧米諸国の長期にわたる統計データの分析に基づいて，資本収益率 r が経済成長率 g を上回っていること（r＞g）が格差拡大の最大の要因ということである。彼のデータを見ると，r は長期にわたって5％前後であるのに対して，g は産業革命期から上昇して20世紀後半から21

世紀初めには4％近くに達しているが，その後低下すると予測されている。税引き後のrは1913〜2012年の間はgを下回っており，そしてこの時期には所得格差も縮小しているという[2]。

r＞gの差が20世紀に縮小したのは，rが長期にわたって5％前後と安定的なのに対してgが例外的に高かったこと，2度の世界大戦とインフレによって資産価値が激減し，また累進所得税が導入されたことから税引き後のrとgが逆転し，所得格差が縮小したのだという。ここから，ピケティ氏は格差是正のためにグローバルな「累進資本税」を提言しているのである。

これだけ長期についてのデータやピケティ氏の推計方法にどれぐらい信憑性があるのかという問題はあるが，r＝gや経済成長によって格差は縮小していくと想定している経済学派に対して，歴史的な統計事実によって格差の拡大を示したインパクトが，この本が注目を浴びた理由であろう。ここでピケティ氏の主張を詳細に論評することはできないが，ただ，マルクス経済学者にとってみれば，本書でも論じてきたように資本主義における経済成長は格差を縮小するものではなく，むしろ搾取の強化や相対的過剰人口などの諸問題を生み出すことは自明のことである。

ピケティ氏がマルクスについて言及している部分では，マルクスの主要な結論を「無限蓄積の原理」であるとして，これがマルクスが「資本主義が破滅的な終末」を迎えると主張するメカニズムとしている。「無限蓄積の原理」とは，エンゲルスがマルクスの残した草稿を編集した『資本論』第3部で「利潤率の傾向的低下法則」として論じられている内容を指しているようである[3]。

この法則とは，資本主義のもとで生産力の向上にともなって資本の有機的構成（C/V）が高度化していくと，剰余価値率（M/V）が一定であれば，$M/C+V$で定義される利潤率は低下することになるが，C/Vが無限に高度

---

2) ピケティ『21世紀の資本』（山形浩生他訳，みすず書房，2014年），pp.368-372。その根拠としてのデータの図10-9および図10-10は「世界的な収益率と経済成長率 古代から2100年まで」として紀元0年から始まっているが，ピケティ氏自身が「概算値で不確かな推定」としており，17世紀以前については問わないことにする。

3) 同上書，pp.236-238。

化していけば，利潤率は限りなくゼロに近づいていくということである。ただし「利潤率の傾向的低下法則」について述べた次の章では，この法則に「反対に作用する諸要因」も論じられており，マルクスは単純にこの法則によって資本主義が限界を迎えると主張しているわけではない[4]。資本主義の歴史的意味に関するマルクスの考え方についての私の理解は本書の序章で述べたとおりである。

　さらに，ピケティ氏はr＞gや格差の拡大がなぜ，どのようなメカニズムで起こるのかということについては，ほとんど論じていない。欧米諸国が広大な植民地を支配していた19世紀のr＞gや格差の拡大と21世紀のそれらとは同じメカニズムなのかどうか，20世紀におけるそれらの縮小の原因は世界大戦だけに帰することができるのかも問われていない。さらに，彼は資本の中に土地や金融資産など擬制資本を含めているから，20世紀前半の金本位制のもとでの問題と金本位制停止後の問題の区別や，初期IMF＝ドル体制下と1970年代以降の金融の自由化・国際化の進展にともなう金融グローバリゼーションにおける問題の区別も必要となるはずであるが，こうした問題も考慮されていない。要するに本書で強調してきた資本主義の歴史的段階変化という視点は彼の著書の中には見当たらないのである。

　ピケティ氏が「21世紀の資本」を論じるのであれば，そしてピケティ氏が自らの経済学を「政治歴史経済学」[5]と位置づけようとするのであれば，これらは当然問われてしかるべき問題のはずである。こうした問題を論じることによってこそ現代経済の危機的状況を解明し，今後を展望することも可能になるというのが私の認識であり，本書の題名を『21世紀のマルクス経済学』とした理由である。もちろん，私の意図が本書においてどれほど成功しているかは読者の方々の評価に委ねるしかないが，現代の経済や社会のあり方に疑問と真摯な問題意識をもっている人たちにとって，本書がその疑問

---

4)　ピケティ氏は，マルクスは「持続的な技術進歩と安定的な生産性上昇の可能性を完全に無視していた」(同上書p.11)と断定しているが，本書で述べたように，マルクスにとって資本主義における生産力の急速な発展の問題がきわめて重要な論点であったことは明らかである。

5)　同上書pp.604-606。

の解明と解決の方向性を考える一助になれば私にとって望外の喜びである。

　前著と同様に，私のゼミナールの所属学生やOB・OG会での卒業生との議論，講義での学生たちの熱心な受講や質問は，教育の喜びとともに責任を痛感させられるものであり，本書の執筆においても重要なモチベーションとなった。彼らに感謝している。また，学部内の異なる専門分野のスタッフとの共同研究プロジェクトでの相互批判や討論も私の視野を広げてくれたし，本書の原稿の執筆や推敲の際にも，彼らならどのようなコメントをするだろうかということを常に意識することになった。個々の氏名を出すことは控えるが，多様な立場から自分を客観視することの重要性をあらためて認識させてくれた彼らとの交流に感謝している。

　そして，長年にわたって私が研究や執筆に集中できる環境づくりを心がけてくれ，また現代社会の諸問題について生活実感に根ざして議論をしてくれた妻への感謝と，私の心身の健康を維持する役割を果たしてくれた愛犬たちへの感謝も記しておきたい。

　最後に，近年の厳しい出版事情の中で本書の刊行を快諾していただいた慶應義塾大学出版会と，編集担当者として原稿を点検し，表現や書式の統一だけでなく読者の立場から内容の理解にたってコメントや提案をしていただいた喜多村直之氏，煩雑な図版や図表の編集を含む本書の完成のための作業でご苦労をかけたすべての方々にお礼を申し上げます。

　2015年3月

延近　充

索引（太字のページ番号は概念や制度等の説明が記載されているページを表す。）

A
ABS（資産担保証券） 285

B
BIS（国際決済銀行） 264, 281

C
CALS **273**, 278
CDO **285**-287
CDS **285**, 286
CPI（消費者物価指数） 226, 261, 270, 301, 309-310, 312, 317, 324-325

D
dual-use technologies → 両用技術

F
FED（アメリカ連邦準備制度） 261
FRB（アメリカ連邦準備制度理事会） 295-297

G
G5 267
G7 267
G20 298
GATT（関税および貿易に関する一般協定） 10, 241-242, 251
GDPギャップ i, 294, 299
GPS 273

I
ICBM（大陸間弾道ミサイル） 194, 231, 235, 237, 239-240, 259
IMF（国際通貨基金） 10, 28, **44-46**, 241-242, 245, 258
　—のコンディショナリティ **258**
IMF＝ドル体制 **46**, 229, 241-242
　初期— **242-243**, 246-248, 251, 253, 257, 302, 336, 339
INF（中距離核戦力） 268

IRBM（中距離弾道ミサイル） 239
IT（情報技術） 270, 272-273, 277-278, 284, 290, 328

J
JIT → ジャスト・イン・タイム方式

M
MB → マネタリー・ベース
ME（マイクロ・エレクトロニクス） 263, 276, 329-330
MIRV（多弾頭独立目標設定可能再突入体） 240
MS → マネー・ストック
MSA（相互安全保障法） 244

N
NATO（北大西洋条約機構） 230-231, 239
NSC 68 230-231, 239

O
OECD（経済協力開発機構） 299, 301
OEM（Original Equipment Manufacturer） 264

P
PPI（生産者物価指数） 226, 261, 270

Q
QE（金融の量的緩和） 299-300, 305-306, 309-311, 313, 333

R
RMBS（住宅ローン債権担保証券） 285, 287

S
SALT I（第1次戦略兵器制限交渉） 240
SDI（戦略防衛構想） 259-260
SLBM（潜水艦発射弾道ミサイル） 235, 237, 239-240

341

T
TFP（全要素生産性） 320-**321**
TPP（環太平洋経済連携協定） 280

W
WMD（大量破壊兵器） 254-255, 292

あ
アイゼンハワー（米大統領） 230, 234-238, 248, 271
アインシュタイン A. 224
アジア・マネー 290
アフガニスタン 254-256, 268
安倍政権 257, 304, 309, 322
アベノミクス 36, **302-303**, 304, 309, 312, 333
アポロ計画 238
「危うい循環」 253-254, 257, **265-269**, 277, 280-281, 283, 288-292, 297-298
アル＝カーイダ 255, 292-293
安保理 → 国連安全保障理事会

い
飯田裕康 335
異次元の金融緩和 299, **304**-305, 309, 312, 333-334
イスラム国 293
I 部門内転態 124, 132, 134, 136, 138, 140, 146
I 部門の不均等的拡大 135-143, 146-150, 204, 211-212, 216-217
I 部門の優先的発展 143
移転収支 244, 255, 278, 280, 288
伊東光晴 321
イノベーション 2, 303, 321, 325-328, 331
井村喜代子 iv, 251, 335
イラク戦争（攻撃） 254-256, 292-293
岩田規久男 303
インターネット 270-271
インドシナ戦争（第 1 次） 240
インフレ・ターゲット政策 **305**
インフレ期待 **305**, 310-313

え
エンゲルス 1, 5

お
オイル・マネー 290, 297
小野善康 322
オフショア市場 263-264

か
階級闘争 56
蓋然性の理論 **160**, 223
介入通貨 **46**, 257
外部資金 147, 159, 163, 188-190, 210-211, 333
価格協調 170, **172-173**, 182-183, 198, 204, 208, 270
価格切り下げ競争 **169**-170, 173, 182, 198
価格メカニズム 127-130
柿崎繁 336
核軍拡競争 6, 194, 225
核戦力 10, 230-231, 233-235, 238-240, 248, 255, 268, 272
核兵器 195, 224-225, 231, 234, 236-237, 241, 254,
過剰生産恐慌 → 恐慌
過剰生産能力 151, 165, 174, 187-189, 191-192, 207, 212-213, 283, 294
価値 **23**
　—の実体 22-**23**, 26, 29, 53, 78
　個別的— **61**-63, 182
　社会的— **62**-63, 182
価値形態 28-32
　一般的— 31-32
　相対的— 28-29, 31
　単純な— 28-29
　展開された— 29-30
価値生産物 55, 82, 121, 174
稼働率 164-165, 174, 187, 198, 215, 250, 261, 269, 284, 312, 320-321, 323

索引

株価　i, 86, 158-159, 217, 264, 267, 274-276, 278, 281, 283-284, 330, 332
株式会社　48, 85, **97**, 157-158
株式市場　159, 217, 264, 267, 275, 281
株主　157-159, 318, 332
　──総会　157
貨幣形態　**32-34**, 37, 40, 50, 75, 88-89, 115-117
貨幣資本　50, 115, 119, 215, 283, 333
　──の遊休化　207
貨幣数量説　**36**, 44, 305-306, 309, 311, 313, 322-323
貨幣選好　302, 322-324
貨幣賃金　60, 178-180, 182
可変資本　37, **54**-55, 82, 92, 98-99, 101
カルテル　**173**, 270
過労死　8
為替媒介通貨　**46**, 258, 282, 292
為替レート　43-45, 242, 257, 264-265, 277, 312, 331
間接金融　85, 147, 159
完全失業者→失業者
完全失業率→失業率
かんばん方式　66
管理通貨制　26-27, 86

き

機械制大工業　57, 65, 72-78, 80-82, 92, 96, 102, 105, 153
基軸通貨　**44-46**, 242-243, 253-254, 257-258, 266, 269, 282, 292, 336
　──特権　242-**243**, 246, 253, 257-258, 265-266, 292
基準通貨　**45**
規制緩和　81, 259-260, 268, 272, 276, 282
擬制資本　**85-86**
基礎収支　243-244, 247
期待インフレ率　306, 310-312
北原勇　iv, 160, 335
逆輸入　250, 278, 331
キャッシュアウト・リファイナンス　**286**
キャピタル・ゲイン　7, 86, 159, 215, 266, 274-276, 278, 284, 289-290, 333

9.11同時多発テロ　254-255, 283-284
キューバ・ミサイル危機　239
協議契約方式　237
協業　64-66, 68-71, 73, 98
恐慌　i-iii, 4, 6-7, 9, 27, 36, 42, 44, 105, 148, 151, 153, 212-213, 216-219, 223, 283, 294, 300, 333
　──の機能　**151**, 294
　──の機能の阻害　283, 294
　──の機能の麻痺　213
過剰生産──　ii, 36, 42, 105, 148, 151, 212-213, 216-217, 283
信用──　42, 151, 217
共産党宣言　5-6
強制通用力　41, 43, 46
競争的市場　**94-95**, 97, 145, 152-153, 161-162, 168-170, 196, 201, 205
競争の強制作用　**63-64**, 152, 182, 198, 201, 205, 307, 327
競争万能主義　7
金貨幣　27, 39-43
金現送　43-44
金交換　45, 243, 246-247, 253, 258
金準備　27-28, 45, 243, 245-246
金・ドル交換停止　11, 242, 258, 282, 311, 329
金の二重価格制　247-248
金プール（協定）　**245**, 247
金本位制　**26-28**, 43-45, 86, 147, 219
金融規制改革法　298
金融資本　152, 210
金融の自由化・国際化　11, 86, 225, 253, 257-259, 263, 282, 330, 333
金利平衡税　246

く

グアム・ドクトリン　241
具体的有用労働　**23**, 25, 29
クラスター爆弾　195
クリントン（米大統領）　255, 269, 271-273, 277-278, 280, 284, 330
クルーグマン P.　306, 311
クレジット・クランチ（信用収縮）　151, 325

343

グローバリゼーション（グローバル化）　iii, 7, 11, 86, 158, 184, 225, 254, 268, 273, 278, 282-283, 325-326, 332
軍拡競争　230, 240, 268
軍産複合体　237
軍事援助　240, 244, 246, 280
軍事支出　46, 230-233, 235-236, 239, 241, 244, 246-247, 253, 255, 259, 268-269, 272-274, 280, 288, 329
軍事同盟　10, 230
軍需産業　234, 236-237, 248-250, 272-273
軍事力増強　7, 10, 194, 230, 232-233, 235, 238, 240, 248, 260, 268,

け
経営者支配　158
景気循環　ii-iii, 4, 6, 9, 19, 38, 60, 104-106, 122, 128, 133, 142, 145, 152, 157-158, 185, 187, 203, 212, 269, 302, 307
警察予備隊　232
経常収支　7, 243, 247, 255, 258, 264-268, 277, 279-280, 289-290, 295
形態的使用価値　**33**, 40-41
ケネディ（米大統領）　238-240, 245-246, 248, 250
減価償却　**37**, 42, 53-54, 172, 215, 307
研究開発費　193-194, 211, 215, 236-237, 248
原子力委員会（AEC）　236
原子力発電（原発）　111-113, 168, 194-196, 211, 298, 333
原子爆弾（原爆）　10, 194, 224, 229
　―独占　229
現物更新　100, 126-127, 129, 133, 307
減量経営　329

こ
交換価値　**22-23**, 25
工作機械　73, 78, 136, 140, 153
恒常的軍拡体制　229, **233**, 237
工場内分業　70, 98
工場法　57, 58
更新投資　**37**, 89, 101, 105, 141-143, 146, 148, 151-152, 197-198, 206-207, 212, 250

構造改革　81, 326, 332
公定歩合　261, 284, 307-309
高度（経済）成長　i, 9-11, 86, 102, 111, 136, 167, 199, 209, 245, 251, 302, 318, 328-329, 331,
河野龍太郎　313, 320
購買独占　214
合理化投資　328
合理的期待形成説　**305**, 312-313
国際競争力　199, 242, 245, 248, 250-251, 257, 260, 264, 276, 329, 331
国際通貨　iii, 28, 44
　―危機　247
　―基金　→ IMF
国際連合（国連）　232, 255
　―安全保障理事会　254
国防費（国防支出）　233, 235, 250, 255, 262-263
国民通貨　46, 243, 292
固定資本　**37**-38, 50, 53, 75, 83, 85, 89, 113, 117, 123, 125-128, 130-133, 139-141, 146, 148-149, 163, 170-172, 174, 181, 186, 196, 206, 210-211, 250, 261, 264, 269-270, 284, 286, 293-294, 307, 311, 330-331
　―の流通の特殊性　**37-38**, 75, 89
固定レート制　**44**, 242-243, 245, 257

さ
サービス残業　8, 58, 81, 108
債権　ii, 38, 42-43, 217, 285, 287-288, 295-296
　―の証券化　→ 証券化
債券市場　86, 159
最小必要生産能力　164, 189
最低必要資本量　**97**, 147, 152-153, 161, 163, 168, 183
債務　i, 7, 11, 38-39, 43, 245-246, 262, 264, 268, 285, 287, 290-291, 294-296, 298-301, 333
財務省証券　263, 266-268, 279, 289, 295-297
裁量労働制　7, 81
先物取引　258
搾取　**54**-55, 60, 69, 78-79, 85, 104, 119, 186

344

サッチャリズム　81
サブプライム・ローン　i, **284**-289, 293, 295-296, 299
産業革命　ii, 4, 57-58, 72-73, 78, 96
産業資本　50, 85-86, 116, 122, 152
産業の空洞化　137, **264**, 266, 278, 331
サントリー（寿屋）　167
参入期待利潤率　**163**-165, 190, 192, 198
参入障壁　98, **163**-168, 183, 190, 192, 198, 200-201, 206, 208-209, 214

し

自衛隊　107, 231-232, 256
時価発行　159
時間軸効果　305
時間賃金　**79**-80
資産効果　275, **276**, 284
市場価格　84-85, 93, 95, 122, 146, 148, 153, 161-162, 198
資産の証券化 → 証券化
市場経済　3-5, 8, 116, 127
市場原理　7, 81
市場構造　19, 92, 97, 145, 152, 161-162
市場集中度　**162**, 166, 168-169, 173, 183
市場占有率　158-159, 161-162, 167, 169, 173-174, 191-192, 194, 200, 211
市場利潤率　85
失業　6, 10, 13, 27, 60, 77, 99, 105-106, 151, 220, 287
失業者　4, **7**, 77, 105-107, 151, 207, 219, 314-315, 332
失業率　i, iii, **7**, 81, 107, 147, 150, 218-219, 225, 250-251, 253, 260-261, 269-270, 287, 293-294, 298-299, 301, 320, 322, 324, 326
実質賃金　60, 147, 150-151, 179-181
支払手段　**38**-39, 306
支払準備　41-42
支払連鎖　**39**, 42, 151
資本家　**14**, **49**
　　　―階級　4, 14-15, **51**, 56, 58, 72, 88, 109-110, 113, 195, 204
資本還元　**86**, 276

資本収支　243-244, 265-268, 279, 288-289, 294-297
資本主義的生産様式　**14**-**15**, 16, 45
資本主義の歴史的段階変化　ii-iv, 8, 11
資本蓄積　87, **89**-93, 95-106, 109, 121-122, 133, 147, 150-151, 157, 159, 161, 175, 204, 207
資本取引通貨　**46**, 258, 282
資本の一般的定式　48-50
資本の回転　115-117, 119
資本の技術的構成　**98**-99, 108-109
資本の集積・集中　**97**, 152-153, 161-162, 168
資本の循環　115-117, 119-120
資本の有機的構成　**98**-101, 103-106, 108-109, 119, 142-143, 151, 179, 205, 207
資本輸出　214
資本流通　48-49, 119
『資本論』　1-2, 8-9, 11, 100, 104
社会主義　iii, 1-2, 5-6, 10-11, 111, 219, 223, 225, 229, 251, 268
社会主義国　ii, 5-7, 9-10, 225
社会進化説　104
社会的必要　2, 4, 25
社会的分業　2, 70, 98
社会的有用性　211
社会的労働　2, 4, 25-26, 33, 35, 68-69, 82
社会保障　8, 10, 185
ジャスト・イン・タイム（JIT）方式　66
収奪　**175**-186, 196, 204-205, 207
受救貧民　107
集団的自衛権　257
柔軟反応戦略　238, 240
手工業の熟練　57, 72, 74, 76
需要曲線　170-172, 188
純軍事取引　244, 246
準備通貨　**46**, 257-258
使用価値　**21**-25, 28-29, 31, 33, 37, 40-41, 47-48, 50-51, 53-55, 75, 88, 115-116, 121
償却基金　**37**, 42, 75, 125-126, 129, 307
商業資本　116, 122
商業手形　38-39, 41-42, 147, 151
証券化　284-285, 289
　　　債権の―　284

345

資産の—　284
証券の—　284-285, 289
証券投資　215, 246, 263, 265-268, 279, 281, 288-289, 295-297
少子化　107-108, 322
小商業者　185
小生産者　71-72, 78, 90, 106, 184-186, 204
消費者物価指数　→ CPI
消費性向　179, 204, 316
商品　**21**
　—経済　3, 40, 47
　—生産社会　12-13, 25-26, 33, 82
　—資本　50, 115-116, 119-120
剰余価値　**54-55**
　絶対的—　**55-57**, 60, 75, 92, 181
　相対的—　55, **59-61**, 64, 71, 74, 92, 181-182
　特別—　55, **61-64**, 71, 75, 81-82, 91, 95-96, 98, 104, 108, 109, 127, 132, 141, 143, 145, 181-182, 193, 197-200, 208
　負の特別—　61-64, 71, 82, 91, 141, 182, 197
剰余価値率　**55**, 60, 82-83, 119, 142
剰余労働（時間）　55-60, 78-79, 90
初期IMF＝ドル体制　→ IMF＝ドル体制
植民地　ii, 10, 49, 225
食料のための石油計画（イラク）　292
ジョンソン（米大統領）　240-241, 246, 248, 250-251
シラードL.　224
新技術　95-96, 106, 190, 193-197, 199, 208, 249, 251, 270-271, 273, 312, 330,
新自由主義　11, 58, 81, 253, 259
新生産物　95-96, 190, 193-196, 208-212, 214, 216-217, 249, 270-271, 273, 329-330
新生産部門　92, 96, 103, 105, 208-210, 212-213, 215-216, 218, 249, 251, 271, 278, 284, 328, 330
新生産方法　62-64, 82, 91, 95-96, 100-101, 103-105, 108, 127, 132, 141-143, 145-146, 148, 151-152, 181-182, 187-188, 192-193, 196-201, 204-207, 213-214, 250, 307, 328-331
　—の導入競争　64, 91, 141
新帝国主義　254

新投資　105, 133, 138-141, 145-146, 148-149, 151, 153, 187, 197-199, 204-206, 250, 330
信用貨幣　38-42
信用恐慌　→ 恐慌
信用収縮　→ クレジット・クランチ
信用制度　97, 147, 163
信用創造　42, 147, 152

す
水素爆弾（水爆）　224
スタグフレーション　iii, 253, 259, 262
スプートニク・ショック　235-236, 271
スミソニアン協定　247
スリーマイル・アイランド発電所　196
スワップ協定　295-296

せ
「聖域」　234-235
生活保護　108, 324
正規雇用　7, 58, 81, 107-108, 158, 276, 326, 332
生産価格　**83-85**, 122, 170, 176, 179
生産資本　50, 69, 115, 119, 131, 207
生産者物価指数　→ PPI
生産性　59, 61, 110, 166, 188, 191, 197, 199, 225-226, 239, 249, 253, 260-261, 276, 302-303, 312, 318-321, 330-331
生産と消費の矛盾　145-151, 203, 207, 212, 216-217, 318
生産年齢人口　302, 313-322
生産の大規模化　97, 153
生産力の発展（向上）　**2-3, 59**-61, 64-65, 68, 70-72, 74, 81-82, 91-93, 97-100, 102-103, 106, 108-111, 113, 142-143, 146, 152, 157, 159, 181-182, 195, 207, 327
セイ（の販路）法則　35, 306, 322
世界貨幣　**43**, 45, 306
世界恐慌　i-iii, 6-7, 9, 27, 44, 217-219, 223, 294, 300
世界的金融・経済危機　i, iii, 6, 11, 226-227, 257, 283, 298, 300
石油危機　i, iii, 111, 251, 257, 263, 270, 329
絶対的剰余価値　→剰余価値

346

索引

設備投資競争　205, 208, 271, 328-329
ゼロ金利　300, 304-305, 310, 313
ゼロサム・ゲーム　311
潜在的過剰人口　106
潜水艦搭載弾道ミサイル → SLBM
専売条例　95
全要素生産性 → TFP
戦略爆撃　224
　　―機　231, 235, 237
戦略兵器制限交渉（第1次）→ SALT I

そ

相関係数　264, 309, 316
早期更新　148, 152, 197-198, 205
相互安全保障法 → MSA
相互抑止　235, 238-239
相対的過剰人口　**60**, 98-109, 151, 185, 318
相対的剰余価値 → 剰余価値
疎外　77
ソブリン債務危機　i, 298

た

第一次世界大戦　ii, 5, 43, 194, 209, 217-218, 220, 224, 232
対外軍事販売　244, 246, 280
対外投資　46, 244, 246-247, 265, 280, 289
対外膨張　190, 208-209, 213-220, 273, 329-330, 332
対外流動債務　245-246
対テロ戦争　254, 288, 292-293
第二次世界大戦　ii-iii, 5-7, 9-10, 27, 44, 46, 194, 209, 217, 220, 223-225, 232, 236, 241, 269, 302, 328
対兵力戦略　238-240, 248
大陸間弾道ミサイル → ICBM
大量破壊兵器 → WMD
大量報復戦略　231
大量報復力　231, 233-235
タカラ（寶酒造）　167
兌換　**27**, 41-43, 45
兌換銀行券　27, 41-43
多国籍企業　244, 249-250, 264, 311
多国籍化　46, 248-249, 331

アメリカ企業の―　46, 248-249, 331
　　日本企業の―　331
タックス・ヘイブン　290
単純協業　65-66, 70-71
男女雇用機会均等法　7
ダンピング　215

ち

小さな政府　260
チェルノブイリ発電所　196
蓄積基金　89, 95, 188, 205
蓄積率　92, 138-140
蓄蔵手段　**36**-37, 306
中距離弾道ミサイル → IRBM
抽象的人間労働　**23**-**26**, 29, 31, 33, 53
長期停滞　i, iv, 6, 9, 11, 81, 107, 227, 249, 298, 301-302, 313, 322, 324-328, 330, 333
朝鮮戦争　230, 232, 236, 248
朝鮮特需　328
直接金融　147, 159
直接的交換可能性　29, 31
　　全面的な―　31, 33-35, 40-41, 49
直接投資　215, 246, 249, 258, 263, 265, 267-268, 278-280, 288-289, 295, 331
賃金格差　60, 181
賃金コスト　7, 58, 150, 181-182, 324-327, 332
　　―の削減　7, 325, 327, 332

つ

通貨危機　iii, 247, 258, 325
通貨供給　247, 260-262
「強いアメリカ」　259-260

て

停滞基調　9-10, 174, 185, 203, **207**-208, 212, 215, 217, 249, 283, 300, 328, 330, 332-333
停滞的過剰人口　106
手形割引　41
出来高賃金　**79**-81
「鉄の必然性」　9, 14, 19, 160, 223
デフォルト　i, 299-300
デリバティブ　281, 283-285

347

と

等価形態　28-31, 33
等価交換　47, 49, 54, 175-176, 214
投機　116, 190, 245, 248, 253-254, 263, 266, 274-276, 280-284, 286-290, 293, 297-298, 311, 333-334
投資意欲　138-142, 146, 149-150, 312
「投資が投資を呼ぶ」　136, 138
投資基準利潤率　**189**-192, 206
投資収益　244, 247, 265, 267, 280, 289
常盤政治　335
独占価格　60, 157, 161, 166, 168-170, 172-180, 198-199, 204, 207, 214
独占資本（独占企業）　157
　——の行動原理　169, 187, 189, 198, 211
独占的市場（構造）　9, 97, 145, 152-153, 157, 161, 163-164, 166, 168-170, 185, 197, 205, 223
独占的超過利潤　95-96, 168, 193, 209, 330
独占部門　153, 157, 160, 164-165, 167-168, 171, 174-177, 179-187, 189, 197-199, 204-207, 213
独占利潤　**170**
　——の源泉　174-176, 178-179, 181
特別剰余価値 → 剰余価値
独立可能性　71, 76
土地価格　67, 86, 303, 329
ドバイ・ショック　298
トルーマン（米大統領）　229-230
ドル危機　245-246, 311
ドル防衛　245-246, 250, 258
トンキン湾事件　240

な

内的起動力　142, 204-205
内部資金　159, 189-190, 210-211, 333
内部留保　333
ナチス　220, 224

に

ニクソン（米大統領）　241, 247-248, 253
ニクソン・ショック　i, iii
西山忠範　158

日米安保体制の再定義　256
日米構造問題協議　276
日米貿易摩擦　251, 267, 276
日本銀行（日銀）　26, 28, 303-305, 307, 311, 323, 330, 333
ニュー・ディール政策　219
ニュー・ルック戦略　230-235, 238

ね

年間利潤率　119
年俸制　7
能力主義　7

は

バーリ A. A.　158
バイ・アメリカン　245
配当　85-86, 158-159, 276, 316
萩原伸次郎　336
派遣労働者　58
発券銀行　27, 41
ハブ（hub）　280, 282-283, 298
浜田宏一　303-304
原田泰　303
販売促進競争　173
販売と購買の不一致（分離）　36, 38, 42, 85, 89, 125-127, 130, 132-135, 307

ひ

非価格競争　174, 198
東日本大震災　112, 196, 298, 303, 309
ピケティ T.　337-339
非国家勢力　254
非正規雇用　7, 58, 81, 107-108, 158, 276, 324, 326, 332
必要労働（時間）　55-56, 58-60, 62, 78
費用価格　82, 84
費用曲線　170-172
費用補償方式　237

ふ

フィッシャー I.　305-306
付加価値　55, 121, 320
不換銀行券　27-28, 41, 43-44

索引

不換紙幣　40-41, 43
福祉国家化　10
福島第一原発　111-113, 196, 298, 333
藤岡惇　336
双子の赤字　7, 11, 253, 255, 262, 265, 267-269, 277
ブッシュ（第41代米大統領）　256, 268, 271, 277
ブッシュ（第43代米大統領）　254, 283-284, 292-293
物神的性格（物神性）　33-34
不等価交換　49, 175-176, 214
不変資本　**54**-55, 92, 98, 101, 130, 139
部門間競争　163, 166, 175
部門間資本移動　83-84, 178-179, 183
部門間転態　124, 129, 132, 134, 136, 140
部門内競争　162, 166, 175
プライス・テイカー　95
プライス・リーダー（プライス・リーダーシップ）　173
プライム・レート　261, 265, 277, 284
プラザ合意　267, 329
ブラック・マンデー　267
プロセス・イノベーション　325-327, 331
プロダクト・イノベーション　325-328
ブロック経済化　10, 219, 241
分業　2, 25, 65-66, 70-73, 76-77, 98

へ

平価　43-45
平均利潤　**84**-85, 170, 175
　一率　**84**-86, 176, 178-179
平和の配当　**268**, 270, 272, 274
ベトナム介入　240, 329
ベトナム戦争　9, 209, 233, 238, 241, 246-248, 250-251, 253-254, 329
変動相場制　242, 248, 304

ほ

保安隊　232
貿易赤字累増体質　**264**, 288, 331
貿易外収支　244
貿易収支　11, 226, 244, 247, 251, 290, 301-302

貿易取引通貨　**46**, 257-258, 292
放射性物質　112, 195-196, 224
ホーム・エクイティ・ローン　**286**
北爆　241
補助貨幣　26, 40
ホワイトカラー・エグゼンプション　7, 81
本位貨幣　27, 40, 45
ホンダ（本田技研工業）　167

ま

マイクロ・エレクトロニクス → ME
前貸資本　50, 53-55, 82, 88, 117, 119
マクナマラ（米国防長官）　240
マッカーサー（対日占領軍司令官）　232
マニュファクチュア　57, 65, 78
　一的分業　72, 76-77
マネー・ゲーム　iii, iv, 275
マネー・サプライ　261, 304
マネー・ストック（MS）　305
マネタリー・ベース（MB）　305
マルクス K.　iii-iv, 1-2, 5-6, 8-9, 11-12, 55, 93, 100, 104, 318
マルサス T. R.　104
満州事変　220
マンハッタン計画　194, 224

み

ミーンズ G. C.　158
ミューチュアル・ファンド　275, 281
民族解放闘争　10, 225

む

無形の損耗　**75**, 92

め

名目賃金　60, 147, 207

も

藻谷浩介　313

や

約束手形　38
矢野浩一　306

349

ゆ

有用性　**21**, 53, 195, 211
ユーロ（欧州共通通貨）　292-293, 298-299
ユーロ・カレンシー　263-264, 281-282, 290, 299-300
ユーロ・ダラー　46, 258

よ

抑止　180, 213, 231, 233, 239, 311
抑止力　239
吉川洋　324
余剰生産手段　**131**, 133, 135-142, 147-150
余剰率　**131**, 133-135, 138, 140, 147, 150
予想限界利潤率　**189**-192, 206
余裕能力　**165**, 174, 187, 189-192, 206-207, 210-211, 213

り

リーマン・ショック　6, 293, 297, 299, 303, 309
利潤の長期最大化価格　**171**, 187
利潤の最大化　157-160, 173
利潤率格差　183
利潤率の均等化作用　84
利潤率の平均化　161
利子率　86, 151, 261, 276, 304-306, 311-312
リスク・ヘッジ　286-287
リストラクチャリング（リストラ）　7, 276, 332
リフレーション派（リフレ派）　36, 302-306, 310-313, 321-322, 324
流通手段　**34**, 36, 39, 41, 306, 311, 322
流通速度　36, 305
流通必要貨幣量　36
流通費用　115-116
流動資本　**37**, 75, 117, 126, 139, 206
流動性のワナ　304, 306, 310-311
流動的過剰人口　106
（軍民）両用技術　194, 271

る

累積債務　299-301, 333
ルーブル合意　267

れ

冷戦　5-7, 10-11, 194, **223**-**227**, 229-232, 242, 251, 254-257, 268, 270-273, 282, 330
冷戦・国家独占資本主義（国独資）連合　**10**, 225,
冷戦戦略　46, 229-232, 238, 241, 243-246, 248, 251
レーガノミクス　81
レーガン（米大統領）　iii, 253, 257, 259-264, 266-267, 276, 329
劣化ウラン弾　195
連邦準備制度 → FED

ろ

労働基準法　7, 57-58
労働者　**51**
　—階級　4, 14-15, **51**-52, 56-58, 72, 74, 88, 90, 98, 113, 147, 151, 181, 186, 196, 204
労働手段　50, 53, 72, 81, 91, 98, 103, 125-127, 129, 132-133, 139-140, 151-153, 168, 204-205, 208-210, 212
労働生産物　12, 22, 32-34, 85, 90
労働の全面的可動性　76-77
労働の二重性　25
労働日　55-60, 79-80
労働力　**51**
　—商品　3, 50-62, 64, 68-69, 71, 74, 78-80, 88, 99, 109, 181-182
　—の商品化　3
労働力人口　7, 75, **107**, 239, 313-315, 320-321
ローズベルト F.（米大統領）　224

わ

湾岸戦争　254-257, 278, 292
　—のトラウマ　256

延近 充（のぶちか みつる）
慶應義塾大学経済学部教授
1971 年京都教育大学附属高等学校卒業，1979 年慶應義塾大学経済学部卒業，81 年同大学大学院修士課程修了，84 年同博士課程単位取得退学。1981 年慶應義塾大学経済学部助手，91 年同助教授を経て，2012 年より現職。専門は，マルクス経済学，現代資本主義論。
主要業績：『薄氷の帝国 アメリカ——戦後資本主義世界体制とその危機の構造』御茶の水書房，2012 年；「独占的市場構造と独占価格」，「独占利潤の本質と利潤率の構造的階層化」北原勇・鶴田満彦・本間要一郎編『資本論体系 第 10 巻 現代資本主義』所収，有斐閣，2001 年。

21 世紀のマルクス経済学

2015 年 7 月 15 日　初版第 1 刷発行

著　者　————　延近　充
発行者　————　坂上　弘
発行所　————　慶應義塾大学出版会株式会社
　　　　　　　　〒108-8346　東京都港区三田 2-19-30
　　　　　　　　TEL〔編集部〕03-3451-0931
　　　　　　　　　　〔営業部〕03-3451-3584〈ご注文〉
　　　　　　　　　　〔　〃　〕03-3451-6926
　　　　　　　　FAX〔営業部〕03-3451-3122
　　　　　　　　振替 00190-8-155497
　　　　　　　　http://www.keio-up.co.jp/
カバーデザイン——延近弘美
印刷・製本———中央精版印刷株式会社
カバー印刷———株式会社太平印刷社

Ⓒ2015　Mitsuru Nobuchika
Printed in Japan ISBN 978-4-7664-2222-1